Lahusen
Asset Allocation für die Alterssicherung

GABLER EDITION WISSENSCHAFT

Bank- und Finanzwirtschaft

Herausgegeben von
Professor Dr. Hermann Meyer zu Selhausen

Weitreichende Veränderungen auf den Finanzmärkten bringen große Herausforderungen für Theorie und Praxis mit sich. Die Schriftenreihe "Bank- und Finanzwirtschaft" greift Entwicklungen und Probleme aus diesem Fachgebiet auf. Sie bietet ein Forum für wissenschaftliche Beiträge und stellt Lösungsansätze und Forschungsergebnisse zu aktuellen Problemen der Bank- und Finanzwirtschaft zur Diskussion.

Reinhard Lahusen

Asset Allocation für die Alterssicherung

Performance-Steigerung durch Nutzung von Zeithorizonteffekten

Mit einem Geleitwort von
Prof. Dr. Hermann Meyer zu Selhausen

Springer Fachmedien Wiesbaden GmbH

Die Deutsche Bibliothek - CIP-Einheitsaufnahme

Lahusen, Reinhard:
Asset Allocation für die Alterssicherung : Performance-Steigerung durch Nutzung von Zeithorizonteffekten / Reinhard Lahusen.
Mit einem Geleitw. von Hermann Meyer zu Selhausen.
- 1. Aufl.. - Wiesbaden : Dt. Univ.-Verl., 2002
(Gabler Edition Wissenschaft : Bank- und Finanzwirtschaft)
Zugl.: München, Univ., Diss., 2002

1. Auflage April 2002

Lektorat: Brigitte Siegel / Stefanie Loyal

Der Deutsche Universitäts-Verlag ist ein Unternehmen der Fachverlagsgruppe BertelsmannSpringer.

www.duv.de

Gedruckt auf säurefreiem und chlorfrei gebleichtem Papier.

ISBN 978-3-8244-7619-0 ISBN 978-3-663-07960-6 (eBook)
DOI 10.1007/978-3-663-07960-6

Geleitwort

Die auf dem Umlageverfahren beruhende gesetzliche Alterssicherung in Deutschland steht aufgrund von demographischen und gesamtwirtschaftlichen Veränderungen vor dem Problem, daß Beitragserhöhungen und/oder Absenkungen des Rentenniveaus erforderlich sein werden, um die Rentenversicherungsträger zahlungsfähig zu erhalten. Angesichts dieser Problematik hat die Bundesregierung die ersten Schritte getan, um mit staatlicher Förderung die Pflichtversicherten dazu zu veranlassen, sich einen Kapitalstock aufzubauen, aus dem bei Eintritt in den Ruhestand eine ergänzende Rente bezogen werden kann. Für den Aufbau dieses Kapitalstocks gibt es vielfältige Möglichkeiten. Die Finanzdienstleistungsunternehmen sind bestrebt, Produkte zu entwikkeln und anzubieten, die die gesetzlich festgelegten Anforderungen, insbesondere die Kapitalerhaltung bezüglich der Sparleistungen ebenso wie die Anforderungen der Alterssichernden, insbesondere bezüglich der Rendite der Kapitalanlagen bestmöglich erfüllen.

Zu den Besonderheiten dieses Kapitalanlageproblems gehört, daß die Mittel für die Kapitalanlage durch einen Ratensparprozeß aufgebracht werden, der über einen sehr langen Zeitraum von z. B. 30 Jahren abläuft, und bei dem die monatlichen Sparraten in kurzen Zeitabständen, z. B. auch monatlich angelegt werden. Dabei ist zu berücksichtigen, daß die Renditen von Aktien und Anleihen im Zeitablauf erheblichen Schwankungen unterliegen und insbesondere nicht mit tragbaren Prognosefehlern langfristig vorhergesagt werden können. Empirische Untersuchungen haben bekanntlich ergeben, daß die Aktienrenditen in einem langfristigen historischen Datenhorizont signifikant höher waren als die Anleiherenditen. Deshalb liegt es nahe, daß Finanzdienstleister Produkte für die Altersvorsorge entwickeln, die in erheblichem Umfang auch eine Anlage der Sparbeiträge in Aktien vorsehen. Daraus kann sich dann aber ein Konflikt mit der gesetzlichen Anforderung der Kapitalerhaltung ergeben. Es stellt sich also die Frage, wie ein Portfolio für die Altersvorsorge strukturiert werden kann, das die Kapitalerhaltungsanforderung erfüllt, das Aktienanlagen mit einbezieht und eine hohe Rendite verspricht. Derartige Portfolios müssen hohe Ansprüche bezüglich der Shortfall-Maße Ausfallwahrscheinlichkeit (LPM0) und Ausfallerwartungswert (LPM1) erfüllen.

Herr Lahusen geht in der vorliegenden Dissertation der Frage nach, ob es einen positiven Zeithorizonteffekt gibt, der beinhaltet, daß die Werte der genannten Shortfall-

Maße bei gegebener Rendite mit zunehmendem Anlagehorizont abnehmen. Finanzdienstleister könnten dann Portfolios konstruieren, bei denen der Anteil der laufenden Sparraten, der in Aktien investiert wird, zeithorizont-abhängig gewählt wird. So könnte bei gegebenen Grenzwerten für die Shortfall-Maße der Aktienanteil des Gesamtportfolios eines Alterssichernden bis zum Übertritt in den Ruhestand ständig gesteigert werden, wodurch in ständig steigendem Umfang der Vorteil der höheren Aktienrenditen gegenüber den Anleiherenditen genutzt werden kann.

Herr Lahusen begründet theoretisch, unter welchen Bedingungen ein positiver Zeithorizonteffekt existiert, und er weist diesen Effekt empirisch beim MSCI-Welt-Index nach. Um den Zeithorizonteffekt bei der Asset Allocation für die Alterssichernden zu nutzen, entwickelt er drei Modelle, die anhand der relevanten Kriterien geprüft und beurteilt werden. Mit dem Zerobond-Modell wird die gesetzlich vorgeschriebene Kapitalerhaltung dadurch erreicht, daß die Sparbeiträge dei Altersichernden jeweils in risikolosen Zerobonds angelegt werden, die zum Zeitpunkt des Übertritts in den Ruhestand fällig werden, und deren Disagio bei Erwerb der Zerobonds in Aktien angelegt wird, mit denen eine zeithorizont-abhängige Performance erwirtschaftet werden kann. Diese Modellstruktur wirkt zunächst attraktiv. Einer ihrer Schönheitsfehler besteht aber darin, daß der Markt für risikolose Zerobonds bei weitem nicht so liquide ist, wie es erforderlich wäre, wenn die monatlichen Sparraten von Millionen von Alterssichernden in risikolosen Zerobonds mit gleichem Nominalwert angelegt werden sollten.

Die beiden anderen Modelle, als LPM0- und LPM1-Modell bezeichnet, beruhen auf dem Grundgedanken, daß der Aktienanteil am Portfolio der privaten Alterssichernden so ermittelt wird, daß aus der Menge der gemäß Portfolio Selection-Theorie rendite-risiko-effizienten Portfolios noch diejenigen in der Lösungsmenge verbleiben, die zugleich auch einen vorgegebenen Grenzwert für ein Shortfall-Maß, Ausfallwahrscheinlichkeit (LPM0) oder Ausfallerwartungswert (LPM1) einhalten. Für die Modelle werden auf der Grundlage von plausibel angenommenen Eingabedaten umfangreiche Testrechnungen durchgeführt, die die Vorzüge der Modelle für die Altersvorsorge klar erkennen lassen. Herr Lahusen stellt aber auch gewisse Schwächen der LPM-Modelle fest. Insbesondere die vom Gesetzgeber geforderte Kapitalerhaltung führt dazu, daß nur eine extrem kleine Ausfallwahrscheinlichkeit toleriert werden kann.

Die Asset Allocation für die Altersvorsorge wird weiter an Bedeutung gewinnen. Dabei ist die Nutzung von positiven Zeithorizonteffekten für die Alterssichernden höchst willkommen. Der vorliegenden Schrift wünsche ich die gebührende Aufmerksamkeit nicht nur im Bereich der Altersvorsorge, sondern der Asset Allocation ganz allgemein.

Prof. Dr. Hermann Meyer zu Selhausen

Vorwort

Die vorliegende Arbeit wurde durch mehrere Personen in vielfacher Hinsicht unterstützt.

Danken möchte ich meinem Doktorvater Herrn Prof. Dr. Meyer zu Selhausen für die Betreuung der Arbeit und für die Anregungen, die ich von ihm erhalten habe. Ich bedanke mich ebenfalls bei Herrn Prof. Dr. Helten für sein Interesse an der Arbeit und für die Übernahme des Korreferates.

Vielfältige Anregungen bei der Themenfindung und bei der konkreten inhaltlichen Ausgestaltung der Arbeit habe ich durch Herrn Dr. Marcus Riekeberg bekommen, der jederzeit ein offenes Ohr für meine Anliegen hatte. Unermüdlichkeit in der Diskussion über die Arbeit und im Korrekturlesen haben auch meine weiteren Kollegen Frau Dr. Karin Stenke und Herr Dr. Oliver Krautwurst bewiesen. Impulse erhielt ich ferner von Herrn Dr. Johannes Müllers, bei dem ich mich dafür herzlich bedanke.

Danken möchte ich meinen Eltern, die mich während meiner schulischen und universitären Ausbildung immerfort unterstützt haben. Leider konnte mein Vater nicht mehr das Ende meines Studiums und meine Mutter nicht mehr die Beendigung der Promotion erleben. Des weiteren bedanke ich mich bei Herrn John Stickforth, der mich auch in schwierigen Phasen meiner Dissertation unterstützt und durch seine morgendlichen Anrufe im Büro ständig aufgemuntert hat.

Ein besonderer Dank gebührt meiner Ehefrau Romy, die sich im Rahmen des mehrfachen Korrekturlesens meiner Arbeit viele Stunden mit Lower Partial Moments und ähnlich spannenden Dingen beschäftigt hatte, obwohl ihre Interessenschwerpunkte als Musiklehrerin doch deutlich anders gelagert sind. Zudem ist ihre Geduld zu würdigen, die sie zumindest im letzten Jahr aufbringen mußte, wenn ihr Ehemann sogar am Ufer des oberbayerischen Ostersees ausschließlich von Asset Allocation-Modellen, Ausfallwahrscheinlichkeiten und -erwartungswerten sprach.

Reinhard Lahusen

Inhaltsverzeichnis

Abkürzungsverzeichnis

CAPM	Capital Asset Pricing Model
DAX	Deutscher Aktienindex
DM	Deutsche Mark
LPM	Lower Partial Moment
MR	Mindestrendite
MSCI	Morgan Stanley Capital International
o. Jg.	Ohne Jahrgang
o. O.	Ohne Ort
o. V.	Ohne Verfasser
REX	Renditenindizes der Deutsche Börse AG
SA	Standardabweichung

Symbolverzeichnis

a	Koeffizient absoluter Risikoaversion
β	Betafaktor gemäß Capital Asset Pricing Model
b_t	Vermögen zum Zeitpunkt t
C	Konsum
c	Durchschnittsneigung zum Konsum
d	Einkommensunabhängiger Konsumbetrag
dz	Wiener-Prozeß
e	Eulersche Zahl
E (.)	Erwartungswert
E (R)	Erwartungswert der Rendite
ε	stochastischer Störterm
€	Euro
G	Gesamtvermögen
GV	Gesamte Verwaltungskosten
g	Marginale Konsumneigung
I	Inflationsrate
i	Zinssatz einer risikolosen Geldanlage
K_t	Kurs zum Zeitpunkt t
k	Koeffizient relativer Risikoaversion
log	Logarithmus
ln	Logarithmus naturalis
LPMm	Lower Partial Moment der Ordnung m
LPM0	Ausfallwahrscheinlichkeit
LPM1	Ausfallerwartungswert
LPM2	Ausfallvarianz

MSR_n	Modified Sharpe-Ratio der Ordnung n
μ_i	Erwartungswert der Variablen i
NE	Nettoeinkommenspotential
n	Anzahl (Index)
N(.)	Wert aus der Verteilungsfunktion der Normalverteilung
P	Preis
P (t)	Prozeß von Kursbewegungen
PK	Pensionskapital
p_j	Wahrscheinlichkeit für die Realisation des Ereignisses j
R	Rendite
r_f	Risikoloser Zins
S	Sparen
σ_i	Standardabweichung der Variablen i
σ_i^2	Varianz der Variablen i
σ_{ij}	Kovarianz zwischen den Zufallsvariablen i und j
t; T	Zeitindex (t = 1, ..., T)
τ	Mindestrendite
U(.)	Nutzenfunktion
V_i	Sonstiger Vermögensbestandteil i
Var (.)	Varianz einer Zufallsvariablen
VK_i	Direkt zurechenbare Verwaltungskosten der Kostenart i
vk	Verwaltungskostensatz pro Zeiteinheit
x	Aktienanteil
Y	Einkommen
YP	Permanentes Einkommen
z	Steigung einer Ausfallgeraden
zb_t	Zerobondanteil am Portefeuille für den Zeithorizont t

Abbildungsverzeichnis

1. Einleitung

1.1 Problemstellung und Ziel der Untersuchung

Während seines Lebens durchläuft ein Mensch verschiedene Phasen, die durch unterschiedliche Einkommens- und Ausgabecharakteristika gekennzeichnet sind: In Zeiten der Kindheit und der Ausbildung wird typischerweise kein nennenswertes Einkommen generiert. Ist die Ausbildung abgeschlossen, widmet man sich einer Berufstätigkeit und erzielt Einkommen. Im anschließenden Ruhestandsalter bezieht ein Alterssichernder kein Arbeitseinkommen, sondern eine Rente, eine Pension oder andere Einkünfte aus dem eigenen Vermögen. Die Tatsache des dann fehlenden Arbeitseinkommens hat zur Folge, daß für den Zeitraum des Ruhestandes in geeigneter Weise finanziell vorgesorgt werden muß. Dies kann in Deutschland auf drei Wegen geschehen: durch die **gesetzliche**, die **betriebliche** und die **private** Altersvorsorge, die auch als die **drei Säulen** der Altersvorsorge bezeichnet werden.

Die Alterssicherung ist in Deutschland und in anderen Ländern der Welt ein schwerwiegendes und ernstzunehmendes Problem. Täglich sind derzeit den Medien Meldungen zu entnehmen, die die Alterssicherung und aktuelle Entwicklungen auf diesem Gebiet betreffen. Aus mehreren Gründen ist es problematisch, die Erreichung zweier wichtiger Ziele zu gewährleisten, die im Rentengesetz von 1957 festgelegt sind. Diese Ziele bestehen in der Sicherung des Lebensstandards der Individuen im Alter und in der Partizipation der Rentner an der üblicherweise positiven wirtschaftlichen Entwicklung Deutschlands. Überträgt man diese Ziele der gesetzlichen Rentenversicherung auf alle Säulen der Alterssicherung, so ist es entscheidend, ob zum einen die gesetzten Ziele nach wie vor erreichbar sind, und zum anderen, welche Beiträge die einzelnen der drei Säulen der Alterssicherung in Deutschland zur Zielerreichung leisten werden. Daher ist zu untersuchen, ob und wie sich die derzeitige Bedeutung dieser drei Komponenten in der Zukunft verändern wird.

Mit der Alterssicherung ist die Fragestellung eng verbunden, wie das Kapital zur Alterssicherung sinnvollerweise strukturiert werden soll. Diese Fragestellung ist in ihrer Bedeutung je nach Säule der Alterssicherung unterschiedlich ausgeprägt. Beispielsweise ist das Problem der Asset Allocation bei einem umlagefinanzierten[1] Alterssiche-

[1] Das **Umlageverfahren** ist zu unterscheiden vom **Kapitaldeckungsverfahren**, bei dem die Mittel für die Altersversorgung in der Zeit der aktiven Erwerbstätigkeit zu einem Kapitalstock angespart und im Ruhestandsalter wieder verbraucht werden.

rungssystem nicht gegeben, da das Kapital nicht langfristig angelegt wird, sondern die Beitragseinnahmen von den vorsorgenden Individuen unmittelbar an die versorgten Individuen wieder ausbezahlt werden. Die Problemstellung der Asset Allocation ist jedoch bei kapitalgedeckten Systemen der Alterssicherung relevant. Hier wird über viele Jahre hinweg Kapital angelegt, so daß sich bereits geringfügige Rendite- oder Risikodifferenzen durch den unter Umständen langen Anlagehorizont verstärkt auswirken können.[2]

Die Verknüpfung der beiden Problemstellungen einer zukünftig aussichtsreichen Alterssicherung und der Asset Allocation für diese Alterssicherung ist bisher nicht vollzogen worden. Insbesondere die Frage, wie ein individuell-effizientes Alterssicherungsportefeuille konzipiert werden soll, ist bislang nicht gelöst.[3] Die vorliegende Arbeit verknüpft die Problemstellungen, indem zunächst untersucht wird, welche Säule für die zukünftige Alterssicherung geeignet ist. Im folgenden wird die Fragestellung behandelt, wie das benötigte Kapital in geeigneter Weise angesammelt und bereitgestellt werden kann. Das **Ergebnis** besteht in **drei neuen Asset Allocation-Modellen**, die wichtigen theoretischen und praxisbezogenen Anforderungen an Modelle für die Alterssicherung genügen, und die daher in den zukünftig vorrangig relevanten Säulen der Alterssicherung eingesetzt werden können.

1.2 Gang der Untersuchung

Nach den einleitenden Kapiteln 1.1 und 1.2 folgen im Abschnitt 1.3 die Erläuterungen wichtiger Begriffe. Zu Beginn des Kapitels 2 wird der Status quo der Alterssicherung in Deutschland dargestellt, um daraus die Notwendigkeit der Untersuchung zu begründen. An die Darstellung des Status quo der Alterssicherung schließt sich die Skizzierung der voraussichtlichen Entwicklungen der Säulen an. Diese Entwicklungen stellen die Grundlage des Problems der Asset Allocation dar, da das Problem der Asset Allo-

---

Vgl. Büschgen, H. E. (Altersvorsorgesystem, 1999), S. 3.

2 Dies bewirken die höhere Rendite per se und – bei Verwendung diskreter Renditen – der Zinseszinseffekt, der anhand der in Kapitel 3.1.2.2 dargestellten Formel der geometrischen Rendite zu erkennen ist.

3 Vgl. Albrecht, P. / Göbel, T. (Rentenversicherung, 2000), S. 17.

cation je nach Säule (gesetzlich, betrieblich, privat) in unterschiedlichem Ausmaß gegeben oder auch nicht gegeben ist. Zudem ist die Asset Allocation je nach Säule unterschiedlich auszugestalten. Die für die Alterssicherung wichtigen Zeithorizonteffekte werden im Kapitel 2.4 ausführlich erläutert. Im Kapitel 3.2.2.1 wird ein bereits existierendes Modell zur Asset Allocation für die Alterssicherung vorgestellt und anhand der in Abschnitt 3.1 dargestellten Kriterien hinsichtlich der Eignung zur Alterssicherung beurteilt. Das Resultat besteht in der Notwendigkeit von innovativen Vorsorgewegen oder Modellen, die im weiteren Verlauf der Arbeit (Kapitel 3.2.2.2, 3.2.2.3 und 3.2.2.4) erläutert werden. Ein zusammenfassender Vergleich der Modelle und ein Ausblick auf deren Einsatzmöglichkeiten in der Alterssicherung in Deutschland schließen die Arbeit ab.

1.3 Erläuterung grundlegender Begriffe

Altersvorsorge und **Altersversorgung** sind zentrale Begriffe der gesamten Untersuchung. Sie werden in der Literatur teilweise synonym verwendet und teils auch mit durchaus vielfältigen, voneinander abweichenden Inhalten belegt. Beispielsweise verwendet Büschgen die beiden Begriffe synonym und versteht unter Altersversorgung die „... allgemeine Daseinsvorsorge für das Alter“[4]. Hierbei ist nicht ausschließlich die finanzielle Vorsorge für das Ruhestandsalter relevant, sondern zusätzlich eine Invaliditäts- und Hinterbliebenenversorgung im Falle schwerer Krankheit oder vorzeitigen[5] Todes des Versorgungsempfängers.[6]

Ein Unterscheidungskriterium, das vom Arbeitskreis „Betriebliche Pensionsfonds“[7] verwendet wird, ist der Umfang der Altersvorsorge: Der reine Prozeß der Kapitalansammlung für die spätere Altersversorgung kann als *Altersvorsorge* bezeichnet werden, während die Kapitalansammlung *und* die zusätzliche Absicherung biometrischer Risiken (Invalidität, vorzeitiger Tod mit entsprechender Hinterbliebenenversorgung) als *Altersversorgung* bezeichnet wird.[8] Da der Umfang der Altersversorgung nicht im

---

4 Büschgen, H. E. (Banklexikon, 1997), S. 40.

5 Mit dem Ausdruck „vorzeitig“ ist der Tod vor dem Erreichen des Ruhestandsalters gemeint.

6 Vgl. Büschgen, H. E. (Banklexikon, 1997), S. 109.

7 Der Arbeitskreis „Betriebliche Pensionsfonds“ unter dem Vorsitz von Prof. Dr. Wolfgang Gerke – daher auch als „Gerke-Kommission“ benannt – wurde im Jahr 1998 vom Bundesministerium der Finanzen initiiert.

8 Vgl. Arbeitskreis „Betriebliche Pensionsfonds“ (Hrsg.) (Betriebliche Pensionsfonds, 1998), S. 5.

Mittelpunkt des Interesses dieser Arbeit steht, wird diese begriffliche Differenzierung für die vorliegende Untersuchung nicht verwendet.

Denkbar und aus semantischen Gründen sinnvoll erscheint eine zeitliche Abgrenzung der beiden Begriffe: Die *Altersvorsorge* betrifft demnach die Zeit vor dem Eintritt in den Ruhestand oder vor dem Eintritt des Versorgungsfalles. In diesem Zeitabschnitt besteht die Gelegenheit, Kapital für den Versorgungsfall anzusammeln. Dagegen betrifft die *Altersversorgung* die Zeit ab dem Eintritt des Versorgungsfalles; während dieses Zeitabschnittes wird der Begünstigte versorgt, indem er Zahlungen aus der zeitlich vorhergehenden Altersvorsorge erhält. Weil diese Begriffsauffassungen von Altersvorsorge und Altersversorgung die eigentliche Bedeutung der Worte am ehesten widerspiegeln, werden sie der weiteren Untersuchung zugrunde gelegt. Als Oberbegriff der Altersvorsorge und –versorgung wird der Begriff der **Alterssicherung** verwendet.

Unter **Assets** werden die Vermögensgegenstände verstanden, mit denen für die Zeit ab dem Ruhestandsalter eines Alterssichernden finanziell vorgesorgt werden soll. Die Verwendung des Asset-Begriffs erfolgt synonym zum Ausdruck „Kapital".[9] Die Assets sind in Finanz- und Realkapital sowie in sonstiges Kapital[10] strukturierbar.[11]

Im Rahmen dieser Untersuchung ist insbesondere das **Finanzkapital** relevant, weil dieses beliebig teilbar, fungibel, liquidierbar und damit für einen kontinuierlichen Ansparprozeß und für die Altersvorsorge geeignet ist. Das Finanzkapital läßt sich wiederum differenzieren, einerseits in liquide Mittel wie Geld, Geldmarktanlagen, Geld-

---

9 Zum allgemeinen Vermögensbegriff vgl. z. B. Schmidt, K.-D. (Vermögen, 1972), S. 35 ff.

10 Mit dem Begriff „sonstiges Kapital" ist insbesondere das Einkommenspotential gemeint, das im weiteren Verlauf dieses Kapitels erläutert wird.

11 Es können auch andere Strukturierungen als die in der Arbeit vorgenommenen verwendet werden. Spremann / Winhart beispielsweise differenzieren das für die Alterssicherung relevante Kapital in Humankapital, Immobilien, Finanzkapital und Pensionskapital. Diese Abgrenzung ist allerdings nicht überschneidungsfrei, da sich das Pensionskapital aus dem Humankapital als Barwert der voraussichtlichen zukünftigen Leistungen von Versorgungseinrichtungen errechnet und sich das Pensionskapital daher teilweise mit dem Humankapital deckt, woraus eine doppelte Erfassung resultieren kann.
Vgl. Spremann, K. / Winhart, S. (Humankapital, 1997), S. 148 f., und
Spremann, K. / Winhart, S. (Lebenszyklus, 1998), S. 158.

Der Begriff „Realkapital" kann synonym zu „Sachkapital" und der Begriff „Finanzkapital" gleichbedeutend mit „Geldkapital" verwendet werden.
Vgl. Hörschgen, H. (Betriebswirtschaftslehre, 1992), S. 208.

marktfonds als **risikofreie** Assets und andererseits in direkte Anlagen auf den Kapitalmärkten oder in Investmentfonds als **risikobehaftete** Assets.

Vom Finanzkapital ist das **Realkapital** zu unterscheiden, also Sachwerte wie Maschinen, Industrieanlagen oder auch Immobilien. Die *direkte* Investition in Realkapital ist für die vorliegende Untersuchung von untergeordneter Bedeutung, da die kontinuierliche Investition von kleinen Beträgen, die zur Altersvorsorge geeignet erscheint, in üblicherweise große Summen erfordernde Realkapitalinvestitionen nicht möglich ist. Als einzig relevante *direkte* Anlage in Realkapital kommt der Kauf von Immobilien grundsätzlich in Betracht.[12] Die *indirekte* Investition in Realkapital erfolgt beispielsweise über Anteile an Aktienfonds. Diese Investition gilt in dieser Untersuchung als Investition in Finanzkapital.

Als dritter Kapitalbegriff wird häufig der Begriff des **Humankapitals** als Ausdruck der Fähigkeit der Einkommenserzielung eines Alterssichernden verstanden.[13] In der überwiegenden Mehrzahl aller alterssicherungsbezogenen Publikationen ist Humankapital daher als Summe aller verwertbaren Fähigkeiten und Eigenschaften eines Alterssichernden, die im Verlauf der Erziehung und Ausbildung erworben wurden, oder als Barwert des erwarteten, zukünftigen Arbeitseinkommens definiert. Der Begriff „Humankapital" erscheint jedoch mißverständlich, da mit Humankapital im volkswirtschaftlichen Sinne oftmals das Leistungspotential einer Bevölkerung oder das Leistungspotential der Mitarbeiter eines Unternehmens bezeichnet wird. Bei genauerer Betrachtung sind diese beiden Auffassungen des Humankapitalbegriffes nicht so unterschiedlich, wie es zunächst erscheint: Die erste Begriffsauffassung bezieht sich auf eine Personengesamtheit oder auf ein Unternehmen, während sich die zweite Interpretation auf ein einzelnes Individuum bezieht. Dennoch sind die Auffassungen des Begriffs „Humankapital" offensichtlich nicht eindeutig festgelegt und zudem mißverständlich. Daher werden diese beschriebenen Assets, die möglicherweise für die Al-

---

12 Zur Relevanz der Immobilienanlage für diese Arbeit vgl. Kapitel 3.1.2.1.

13 Zu einer Auswahl der Literatur, in der das Einkommenspotential eines Individuums entweder implizit oder explizit mit dem Begriff „Humankapital" belegt wird, vgl. beispielsweise
Albrecht, T. (Zeithorizont, 1999), S. 10 und 32;
Barro, R. J. (Makroökonomie, 1992), S. 235 und 271;
Bodie, Z. / Merton, R. C. / Samuelson, W. (Portfolio Choice, 1992), S. 153;
Samuelson, P. A. / Nordhaus, W. D. (Volkswirtschaftslehre, 1987), S. 308;
Schlomann, H. (Vermögensverteilung, 1992), S. 26;
Spremann, K. / Winhart, S. (Asset Allocation, 1996), S. 22;
Wachtel, P. (Macroeconomics, 1989), S. 380.

terssicherung relevant sind, in der vorliegenden Arbeit präziser als **Einkommenspotential** eines Alterssichernden bezeichnet. Dieser Begriff gibt die intendierten Inhalte exakt wieder.[14]

Asset Allocation ist der Prozeß der Kombination (Allocation) einzelner Kapitalanlageinstrumente (Assets) oder von Assetklassen[15] zu Portfolios[16].[17] Damit dient die Asset Allocation der Umsetzung der Resultate der Portfoliotheorie oder – genauer – der Umsetzung der Ergebnisse der Portfolio Selection Theory nach Markowitz. Als weiteres Synonym für die Asset Allocation kann der Begriff des Portefeuillemanagements verstanden werden.[18]

Der Asset Allocation-Prozeß besteht aus den Phasen der *Planung* der Anlageentscheidungen inklusive der Festlegung der zu verwendenden Assets und der Ermittlung der zur Planung notwendigen Daten, des weiteren aus der *Realisation* der Anlageentscheidungen, und - als dritte Phase - aus der laufenden *Kontrolle* des Portefeuilles.[19] Von besonderem Interesse ist in dieser Untersuchung die erste Prozeßphase, die Planung der Anlageentscheidungen, da diese für die Ziele der Untersuchung der geeigneten Alterssicherung entscheidend ist. Hierin ist der „Kern" der Asset Allocation zu sehen,

---

14 Mit dem Begriff Einkommenspotential ist nicht das Potential gemeint, das durch zusätzliche Karriereanstrengungen maximal ausgeschöpft werden kann, sondern lediglich die Arbeitseinkommen, die bei realistischer Einschätzung der Karriere des Alterssichernden erzielt werden.

15 Assetklassen sind die Zusammenfassungen von Assets ähnlicher Eigenschaften zu Klassen, also beispielsweise zu Assetklassen bestehend aus Aktien, Anleihen, Immobilien oder auch Versicherungsprodukten wie Lebensversicherungen oder Rentenversicherungen.
Vgl. die veranschaulichende Darstellung in Steiner, M. / Bruns, C. (Wertpapiermanagement, 2000), S. 109.

16 Die Begriffe Portfolio und Portefeuille werden in der vorliegenden Arbeit synonym verwendet.

17 Vgl. Sharpe, W. F. / Alexander, G. J. (Investments, 1990), S. 796;
Steiner, M. / Bruns, C. (Wertpapiermanagement, 2000), S. 49.

18 Vgl. Perridon, L. / Steiner, M. (Finanzwirtschaft, 1999), S. 280.

19 Vgl. hierzu und zum folgenden Perridon, L. / Steiner, M. (Finanzwirtschaft, 1999), S. 280 ff.;
Steiner, M. / Bruns, C. (Wertpapiermanagement, 2000), S. 77 ff.
Steiner / Bruns unterteilen die Asset Allocation zwar auch in einen dreistufigen Prozeß, akzentuieren aber teils andere Prozeßinhalte als Perridon / Steiner: Die erste Prozeßphase dient nur der Datenermittlung und Datenaufbereitung; sie ist also lediglich die Grundlage der Portfolioplanung. Erst in der zweiten Prozeßphase werden effiziente Portefeuilles im Sinne der Portfolio Selection Theory generiert, was als vergleichsweise weitergehend als die reine Realisierung getroffener Anlageentscheidungen zu interpretieren ist. Erst in der dritten Phase der Asset Allocation werden anlegerspezifische Portfolios ausgewählt. Der dreistufige Asset Allocation-Prozeß von Steiner / Bruns entspricht also der ersten Prozeßphase von Perridon / Steiner. Zur detaillierten Darstellung des Asset Allocation-Prozesses nach Steiner / Bruns vgl. Steiner, M. / Bruns, C. (Wertpapiermanagement, 2000), S. 79 ff.

da im Rahmen der Planung die geeigneten Assets zur Portfoliokonstruktion mit zielführenden Gewichtungen belegt werden.

Die Realisation der im Rahmen der Planung getroffenen Anlageentscheidungen stellt kein theoretisches und üblicherweise auch kein praktisches Problem dar.

Im Rahmen der letzten Phase der Asset Allocation werden die getroffenen und realisierten Anlageentscheidungen überwacht, was auch eine Erfolgsmessung und einen Erfolgsvergleich beinhaltet.[20] Die Kontrolle initiiert allerdings nichts anderes als eine erneute Generierung von Anlageentscheidungen, so daß der Prozeß gleichsam wieder bei der ersten Phase beginnt und die letzte Phase – mit Ausnahme der potentiellen Erfolgsmessung und des Erfolgsvergleichs – mit der ersten Phase übereinstimmt. Daher wird in dieser Untersuchung ausschließlich die erste Phase der Asset Allocation betrachtet. Diese Phase wird mit dem Begriff „Asset Allocation" gleichgesetzt.

Zusammenfassend formuliert wird unter Asset Allocation der Vorgang der Generierung von Anlageentscheidungen im Sinne von Assetklassengewichtungen verstanden. Diese Entscheidungen werden anhand verschiedener Entscheidungskriterien mit unterschiedlichen Verfahren vorbereitet. Die Entscheidungskriterien sind dabei auf die Zielsetzung für die Finanzmittelansammlung für die Alterssicherung auszurichten. Diese Kriterien und Zielsetzungen werden in Kapitel 3.1 ausführlich erläutert, ebenso wie die Verfahren, mittels derer die asset-spezifischen Ausprägungen der Entscheidungskriterien analysiert werden.

2. Grundlagen der finanziellen Alterssicherung

Im folgenden wird zunächst die gegenwärtige Situation der Alterssicherung und –versorgung in Deutschland untersucht, um davon ausgehend Änderungspotentiale identifizieren zu können. Dieser Status quo der Alterssicherung und die Änderungspotentiale werden im Kapitel 2.1.1 und zusammenfassend in 2.1.2 dargestellt. Im Kapitel 2.2 wird der Untersuchungsgegenstand, der sich aus der vorhergehend erörterten Problemstellung ergibt, eingegrenzt. Für den weiteren Verlauf der Untersuchung ist eine Übersicht über gängige Lebenszyklustheorien des Sparens (Kapitel 2.3) notwendig.

---

[20] Vgl. Perridon, L. / Steiner, M. (Finanzwirtschaft, 1999), S. 281.

Zeithorizontefffekte hinsichtlich der Rendite-Risiko-Charakteristika von Aktienanlagen sind Gegenstand des Kapitels 2.4.

2.1 Alterssicherung in Deutschland

Die Altersvorsorge und –versorgung besteht aus drei Säulen:

- Aus der **gesetzlichen** Alterssicherung, die Vorsorge- und Versorgungsleistungen der gesetzlichen Rentenversicherung beinhaltet,
- aus der **betrieblichen** Alterssicherung, die von Unternehmen angeboten wird,
- und aus der **privaten** Alterssicherung, die ein Alterssichernder selbst durchführt.

Wie diese drei Säulen der Alterssicherung derzeit in Deutschland ausgestaltet sind, welche Ursachen für die derzeitige Bedeutung der drei Komponenten vorhanden sind, und wie sich die drei Komponenten in Zukunft möglicherweise in ihrer jeweiligen Bedeutung für die gesamte Alterssicherung entwickeln werden, wird im folgenden anhand der Kriterien **erfaßter Personenkreis, Umfang der Leistungen, absolute Höhe der Leistungen** sowie **Finanzierung** dargestellt.

2.1.1 Status quo der Alterssicherung in Deutschland, potentielle Änderungen und deren Ursachen

2.1.1.1 Status quo und mögliche Änderungen hinsichtlich der gesetzlichen Alterssicherung

Die gesetzliche Rentenversicherung ist der derzeit mit weitem Abstand bedeutendste Bestandteil der Alterssicherung in Deutschland. Sie macht etwa 83 Prozent der gesamten Alterssicherung in Deutschland aus.[21] Die große Bedeutung wird zudem durch den Einkommensanteil des Rentnereinkommens aus der gesetzlichen Rentenversicherung ersichtlich, der im Jahr 1998 81,9 Prozent bei Alleinstehenden und 70,5 Prozent bei Verheirateten betrug.[22]

---

21 Vgl. Frank, U. (Mitarbeiterfonds, 2000), S. 38.
Der angegebene Anteil an der Alterssicherung bezieht sich auf die Versorgungsleistungen im Ruhestandsalter und enthält auch Pensionen. Vgl. ebd.

22 Vgl. Börsch-Supan, A. H. (Rentenversicherungssystem, 1999), S. 12 f. und
Finke, R. / Stanowsky, J. (Alterssicherung, 1998), S. 7.

Hinsichtlich des von der gesetzlichen Rentenversicherung **erfaßten Personenkreises** ist in pflichtversicherte und freiwillig versicherte Personen zu differenzieren.[23] **Pflichtversichert** sind diejenigen Gruppen, die im Sozialgesetzbuch (SGB) explizit genannt sind:[24] Alle gegen Arbeitsentgelt beschäftigten Arbeitnehmer, einige Gruppen von Selbständigen, Mitglieder geistlicher Genossenschaften und Lehrlinge[25] sind in der gesetzlichen Rentenversicherung *zwangsweise pflichtversichert.*[26] Weitere Personenkreise[27] können *freiwillig pflichtversichert* werden, indem sie einen Antrag auf Versicherungspflicht stellen.[28] **Freiwillig versichert** sind diejenigen, die nicht pflichtversichert sind, keiner Personengruppe mit eigenem Versorgungssystem angehören,[29] und die nach Antragstellung in die gesetzliche Rentenversicherung aufgenommen wurden.[30] Im Jahr 1998 waren 31,2 Millionen Personen in der gesetzlichen Rentenversicherung aktiv versichert,[31] also ein in Relation zu den im gleichen Jahr 33,9 Millionen Erwerbstätigen hoher Anteil von etwa 92 Prozent.[32]

Der **Umfang der Leistungen** der gesetzlichen Rentenversicherung ist hinsichtlich des Kriteriums der abgesicherten Risiken nicht nur auf die Versorgungsleistungen im Ru-

---

23 Vgl. hierzu und zum folgenden Bundesministerium für Arbeit und Sozialordnung (Hrsg.) (Rente, 1999), S. 18 ff. und
Verband Deutscher Rentenversicherungsträger (Hrsg.) (Rente, 2000), S. 17 ff.

24 Vgl. § 1 bis § 4 SGB VI.

25 Zum relevanten Personenkreis zählen weitere Personengruppen, die hier nicht detailliert erläutert werden. Zu Details vgl. Heubeck, K. / Schmauck, U. (Altersversorgung, 1998), S. 22.

26 Vgl. hierzu und zu weiteren Einzelheiten der Versicherungspflicht Heubeck, K. / Schmauck, U. (Altersversorgung, 1998), S. 22.

27 Unter bestimmten Voraussetzungen gehören Selbständige zu diesem Personenkreis. Zu den Voraussetzungen vgl. Heubeck, K. / Schmauck, U. (Altersversorgung, 1998), S. 24.

28 Vgl. Heubeck, K. / Schmauck, U. (Altersversorgung, 1998), S. 24.

29 Hierzu zählen beispielsweise Beamte oder die Angehörigen berufsständischer Versorgungswerke von Personengruppen wie Architekten, Apothekern oder Ärzten;
vgl. Bundesministerium für Arbeit und Sozialordnung (Hrsg.) (Rente, 1999), S. 18.

30 Vgl. § 7 SGB VI;
Bundesministerium für Arbeit und Sozialordnung (Hrsg.) (Rente, 1999), S. 18 ff.;
Heubeck, K. / Schmauck, U. (Altersversorgung, 1998), S. 26.
Ein Beispiel für freiwillig Versicherte sind geschäftsführende Gesellschafter von Personenhandelsgesellschaften;
vgl. Heubeck, K. / Schmauck, U. (Altersversorgung, 1998), S. 26.

31 Als aktiv versichert gelten Beitragszahler und Personen, die sich in der Anrechnungszeit befinden;
vgl. Verband Deutscher Rentenversicherungsträger (Hrsg.) (Zeitreihen, 1999), S. 245 f.

32 Vgl. ebd., S. 17 und 218; eigene Berechnung.

hestandsalter und das damit verbundene Langlebigkeitsrisiko der Versicherten beschränkt, sondern erstreckt sich auch auf die Absicherung von Erwerbsminderungen oder des vorzeitigen Todes inklusive der damit verbundenen Hinterbliebenenversorgung.[33]

Die **absolute Höhe der Leistungen** der Altersrente wird anhand von Beispielsrechnungen ersichtlich.[34] Die durchschnittlichen Zahlbeträge für Altersrenten beliefen sich in den alten Bundesländern im Jahr 1998 auf 1.873 DM für Männer und auf 833 DM für Frauen.[35] In den neuen Bundesländern sind diese Beträge höher. Des weiteren existieren diverse Schätzungen, welche Altersrentenhöhen die *gegenwärtig pflichtversicherten Personen* aus der gesetzlichen Rentenversicherung zu erwarten haben, denen zufolge die durchschnittliche Höhe der monatlichen Altersrente beispielsweise 1.760 DM betragen wird.[36] Diese Altersrenten liegen damit unter dem geschätzten durchschnittlichen Finanzbedarf von 2.740 DM pro Monat.[37]

---

33 Vgl. Bundesministerium für Arbeit und Sozialordnung (Hrsg.) (Rente, 1999), S. 64 ff. und 72 ff. Die verminderte Erwerbsfähigkeit ist im Falle einer freiwilligen Versicherung in der gesetzlichen Rentenversicherung grundsätzlich nicht abgesichert;
vgl. Heubeck, K. / Schmauck, U. (Altersversorgung, 1998), S. 26.

34 Hat ein Versicherter beispielsweise monatlich Höchstbeiträge zur gesetzlichen Rentenversicherung gezahlt, und haben diese Zahlungen im Alter von 28 Jahren begonnen, beträgt die Altersrente bei einem Eintritt in den Ruhestand im Alter von 63 Jahren monatlich 2555 DM. Hierbei ist u. a. zu beachten, daß das durchschnittliche Ruhestandseintrittsalter von gesetzlich rentenversicherten Personen im Jahr 1998 bei dem erstaunlich niedrigen Alter von 59,8 Jahren liegt; das Maximum dieses Alters war im Jahr 1973 zu verzeichnen, als das Rentenzugangsalter bei etwas über 62 Jahren lag. Erwähnenswert ist dabei, daß 41 Prozent der Erstrentner im Jahr 1995 keine Altersrenten bezogen, sondern Erwerbs- und Berufsunfähigkeitsrenten. Altersrenten bezogen lediglich 35 Prozent der Erstrentner.
Vgl. hierzu und zu weiteren Details von Beispielsrechnungen
Börsch-Supan, A. H. (Rentenversicherungssystem, 1999), S. 19 und 22;
Heubeck, K. / Schmauck, U. (Altersversorgung, 1998), S. 29;
o. V. (Versorgungsillusion, 1999), S. 12;
Verband Deutscher Rentenversicherungsträger (Hrsg.) (Rentenversicherung, 1999), S. 65.

Zur exakten Berechnung der Rentenansprüche aus der gesetzlichen Rentenversicherung vgl. Börsch-Supan, A. H. (Rentenversicherungssystem, 1999), S. 15 ff.

35 Vgl. hierzu und zum folgenden Verband Deutscher Rentenversicherungsträger (Hrsg.) (Rentenversicherung, 1999), S. 32 ff.

36 Vgl. hierzu und zum folgenden o. V. (Versorgungsillusion, 1999), S. 16.

37 Dennoch ist die Versorgung aufgrund der gesetzlichen Rentenversicherung – auch im internationalen Vergleich - als hoch einzustufen. Die Lohnersatzquote – die Nachsteuerrente als Prozentsatz des zuletzt erhaltenen Nettolohnes – beläuft sich auf nahezu 97 Prozent für das einkommensschwächste Quintil der Bevölkerung und auf etwa 70 Prozent für das einkommensstärkste Quintil. Die durchschnittliche Lohnersatzquote beträgt 83,5 Prozent.
Vgl. Börsch-Supan, A. H. (Rentenversicherungssystem, 1999), S. 17.

Die **Finanzierung** der gesetzlichen Rentenversicherung erfolgt nach dem Umlageverfahren. Die gegenwärtig zu zahlenden Renten werden also von den gleichzeitig aktiven, rentenversicherungspflichtigen Erwerbstätigen[38] als Arbeitnehmerbeiträge und von den arbeitgebenden Unternehmen als Arbeitgeberbeiträge gezahlt.[39] Der Beitragssatz zur gesetzlichen Rentenversicherung beträgt 19,5 Prozent des Bruttoeinkommens,[40] wobei dieser Beitrag von Arbeitnehmern und Arbeitgebern jeweils zur Hälfte getragen wird. Der prozentuale Anteil am Bruttoeinkommen wird bis zur Beitragsbemessungsgrenze erhoben, die bei einem monatlichen Bruttoeinkommen von 8.500 DM in den alten Bundesländern und 7.200 DM in den neuen Bundesländern liegt.[41] 19,5 Prozent der jeweiligen Beitragsbemessungsgrenze sind daher der Höchstbeitrag zur gesetzlichen Rentenversicherung. Die Arbeitnehmer- und Arbeitgeberbeiträge zur gesetzlichen Rentenversicherung reichen aber bereits heute zur Finanzierung nicht aus. So mußte die Mehrwertsteuer erhöht und die Ökosteuer erhoben werden, um über den Bundeszuschuß, der auch durch andere Steuern finanziert wird,[42] die gegenwärtige Finanzierung sicherzustellen und weitere Beitragserhöhungen zu verhindern[43]. Entfiele der Bundeszuschuß, wäre zur Zeit ein Beitrag von nicht 19,5 Prozent, sondern von 27,7 Prozent nötig, was die Belastung durch das derzeitige Finanzierungssystem der gesetzlichen Rentenversicherung verdeutlicht.[44]

Als weiterer Indikator für die Versorgungssituation kann das Rentenniveau mit 45 Versicherungsjahren – definiert als Nettojahresrente mit 45 Versicherungsjahren als Prozentsatz des derzeitigen jeweiligen Nettoentgelts der Arbeitenden - dienen. Dieses Rentenniveau liegt derzeit bei etwa 70 Prozent, wird sich aber zukünftig vermindern.
Vgl. ebd. und Verband Deutscher Rentenversicherungsträger (Hrsg.) (Zeitreihen, 1999), S. 210.

38 Mit allen abhängig Beschäftigten sind über 90 Prozent aller Erwerbstätigen beitragspflichtig.
Vgl. Börsch-Supan, A. H. (Rentenversicherungssystem, 1999), S. 13.

39 Hierzu existieren nachvollziehbare Auffassungen, denen entsprechend eine Trennung in Arbeitnehmer- und Arbeitgeberbeiträge nicht sinnvoll ist, da letztendlich der Arbeitnehmer über niedrigere Löhne die Gesamtbelastung trägt.
Vgl. ebd., S. 14.

40 Vgl. ebd.;
Deutsche Bundesbank (Hrsg.) (Kapitaldeckung, 1999), S. 25.

41 Vgl. Verband Deutscher Rentenversicherungsträger (Hrsg.) (Rentenversicherung, 1999), S. 10.

42 Vgl. Börsch-Supan, A. H. (Rentenreform, 2000), S. 10.

43 Durch die „ökologische Steuerreform" der Bundesregierung unter Bundeskanzler Schröder konnte zum 01.04.1999 der Beitragssatz zur gesetzlichen Rentenversicherung von 20,3 auf 19,5 Prozent gesenkt werden;
vgl. hierzu und zum folgenden Deutsche Bundesbank (Hrsg.) (Kapitaldeckung, 1999), S. 25;
Börsch-Supan, A. H. (Rentenversicherungssystem, 1999), S. 14 f.;
Börsch-Supan, A. H. (Rentenreform, 2000), S. 10.

44 Vgl. Börsch-Supan, A. H. (Rentenversicherungssystem, 1999), S. 14.

Unter den verschiedenen Interessengruppen herrscht weitgehende Einigkeit über die Tatsache, daß die gesetzliche Rentenversicherung in der jetzigen Durchführungs- und Finanzierungsform aus mehreren Gründen langfristig nicht fortzuführen ist.[45]

Der erste und wesentliche Grund für die Situation der gesetzlichen Rentenversicherung besteht in der Finanzierungsform der Umlagefinanzierung in Verbindung mit der **Entwicklung der Bevölkerungsstruktur** und der Arbeitslosigkeit in Deutschland.[46] Wie oben dargestellt finanzieren die jeweiligen Beitragszahler die Versorgungsempfänger der gleichen Periode. Dies funktioniert, wenn – ausgehend von einem Gleichgewicht – die Altersstruktur der Bevölkerung sich für dieses System der Alterssicherung nicht ungünstig entwickelt. Ungünstig bedeutet hier, daß die Anzahl der Älteren, also der Versorgungsempfänger, steigt, und die Anzahl der Jüngeren, also der Beitragszahler, sinkt. Genau diese ungünstige Bevölkerungsentwicklung ist aber in Deutschland seit Jahren gegeben, und diese Tendenz wird sich in den nächsten Jahrzehnten weiter verstärken.[47] So nimmt gemäß den Modellrechnungen des statistischen Bundesamtes[48] die Bevölkerung in Deutschland in den kommenden Jahrzehnten ab: Bis zum Jahr 2000 stieg die Bevölkerungszahl auf 81,5 Millionen prognosegemäß an, und diese Zahl wird sich bis zum Jahr 2040 auf 68,8 Millionen verringern.[49] Diese Verringerung per se würde sich für die gesetzliche Alterssicherung nicht nachteilig

---

45 Unter den nahezu täglich erscheinenden Veröffentlichungen zu diesem Thema vgl. exemplarisch
o. V. (Alterungskrise, 2000), S. 18;
o. V. (Betriebliche Altersvorsorge, 2000), S. 65;
o. V. (Private Vorsorge, 2000), S. 18;
o. V. (Privatvorsorge, 2000), S. 13;
o. V. (Reform, 2000), S. 29.

46 Die im folgenden dargestellte Bevölkerungsentwicklung ist in ähnlicher Weise auch in vielen anderen Industrieländern zu beobachten. Vgl. z. B. o. V. (Reform, 2000), S. 29.

47 Vgl. hierzu und zum folgenden Börsch-Supan, A. H. (Rentenversicherungssystem, 1999), S. 32 ff.;
Bundesministerium des Innern (Hrsg.) (Bevölkerungsentwicklung, 1995), S. 8 ff.;
Statistisches Bundesamt (Hrsg.) (Bevölkerung, 1995), S. 1 ff.

48 Die Rechnungen wurden vom statistischen Bundesamt durchgeführt und vom Bundesministerium des Innern veröffentlicht.

49 Die Berechnungen beruhen auf diversen Annahmen auch hinsichtlich des für die Altersstruktur entscheidenden Geburtenniveaus in Deutschland. Für das Geburtenniveau wurden alternative Annahmen getroffen, die logischerweise zu unterschiedlichen Berechnungsergebnissen führen. Die folgenden Ausführungen basieren auf den Annahmen, denen vom statistischen Bundesamt bzw. vom Bundesministerium des Innern die höchste Eintrittswahrscheinlichkeit zugemessen wird. Vgl. Bundesministerium des Innern (Hrsg.) (Bevölkerungsentwicklung, 1995), S. 6 ff.

auswirken, wenn die Altersstruktur der Bevölkerung identisch bliebe,[50] da dann eine geringere Anzahl von Erwerbstätigen eine geringere Anzahl von Versorgungsempfängern finanzieren müßte. Aber gerade die Altersstruktur wird sich entsprechend allen Prognosen in den kommenden Jahrzehnten gravierend verändern, wie es auch anhand der unten folgenden Tabelle ersichtlich ist:[51] Die Zahl der jüngeren Menschen mit einem Alter von unter 20 Jahren geht prognosegemäß von 17,6 Millionen im Jahr 1995 auf 10,4 Millionen im Jahr 2040[52] zurück, was einem Rückgang des Anteils der unter Zwanzigjährigen an der Gesamtbevölkerung von 21,5 auf 15,1 Prozent entspricht. Die Bevölkerung im erwerbsfähigen Alter von 20 bis unter 60 Jahre[53] reduziert sich von 47,1 Millionen auf 33,1 Millionen, entsprechend einem Rückgang von 57,8 auf 48,1 Prozent an der Gesamtbevölkerung.[54] Entscheidend ist die Entwicklung der Anzahl der Bürger mit einem Alter von mindestens 60 Jahren: Diese steigt durch eine immer höhere Lebenserwartung von 16,9 auf 25,3 Millionen Menschen,[55] so daß sich der Anteil an der Gesamtbevölkerung von 20,7 auf 36,8 Prozent erhöht. Bereits an diesen Zahlen ist zu erkennen, daß die Umlagefinanzierung der gesetzlichen Altersversorgung in der derzeitigen Form mit gleichen Beiträgen und Versorgungsleistungen nicht aufrechtzuerhalten sein wird: Die Zahl der potentiellen Beitragszahler sinkt, die Zahl der durch diese zu finanzierenden Versorgungsempfänger hingegen steigt. Die Aussagekraft der

---

50 Bei einer Konstanz der Altersstruktur hätte diese auch keine positiven Auswirkungen auf die gesetzliche Alterssicherung.

51 Vgl. hierzu und zum folgenden Bundesministerium des Innern (Hrsg.) (Bevölkerungsentwicklung, 1995), S. 9 ff. und S. 23 ff.;
Deutsche Bundesbank (Hrsg.) (Kapitaldeckung, 1999), S. 17 f.

Entsprechend weiteren Untersuchungen hatte Deutschland im internationalen Vergleich bereits im Jahr 1995 den niedrigsten Anteil von Kindern und Jugendlichen an der Gesamtbevölkerung. Im Jahre 2030 wird die Bevölkerung Deutschlands die älteste der gesamten Welt sein;
vgl. Leibfritz, W. (Alterssicherung, 2000), S. 53 ff.;
Meier, C.-P. (Demographie, 1995), S. 85;
o. V. (Alterungskrise, 2000), S. 18.

52 Auch die im folgenden genannten Vergleichsdaten basieren auf den Daten der Jahre 1995 und 2040.

53 Hier ist das zunächst als gering erscheinende Rentenzugangsalter von 60 Jahren zu beachten. Auch bei einer formal existierenden Altersgrenze von 65 Jahren tritt der Versorgungsfall – wie bereits oben dargestellt - tatsächlich wesentlich früher ein, zur Zeit im Alter von durchschnittlich 59,8 Jahren. Daher erscheint diese Berechnung als der Realität entsprechend. Vgl. S. 10. Es existieren auch Alternativberechnungen des statistischen Bundesamtes, denen ein Rentenzugangsalter von 65 Jahren zugrundeliegt.
Vgl. Bundesministerium des Innern (Hrsg.) (Bevölkerungsentwicklung, 1995), S. 24, 33 und 35.

54 Vgl. hierzu und zum folgenden Bundesministerium des Innern (Hrsg.) (Bevölkerungsentwicklung, 1995), S. 10.

55 Vgl. Finke, R. / Stanowsky, J. (Alterssicherung, 1998), S. 11.

bisherigen Ausführungen läßt sich noch weiter durch die Berechnung und Schätzung des **Altersquotienten**, die Anzahl der mindestens Sechzigjährigen dividiert durch die Anzahl der Zwanzig- bis unter Sechzigjährigen,[56] steigern. Der Altersquotient ist – vereinfachend formuliert – der Quotient aus Leistungsempfängern und Beitragszahlern und damit ein wesentlicher Indikator für die Funktionsfähigkeit der gesetzlichen, umlagefinanzierten Alterssicherung.[57] Er betrug – wie es auch an der folgenden Abbildung 2.1.1.1-1 erkennbar ist[58] – im Jahr 1995 35,8 Prozent und wird entsprechend der Schätzung des statistischen Bundesamtes bis auf 76,4 Prozent im Jahr 2040 steigen und sich damit mehr als verdoppeln.[59] Der Anteil derjenigen, die versorgt werden müssen, an denen, die versorgen, wird sich in den zukünftigen Jahren also derart entwickeln, daß eine Umlagefinanzierung der gesetzlichen Rentenversicherung in der derzeitigen Form und im derzeitigen Umfang allein aufgrund der Entwicklung der Bevölkerungsstruktur kaum durchführbar ist.

Jahr	2000	2040
Bevölkerung in Deutschland	81,5 Mio.	68,8 Mio.
Bevölkerung im Alter < 20 Jahre	17,6 Mio. (21,5%)	10,4 Mio. (15,1%)
Bevölkerung im Alter 20-60 Jahre	47,1 Mio. (57,8%)	33,1 Mio. (48,1%)
Bev. im Alter > 65 Jahre	16,9 Mio. (20,7%)	25,3 Mio. (36,8%)
Altersquotient	35,8% (Jahr 1995)	76,4%

Abbildung 2.1.1.1-1: Bevölkerungsentwicklung

56 Vgl. Büschgen, H. E. (Altersvorsorgesystem, 1999), S. 4.

57 Vgl. ebd.

58 Zur Tabelle vgl. Bundesministerium des Innern (Hrsg.) (Bevölkerungsentwicklung, 1995), S. 10.

59 Vgl. hierzu und zum folgenden Bundesministerium des Innern (Hrsg.) (Bevölkerungsentwicklung, 1995), S. 11 und 34.
Zur Entwicklung des Altersquotienten existieren auch andere, voneinander differierende Schätzungen, denen zufolge im Jahr 2035 ein Altersquotient von 66,7 bis zu 81,5 Prozent zu erwarten ist. Vgl. hierzu
Finke, R. / Stanowsky, J. (Alterssicherung, 1998), S. 8;
Deutsche Bundesbank (Hrsg.) (Kapitaldeckung, 1999), S. 16;
Schmid, J. (Dilemma, 2000), S. 8.

Neben der zukünftigen Entwicklung der Bevölkerungsstruktur existieren weitere Ursachen, die eine Fortführung des Status quo in der gesetzlichen Rentenversicherung unmöglich erscheinen lassen. Hier ist insbesondere die veränderte Erwerbstätigkeit zu nennen, die sich in einer vermehrten Teilzeitarbeit, in einer tendenziell zunehmenden Arbeitslosigkeit und in längeren Ausbildungszeiten konkretisiert.[60] Auch durch das eher sinkende Renteneintrittsalter oder durch die Übernahme der Rentenverpflichtungen in den neuen Bundesländern sind zusätzliche Belastungen entstanden und werden weiterhin Belastungen entstehen.[61]

Würde das jetzige System der gesetzlichen Rentenversicherung unverändert fortgeführt,[62] wäre bis zum Jahr 2035 eine Steigerung des Beitragssatzes[63] zur gesetzlichen Rentenversicherung auf über 30 Prozent zu erwarten.[64] Hierdurch sinkt die „interne

60 Vgl. Heinsohn, T. D. (Altersvorsorge, 1999), S. 13.

61 Vgl. Deutsche Bundesbank (Hrsg.) (Kapitaldeckung, 1999), S. 23 ff.; Heinsohn, T. D. (Altersvorsorge, 1999), S. 13.

62 Die unveränderte Fortführung bedeutet, daß der gleiche Umfang der Versicherungsleistungen gewährt werden soll. Die Prognose der Entwicklung des Beitragssatzes basiert auf verschiedenen Annahmen beispielsweise hinsichtlich der Bevölkerungsentwicklung und der Beschäftigungssituation in Deutschland.

63 Eine Alternative zur Steigerung des Beitragssatzes bei gleichbleibenden Versorgungsleistungen ist ein konstanter Beitragssatz bei sinkenden Versorgungsleistungen, die auf ein Rentenniveau von unter 56 Prozent sinken würden.
Vgl. Rürup, B. (Alterssicherungsprobleme, 2000), S. 158.

64 Vgl. Börsch-Supan, A. H. (Rentenversicherungssystem, 1999), S. 35. Hier wird ebenfalls das Ergebnis offizieller Schätzungen von 26 bis 29 Prozent genannt, wobei diese (eher zu positiven) Ergebnisse durch eine angenommene Veränderung der Umfeldbedingungen wie erhöhte Arbeitsmarktpartizipation von Frauen oder eine verbesserte Beschäftigungssituation zustande kommen. Vgl. ebd.

Noch pessimistischere Prognosen gehen von einer Verdoppelung des jetzigen Beitragssatzes aus, wenn das derzeitige Versorgungsniveau aufrecht erhalten werden soll;
vgl. Deutsches Institut für Altersvorsorge (Hrsg.) (Gesetzliche Rentenversicherung, 2000), S. 20. Bei der Verwendung der Publikationen des Deutschen Instituts für Altersversorgung ist zu beachten, daß dessen Gesellschafter die Deutsche Bank AG und deren Tochterunternehmen Deutsche Gesellschaft für Wertpapiersparen (DWS), die Deutsche Bank Bauspar AG sowie die Versicherungsholding der Deutschen Bank (Deutscher Herold) sind. Das Institut selbst bezeichnet sich als „neutral und unabhängig"; vgl. beispielsweise Deutsches Institut für Altersvorsorge (Hrsg.) (Reformerfahrungen, 1999), S. 204. Ein Vergleich der Publikationen des Deutschen Instituts für Altersvorsorge mit Veröffentlichungen anderer Herausgeber ergibt keine Anhaltspunkte für eine auffällig „tendenziöse" Berichterstattung oder Analyseweise.

Zur prognostizierten Entwicklung des Beitragssatzes zur gesetzlichen Rentenversicherung bis zum Jahr 2040 vgl. auch Deutsche Bundesbank (Hrsg.) (Kapitaldeckung, 1999), S. 26; Miegel, M. (Einführung, 1998), S. 10 sowie in genereller Hinsicht
Bomsdorf, E. (Private Altersvorsorge, 2000), S. 7 ff.

Rendite"[65] der Beiträge der Versorgungsempfänger aus der gesetzlichen Rentenversicherung von real drei Prozent für den Geburtsjahrgang 1930 auf prognostizierte 0,5 bis ein Prozent für den Geburtsjahrgang 1970.[66] Für alleinstehende Männer des Geburtsjahrganges 1980 werden teilweise negative interne Renditen aus der gesetzlichen Rentenversicherung erwartet.[67]

Diese Entwicklung ist nicht völlig neu. Es war bereits in den letzten Jahren nötig, die gesetzliche Rentenversicherung kontinuierlich, für die Betroffenen kaum wahrnehmbar,[68] zu modifizieren.[69] Die Eingriffe[70] führen bereits jetzt[71] zu annähernd 33 Prozent niedrigeren Renten im Vergleich zur ursprünglichen Ausgestaltung der gesetzlichen Rentenversicherung,[72] so daß die Ziele des Rentengesetzes von 1957, alle Rentner an der allgemeinen wirtschaftlichen Entwicklung teilhaben zu lassen und den gewohnten Lebensstandard langfristiger Beitragszahler im Ruhestandsalter zu gewährleisten, verfehlt werden.[73]

Die vorangegangenen Ausführungen verdeutlichen, daß die gesetzliche Rentenversicherung in der derzeitigen Ausgestaltung, die sich für die Rentenbezieher nachteilig

---

65 Als „interne Rendite" der gesetzlichen Rentenversicherung wird hier der Realzins einer alternativen Kapitalmarktanlage verstanden, um eine Rente, wie sie durch das Umlageverfahren finanziert wird, zu erwirtschaften. Vgl. Miegel, M. (Einführung, 1998), S. 10.

66 Vgl. hierzu und zum folgenden ebd.
In genereller Hinsicht vgl. auch Issing, O. (Private Altersvorsorge, 1996), S. 7.

67 Zur Problematik der Berechnung von Renditen der gesetzlichen Rentenversicherung und eines Renditevergleichs von Umlageverfahren mit Kapitaldeckungsverfahren vgl. Deutsche Bundesbank (Hrsg.) (Kapitaldeckung, 1999), S. 20 f.

68 Vgl. Börsch-Supan, A. H. (Rentenreform, 2000), S. 10.

69 Vgl. ebd.

70 Zum Überblick über die leistungsmindernden Eingriffe seit dem Jahr 1977 vgl.
Deutsches Institut für Altersvorsorge (Hrsg.) (Gesetzliche Rentenversicherung, 2000), S. 3 ff., oder o. V. (Leistungsmindernde Eingriffe, 2000), S. 18;
zur detaillierten Darstellung der Eingriffe vgl. Deutsches Institut für Altersvorsorge (Hrsg.) (Gesetzliche Rentenversicherung, 2000), S. 9 ff.

71 Die Ausführungen beziehen sich auf die Situation im Jahr 2000.

72 Hierzu existieren unterschiedliche Untersuchungen und Untersuchungsergebnisse. Börsch-Supan beziffert die Leistungsminderungen auf zehn bis 15 Prozent, andere konstatieren Rentenminderungen von bis zu 33 Prozent.
Vgl. Börsch-Supan, A. H. (Rentenreform, 2000), S. 10;
Deutsches Institut für Altersvorsorge (Hrsg.) (Gesetzliche Rentenversicherung, 2000), S. 9 ff.

73 Vgl. Deutsches Institut für Altersvorsorge (Hrsg.) (Gesetzliche Rentenversicherung, 2000), S. 3. Gemäß der Auffassung der Autoren der Studie werden die beiden Ziele bereits seit dem Ende der siebziger Jahre verfehlt.

entwickelt hat, zukünftig keinen Bestand haben wird. Es besteht weitgehende Einigkeit darüber, daß sich die Leistungen aus der gesetzlichen Rentenversicherung weiter verschlechtern werden, und das bei markant steigenden Beitragssätzen oder Bundeszuschüssen. Eine Altersversorgung, die den Lebensstandard der Versorgungsempfänger sichert, wird daraus seltener als bisher bezogen werden können.[74]

Das Problem der Finanzierung und Durchführung der gesetzlichen Rentenversicherung in der jetzigen Form und im jetzigen Umfang ist unlösbar. Zwar wird die Finanzierung bis zum Jahr 2015 grundsätzlich als gesichert erachtet,[75] die Zeit danach wird aber auch mit der bisher praktizierten Politik kleiner Eingriffe für die jetzige Form der gesetzlichen Rentenversicherung nicht zu überstehen sein. **Auswirkungen** des Problems auf die gesetzliche Rentenversicherung können in der *Beitragserhöhung* oder *Leistungsniveausenkung*, in der Änderung des *Rentenzugangsalters*, oder in der *Finanzierungsweise* bestehen.

Eine *Beitragserhöhung* scheint aus Gründen der Wettbewerbsfähigkeit keine praktikable Lösung zu sein, weil sich die bereits existenten Nachteile des Standorts Deutschland durch die im internationalen Vergleich hohen Lohnnebenkosten[76] verstärken würden.[77]

Eine *Leistungsniveausenkung* ist eine Lösung für die gesetzliche Alterssicherung, aber nicht für die gesamte Alterssicherung aus Sicht der Versorgungsempfänger, da diese

---

[74] Vgl. Deutsches Institut für Altersvorsorge (Hrsg.) (Gesetzliche Rentenversicherung, 2000), S. 20. Diese pessimistische Einschätzung wird beispielsweise mit sich weiter verringernden Arbeitsvolumina, mit vermehrter Teilzeitbeschäftigung, mit einer steigenden Anzahl von Erwerbstätigen mit langen Ausbildungszeiten, oder mit einer weiter steigenden Lebenserwartung begründet. Vgl. ebd.

Die Wirkungen dieser Veränderungen können nach Auffassung verschiedener Autoren teilweise kompensiert werden: Sinkende Bevölkerungszahlen bewirken möglicherweise eine Arbeitskräfteknappheit, die wiederum zu steigenden Löhnen führt, was dann höhere absolute Beitragszahlungen zur gesetzlichen Rentenversicherung zur Folge hätte. Es ist jedoch nicht zu erwarten, daß auf diese Weise eine vollständige Kompensation der negativen Effekte erfolgt. Vgl. Finke, R. / Stanowsky, J. (Alterssicherung, 1998), S. 31. Bei der Verwendung dieser Quelle ist zu beachten, daß die Autoren die oben dargestellte Argumentation im Zusammenhang mit einer kapitalgedeckten Alterssicherung verwenden, was die dargelegte Aussage jedoch nicht beeinträchtigt.

[75] Vgl. Börsch-Supan, A. H. (Rentenreform, 2000), S. 10.

[76] Die Beiträge zur gesetzlichen Rentenversicherung sind ein wesentlicher Bestandteil der Lohnnebenkosten.

[77] Vgl. beispielsweise Büschgen, H. E. (Altersvorsorgesystem, 1999), S. 6;
Deutsche Bundesbank (Hrsg.) (Kapitaldeckung, 1999), S. 26.

den Lebensunterhalt auf irgendeine Weise ohne laufende Arbeitseinkommen bestreiten müssen. Daher müßte die Leistungsniveausenkung mit anderen Formen der Alterssicherung kombiniert werden, um den Lebensunterhalt zu sichern. So wäre die Leistungsniveausenkung mit der „Verstärkung" anderer Formen der Alterssicherung, also der betrieblichen oder privaten, verbunden. Ob Lösungen von diesen „Säulen" der Alterssicherung zu erwarten sind, wird in den Kapiteln 2.1.1.2 und 2.1.1.3 untersucht.

Die Änderung der *Finanzierungsweise* der gesetzlichen Alterssicherung wird sich – wenn eine sinnvolle gesetzliche Rentenversicherung auch weiterhin durchgeführt werden soll – auf lange Sicht nicht umgehen lassen.[78] Im wesentlichen bedeutet dies, die Umlagefinanzierung auf die Finanzierung durch Kapitaldeckung umzustellen. Diese Umstellung ist wiederum nicht frei von Problemen,[79] weil während des Übergangs von der Umlagefinanzierung zum Kapitaldeckungsverfahren einerseits die bestehenden Rentenansprüche bedient werden müssen und andererseits von derselben Generation *gleichzeitig* die Beiträge zur neuen, kapitalgedeckten Vorsorge entrichtet werden müssen – eine untragbare Belastung trotz der erwarteten langfristig höheren „Renditen" aus einer kapitalgedeckten Alterssicherung.[80] Möglich ist daher eine **ergänzende** kapitalgedeckte Vorsorge, wie sie ab dem Jahr 2002 realisiert wird. Durch sie können die

---

78 Vgl. Deutsche Bundesbank (Hrsg.) (Kapitaldeckung, 1999), S. 26.

79 Von Sinn / Werding wird der Übergang vom Umlageverfahren zum Kapitaldeckungsverfahren unter den in Deutschland gegebenen Umständen als unmöglich eingeschätzt.
Vgl. Sinn, H.-W. / Werding, M. (Rentenniveausenkung, 2000), S. 13.

Zur Untersuchung der Vorteilhaftigkeit eines Übergangs zum Kapitaldeckungsverfahren aus volkswirtschaftlicher Sicht vgl. z. B. Felderer, B. (Lebenseinkommenszyklus, 1987), S. 362 ff.

80 Vgl. Deutsche Bundesbank (Hrsg.) (Kapitaldeckung, 1999), S. 21 ff.;
zum Überblick über den Übergang zum Kapitaldeckungsverfahren vgl. Zermin, H. (Übergang, 2000), S. 44 ff.

Die „Renditen", die im Umlageverfahren „erzielt" werden, sind aufgrund ihrer faktischen Kopplung an den Lohnsummenzuwachs bei vereinfachender Betrachtung üblicherweise geringer als die Kapitalmarktrenditen.
Vgl. Sinn, H.-W. / Werding, M. (Rentenniveausenkung, 2000), S. 12.

Zu den geringen und im Vergleich zu den Kapitalmarktrenditen offensichtlich niedrigeren „Renditen" aus der gesetzlichen Rentenversicherung vgl. auch
Miegel, M. / Allerdissen, K. (Renditen, 1998), S. 50 ff.;
Raffelhüschen, B. (Renditen, 1998), S. 36 ff.;
Schnabel, R. (Renditen, 1998), S. 23 ff.
Eine Veränderung der bei Miegel / Allerdissen genannten Renditeverhältnisse wird von den Autoren als unrealistisch eingeschätzt; vgl. Miegel, M. / Allerdissen, K. (Renditen, 1998), S. 53.

Zum Vergleich des Umlageverfahrens mit dem Kapitaldeckungsverfahren unter Effizienzgesichtspunkten vgl. Wrede, M. (Alterssicherung, 2000), S. 323 ff., oder allgemein die Empfehlungen von Engels, W. u. a. (Kronberger Kreis) (Alterssicherung, 1987).

fehlenden Versorgungsmittel im Idealfall kompensiert werden.[81] Aufgrund der möglichen Individualität einer solchen kapitalgedeckten Vorsorge und aufgrund der Finanzierung durch Privatpersonen kann diese eindeutig der **privaten Alterssicherung** zugerechnet werden.[82]

Eine Alternative zur Beseitigung der Schwierigkeiten bei der Finanzierung der gesetzlichen Rentenversicherung besteht in der *Erhöhung des Renteneintrittsalters*.[83] Um jedoch nur durch diese Maßnahme die Finanzierung der gesetzlichen Altersversorgung sicherzustellen, ist eine Erhöhung des Renteneintrittsalters auf 69 Jahre nötig. Im Vergleich zum derzeitigen durchschnittlichen Renteneintrittsalter von unter 60 Jahren[84] bedeutete dies eine Verlängerung der Lebensarbeitszeit um nahezu zehn Jahre. Daher erscheint die Erhöhung des Renteneintrittsalters als Ausweg aus der Finanzierungskrise der gesetzlichen Rentenversicherung als ein vollkommen illusorisches Unterfangen. Zudem würde eine Verlängerung der Lebensarbeitszeit zu einer Steigerung der Arbeitslosigkeit beitragen.[85]

Die vorangegangenen Ausführungen zeigen, daß die Durchsetzung einer Beitragserhöhung und eine Anhebung des Renteneintrittsalters unwahrscheinlich sind.[86] Praktikabel und durchsetzbar ist eine Kombination von Leistungsniveausenkung und Änderung der Finanzierungsweise. Daher wird die per Umlageverfahren finanzierte gesetz-

---

81 Vgl. Deutsche Bundesbank (Hrsg.) (Kapitaldeckung, 1999), S. 27;
Sinn, H.-W. / Werding, M. (Rentenniveausenkung, 2000), S. 12 ff.

Der Idealfall ist – trotz gegenteiliger Beteuerungen von politischer Seite – durch die ab dem Jahr 2002 gesetzlich geförderte private Alterssicherung jedoch nicht zu erreichen;
vgl. beispielsweise Miegel, M. (Einführung, 2001), S. 2 ff.;
o. V. (Rentenniveau, 2001), S. 1;
o. V. (Riester-Reform, 2001), S. 13;
Schnabel, R. (Rentenreform 2001, 2001), S. 7 ff.;
Sinn, H.-W. (Richtung, 2000), S. 3 f.

82 Diese Zuordnung erfolgt auch implizit durch die Deutsche Bundesbank, indem die kapitalgedeckte Vorsorge als Eigenvorsorge bezeichnet wird;
vgl. Deutsche Bundesbank (Hrsg.) (Kapitaldeckung, 1999), S. 29.

Des weiteren ist anzumerken, daß auch die Existenz von Arbeitgeberbeiträgen einer solchen Zuordnung nicht widerspricht, weil auch die Auffassung vertreten wird, Arbeitgeberbeiträge seien letztlich vom Arbeitnehmer bezahlt. Vgl. Fußnote 39.

83 Vgl. Deutsche Bundesbank (Hrsg.) (Kapitaldeckung, 1999), S. 28 f.

84 Vgl. Fußnote 34.

85 Vgl. Büschgen, H. E. (Altersvorsorgesystem, 1999), S. 6.

86 Vgl. hierzu und zum folgenden auch Büschgen, H. E. (Altersvorsorgesystem, 1999), S. 6.

liche Rentenversicherung ab dem Jahr 2002 um kapitalgedeckte Bestandteile ergänzt, wobei diese Bestandteile der privaten Alterssicherung zuzuordnen sind.[87]

2.1.1.2 *Status quo und potentielle Modifikationen der betrieblichen Alterssicherung*

Die für Unternehmen freiwillige[88] betriebliche Alterssicherung besteht aus Leistungen für die Alters-, Invaliditäts- oder Hinterbliebenenversorgung, die Arbeitnehmern – dem hier relevanten **Personenkreis** – aufgrund eines Arbeitsverhältnisses zugesagt wurden.[89] Dabei reicht es für ein Vorsorgewerk aus, **eine** der genannten Leistungen zu gewähren, um als betriebliche Alterssicherung anerkannt zu werden.[90]

Die betriebliche Alterssicherung ist z. Zt. die Säule der Alterssicherung in Deutschland mit der geringsten Bedeutung[91]: Lediglich fünf Prozent[92] des Umfanges der gesamten deutschen Alterssicherung werden durch die betriebliche Versorgung aufgebracht,[93] wobei die generelle Verbreitung und Bedeutung dieser Säule der Alterssicherung im Zeitablauf abnimmt.[94] Vorwiegend von Großunternehmen wird die betriebliche Alterssicherung überhaupt angeboten.[95]

---

87 Möglicherweise werden auch mehrere andere Lösungswege miteinander kombiniert, beispielsweise die Einführung der kapitalgedeckten Vorsorge mit einer Erhöhung des Rentenzugangsalters;
vgl. Deutsche Bundesbank (Hrsg.) (Kapitaldeckung, 1999), S. 29.

88 Vgl. Müntinga-Dahl, U. (Betriebliche Altersversorgung, 1998), S. 234.

89 Vgl. § 1 Abs. 1 BetrAVG.

90 Vgl. Müntinga-Dahl, U. (Betriebliche Altersversorgung, 1998), S. 234.

91 Vgl. o. V. (Alterssicherung, 1999), S. 73.

Die geringe Bedeutung betrieblicher Alterssicherung kann sich ab dem Jahr 2002 steigern, weil ab diesem Jahr betriebliche Alterssicherung in Deutschland stärker gefördert wird. Da die gesetzlich geförderte Form der betrieblichen Alterssicherung aber vorrangig per Entgeltumwandlung durchgeführt werden wird, ist dieser Bestandteil der Alterssicherung de facto der privaten Alterssicherung zuzuordnen.
Zu Änderungen und zur verstärkten Förderung betrieblicher Alterssicherung vgl.
Breitenborn, A. / Fromme, H. (Betriebliche Altersvorsorge, 2001), S. 29;
Pfeiffer, H. (Betriebliche Altersversorgung, 2001), S. 14

92 Der angegebene Anteil an der Alterssicherung bezieht sich auf die Versorgungsleistungen im Ruhestandsalter. Vgl. Frank, U. (Mitarbeiterfonds, 2000), S. 38.

93 Vgl. Frank, U. (Mitarbeiterfonds, 2000), S. 38
Rezmer, A. (Pensionsfonds, 2001), S. 32.

94 Vgl. Achleitner, P. M. (Pensionsfonds, 1999), S. B 11;
Arbeitskreis „Betriebliche Pensionsfonds" (Hrsg.) (Betriebliche Pensionsfonds, 1998), S. 7 f.;
o. V. (Alterssicherung, 1999), S. 73 f.;

Abgesehen davon reicht der **Umfang der Zahlungen** aus der betrieblichen Altersversorgung üblicherweise bei weitem nicht aus, um den Lebensunterhalt allein daraus zu bestreiten: 62 Prozent der Betriebsrenten von Männern betragen weniger als 400 DM pro Monat, und 57 Prozent der Betriebsrenten von Frauen sind geringer als 200 DM monatlich.[96] Nur 16 Prozent der Männer und fünf Prozent der Frauen erhalten Betriebsrenten in der Höhe von 1000 DM oder mehr. Die durchschnittliche Leistung aus der betrieblichen Altersversorgung beläuft sich auf monatlich 428 DM.[97]

Diese Daten verdeutlichen die Tatsache, daß ein Bestreiten der Versorgung im Alter allein durch die betriebliche Altersversorgung zur Zeit vollkommen unmöglich ist, da einerseits in Relation zur Gesamtanzahl der Leistungsbezieher von Alterssicherungssystemen nur wenige Arbeitnehmer Leistungen aus der betrieblichen Alterssicherung

---

o. V. (Bedeutung der Betriebsrente, 2000), S. 20;
Schmidt, F. / Spengel, C. (Betriebliche Altersversorgung, 1997), S. 24.

Die Verbreitung betrieblicher Alterssicherung wird sinnvollerweise nicht an dem Anteil der Alterssicherung-zusagenden Unternehmen an der Gesamtanzahl relevanter Unternehmen gemessen, sondern an dem Anteil der Beschäftigten, die betriebliche Altersversorgung erhalten werden, an der Gesamtanzahl der Beschäftigten. Bei dem letztgenannten Kriterium ergab sich im verarbeitenden Gewerbe von 1984 bis 1999 ein Rückgang von 72 auf 64 Prozent in den alten Bundesländern Deutschlands. Bei der Betrachtung des geringer relevanten erstgenannten Kriteriums ergibt sich sogar ein Anstieg der Verbreitung betrieblicher Alterssicherung in den Jahren 1984 bis 1999 von 63 auf 68 Prozent. Für den Handel sind die Entwicklungen der Ausprägungen dieser Kriterien im Zeitablauf nahezu identisch.
Es nimmt nicht nur die generelle Verbreitung betrieblicher Alterssicherung ab, sondern die Leistungen werden im Falle einer Zusage betrieblicher Alterssicherung zunehmend eingeschränkt (unter Leistungseinschränkungen fallen in der Untersuchung des ifo-Institutes auch die Schließung von Versorgungswerken). So haben von 1997 bis 1999 19 Prozent der vom ifo-Institut befragten Unternehmen in den alten Bundesländern in Deutschland im verarbeitenden Gewerbe und zwölf Prozent der befragten Unternehmen im Handel ihre Leistungen vermindert, was eine markante Steigerung zu den Vorjahreszeiträumen seit 1988 darstellt.
Vgl. Ruppert, W. (Betriebliche Altersversorgung, 2000), S. 2 ff., S. 24, S. 26 ff. und S. 35 ff.

95 Vgl. o. V. (Aktionsprogramm, 1998), S. 287;
o. V. (Bedeutung der Betriebsrente, 2000), S. 20.

96 Vgl. hierzu und zum folgenden Passow, R. (Altersvorsorge, 1999), S. 35;
Thelen, P. (Altersversorgung, 1999), S. 41.

97 Die letztgenannte Zahl bezieht sich auf das Jahr 1995 und ist daher nicht direkt mit den vorhergehenden vergleichbar; dennoch bietet sie einen Anhaltspunkt für die Höhe der Leistungen. Vgl. Arbeitskreis „Betriebliche Pensionsfonds“ (Hrsg.) (Betriebliche Pensionsfonds, 1998), S. 8.

erhalten,[98] und da andererseits diese Leistungen zu gering sind, um den aus dem Erwerbsleben gewohnten Lebensstandard im Alter damit aufrechterhalten zu können.

Um den Status quo der betrieblichen Alterssicherung fundiert darstellen und die vermutete, zukünftige Entwicklung prognostizieren zu können, werden im folgenden die unterschiedlichen **Durchführungswege**, auf denen betriebliche Alterssicherung betrieben werden kann, kurz erläutert.[99] Diese Durchführungswege lassen sich dabei in **vier traditionelle** und **drei neuartige**[100] differenzieren.[101]

Bei der **Direktzusage**, der ersten traditionellen Möglichkeit, betriebliche Alterssicherung durchzuführen, wird dem Arbeitnehmer vom Arbeitgeber die Zahlung von Altersversorgungsleistungen unmittelbar vertraglich zugesagt. Üblich ist hier die unternehmensseitige Finanzierung der zugesagten Leistungen durch die Bildung von Pensionsrückstellungen.[102]

Durch die Rückstellungsbildung entsteht im Unternehmen ein Innenfinanzierungseffekt, weil die Pensionsrückstellungen als nicht auszahlungswirksamer Aufwand eine Einbehaltung von Finanzmitteln im Unternehmen bis zur Rückstellungsauflösung zur Folge haben.[103] Zusätzlich zum Effekt der Innenfinanzierung entsteht ein Steuerstundungseffekt, da die Pensionsrückstellungen – sofern sie nach den steuerrechtlichen Vorschriften gebildet wurden – einen abzugsfähigen Aufwand darstellen, der den steu-

---

98 Lediglich 28 Prozent der Leistungsbezieher, die auch Leistungen aus der gesetzlichen Rentenversicherung erhalten haben und zum Ende ihrer Berufstätigkeit in der Privatwirtschaft beschäftigt waren, bezogen im Jahr 1995 eine Betriebsrente;
vgl. Arbeitskreis „Betriebliche Pensionsfonds" (Hrsg.) (Betriebliche Pensionsfonds, 1998), S. 7 f.

99 Zur detaillierten und vertieften Darstellung betrieblicher Alterssicherung vgl. beispielsweise Bogner, S. (Rentenzusagen, 1997), oder
Bogner, S. / Höger, A. (Betriebliche Altersvorsorge, 1999), S. 603 ff.

100 Der Begriff der Innovation wird hier bewußt vermieden, da unter Innovation die erstmalige ökonomische Nutzung einer Erfindung verstanden werden kann, was hier nicht gegeben ist.
Vgl. Witte, E. (Organisation, 1973), S. 17.

101 Zu den Durchführungsverfahren in genereller Hinsicht vgl. z. B. Nürk, B. / Schrader, A. (Pensionsrückstellung, 1995).

102 Die größere Bedeutung dieses Durchführungsweges wird daran ersichtlich, daß beispielsweise im Jahr 1996 57 Prozent und im Jahr 1999 59 Prozent des gesamten Kapitals für die betriebliche Alterssicherung aufgrund dieses Durchführungsweges angesammelt wurden;
vgl. Arbeitskreis „Betriebliche Pensionsfonds" (Hrsg.) (Betriebliche Pensionsfonds, 1998), S. 12;
Fromme, H. / Wanner, C. (Betriebsrente, 2001), S. 29.

103 Vgl. z. B. Perridon, L. / Steiner, M. (Finanzwirtschaft, 1999), S. 464;
Schmidt, F. / Spengel, C. (Betriebliche Altersversorgung, 1997), S. 25 f.

erpflichtigen Jahresüberschuß mindert und zu einer Stundung der Ertragssteuern bis zum Zeitpunkt der Auflösung der Rückstellungen führt.[104] Diese Effekte sind entscheidend für eine positive Beurteilung der Direktzusage durch die Unternehmensrepräsentanten.[105]

Unternehmen können des weiteren mittels **Direktversicherungen** zugunsten der Arbeitnehmer Kapitallebens- oder Rentenversicherungen abschließen.[106] Das Deckungskapital wird von rechtlich selbständigen Einrichtungen verwaltet, die auch die Versorgungsleistungen erbringen.[107] Bei diesem Durchführungsweg werden die relevanten steuerrechtlichen Vorschriften als Nachteil für die Unternehmen beurteilt, so daß die

---

104 Vgl. Perridon, L. / Steiner, M. (Finanzwirtschaft, 1999), S. 464;
Ruh, S. T. (Altersvorsorge, 1999), S. 44.

105 Zunächst werden der Finanzierungs- und der Steuerstundungseffekt der Pensionsrückstellungen als vorteilhaft erachtet, weil auf diese Weise dem Unternehmen ein Vorteil erwächst. Diese positive Einschätzung der Wirkungen der Direktzusage wird immer dann ersichtlich, wenn die Nachteile der Einführung betrieblicher Pensionsfonds – des unten dargestellten Vorschlags zur Modifikation betrieblicher Alterssicherung – diskutiert werden. Denn dann wird das Entfallen dieser beiden Effekte bei der Durchführung per Pensionsfonds als entscheidendes Negativum von Pensionsfonds angeführt. Interessant ist hierbei, daß die Beurteilung der Bildung von Pensionsrückstellungen von der Unternehmensseite je nach Argumentationsintention gleichzeitig positiv und negativ ausfällt: Die Wirkungen der Direktzusage werden von Unternehmensvertretern dann implizit gelobt, wenn die Einführung von Pensionsfonds als Möglichkeit der Steigerung der Verbreitung betrieblicher Alterssicherung abgelehnt wird mit der Begründung der bei letzteren fehlenden Innenfinanzierungs- und Steuerstundungseffekte. Andererseits aber werden die Innenfinanzierungsspielräume und damit auch die Direktzusage mit der Begründung der nicht ausreichenden Höhe kritisiert, um wiederum die Unzulänglichkeiten und mangelnde Attraktivität der Direktzusage darzulegen. Hierbei wird deutlich, daß von der Arbeitgeberseite offensichtlich lediglich die Nicht-Existenz betrieblicher Alterssicherung mit jeweils widersprüchlichen Argumenten gerechtfertigt werden soll. Auf diese Weise befindet sich die betriebliche Alterssicherung aufgrund der Intention der Entscheidungsträger in einem gleichsam unentrinnbaren circulus vitiosus.
Zur Argumentation von Seiten der Arbeitgeber vgl. z. B. Passow, R. (Altersvorsorge, 1999), S. 35;
Weber, M. (Betriebs-Pensions-Fonds, 1998), S. 339.

Zu beachten ist des weiteren, daß trotz der grundsätzlich positiven Einschätzung des Innenfinanzierungseffektes dessen vorteilhafte Eigenschaften in den vergangenen Jahren offensichtlich nicht ausreichten, um Unternehmen zur Einführung oder Fortführung betrieblicher Alterssicherung zu veranlassen.
Zur Ersteinführung betrieblicher Alterssicherung vgl. Barz, P. (Alterssicherung, 2000), S. 352 sowie die Fußnote 128.

Zu weiteren steuerlichen Besonderheiten bei den vier traditionellen Durchführungswegen vgl. Förster, W. (Besteuerung, 2000), S. 356 ff.

106 Direktversicherungen hatten am Gesamtvolumen der betrieblichen Altersversorgung im Jahr 1996 einen Anteil von 13 Prozent;
vgl. Arbeitskreis „Betriebliche Pensionsfonds" (Hrsg.) (Betriebliche Pensionsfonds, 1998), S. 13.

107 Vgl. Arbeitskreis „Finanzierung" der Schmalenbach-Gesellschaft für Betriebswirtschaft e. V. (Hrsg.) (Betriebliche Altersversorgung, 1998), S. 322.

Zuführung von Zahlungen für die Direktversicherungen aufgrund dieser Vorschriften de facto auf 3.408 DM pro Arbeitnehmer pro Jahr limitiert sind.[108]

Eine andere Möglichkeit, betriebliche Alterssicherung durchzuführen, stellen die **Pensionskassen** dar.[109] Die Unternehmen, die Alterssicherung zusagen, zahlen bei diesem Durchführungsweg Beiträge an die Pensionskassen, mit denen die späteren Leistungen an die Arbeitnehmer finanziert werden. Pensionskassen sind üblicherweise rechtlich selbständige, kleinere Lebensversicherungsunternehmen.[110] Es wirken auch hier die steuerrechtlichen Nachteile, die bei den Ausführungen zu den Direktversicherungen erläutert wurden.[111]

Unterstützungskassen als letzter traditioneller Durchführungsweg betrieblicher Alterssicherung sind – wie auch Direktversicherungen und Pensionskassen – rechtlich selbständige Versorgungseinrichtungen.[112] Im Gegensatz zur Durchführung per Pensionskasse oder Direktversicherung bestehen keine Nachteile bei der steuerlichen Behandlung der Beiträge aufgrund der gesetzlichen Ausgestaltungen. Die geringe Bedeutung dieses Durchführungsweges ist damit zu erklären, daß eine vollständige Vor-

---

[108] Die Arbeitgeberbeiträge zur Direktversicherung sind ein lohnsteuer- und – im Rahmen der Beitragsbemessungsgrenzen – sozialversicherungspflichtiger Gehaltsbestandteil. Wird die Lohnsteuer vom Arbeitgeber gezahlt, kann bis zu einer Grenze von maximal 3.408 DM der Beiträge pro Jahr ein pauschaler Steuersatz von 20 Prozent (zuzüglich Solidaritätszuschlag und gegebenenfalls Kirchensteuer) angewandt werden. Die Sozialversicherungsbeiträge entfallen in diesem Fall sowohl für Arbeitgeber als auch für Arbeitnehmer. Die Steuerzahlung ist eine zusätzliche Belastung für den Arbeitgeber. Die später folgende Auszahlung im Versorgungsfall ist steuerfrei oder – bei einer Auszahlung als Leibrente – mit dem Ertragsanteil zu versteuern.
Vgl. Arbeitskreis „Betriebliche Pensionsfonds" (Hrsg.) (Betriebliche Pensionsfonds, 1998), S. 13;
Buttler, A. (Altersversorgung, 1997), S. 49 ff. und 118 f.;
Doetsch, P. A. (Altersvorsorge, 1998), S. 61 f.;
o. V. (Direktversicherung, 1993), S. 809;
o. V. (Direktversicherung, 1999), S. 41.

[109] Durch Pensionskassen wurden im Jahr 1996 23 Prozent der Finanzmittel für die betriebliche Alterssicherung angesammelt.
Vgl. Arbeitskreis „Betriebliche Pensionsfonds" (Hrsg.) (Betriebliche Pensionsfonds, 1998), S. 13.

[110] Vgl. ebd.; Ruh, S. T. (Altersvorsorge, 1999), S. 45.

[111] Vgl. o. V. (Pensionskassen, 1999), S. 41.

[112] Vgl. Arbeitskreis „Betriebliche Pensionsfonds" (Hrsg.) (Betriebliche Pensionsfonds, 1998), S. 13 f.
Der Anteil des Kapitals, das über die Unterstützungskassen angesammelt wurde, am Gesamtkapital betrieblicher Altersvorsorge betrug 1996 sieben Prozent, was die geringe Bedeutung dieses Durchführungsweges verdeutlicht;
vgl. ebd.

finanzierung der Versorgungsbezüge aufgrund anderer steuerrechtlicher Besonderheiten de facto nicht möglich ist.[113]

Diese traditionellen Durchführungswege betrieblicher Alterssicherung werden aus Unternehmensperspektive aus verschiedenen Gründen als unattraktiv oder als unnötig eingeschätzt:[114]

- Die gegenwärtige **Lage auf dem Arbeitsmarkt** ist nach Meinung einzelner Autoren derart ausgeprägt,[115] daß es für die Unternehmen nicht notwendig ist, den Arbeitnehmern betriebliche Alterssicherung anzubieten. Auch ohne ein solches Angebot fänden sich quantitativ und qualitativ genügend Arbeitskräfte.[116] Die personalpolitische Bedeutung betrieblicher Alterssicherung wird von einigen Unternehmen als so gering erachtet, daß dies als Grund für Leistungseinschränkungen angegeben wird.[117] Diese potentielle Ursache gering bedeutender betrieblicher Alterssicherung ist nicht direkt durch die relevanten Entscheidungsträger[118] beeinflußbar.

- Die Steigerung des **Shareholder Value** wurde in vielen Aktiengesellschaften zum obersten Unternehmensziel erklärt. Da das Angebot betrieblicher Alterssicherung

[113] Die Zuführungen zur Unterstützungskasse werden nur solange steuerlich anerkannt, bis ein Kassenvermögen von zwei Jahresrenten pro Versorgungsanwärter erreicht ist.
Vgl. Arbeitskreis „Betriebliche Pensionsfonds“ (Hrsg.) (Betriebliche Pensionsfonds, 1998), S. 14.

[114] Vgl. hierzu und zum folgenden z. B. Büschgen, H. E. (Perspektiven, 1998), S. 2;
Finke, R. / Stanowsky, J. (Alterssicherung, 1998), S. 20 f.;
Weber, M. (Betriebs-Pensions-Fonds, 1998), S. 339 f.

[115] Die Ausprägung bezieht sich hier auf die im Mehrjahresvergleich hohe Arbeitslosigkeit und die damit möglicherweise verbundene stärkere Machtstellung der Arbeitgeber.

[116] Pauschalaussagen dieser Art sind nur eingeschränkt haltbar. So bedürfte es einer branchenspezifischen Betrachtung, um eine solche Aussage zu fundieren. Bei Betrachtung der aktuellen Situation am Arbeitsmarkt wird ersichtlich, daß beispielsweise in innovativen Branchen wie der Software-Industrie ein erheblicher Mangel an qualifizierten Arbeitskräften besteht. Andererseits sind diese Aussagen in dem Sinne korrekt, daß das Angebot betrieblicher Alterssicherung kein vorrangiges Entscheidungskriterium für die Auswahl des Arbeitgebers sein wird.

[117] Vgl. o. V. (Bedeutung der Betriebsrente, 2000), S. 20, oder
Ruppert, W. (Betriebliche Altersversorgung, 2000), S. 12.
Gemäß der zitierten ifo-Studie vom Februar 2000 nennen 24 Prozent der in der Studie befragten Unternehmen, die die Leistungen der betrieblichen Altersversorgung eingeschränkt haben, die zu geringe oder auch fehlende personalpolitische Bedeutung als Grund für Leistungseinschränkungen. Vgl. Ruppert, W. (Betriebliche Altersversorgung, 2000), S. 12.

[118] Als Entscheidungsträger fungieren hier einerseits der Gesetzgeber und andererseits die Arbeitgeber.

diesem Ziel eher zuwider läuft,[119] wird betriebliche Alterssicherung in Unternehmen entweder nicht eingeführt, oder eine bereits bestehende Alterssicherung wird vom Umfang her verringert oder auch ganz eingestellt. Auch diese Tatsache, die als mögliche Ursache für den geringen Umfang betrieblicher Alterssicherung angesehen werden kann, ist nicht direkt zu ändern.

- Das **Risiko der nicht vollständigen Vorfinanzierung** der zugesagten Leistungen trägt bei Direktzusagen und bei der Alterssicherung durch Unterstützungskassen der Arbeitgeber.[120] Dieses Risiko ist nach gängiger Meinung durch Unternehmen – und hier insbesondere durch kleine und mittelständische Unternehmen – nicht tragbar.[121] Gegen die Argumentation ist jedoch einzuwenden, daß sich ein Unternehmen durch eine Rückdeckungsversicherung von den Finanzierungsrisiken befreien kann.[122] Mit einer Rückdeckungsversicherung sind zwar Kosten verbunden, die aber zur Beurteilung der Vorteilhaftigkeit einer rückgedeckten Direktzusage als weniger bedeutend erscheinen. Allerdings wurde durch die Erhöhung des Rechnungszinses zur Ermittlung der Höhe der Pensionsrückstellungen seit dem Beginn der achtziger Jahre von 3,5 auf 6 Prozent[123] die Zuführungsmöglichkeit zu den

---

[119] Betriebliche Alterssicherung stellt einen zusätzlichen Aufwand für die Unternehmen dar, der den Shareholder Value nicht unmittelbar steigert, da die betriebliche Alterssicherung – wie beschrieben – keinen oder allenfalls einen geringen Einfluß auf die Arbeitsmotivation und die Arbeitskräftebeschaffung seitens der Unternehmen ausübt.

[120] Vgl. Arbeitskreis „Betriebliche Pensionsfonds" (Hrsg.) (Betriebliche Pensionsfonds, 1998), S. 12 ff.;
Buttler, A. (Altersversorgung, 1997), S. 91 ff.

[121] Vgl. z. B. Doetsch, P. A. (Altersvorsorge, 1998), S. 61 f.;
o. V. (Unterstützungskasse, 1993), S. 3449;
Passow, R. (Altersvorsorge, 1999), S. 35;
Weber, M. (Betriebs-Pensions-Fonds, 1998), S. 339;
Zaß, M. (Betriebliche Altersversorgung, 2000, S. 541 ff.

Aus anderen Aussagen geht hervor, daß auch bei einem Alterssicherungssystem ohne das Risiko vollständiger Vorfinanzierung die Bereitschaft zur Durchführung betrieblicher Alterssicherung gering ist, und daß sich gerade bei kleinen und mittelständischen Unternehmen aus anderen Vorsorgearten - z. B. bei dem geforderten Vorsorgesystem der Defined Contribution (zur Erläuterung des Begriffes vgl. S. 29 f.) in Verbindung mit betrieblichen Pensionsfonds – wiederum andere Nachteile wie die entfallenden Innenfinanzierungseffekte für die Unternehmen ergeben, die die Einführung bzw. Fortsetzung betrieblicher Alterssicherung nach Meinung der Unternehmen unmöglich machen.
Vgl. hierzu Schmidt, F. / Spengel, C. (Betriebliche Altersversorgung, 1997), S. 30 und die Ausführungen auf Seite 34 f. sowie die Fußnote 105.

[122] Vgl. hierzu und zum folgenden Bredebusch, P. (Rückdeckung, 1996), S. 49 ff.;
Buttler, A. (Altersversorgung, 1997), S. 77 ff. und 115 ff.

[123] Vgl. hierzu und zum folgenden Finke, R. / Stanowsky, J. (Alterssicherung, 1998), S. 20;
Röseler, R. (Betriebliche Altersversorgung, 1998), S. 44.

Pensionsrückstellungen vermindert, die betriebliche Alterssicherung dadurch „verteuert“ und das Risiko nicht ausreichender Vorfinanzierung erhöht. Dieser Grund für die geringe Bedeutung der zweiten Säule der Alterssicherung wäre zu beheben, allerdings ist die Kausalität für die geringe Bedeutung aus den oben dargestellten Gründen zu bezweifeln.

- Kritisiert werden auch die **steuerrechtlichen Einschränkungen** bei den Durchführungsmöglichkeiten Direktversicherung und Pensionskasse.[124] Der Steuersatz für die Pauschalbesteuerung bis zu der Höchstgrenze von 3.408 DM wurde in den neunziger Jahren von zehn auf 20 Prozent erhöht[125], was die betriebliche Alterssicherung verteuert und damit deren Attraktivität für die Unternehmen senkt. Dieser Punkt ist änderbar, allerdings wird er nicht ursächlich für die geringe Bedeutung der betrieblichen Alterssicherung sein.

- Konjunkturell bedingte **wirtschaftliche Schwierigkeiten** sind nach der Aussage von Unternehmen die Ursache für einen geringeren Umfang betrieblicher Altersvorsorge und –versorgung.[126] Diese Ursache ist kurzfristig nicht zu beseitigen.

Diese Gründe machen deutlich, warum sich die Attraktivität der betrieblichen Alterssicherung vermindert hat,[127] so daß die Bedeutung betrieblicher Alterssicherung gesunken ist.[128] Die Ursachen könnten zwar – wie oben dargestellt – teilweise beseitigt

---

Die Erhöhung des Rechnungszinses wird immer wieder als Verschlechterung der Rahmenbedingungen der betrieblichen Alterssicherung angeführt. Sie stellt in der Tat eine relative Verschlechterung dar, aber andererseits auch eine Annäherung an die erzielbaren Verzinsungen einbehaltenen Kapitals. Um die Attraktivität betrieblicher Alterssicherung zu erhöhen, wird die Absenkung des Rechnungszinsfußes gefordert.
Vgl. hierzu beispielsweise o. V. (Bedeutung der Betriebsrente, 2000), S. 20.

124 Vgl. z. B. Finke, R. / Stanowsky, J. (Alterssicherung, 1998), S. 20.

125 Vgl. Finke, R. / Stanowsky, J. (Alterssicherung, 1998), S. 20;
Röseler, R. (Betriebliche Altersversorgung, 1998), S. 44.

126 Vgl. Ruppert, W. (Betriebliche Altersversorgung, 2000), S. 12.
In der Befragung, die dieser Untersuchung zugrunde liegt, nennen 76 Prozent der befragten Unternehmen im verarbeitenden Gewerbe und 87 Prozent der Unternehmen des Handelssektors, die jeweils die Leistungen betrieblicher Altersversorgung eingeschränkt haben, wirtschaftliche Probleme als Ursache.

127 Vgl. o. V. (Betriebsrente, 2000), S. 1 f.
Schmidt, F. / Spengel, C. (Betriebliche Altersversorgung, 1997), S. 24.

128 Lediglich ein Prozent der vom ifo-Institut befragten Unternehmen im verarbeitenden Gewerbe und zwei Prozent der befragten Unternehmen im Handel, bei denen bisher keine betriebliche Alterssicherung bestand, planen die Einführung betrieblicher Alterssicherung in den nächsten Jahren.

werden, jedoch scheint es zweifelhaft zu sein, daß die von Unternehmensseite aus als Ursachen genannten Gegebenheiten auch die tatsächlichen Ursachen darstellen.

Auswege aus der gegenwärtigen Lage der betrieblichen Alterssicherung bieten sich durch Änderungen der Rahmenbedingungen oder durch die Realisierung diverser Vorschläge, die der Attraktivitätssteigerung der betrieblichen Alterssicherung dienen sollen. Daher werden im folgenden kurz wesentliche, teils realisierte Vorschläge zur Attraktivitätssteigerung dargestellt.

Die **Entgeltumwandlung** oder deferred compensation ist seit dem 01.01.1999 eine der Möglichkeiten der betrieblichen Alterssicherung gemäß § 1 Abs. 5 Betriebsrentengesetz[129] (BetrAVG).[130] Zur Alterssicherung werden hierbei zukünftige Entgeltansprüche der Arbeitnehmer vor ihrer verbindlichen Zusage durch das Unternehmen in wertgleiche Anwartschaften auf Versorgungsleistungen umgewandelt.[131] Auf diese Weise wird Einkommen mit Steuerstundungs- und Steuerspareffekten in die Zukunft verlagert.[132] Innovativ ist die Entgeltumwandlung nicht, weil sie einerseits unter bestimmten Bedingungen auch bisher schon möglich war,[133] und weil sie andererseits mit traditionellen Durchführungswegen kombiniert wird. Der Unterschied zu den bisherigen Verfahren betrieblicher Alterssicherung besteht also nicht in der reinen Abwicklung der Alterssicherung, sondern vielmehr in der **Herkunft der Finanzmittel**, da diese keine Zusatzleistung des Arbeitgebers darstellen. Der Verzicht auf Gehaltssteigerungen finanziert die Alterssicherung. Aus diesem Grunde erscheint die Zuordnung dieser Art der Alterssicherung zur betrieblichen als tendenziell verwunderlich, werden doch die

---

Vgl. Ruppert, W. (Betriebliche Altersversorgung, 2000), S. 31 und 42.

Diese Prognosen können die tatsächlichen Neueinführungen betrieblicher Alterssicherung auch unterschätzen.

Vgl. Ruppert, W. (Betriebliche Altersversorgung, 2000), S. 14.

129 Mit dem Begriff „Betriebsrentengesetz" wird das Gesetz zur Verbesserung der betrieblichen Altersversorgung verkürzend benannt.

130 Ab dem Jahr 2002 haben Arbeitnehmer einen gesetzlichen Anspruch auf Entgeltumwandlung zur Alterssicherung;
vgl. Fromme, H. (Altersvorsorge-Druck, 2001), S. 29.

131 Vgl. Ehren, H. (Sparen, 1999), S. 182;
Engelstädter, H. / Kraft, H. (Deferred Compensation, 1998), S. 555 ff.;
Schmidbauer, W. / Schmidbauer, B. (Altersversorgung, 1998), S. 43.

132 Vgl. Hören, M. v. (Gehälter, 1997), S. 15.;
Röseler, R. (Betriebliche Altersversorgung, 1998), S. 59 f.;
o. V. (Aktionsprogramm, 1998), S. 288.

133 Vgl. Schneider, H. J. / Mehl, W. (Erfolgsbeteiligung, 1997), S. 234 ff.

Vorsorgemittel direkt aus dem Einkommen der Arbeitnehmer finanziert und nicht von den Arbeitgebern, wie es durch den Begriff „**betriebliche** Alterssicherung" suggeriert wird. Daher ist eine **Zuordnung zur privaten Alterssicherung** wegen der Kapitalherkunft plausibel. Offensichtlich ist das Zuordnungskriterium hier weniger die Mittelherkunft, sondern die Organisationseinheit für die betriebliche Alterssicherung, die bei der Entgeltumwandlung die jeweilige Unternehmung darstellt. Für die Unternehmen, die Entgeltumwandlung anbieten, entsteht keine zusätzliche finanzielle Belastung, sondern es entsteht sogar - bei der Durchführung über Entgeltumwandlung in Kombination mit Direktzusagen per Pensionsrückstellungen bzw. mit Unterstützungskassen - der auf Seite 22 beschriebene Innenfinanzierungseffekt.[134] Diese Form der betrieblichen Alterssicherung wird von der Unternehmensseite her offensichtlich als attraktiv empfunden,[135] da Unternehmen, die bisher keine betriebliche Alterssicherung anbieten, nach eigener Aussage zur Einführung der Alterssicherung bereit wären, wenn sie durch Entgeltumwandlung finanziert werden würde.[136]

Eine weitere Modifikation der Durchführung betrieblicher Alterssicherung stellen **Pensionsfonds** dar. Pensionsfonds sind Sondervermögen mit eigenständiger Verwaltung und der Zweckbindung, das angesammelte Vermögen zu sichern.[137] Hinsichtlich der Alterssicherung besteht – nicht nur bei Pensionsfonds – die Differenzierungsmöglichkeit in **leistungsbezogene Systeme (Defined Benefit–Systeme)** und **beitragsbezogene Systeme (Defined Contribution–Systeme)**.[138] Bei ersteren sind die im Versorgungsfall durch den Arbeitgeber oder durch die versorgungsleistende Organisati-

---

[134] Vgl. Höfer, H. (Betriebsrentengesetz, 1998), S. 1562.

[135] Im Mai 1999 verfügten 32 Prozent der vom ifo-Institut befragten Unternehmen im verarbeitenden Gewerbe und 68 Prozent der befragten Unternehmen im Handel über keine betriebliche Alterssicherung. Von diesen Unternehmen gaben 44 bzw. 40 Prozent an, bei der Finanzierung über Entgeltumwandlung eine betriebliche Alterssicherung in ihrem Unternehmen potentiell einzuführen; vgl. Ruppert, W. (Betriebliche Altersversorgung, 2000), S. 33 und 44.

Gemäß einer anderen Untersuchung wären 68 Prozent der befragten Unternehmen bereit, bisher nicht versorgten Personen(-gruppen) betriebliche Alterssicherung zuzusagen, wenn diese durch Gehaltsverzicht finanziert würde. Die Bereitschaft betraf auch Unternehmen, die für Mitarbeiter, die ab einem vom Unternehmen festgelegten Stichtag in das Unternehmen eingetreten sind, keine betriebliche Alterssicherung mehr angeboten haben.
Vgl. Höfer, H. (Betriebsrentengesetz, 1998), S. 1562.

[136] Zur Beurteilung der Entgeltumwandlung als attraktive Form betrieblicher Altersvorsorge vgl. Ehren, H. (Sparen, 1999), S. 182 ff.

Zu weiteren Details der Beurteilung der Entgeltumwandlung aus Unternehmenssicht vgl. Grawert, A. / Werner, A. C. (Deferred Compensation, 1998), S. 56 ff.

[137] Vgl. hierzu und zum folgenden Bank, M. (Betriebliche Pensionsfonds, 1999), S. 367.

[138] Vgl. hierzu auch John, O. (Altersversorgung, 1999), S. 294 f.

onseinheit zu gewährenden Auszahlungen fixiert, so daß der Arbeitgeber das Risiko der vollständigen Vorfinanzierung trägt. Bei den beitragsbezogenen Systemen hingegen wird den Arbeitnehmern lediglich die Zahlung bestimmter Beiträge zu ihrer Altersvorsorge zugesagt, so daß die Beiträge fix, die Auszahlungen im Versorgungsfall aber variabel sind. Das Finanzierungsrisiko trägt hier also der Arbeitnehmer. Beitragsbezogene Systeme sind derzeit in Deutschland zur betrieblichen Altersvorsorge nicht zugelassen, werden aber immer wieder von Seiten der Unternehmen gefordert, um gerade kleine und mittelständische Unternehmen[139] von dem Risiko einer nicht vollständigen Vorfinanzierung und den damit einhergehenden Risiken für das Unternehmen, das Alterssicherung zusagt, zu entlasten.

Vom Arbeitskreis „Betriebliche Pensionsfonds" wurden drei Arten von Pensionsfonds konzipiert und zur Einführung in Deutschland empfohlen.[140] Eine wesentliche **Neuerung** ist hier zum einen die **Anlageweise** der Deckungsmittel für die betriebliche Alterssicherung, die in einem Pensionsfonds erfolgt, bei dem Kapitalanlageentscheidungen relativ frei von gesetzlichen Restriktionen getroffen werden sollen. Eine weitere empfohlene Neuerung besteht in der **Möglichkeit einer reinen Beitragszusage**. Um diese Ziele jeweils teilweise[141] zu verwirklichen, werden **betriebsunmittelbare Pensionsfonds** zur Erweiterung der Möglichkeiten im Zusammenhang mit Direktzusagen sowie **betriebsmittelbare Pensionsfonds** als Weiterentwicklung der Unterstützungskassen vorgeschlagen. Im Rahmen der Alterssicherung mittels **anlageorientierten Pensionsfonds** wird den Arbeitnehmern empfehlungsgemäß lediglich die Zahlung von Beiträgen für die Alterssicherung zugesagt, ohne eine bestimmte Leistung im Versorgungsfall zu garantieren, was ein reines Defined Contribution-System darstellt. Auf

---

139 Bei gemessen an der Mitarbeiteranzahl kleinen und mittelgroßen Unternehmen werden geringere Risikoausgleichseffekte durch die geringere Anzahl von Arbeitnehmern wirksam. Dadurch sind die Risiken durch einen vorzeitigen Eintritt eines Versorgungsfalles bei dieser Unternehmensgruppe besonders hoch, so daß im Falle einer nicht ausreichenden Vorfinanzierung – beispielsweise in der Personengruppe von Gesellschafter-Geschäftsführern, bei denen die Versorgungsleistungen üblicherweise hoch sind – im Extremfall sogar der Fortbestand des Alterssicherungzusagenden Unternehmens gefährdet sein könnte.

140 Vgl. hierzu und zum folgenden Arbeitskreis „Betriebliche Pensionsfonds" (Hrsg.) (Betriebliche Pensionsfonds, 1998), S. 24 ff.

141 **Betriebsunmittelbare** und **betriebsmittelbare Pensionsfonds** sind vorschlagsgemäß **leistungsbezogene** Systeme, bieten aber die zusätzlichen Anlagemöglichkeiten der Deckungsmittel für die betriebliche Altersversorgung in Pensionsfonds. **Anlageorientierte Pensionsfonds** verwirklichen das Ziel eines **beitragsbezogenen** Vorsorgesystems.
Vgl. Arbeitskreis „Betriebliche Pensionsfonds" (Hrsg.) (Betriebliche Pensionsfonds, 1998), S. 24 ff.

diese Weise werden die Unternehmen von der so häufig kritisierten Übernahme der Risiken aus nicht vollständiger Vorfinanzierung vollkommen entlastet.

Ein weiterer Vorteil der vom Arbeitskreis „Betriebliche Pensionsfonds“ protegierten Pensionsfonds besteht darin, daß hinsichtlich der Kapitalanlage der Vorsorgemittel vorschlagsgemäß weitgehende Freiheit herrscht.[142] Auf diese Weise könnten die in der Vergangenheit zumeist existenten und erwiesenen Renditechancen der Aktienmärkte[143] stärker genutzt werden, als dies bislang zulässig und üblich war. Das wiederum generiert für das Unternehmen, das Alterssicherung zusagt, den Vorteil, daß im Versorgungsfall gleiche Leistungen mit niedrigeren vorherigen Beiträgen realisiert werden können.

Durch die Ausführungen wird ersichtlich, daß aus der Einführung von Pensionsfonds die Behebung bisheriger Nachteile der betrieblichen Alterssicherung resultieren würde. Wesentliche Kritikpunkte, die immer wieder genannt werden und die die vermeintliche Undurchführbarkeit betrieblicher Alterssicherung für viele Unternehmen begründen sollen,[144] würden durch die Einführung betrieblicher Pensionsfonds eliminiert oder zumindest in ihrer Gewichtung vermindert. Die Pensionsfonds werden ab dem Jahr 2002 als **fünfter Durchführungsweg** der betrieblichen Alterssicherung eingesetzt.[145]

---

[142] Vgl. Arbeitskreis „Betriebliche Pensionsfonds“ (Hrsg.) (Betriebliche Pensionsfonds, 1998), S. 26 ff.

[143] Zum Vergleich der Renditen von Aktien und festverzinslichen Wertpapieren vgl. z. B.
Claessen, H. / Kaiser, H. (Aktien, 2001), S. 220 ff.;
Dobberke, K. (Aktien, 1993), S. 343 ff.;
Gaulke, J. / Müller, F. J. (Renditevergleich, 1996), S. 115 ff.;
o. V. (Jahrhundert der Aktie, 2000), S. 32;
Stehle, R. (Aktien versus Renten, 1998), S. 815 ff.;
Stehle, R. (Renditevergleich, 1999), S. 1 ff.

[144] Vgl. beispielsweise Passow, R. (Altersvorsorge, 1999), S. 35;
Weber, M. (Betriebs-Pensions-Fonds, 1998), S. 339.

[145] Zu den Ausgestaltungselementen vgl. z. B.
Lebert, R. (Pensionsfonds, 2001), S. 18;
Pfeiffer, H. (Betriebliche Altersversorgung, 2001), S. 14.
Zur Kritik an den ursprünglich geplanten Ausgestaltungselementen wie beispielsweise der fehlenden Vererbungsmöglichkeit oder der stark gewichteten Rentenanlage und zu weiteren Empfehlungen vgl. Friedemann, J. (Pensionsfonds, 2001), S. 33;
Wastl, U. (Altersversicherung, 1998), S. 5.

Im Rahmen des dritten Finanzmarktförderungsgesetzes wurden Altersvorsorge-Sondervermögen-Fonds (**AS-Fonds**) für die private, nicht für die betriebliche Altersvorsorge geschaffen[146] und im Oktober 1998 durch das Bundesaufsichtsamt für das Kreditwesen zugelassen.[147] Das Ziel dieser Fonds besteht darin, ein Produkt zu bieten, das hinsichtlich der Rendite- und Risikocharakteristika speziell für die Altersvorsorge geeignet ist und damit dem langfristigen Vorsorgesparen dient[148]. Um die Erreichung dieses Ziels zu gewährleisten, bestehen für AS-Fonds spezifische gesetzliche Vorschriften z. B. hinsichtlich

- der Strukturierung der Anlagemöglichkeiten des Investmentfonds[149],
- der Verwendungsmöglichkeiten der Wertzuwächse[150] und
- hinsichtlich des Sparablaufes[151].

Die Eigenschaften von AS-Fonds eignen sich nicht nur für die private, sondern auch für die betriebliche Altersvorsorge, so daß sie zur Anlage der Mittel aus betrieblicher Altersvorsorge verwendet werden können. Den Unternehmen bieten die AS-Fonds im Vergleich zu anderen Durchführungswegen jedoch keine markanten Vorteile, da der bereits mehrfach erwähnte Hauptkritikpunkt – die Übernahme des Finanzierungsrisikos durch die Unternehmen – sich durch die Einführung der AS-Fonds nicht ändert. AS-Fonds sind lediglich ein Anlageprodukt, wobei sich die Rahmenbedingungen der betrieblichen Alterssicherung und deren Durchführungswege durch AS-Fonds nicht ändern. Der Vorzug von AS-Fonds für die Unternehmen bestünde ausschließlich darin, ein Produkt zur Kapitalanlage verwenden zu können, das zur Altersvorsorge und langfristigen Kapitalansammlung als geeignet beurteilt wird. Eine Vereinfachung ergäbe sich bei der Asset-Allocation, die auf die Fonds-Gesellschaften ausgelagert würde, was aber bisher auch durchaus ohne das Produkt AS-Fonds möglich war. Zusätzlich kann

---

146 Da hinsichtlich der Anlage der Mittel zur Alterssicherung der Mitarbeiter je nach Durchführungsweg teilweise keine expliziten Anlagevorschriften bestehen, ergibt sich de facto durchaus die Möglichkeit, AS-Fonds für die Anlage der Mittel *betrieblicher* Alterssicherung zu verwenden. Vgl. z. B. Arbeitskreis „Betriebliche Pensionsfonds“ (Hrsg.) (Betriebliche Pensionsfonds, 1998), S. 12 ff.

147 Vgl. Lühmann, J.-P. (Altersvorsorge-Sondervermögen, 1998), S. 575 ff.;
Passow, R. (Altersvorsorge, 1999), S. 35;
Passow, R. (Altersvorsorge-Sondervermögen, 1999).

148 Vgl. § 37 h Abs. 1 KAGG.

149 Vgl. § 37 i KAGG.
Zu Anlagestrategien, die der Umsetzung der Vorschrift dienen, vgl. Müller, B. (AS-Fonds, 1999), S. 366 f.

150 Vgl. § 37 h Abs. 2 KAGG.

151 Vgl. § 37 m KAGG.

vermutet werden, daß die Rendite-Risiko-Charakteristika der AS-Fonds denen von vergleichbaren Fondsprodukten überlegen sind.[152] Die Inhalte dieser Vermutung scheinen jedoch unrealistisch zu sein. Denn auch bisher stand eine kaum mehr überschaubare Vielzahl an Investmentfonds zur Kapitalanlage zur Verfügung, so daß auf diesem Wege durchaus die Kapitalanlage der Deckungsmittel der betrieblichen Altersvorsorge hätte durchgeführt werden können. Daher erscheinen AS-Fonds als ein neuer Name für ein Produkt, das bisher – durch Zusammenstellung mehrerer Investmentfonds – bereits existierte. So kann die Wahrscheinlichkeit als gering eingeschätzt werden, daß durch die tatsächliche Einführung von AS-Fonds in der betrieblichen Altersvorsorge deren Attraktivität für die Unternehmen gesteigert wird, weil sich die Ausprägung des wohl wesentlichen Entscheidungskriteriums – die Kosten betrieblicher Altersvorsorge für ein Unternehmen – durch dieses neue Anlageprodukt für das Unternehmen nicht oder nicht markant vorteilhaft verändert wird.[153] Die Einführung von AS-Fonds läßt nur dann einen positiven Effekt auf die betriebliche Alterssicherung vermuten, wenn das Produkt mit anderen neuen Komponenten der Alterssicherung kombiniert wird. Diese Komponenten könnten die Entgeltumwandlung und Anlage der Mittel in AS-Fonds, oder aber die bisher in Deutschland für die betriebliche Alterssicherung nicht gestattete reine Beitragszusage der Unternehmen für die Beitragszahlung in AS-Fonds sein.

Weitere Aspekte des Betriebsrentengesetzes wurden zu Beginn des Jahres 1999 mit dem Ziel modifiziert, die Regelungen zur betrieblichen Alterssicherung flexibler, neuartig und damit für Arbeitgeber wie Arbeitnehmer attraktiver[154] zu gestalten.[155] Dieses Ziel wurde teilweise, aber nicht vollständig erreicht.[156]

---

[152] Bei der Durchführung betrieblicher Alterssicherung per Direktversicherung oder Pensionskasse existieren Anlagevorschriften, die das Ziel der Sicherheit der Anlage stärker gewichten als das Renditeziel, so daß die Rendite bei diesen Durchführungswegen geringer ist als bei renditeorientierteren Anlagen wie AS-Fonds.
Vgl. z. B. Bank, M. (Betriebliche Pensionsfonds, 1999), S. 367.

[153] Vorteile durch AS-Fonds ergeben sich auch für die begünstigten Arbeitnehmer, da das Kapital für ihre Alterssicherung in einem Produkt angelegt wird, das bei tolerierbaren Risiken vergleichsweise renditeorientiert ist. Des weiteren ist durch die Anlage der Mittel für die Alterssicherung in Investmentfonds – also nicht nur in AS-Fonds – eine individuelle Kapitalansammlung möglich, die direkt einem bestimmten Arbeitnehmer zugeordnet werden kann. Auf diese Weise ist einerseits eine spezifische Asset Allocation für den jeweiligen Arbeitnehmer möglich, und andererseits sind die bisher angesammelten Mittel ohne weitere Umstände bei einem Arbeitgeberwechsel auf den neuen Arbeitgeber als Organisationseinheit übertragbar.
Vgl. z. B. Passow, R. (Altersvorsorge, 1999), S. 35;
Scharr, M. (Investmentfonds, 1999), S. 166 ff.

[154] Die Attraktivität wird von Unternehmen an den Kriterien Kosten und Flexibilität hinsichtlich einer möglichen Abhängigkeit der Zusage betrieblicher Alterssicherung vom jeweiligen Unter-

Aus den Ausführungen zu den Möglichkeiten betrieblicher Alterssicherung ist zu erkennen, daß vielfältige Wege bestehen, für das Ruhestandsalter der Mitarbeiter eines Unternehmens finanziell vorzusorgen. Alle diese Möglichkeiten sind jeweils mit Vor- und Nachteilen behaftet, so daß sich keine generelle und eindeutige Überlegenheit eines einzelnen Durchführungsweges ergibt.

Die Realisierung modifizierter Durchführungswege hat allerdings bisher die Situation hinsichtlich der betrieblichen Alterssicherung in Deutschland nicht entscheidend verändert, da diejenigen Unternehmen, die bisher nicht für das Ruhestandsalter ihrer Mitarbeiter vorgesorgt haben, auch jetzt nahezu ausschließlich die Einführung betrieblicher Alterssicherung ablehnen. Lediglich ein Prozent der Unternehmen im verarbeitenden Gewerbe und nur zwei Prozent der Unternehmen im Handel, bei denen bisher keine betriebliche Alterssicherung bestand, planen die Einführung betrieblicher Alterssicherung in den nächsten Jahren.[157] Die zugrundeliegende Befragung fand nach der Änderung des Betriebsrentengesetzes statt,[158] so daß die bisher eingeführten gesetzlichen Erweiterungen und Änderungen der Möglichkeiten der betrieblichen Alterssicherung offensichtlich nicht dazu ausreichen, deren Attraktivität für die Unternehmen zu steigern und, daraus resultierend, die vermehrte Einführung betrieblicher Alterssicherung zu bewirken.[159]

Als überaus interessant sind zudem andere Untersuchungen zu beurteilen, in denen Unternehmen hinsichtlich ihres potentiellen Engagements in betrieblicher Alterssicherung befragt werden, wenn die immer wieder von der Unternehmensseite geforderten Pensionsfonds zur Verfügung stünden. Die Untersuchungsergebnisse zeigen, daß in diesem Fall plötzlich auch die Eigenschaften von Pensionsfonds kritisiert werden, so

---

nehmenserfolg gemessen; die Arbeitnehmer beurteilen die Attraktivität eher anhand der Kriterien Sicherheit, Rendite und Flexibilität im Hinblick auf Arbeitgeberwechsel.

155 Vgl. Müntinga-Dahl, U. (Betriebliche Altersversorgung, 1998), S. 220; Schmidbauer, W. / Schmidbauer, B. (Altersversorgung, 1998), S. 6.

156 Zu der detaillierten Begründung dieser Einschätzung vgl. Schmidbauer, W. / Schmidbauer, B. (Altersversorgung, 1998), S. 6 ff.

157 Vgl. hierzu und zum folgenden Ruppert, W. (Betriebliche Altersversorgung, 2000), S. 31 und 42.

158 Die Modifikationen im Betriebsrentengesetz wurden ab dem 01.01.1999 wirksam, und die Befragung des ifo-Institutes wurde im Sommer 1999 durchgeführt.
Vgl. Ruppert, W. (Betriebliche Altersversorgung, 2000), S. 31 und 42;
Schmidbauer, W. / Schmidbauer, B. (Altersversorgung, 1998), S. 7.

159 Diese Ergebnisse werden auch durch andere Untersuchungen gestützt. Vgl. z. B. o. V. (Pensionsfonds, 1998), S. 43.

daß auch bei der Existenz von Pensionsfonds betriebliche Alterssicherung durchaus nicht vermehrt angeboten werden würde.[160] Denn bei der Alterssicherung per Pensionsfonds wirkt es sich für das Unternehmen nachteilig aus, daß die für die Alterssicherung angesammelten Finanzmittel nicht, wie bei der „reinen" Direktzusage, über Pensionsrückstellungen im Unternehmen verbleiben und den erläuterten Innenfinanzierungseffekt verursachen, sondern in Pensionsfonds fließen.[161]

Die Kritik an den bestehenden Möglichkeiten der betrieblichen Alterssicherung wird von der Unternehmensseite ständig geäußert, um die Nachteile betrieblicher Alterssicherung bis hin zu ihrer vermeintlichen Undurchführbarkeit zu bekräftigen. Ebenso wiederholend fordern die Unternehmen neue Durchführungswege betrieblicher Alterssicherung, um darauf zu verweisen, daß die Ursache für das bisher fehlende Angebot betrieblicher Alterssicherung ausschließlich in der mangelnden Existenz dieser neuen Möglichkeiten begründet ist. Wird aber die Existenz beispielsweise der immer eingeforderten betrieblichen Pensionsfonds unterstellt, besteht das Resultat darin, daß auch dann betriebliche Alterssicherung keineswegs vermehrt angeboten werden würde. Damit verfestigt sich ein Eindruck, der sich von unabhängiger Seite aus ergibt, erheblich: Die Vermutung, daß die betriebliche Alterssicherung völlig unabhängig von den Durchführungswegen und Möglichkeiten als **zu teuer** und als **personalpolitisch nicht notwendig**[162] eingeschätzt wird. Die Kritik und die Forderungen dienen lediglich der Tatsache, unpopuläre Maßnahmen bzw. Unterlassungen mit Ursachen zu begründen, die außerhalb der Einflußmöglichkeit des Unternehmens liegen.

Als Resultat der Ausführungen zur zweiten Säule der Alterssicherung in Deutschland verbleibt daher eine pessimistische Einschätzung für ihre zukünftige Entwicklung.[163]

---

160 Vgl. Höfer, H. (Betriebsrentengesetz, 1998), S. 1564;
o. V. (Pensionsfonds, 1998), S. 44.
Gemäß der Untersuchung würden lediglich 28 Prozent der befragten Unternehmen Pensionsfonds nutzen, wenn sie angeboten würden. Von der Mehrzahl der Unternehmen werden die Pensionsfonds als zur betrieblichen Alterssicherung ungeeignet beurteilt. 72 Prozent der Unternehmen würden den Mitarbeitern, denen bisher keine Alterssicherung angeboten wurde, auch bei Existenz von Pensionsfonds keine betriebliche Alterssicherung offerieren.
Zur ablehnenden Haltung von Unternehmen gegenüber Pensionsfonds und zu den negativen Wirkungen aus der Einführung betrieblicher Pensionsfonds auf die Verbreitung betrieblicher Alterssicherung vgl. Schmidt, F. / Spengel, C. (Betriebliche Altersversorgung, 1997), S. 29 f.

161 Vgl. hierzu und zum folgenden Höfer, H. (Betriebsrentengesetz, 1998), S. 1562.

162 Vgl. Büschgen, H. E. (Perspektiven, 1998), S. 2.

163 Diese Einschätzung wird durch aktuelle Untersuchungen gestützt.
Vgl. z. B. Ruppert, W. (Betriebliche Altersversorgung, 2000), S. 0.

Traditionelle Durchführungswege werden mangels gesetzlicher Förderung ab dem Jahr 2002 weiter an Bedeutung verlieren.[164] Auch neue Durchführungswege, auch erweiterte Möglichkeiten bei traditionellen Durchführungswegen und auch für die Unternehmen erleichterte Rahmenbedingungen werden die Bedeutung und Verbreitung betrieblicher Alterssicherung nicht wesentlich steigern können. Lediglich mittels der Entgeltumwandlung wird es möglich werden, für einen weiteren Kreis der Arbeitnehmer betriebliche Alterssicherung anbieten zu können[165]. Aber gemäß dem Kriterium der Kapitalherkunft erscheint – wie oben in diesem Kapitel erwähnt – die Zuordnung der Entgeltumwandlung zur betrieblichen Alterssicherung als unzutreffend, weil der jeweilige Arbeitnehmer zugunsten seiner Alterssicherung auf Gehalt verzichtet, so daß die Entgeltumwandlung als ein Instrument der privaten Alterssicherung anzusehen ist und daher durch die vermehrte Einführung der Entgeltumwandlung die Bedeutung privater Alterssicherung verstärkt wird.

2.1.1.3 Status quo und Zukunftsaussichten der privaten Alterssicherung

Die vorangegangenen Ausführungen der Kapitel 2.1.1.1 und 2.1.1.2 haben gezeigt, daß sich die beiden ersten Komponenten der Alterssicherung in Deutschland in Zukunft zum Nachteil oder zumindest nicht zum Vorteil der Versorgungsempfänger entwickeln werden: Das Sinken der Leistungshöhe aus der gesetzlichen Rentenversicherung ist – wie oben dargestellt – das wahrscheinlichste Ergebnis als Ausweg aus der Krise der gesetzlichen Rentenversicherung. Die Leistungen aus betrieblicher Alterssicherung werden zumindest nicht steigen. Daraus resultieren die folgenden Überlegungen zur entstehenden Versorgungslücke[166] im Ruhestandsalter: Wird unterstellt, daß das Standardrentenniveau der gesetzlichen Rentenversicherung bei etwa 70 Prozent des letzten Nettoarbeitslohnes liegt[167], und wird weiterhin angenommen, daß betriebli-

---

[164] Vgl. Breitenborn, A. / Fromme, H. (Betriebliche Altersvorsorge, 2001), S. 29; Rademaker, M. (Vorsorge, 2001), S. 29.

[165] Das Angebot seitens der Unternehmen hat nicht zwangsläufig zur Folge, daß es von den Arbeitnehmern angenommen wird, da letztere auf potentiell gegenwärtig ausgezahltes Gehalt verzichten. Dadurch muß sich die tatsächliche Verbreitung betrieblicher Alterssicherung insgesamt nicht verbessern.
Vgl. Ruppert, W. (Betriebliche Altersversorgung, 2000), S. 0.

[166] Die Versorgungslücke kann definiert werden als „Versorgungsbedarf – Versorgungsleistungen".

[167] Im Jahr 1997 betrug das Netto-Standardrentenniveau 70,8 Prozent, für das Jahr 1998 wurde ein Standardrentenniveau von 70,5 Prozent geschätzt.
Vgl. Verband Deutscher Rentenversicherungsträger (Hrsg.) (Rentenversicherung, 1999), S. 29.

che Altersversorgung in der Höhe von durchschnittlich vier Prozent des letzten Nettoeinkommens bezogen wird[168], so ergibt sich eine Versorgungslücke von 26 Prozent im Vergleich zum letzten Nettoeinkommen. Selbst wenn unterstellt wird, daß der Einkommensbedarf im Alter geringer ist und beispielsweise lediglich 90 Prozent des zuletzt im Arbeitsleben bezogenen Nettoeinkommens betragen soll,[169] müssen 16 Prozent des letzten Nettoeinkommens durch die private Altersversorgung an Einkommen generiert werden – bei gleichbleibenden Zahlungen aus der gesetzlichen Rentenversicherung. Sinken – wie in Kapitel 2.1.1.1 beschrieben – die Zahlungen aus der gesetzlichen Rentenversicherung, wird der Absicherungsbedarf durch die private Alterssicherung noch größer. Daher soll im folgenden untersucht werden, ob die dritte Säule der Alterssicherung die entstehenden Versorgungslücken decken kann, und welche Entwicklungen für die private Alterssicherung für die Zukunft prognostiziert werden können.

Die private Alterssicherung ist derzeit mit einem Anteil von 12 Prozent an der deutschen Alterssicherung die zweitwichtigste Komponente nach der gesetzlichen Rentenversicherung.[170] Sie zeichnet sich generell durch weitestgehende Freiheit von gesetzli-

---

Das Standardrentenniveau ist definiert als die Rentenzahlung, die ein Beitragzahler nach 45 Jahren erhält, in denen das durchschnittliche Jahresarbeitsentgelt in die gesetzliche Rentenversicherung eingezahlt wurde, geteilt durch das durchschnittliche Jahresarbeitsentgelt.
Vgl. ebd.
Die Betrachtung des Standardrentenniveaus ergibt ein im Vergleich zur Realität zu optimistisches Bild der Versorgungssituation, da im Jahr 1998 die durchschnittliche Anzahl von für die gesetzliche Rentenversicherung angerechneten Jahren von männlichen Rentenantragstellern bei durchschnittlich 39,81 und bei Frauen bei 25,57 Jahren lag (die Daten beziehen sich auf die alten Bundesländer) und damit die Jahresanzahl deutlich unter den unterstellten 45 Jahren liegt.
Vgl. Verband Deutscher Rentenversicherungsträger (Hrsg.) (Rentenversicherung, 1999), S. 36 und 40.

168 Vgl. Büschgen, H. E. (Altersvorsorgesystem, 1999), S. 6.

169 Entsprechend der Auffassung von Börsch-Supan werden im Ruhestandsalter üblicherweise geringere Beträge zum Lebensunterhalt benötigt, da wesentliche Ausgaben für selbstgenutzte Immobilien, Ausbildung der Kinder etc. bereits getätigt wurden und gemäß den Ergebnissen diverser empirischer Untersuchungen die Ausgaben für die Lebenshaltung sinken und teilweise auch aus den Ersparnissen gezahlt werden können. Vgl. Börsch-Supan, A. H. (German Retirement System, 1995), S. 11.
Hierzu bestehen auch entgegengesetzte Auffassungen, nach denen die Ansprüche und damit die Ausgaben im Alter steigen.
Vgl. Partenheimer, J. (Zukunftsvorsorge, 1999), S. 16.

170 Vgl. Frank, U. (Mitarbeiterfonds, 2000), S. 38.

Die Bedeutung der privaten Alterssicherung als zweitwichtigster Bestandteil der Alterssicherung in Deutschland kommt auch dadurch zum Ausdruck, daß etwa 50 Prozent der Deutschen im Alter von 18 bis 50 Jahren privat für das Alter vorsorgen.
Vgl. Adelt, P. / Dehm, H. / Schulte, K. (Alterssicherung, 1999), S. 62.

chen Vorschriften hinsichtlich des Umfangs, der Finanzierung und der konkreten Ausgestaltung aus. So ist der erfaßte **Personenkreis** gesetzlich nicht geregelt und in keiner Weise formal eingeschränkt; allerdings ergeben sich de facto Einschränkungen aufgrund der monatlich frei verfügbaren Einkommen, aus denen die Mittel für die private Altersvorsorge bestritten werden. Hinsichtlich der *Förderung* privater Alterssicherung ist der erfaßte Personenkreis ab dem Jahr 2002 durch gesetzliche Regelungen eingeschränkt, weil die Förderung nur den Pflichtversicherten der gesetzlichen Rentenversicherung zuteil wird.[171]

Auch der **Umfang der Leistungen** aus der privaten Alterssicherung ist grundsätzlich gesetzlich nicht reglementiert. Je nach Vorsorgeprodukt kann per Rentenversicherung das Langlebigkeitsrisiko, per Lebensversicherung das Risiko der finanziellen Folgen vorzeitigen Todes oder per Berufsunfähigkeitsversicherung das Risiko der finanziellen Folgen einer Berufsunfähigkeit abgesichert werden, wobei völlige Freiheit herrscht, welche dieser Risiken bei der privaten Alterssicherung berücksichtigt werden.[172]

Die **absolute Höhe der Leistungen** ergibt sich aus dem Umfang der eigenen Vorsorge des Alterssichernden.[173] Der Anspruch aus der privaten Altersversorgung wird derzeit auf durchschnittlich 820 DM pro Monat und Alterssichernden geschätzt.[174]

Die **Finanzierung** der privaten Alterssicherung erfolgt durch den Alterssichernden selbst, so daß das Prinzip der Kapitaldeckung verfolgt wird[175]. Daher sind die Höhe und der Umfang der Vorsorgemaßnahmen und nicht die demographischen Entwicklungen für die zukünftigen Leistungen aus der privaten Alterssicherung relevant.

Bezüglich der **Investition des angesparten Kapitals** – was im Gegensatz zur umlagefinanzierten gesetzlichen Alterssicherung ein relevantes Problem darstellt – besteht

---

171 Vgl. § 10a Abs. 1 EstG.

172 Zu möglichen Versicherungsprodukten im Hinblick auf die private Alterssicherung vgl. z. B. Meyer, C.-P. (Rente, 2000), S. 34 ff.

173 Bestimmte Höhen der Vorsorgebeträge für die private Alterssicherung werden ab dem Jahr 2002 gesetzlich gefördert; vgl. § 86 EstG und Kapitel 3.1.2.10.

174 Vgl. Deutsches Institut für Altersvorsorge (Hrsg.) (Versorgungsillusion, 1999), S. 19. Die Schätzung stellt allenfalls einen groben Anhaltspunkt für die Ansprüche aus privater Alterssicherung dar, da bei der Frage nach der Höhe des Anspruchs aus privater Alterssicherung in der zitierten Untersuchung eine vergleichsweise geringe Anzahl von Personen befragt wurde.

175 Vgl. hierzu und zum folgenden Büschgen, H. E. (Altersvorsorgesystem, 1999), S. 3.

ebenfalls vollständige Freiheit: Alle Produkte der Kapitalanlage stehen für die private Alterssicherung zur Verfügung, wobei hier sinnvollerweise die Anlageziele eines Alterssichernden ausschlaggebend für die Produktauswahl sind. Als Anlageziele kommen grundsätzlich Rentabilität, Sicherheit und Liquidität in Betracht.[176] Die Sicherheit wird in diversen Umfragen als oberstes Ziel einer Investition zur Alterssicherung genannt.[177] Immobilien, Lebensversicherungen, Aktien, festverzinsliche Wertpapiere und Investmentfonds, deren Management wiederum das verfügbare Kapital in eine Vielzahl von Anlageinstrumenten investieren kann, sind gängige Anlagemöglichkeiten bei der privaten Altersvorsorge.[178] Untersuchungen zur Anlageweise der Deutschen für die Altersvorsorge zeigen, daß – entsprechend dem oben genannten priorisierten Anlageziel Sicherheit – generell in risikoärmere Assets wie Immobilien, Lebensversicherungen oder festverzinsliche Wertpapiere investiert wird, und nur zu einem relativ[179] geringen Teil in Aktien oder Aktienfonds.[180] Diese Favorisierung hat sich auch durch die Zulassung der Altersvorsorge-Sondervermögen-Fonds (AS-Fonds) nicht wesentlich geändert.[181] Allerdings bestehen Anzeichen dafür, daß sich das Anlageverhalten zugunsten von Aktien oder Aktienfonds – wenn auch zögerlich – ändert.[182]

---

176 Vgl. Steiner, M. / Bruns, C. (Wertpapiermanagement, 2000), S. 50.
Zur Relevanz der genannten Anlageziele für diese Arbeit vgl. Kapitel 3.1.1.

177 Vgl. Adelt, P. / Dehm, H. / Schulte, K. (Alterssicherung, 1999), S. 89;
Finke, R. / Stanowsky, J. (Alterssicherung, 1998), S. 28;
Köcher, R. (Alterssicherung, 2000), S. 339 und 343 f.;
o. V. (Studenten, 2000), S. 16.
Diese Ziele und Anlagekriterien werden aufgrund ihrer Relevanz für die vorliegende Untersuchung ausführlich in Kapitel 3.1 erläutert.

178 Zu diesen und zu weiteren Produkten, die zur privaten Alterssicherung geeignet erscheinen, vgl. z. B. Adelt, P. / Dehm, H. / Schulte, K. (Alterssicherung, 1999), S. 35 und 67;
Büschgen, H. E. (Altersvorsorgesystem, 1999), S. 3;
Döller, R. (Zukunftsvorsorge, 1999), S. 13 ff.;
Köcher, R. (Alterssicherung, 2000), S. 343;
Partenheimer, J. (Zukunftsvorsorge, 1999), S. 17 f.;
Rosen, R. v. (Vorsorgeportefeuille, 1999), S. 22 ff.

179 Relevant ist hier die Anlagepraxis im internationalen Vergleich.

180 Vgl. Adelt, P. / Dehm, H. / Schulte, K. (Alterssicherung, 1999), S. 35 und 67.

181 Vgl. ebd., S. 68.

182 Die Änderung des Anlageverhaltens kommt beispielsweise durch im Vergleich zu anderen Anlagemöglichkeiten hohe Wachstumsraten der Anlagen in Aktien und Investmentanteilen oder durch die Anzahl der Aktionäre im Zeitvergleich und im internationalen Vergleich zum Ausdruck;
vgl. Adelt, P. / Dehm, H. / Schulte, K. (Alterssicherung, 1999), S. 29;
Boeckler, H. (Aktienkultur, 1999), S. 52 ff.;
Maltzan, B.-A. v. (Aktienanlage, 1999), S. B 2.

Bei der Betrachtung des Status quo der privaten Alterssicherung in Deutschland fällt auf, daß sie im internationalen Vergleich unterdurchschnittlich ausgeprägt und verbreitet ist.[183] Die folgenden Aspekte können als mögliche Ursachen für die geringere Bedeutung privater Alterssicherung angesehen werden.

Bisher wurde eine verstärkte private Alterssicherung nicht als notwendig erachtet. Wie in Kapitel 2.1.1.1 dargestellt wurde, war die gesetzliche Alterssicherung mit 85 Prozent des gesamten Alterseinkommens der wesentliche Alterseinkommensbestandteil in Deutschland. Die Notwendigkeit einer volumensmäßig und anteilsmäßig bedeutenden privaten Altersversorgung zusätzlich zur gesetzlichen und (relativ unbedeutenden) betrieblichen wurde nicht erkannt, zumal eine Altersarmut in Deutschland praktisch nicht existiert[184] und die Zufriedenheit unter den derzeitigen Rentnern so hoch wie selten zuvor ist[185]. So stellt die Tatsache eine große Gefahr dar, daß die demographische Entwicklung mit ihren in Kapitel 2.1.1.1 dargestellten Folgen für die traditionelle Form der Alterssicherung und für die jetzt arbeitende Generation erst dann spürbar wird, wenn eine private Alterssicherung für die Betroffenen aufgrund des dann sehr kuzen Zeithorizontes nicht mehr sinnvoll durchgeführt werden kann, nämlich beim Eintritt in den Ruhestand in den Jahren nach 2015.[186]

In einer Vielzahl der Publikationen zur privaten Alterssicherung wird berechtigterweise kritisiert, daß bis zum Jahr 2001 keine Anreize bestehen, selbst für das Alter finanziell vorzusorgen. So sind die Aufwendungen für die private Alterssicherung aus bereits versteuertem Einkommen zu leisten und die Erträge aus den Investments zur privaten Alterssicherung wiederum zu versteuern;[187] die Vorsorgemittel zur privaten Al-

---

[183] Das Einkommen von Zwei-Personen-Rentnerhaushalten aus der privaten Altersversorgung macht in Deutschland zehn Prozent des gesamten Alterseinkommens aus. In den Niederlanden und in Großbritannien beträgt dieser Anteil ebenfalls zehn Prozent, in der Schweiz 26 Prozent und in den USA 42 Prozent des gesamten Alterseinkommens (in den USA sind 25 Prozent des Einkommens aus privater Altersvorsorge Arbeitseinkommen);
vgl. Börsch-Supan, A. H. / Miegel, M. (Einleitung, 1999), S. 5.

[184] Eine Altersarmut kann beispielsweise an der Sozialhilfequote der über 65-Jährigen (also am Anteil der mindestens 65-Jährigen Sozialhilfeempfänger an den über 65-Jährigen) erkannt werden. Diese Quote liegt derzeit bei etwa 1,3 Prozent.
Vgl. Gerster, F. (Armut, 2000), S. 18;
Ruland, F. (Rentenversicherung, 2000), S. 370.

[185] Vgl. Köcher, R. (Alterssicherung, 2000), S. 341.

[186] Vgl. die Ausführungen auf S. 17.

[187] Die Besteuerung erfolgt in Abhängigkeit von der Assetklasse, der Art der Erträge und weiterer Details, die hier nicht vertieft werden.

terssicherung unterliegen damit zumindest teilweise einer doppelten Besteuerung. Auswege bestehen hier in der Investition in die bislang wenigen steuerlich geförderten Anlageprodukte wie Lebensversicherungen.[188] Andere Produkte wie z. B. AS-Fonds, die explizit zur Förderung der privaten Altersvorsorge geschaffen wurden, werden jedoch steuerlich zur Zeit nicht gefördert, so daß steuerliche oder sofort wirksame wirtschaftliche Anreize zur privaten Alterssicherung nicht gegeben sind. Dies ist auch im internationalen Vergleich als Benachteiligung der Anleger zu beurteilen, da in anderen Ländern – wie beispielsweise in den USA – die private Alterssicherung für die Vorsorgenden spürbar steuerlich gefördert wird.[189] Die Nachteile für Deutschland werden jedoch ab dem Jahr 2002 vermindert, ab dem die private Alterssicherung staatlich gefördert wird. Die Förderung umfaßt eine Altersvorsorgezulage, die sich aus einer Grundzulage und einer Kinderzulage zusammensetzt,[190] und Abzugsmöglichkeiten der Vorsorgebeträge als Sonderausgaben.[191] Die Förderung der privaten Alterssicherung ist in ihrer Höhe limitiert.[192]

Aus dem vorangegangenen Abschnitt resultiert, daß bei Absenz von steuerlichen Anreizen zur privaten Alterssicherung andere Gründe bestehen müssen, um einen rational handelnden Alterssichernden zur privaten Alterssicherung zu motivieren. Die anderen Motive sollten im Wesentlichen in der Einsicht bestehen, aufgrund einer gewichtigen Notwendigkeit für das Ruhestandsalter finanziell vorsorgen zu müssen. Diese Einsicht ist in Deutschland bisher in der Bevölkerung nicht genügend verbreitet. Statt dessen besteht immer noch die Hoffnung oder gar Zuversicht, die gesetzliche Rentenversicherung werde zur Alterssicherung ausreichen bzw. weiterhin einen wesentlichen Bestandteil der Alterseinkünfte ausmachen können.[193] Daß dies nicht möglich ist, wurde in Kapitel 2.1.1.1 verdeutlicht. Darüber hinaus werden die Ansprüche aus der gesetzlichen Rentenversicherung von den Versicherten tendenziell überschätzt.[194] Notwendig

---

188 Bei den steuerlich geförderten Produkten ist jedoch zu beachten, daß bei diesen die Rendite üblicherweise geringer ist als bei sonstigen Produkten wie z. B. bei „reinen" Investmentfonds ohne Versicherungselemente, so daß die geförderten Produkte oft nur durch die Steuervorteile für potentielle Anleger attraktiv werden.
Vgl. Weisgerber, T. (Alterssicherung, 2000), S. 348.

189 Vgl. z. B. Frank, U. (Mitarbeiterfonds, 2000), S. 38.

190 Vgl. §§ 83, 84 und 85 EstG.

191 Zu Details vgl. § 10a EstG.

192 Vgl. §§ 10a Abs. 1 und 86 EstG.

193 Vgl. Adelt, P. / Dehm, H. / Schulte, K. (Alterssicherung, 1999), S. 71.

194 Vgl. Deutsches Institut für Altersvorsorge (Hrsg.) (Versorgungsillusion, 1999), S. 3.

ist daher die Vermittlung des wirtschaftlichen Sinnes privater Vorsorge, also der Vorteilhaftigkeit des Sparens allgemein und die Vermittlung der Kenntnis der für die Alterssichernden erwachsenden Versorgungslücke bei fehlender oder unzureichender Spartätigkeit. Dies wird allerdings schwieriger zu vermitteln sein als sofort wirksame ökonomische Vorteile, die erst ab dem Jahr 2002 bestehen. Zudem ist die Sparquote und damit die Sparbereitschaft in Deutschland seit 1990 rückläufig.[195] Der Reformbedarf hinsichtlich der Alterssicherung in Deutschland wird von der derzeit vorsorgenden Bevölkerung unterschätzt, da bisher noch die Auffassung vorherrscht, kleine Modifikationen der Alterssicherung seien zum zukünftigen Funktionieren des Systems ausreichend.[196] So ist es nachvollziehbar, daß die Alterssicherung vieler rentenversicherungspflichtiger Arbeitnehmer nicht ausreichend im Sinne einer Lebensstandardsicherung im Ruhestandsalter ist.[197] Daher ist zu vermuten, daß sich die Verbreitung und Bedeutung privater Alterssicherung erst durch die steuerliche Förderung ab dem Jahr 2002 verbessern wird, so daß dann eine Reduktion der Leistungen aus der gesetzlichen Alterssicherung durch eine bessere Versorgung aufgrund privater Alterssicherung teilweise kompensiert werden kann.

Zudem ist es wahrscheinlich, daß sich das Bewußtsein der dringenden Notwendigkeit einer privaten Alterssicherung in den betroffenen Bevölkerungssegmenten in Zukunft verstärkt durchsetzen wird. Dieses Bewußtsein wird zusätzlich gefördert, indem von Kreditinstituten und Versicherungsunternehmen – im eigenen Interesse – nichts unterlassen wird, um die Aufmerksamkeit potentieller und bereits existierender Kunden auf das Problemfeld der Alterssicherung und insbesondere auf deren dritte Säule zu lenken. Des weiteren sind in den Medien zur Zeit nahezu täglich diverse Meldungen und Berichterstattungen über die Schwierigkeiten der gesetzlichen Rentenversicherung und deren Folgen für die anderen Vorsorgemöglichkeiten zu finden. Daher kann angenommen werden, daß die Bedeutung der privaten Altersvorsorge und –versorgung in der Zukunft deutlich steigen wird und die Alterssichernden vermehrt für die private

---

195 Die Sparquote deutscher privater Haushalte sank von 12,9 Prozent im Jahr 1990 auf 11,0 Prozent im Jahr 1998;
vgl. Verband Deutscher Rentenversicherungsträger (Hrsg.) (Zeitreihen, 1999), S. 227, oder auch Finke, R. / Stanowsky, J. (Alterssicherung, 1998), S. 26.

196 Vgl. Köcher, R. (Alterssicherung, 2000), S. 340.

197 Vgl. Adelt, P. / Dehm, H. / Schulte, K. (Alterssicherung, 1999), S. 71;
gemäß dieser Untersuchung hat etwa die Hälfte der rentenversicherungspflichtigen Arbeitnehmer für das Alter nicht ausreichend vorgesorgt.

Altersversorgung zu sparen bereit sein werden – auch wenn sich diese Entwicklung bisher sehr verhalten vollzieht.

2.1.2 Zusammenfassende Darstellung potentieller Veränderungen der Alterssicherung in Deutschland

Die Ausführungen des vorangegangenen Kapitels 2.1.1 haben verdeutlicht, daß sich der erläuterte Status quo der Alterssicherung in Deutschland in den kommenden Jahren gravierend verändern wird: Die Leistungen der *gesetzlichen Alterssicherung* werden sich aufgrund der Finanzierungsweise insbesondere ab dem zweiten Dezennium des 21. Jahrhunderts vermindern, da Beitragserhöhungen und eine Verlängerung der Lebensarbeitszeit kaum durchsetzbar sind.

Die *betriebliche Alterssicherung* als zweite Komponente der Alterssicherung führt derzeit gleichsam ein „Schattendasein", was sich in der Zukunft nicht entscheidend ändern wird. Einerseits besteht zu Änderungen von Seiten der Unternehmen aufgrund der jetzigen Arbeitsmarktsituation keine Notwendigkeit, der „breiten Masse" der Arbeitnehmer Leistungen aus betrieblicher Alterssicherung neu zuzusagen. Andererseits haben sich die gesetzlichen und hier insbesondere die steuerrechtlichen Rahmenbedingungen derart entwickelt, daß die Einführung oder fortgesetzte Durchführung betrieblicher Alterssicherung als nicht attraktiv erachtet wird. Daher wird die Bedeutung traditioneller betrieblicher Alterssicherung gering bleiben. Die dargestellten neuartigen Formen betrieblicher Alterssicherung stellen teilweise keine zusätzliche Finanzleistung des Arbeitgebers, sondern des Arbeitnehmers dar, so daß diese Formen sinnvollerweise der privaten Alterssicherung zuzuordnen sind. Das heißt, daß die Bedeutung betrieblicher Alterssicherung bestenfalls konstant bleiben wird, und daß aufgrund der Übernahme der Organisation und Durchführung von Elementen privater Alterssicherung (Entgeltumwandlung) die private Alterssicherung gestärkt werden wird.

Die *private Alterssicherung* wird sich hinsichtlich ihrer Verbreitung, ihres Umfanges nach Volumen und hinsichtlich der daran gemessenen Bedeutung in der Zukunft positiv entwickeln. Das nachhaltig wirkende Bewußtsein für die dringende Notwendigkeit individueller privater Alterssicherung wird zur Zeit grundlegend geschaffen, muß aber zukünftig verstärkt werden. Die Wahrscheinlichkeit für eine solche Entwicklung in den relevanten Bevölkerungssegmenten ist jedoch als durchaus hoch einzuschätzen.

Die Bewußtseinsentwicklung wird ab dem Jahr 2002 durch zusätzliche steuerliche Anreize unterstützt werden.[198]

Daraus ergeben sich negative Entwicklungsprognosen für die gesetzliche und neutrale bis negative Aussichten für die betriebliche Alterssicherung sowie eine positive Einschätzung hinsichtlich der Verbreitung der privaten Alterssicherung. Daher wird im weiteren Verlauf dieser Untersuchung das Hauptaugenmerk der *privaten Alterssicherung* gelten.

2.2 Eingrenzung des Untersuchungsgegenstandes

In **personeller Hinsicht** sind in erster Linie alle **Versicherten der gesetzlichen Rentenversicherung** von den Änderungen bei der Alterssicherung betroffen, da sich für die derzeitigen Beitragszahler – wie erläutert – die Leistungen zukünftig deutlich vermindern werden.[199] Unter diesen Personen sind insbesondere diejenigen in einem Alter von unter 50 Jahren relevant, da für sie stärkere Veränderungen prognostiziert werden.[200]

Bei der **betrieblichen Alterssicherung** herrscht zumindest formal[201] das Kapitaldeckungsprinzip und nicht die Umlagefinanzierung vor,[202] so daß für diejenigen, denen

---

198 Es ist darauf hinzuweisen, daß keine Sicherheit besteht, daß aufgrund der steuerlichen Anreize private Alterssicherung in ausreichendem Ausmaß betrieben wird.

199 Zur Begründung vgl. die Ausführungen in Kapitel 2.1.1.1.

200 Wie oben bereits dargestellt wurde, ergeben sich für die Renten aus der gesetzlichen Rentenversicherung bis zum Jahr 2015 geringere Änderungen, so daß die Personen, die bis dahin in den Ruhestand getreten sind, keine markanten Einbußen aus der gesetzlichen Altersversorgung zu befürchten haben. Daraus folgt die besondere Relevanz für diejenigen, die das Ruhestandsalter nach dem Jahr 2015 erreichen.
Vgl. Börsch-Supan, A. H. (Rentenreform, 2000), S. 10.

201 Der Begriff des Kapitaldeckungsprinzips in Zusammenhang mit der betrieblichen Alterssicherung kann irreführend sein, da die vollständige Vorfinanzierung der Leistungen aus der betrieblichen Alterssicherung je nach Durchführungsweg nicht sichergestellt ist. Daher ist der eigentliche Sinn des Begriffes „Kapitaldeckung" – eben die vollständige Deckung der zukünftigen Versorgungsleistungen des jeweiligen Arbeitgebers an den jeweiligen Arbeitnehmer, also eine vollständige Vorfinanzierung der Ansprüche des letzteren – in diesem Zusammenhang unter Umständen nicht gänzlich korrekt. Der Kapitaldeckungsbegriff in Verbindung mit betrieblicher Alterssicherung ist dennoch insofern als weitgehend richtig zu erachten, weil er bei dem verfügbaren Begriffspaar Kapitaldeckungsfinanzierung – Umlagefinanzierung das grundsätzliche Finanzierungsprinzip der betrieblichen Alterssicherung korrekt wiedergibt.

Zur möglicherweise nicht vollständigen Vorfinanzierung der Leistungsverpflichtungen des Unternehmens aus betrieblicher Alterssicherung und den daraus entstehenden Risiken vgl. beispielsbetriebliche Alterssicherung verbindlich zugesagt worden ist, sich die zugesagten Leistungen nicht ändern. Personen, die bisher keine unverfallbaren[203] Ansprüche aus betrieblicher Alterssicherung erworben haben, unterliegen einem erhöhten Absicherungsbedarf.

Für den **Personenkreis**, der **privat** für das Ruhestandsalter **vorsorgt**, ergeben sich ab dem Jahr 2002 positiv zu beurteilende Veränderungen hinsichtlich der Rahmenbedingungen der privaten Alterssicherung. Aufgrund dieser Änderungen ist insbesondere der Personenkreis, der **noch nicht** privat Altersvorsorge betreibt, von besonderer Bedeutung für die vorliegende Untersuchung, weil aus den vorhergehenden Ausführungen die dringende Notwendigkeit privater Alterssicherung resultiert. Bei denjenigen, die bereits privat vorsorgen,[204] ist die Effizienz des Vorsorgeprozesses[205] zu überprüfen.

Die Alterssicherung hat für den jeweiligen Kapitalanleger mittels Asset Allocation-Modellen möglichst effizient zu erfolgen, was auch die Beachtung des Zeithorizontes mit einschließt. Der Effizienzbegriff einer Kapitalanlage umfaßt gemäß der Portfolio Selection Theory[206] die Dimensionen Rendite und Risiko[207]. Im Falle der Alterssicherung erscheint eine Reduktion des Effizienzbegriffes auf die beiden Parameter Rendite

---

weise Arbeitskreis „Betriebliche Pensionsfonds" (Hrsg.) (Betriebliche Pensionsfonds, 1998), S. 12 ff.;
Buttler, A. (Altersversorgung, 1997), S. 91 ff.

202 Vgl. Büschgen, H. E. (Altersvorsorgesystem, 1999), S. 3.

203 Zum Begriff der Unverfallbarkeit vgl. § 1 Abs. 1 BetrAVG.

204 Zu diesem Personenkreis zählen insbesondere diejenigen, die **nicht** gesetzlich rentenversichert sind und die keiner Personengruppe mit eigenem Versorgungssystem angehören. Für den Personenkreis ergeben sich aus den in den Kapiteln 2.1.1 und 2.1.2 dargestellten Änderungen der deutschen Alterssicherung zwar keine unmittelbaren Konsequenzen, jedoch kann anhand der vorliegenden Untersuchung die Effizienz der bislang durchgeführten Alterssicherung überprüft werden. Zum gesetzlich versicherten und nicht versicherten Personenkreis vgl. die Ausführungen in Kapitel 2.1.1.1. Vgl. hierzu auch Verband Deutscher Rentenversicherungsträger (Hrsg.) (Rente, 2000), S. 17 ff.

205 Die Effizienz der Alterssicherung wird in dieser Untersuchung an den Kriterien gemessen, die im Kapitel 3.1 erläutert werden.

206 Vgl. hierzu z. B. Sharpe, W. F. / Alexander, G. J. (Investments, 1990), S. 154 ff.;
Markowitz, H. M. (Portfolio Selection, 1952), S. 77 ff.;
Markowitz, H. M. (Diversification, 1959).

207 Eine weitere Betrachtungsweise der wichtigen Parameter für die Asset Allocation stellt das Zieldreieck der Asset Allocation dar mit den Parametern Rendite, Sicherheit und Liquidität. Zur ausführlicheren Darstellung des Zieldreiecks vgl. Kapitel 3.1.1 der vorliegenden Arbeit sowie Steiner, M. / Bruns, C. (Wertpapiermanagement, 2000), S. 50.

und Risiko nicht als zielführend, da auch weitere Charakteristika der Asset Allocation für die Alterssicherung berücksichtigt werden müssen, die im Kapitel 3.1 detailliert erläutert werden.[208]

Das erläuterte Ziel, die **zeithorizontabhängige Asset Allocation für eine effiziente finanzielle Alterssicherung**, ist der **Kernuntersuchungsgegenstand der gesamten vorliegenden Arbeit**. Zudem soll gezeigt werden, bei welchen Säulen der Alterssicherung die vorgestellten und für geeignet befundenen Modelle eingesetzt werden können.

2.3 Bedeutung der Lebenszyklustheorien des Sparens für die Alterssicherung

Für die Alterssicherung wird sinnvoller- und realistischerweise das benötigte Kapital nicht in kurzer Zeit, sondern im Laufe der Zeit der Erwerbstätigkeit angesammelt, wie dies auch in der gesetzlichen[209] und betrieblichen Alterssicherung üblich ist. In diesem Kapitel soll daher untersucht werden, ob die verschiedenen Lebenszyklustheorien, die den Zusammenhang zwischen dem Einkommen einerseits und dem Konsum und der Ersparnis andererseits darstellen, Hinweise für eine zielführende Asset Allocation – möglicherweise in Abhängigkeit des Lebensabschnittes[210] – enthalten. Hierzu werden die einfache Keynesianische Konsumfunktion als Grundlage der Lebenszyklustheorien des Sparens, die Lebenszyklustheorie von Modigliani sowie die Theorie permanenten Einkommens von Friedman als Theorien zum lebensabschnittsabhängigen Sparen erläutert.

Gemäß der **einfachen Keynesianischen Konsumfunktion** wird ein konstanter Anteil des Einkommens konsumiert und der restliche Einkommensanteil gespart.[211] Der *Anteil* des Konsums am Gesamteinkommen und damit auch der Anteil des Sparens ist

[208] Eine genaue Herleitung relevanter Kriterien erfolgt in Kapitel 3.1.1.

[209] Wegen der Umlagefinanzierung der gesetzlichen Altersversorgung wird hier das Kapital nicht angespart, sondern wie in Kapitel 2.1.1.1 beschrieben zur Verfügung gestellt.

[210] In der Volkswirtschaftslehre dominieren im erläuterten Zusammenhang die Begriffe „Lebensalter" oder „Lebensabschnitt", in der Portfoliotheorie hingegen der Begriff „Zeithorizont". Da in diesem Kapitel die volkswirtschaftliche Sichtweise relevant ist, werden – nur in diesem Kapitel – die diesbezüglichen Begriffe verwendet.

[211] Vgl. hierzu und zum folgenden Dornbusch, R. / Fischer, S. (Makroökonomik, 1992), S. 265 ff.; Keynes, J. M. (Allgemeine Theorie, 1983), S. 77 ff.

Ersparnis wird definiert als Überschuß des Einkommens über den Konsum; vgl. Keynes, J. M. (Allgemeine Theorie, 1983), S. 54 und 64.

jeweils konstant und damit vollkommen unabhängig vom jeweiligen Einkommensniveau.[212] Eine direkte Abhängigkeit des Konsumanteils und des Sparanteils vom Lebensalter ergibt sich damit nicht, da lediglich die Abhängigkeit der *absoluten* Beträge vom jeweils aktuellen Einkommen gegeben ist.[213]

$Y = C + S \rightarrow S = Y - C$

mit

C = Konsum

S = Sparen

Y = Einkommen

Zu der dargestellten einfachen Konsumfunktion existieren Erweiterungen, denen zufolge die marginale Konsumquote und damit auch die marginale Sparquote konstant ist, die durchschnittliche Konsumquote jedoch sinkt und die durchschnittliche Sparneigung damit steigt, da neben einer einkommensabhängigen Konsumkomponente auch eine einkommensunabhängige Konsumkomponente besteht.

Der Konsum wird durch folgenden Zusammenhang charakterisiert:

$C = d + g \times Y$

In Kombination mit der Ursprungsgleichung ergibt sich der Ausdruck

$S = Y - d - g \times Y$

mit

d = einkommensunabhängiger Konsumbetrag

g = marginale Konsumneigung.

Aufgrund der Zusammenhänge steigt beispielsweise bei höheren Einkommensniveaus die durchschnittliche Sparquote, und sie sinkt bei sehr geringen Einkommensniveaus

212 Gemäß empirischen Untersuchungen sind die Konsum- und Sparquoten im Zeitablauf keineswegs konstant, sondern schwanken durchaus deutlich. Die Ursachen für die Schwankungen bestehen jedoch nicht in einem bestimmten Lebensalter o. ä., zumal sich die Keynesianische Konsumfunktion auch auf die gesamtwirtschaftliche Ersparnis und auf den gesamtwirtschaftlichen Konsum bezieht.
Vgl. Dornbusch, R. / Fischer, S. (Makroökonomik, 1992), S. 266 f.

213 Eine konstante durchschnittliche Konsumquote wurde durch empirische Untersuchungen bestätigt. Dieses Ergebnis wurde als „Kuznets Paradoxon" bekannt.
Vgl. Wachtel, P. (Macroeconomics, 1989), S. 376.

oder wird dann sogar negativ.[214] Im Hinblick auf die Altersvorsorge ist daraus die nachvollziehbare Erkenntnis abzuleiten, daß mit zunehmendem Einkommen mehr gespart und daher mit höheren absoluten und auch relativen[215] Beträgen für das Alter vorgesorgt werden kann. Weitere Folgerungen aus der einfachen Keynesianischen Konsumfunktion sind nicht möglich.

Die **Lebenszyklushypothese nach Modigliani** besagt, daß der Konsum und die Ersparnis eines Individuums von dessen laufendem Einkommen und Vermögen abhängen.[216] Da sich sowohl das Einkommen als auch das Vermögen des Individuums im Lebensverlauf verändern, sind auch die Sparaktivitäten lebensaltersabhängig.[217] Das Individuum möchte einen relativ gleichmäßigen Konsum über sein Leben hinweg sicherstellen, ohne daß in bestimmten Lebensabschnitten überproportional hoher oder geringer Konsum beabsichtigt ist. Daher ist der Konsum nicht vom laufenden Einkommen, sondern vom Lebenszeiteinkommen, also dem Einkommen, das im Verlaufe des gesamten Lebens erzielt wird, abhängig. Im Gegensatz zur Keynesianischen Konsumfunktion, bei der nur die Phase der Erwerbstätigkeit der Individuen betrachtet wird, sind hier die zwei Phasen relevant, die in der folgenden Abbildung 2.3-1 dargestellt sind: Die erste Phase umfaßt die Zeit vom Eintritt in das aktive Erwerbsleben bis zum Eintritt in den Ruhestand und die zweite Phase den Eintritt in den Ruhestand bis zum Tod. Die Aussage der Lebenszyklushypothese besteht nun darin, daß in der Zeit der Erwerbstätigkeit für den Ruhestand, in dem annahmegemäß keine Einkommen generiert werden, gespart wird, um einen über das Leben hinweg gleichmäßigen Konsum zu gewährleisten – ein Vorgang, der auch durch die Alterssicherung zu erreichen versucht wird. Die Individuen sparen viel, wenn das jeweils aktuelle Einkommen im Vergleich zum durchschnittlichen Lebenszeiteinkommen pro Jahr hoch ist, und sie sparen wenig, wenn das laufende Einkommen vergleichsweise gering ist. Eine Aussage der Lebenszyklushypothese in ihrer idealtypischen Form – Entsparen sämtlichen Kapitals im Ruhestand – wird üblicherweise nicht realisiert, da der Todeszeitpunkt

[214] Vgl. hierzu z. B. Keynes, J. M. (Allgemeine Theorie, 1983), S. 83 f.; Wachtel, P. (Macroeconomics, 1989), S. 70 f.

[215] Relativ bedeutet hier, daß höhere prozentuale Anteile am laufenden Einkommen gespart werden können.

[216] Vgl. hierzu und zum folgenden beispielsweise Ando, A. / Modigliani, F. (Saving, 1963), S. 54 ff; Dornbusch, R. / Fischer, S. (Makroökonomik, 1992), S. 268 ff; Modigliani, F. (Life Cycle, 1986), S. 297 ff.; Wachtel, P. (Macroeconomics, 1989), S. 376 ff.; oder auch in genereller Hinsicht Felderer, B. (Lebenseinkommenszyklus, 1987), S. 362 ff.

[217] Zu Lebenszyklusmodellen von Haushalten vgl. z. B. Barro, R. J. (Makroökonomie, 1992), S. 81 f.

eines Individuums unbekannt ist[218] und daher das angesparte Vermögen im Alter selten verbraucht wird.[219]

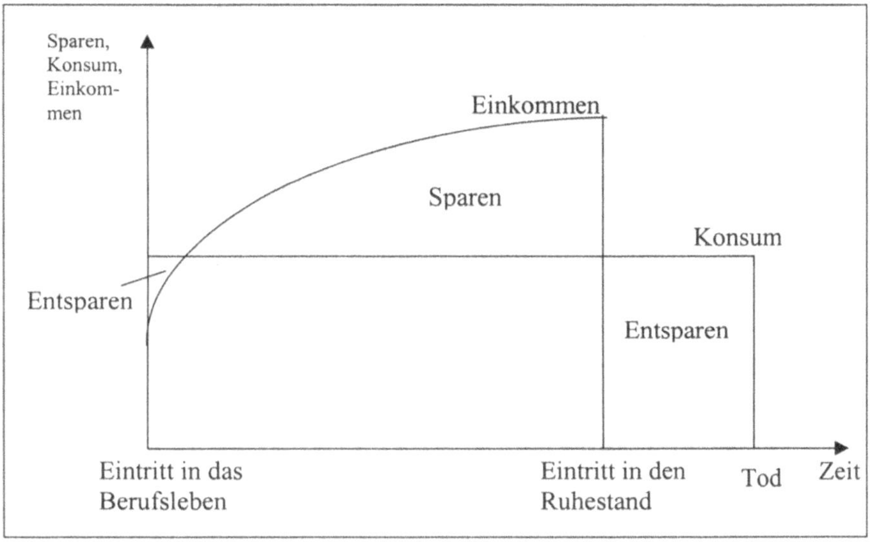

Abbildung 2.3-1: Lebenszyklushypothese

Hinsichtlich der Altersvorsorge resultiert aus der Lebenszyklustheorie lediglich der Sinngehalt des Sparens während der Zeit der Erwerbstätigkeit, also während der Zeit der Einkommensgenerierung. Da im Ruhestandsalter im Sinne der Lebenszyklustheorie keine Einkommen erzeugt werden, müssen Anteile des laufenden Einkommens für den Ruhestand gespart werden. Diese Notwendigkeit ist intuitiv nachvollziehbar und kann als Grundlage der Alterssicherung dienen.

---

218 Vgl. Meier, C.-P. (Demographie, 1995), S. 88.

219 Auch Individuen im Alter von über 65 Jahren haben gemäß verschiedenen empirischen Untersuchungen in der Regel nicht-negative Sparquoten, beispielsweise aufgrund eines Vererbungsmotivs oder wegen des ungewissen Todeszeitpunktes.
Vgl. z. B. Börsch-Supan, A. H. (Rentenversicherungssystem, 1999), S. 37;
Meier, C.-P. (Demographie, 1995), S. 89;
Rodepeter, R. (Sparprofile, 1997), S. 6;
Schlomann, H. (Vermögensverteilung, 1992), S. 277 ff. und 291 ff.
Ein Überblick über verschiedene Untersuchungen zum Sparverhalten und der Ersparnisbildung in Deutschland findet sich bei Schlomann, H. (Lebenszyklus, 1990), S. 11.

Die nahezu identische Grundaussage wie die Lebenszyklustheorie von Modigliani beinhaltet die **Theorie des permanenten Einkommens von Friedman.**[220] Hier wird das Einkommen eines Individuums in das langfristige permanente und das kurzfristige transitorische unterteilt. Der Theorie zufolge hängen der Konsum und damit auch die Ersparnis eines Individuums vom permanenten, also langfristig vorherrschenden Einkommen ab.[221] Die **transitorischen Einkommen** beeinflussen das Konsum- und Sparverhalten ausschließlich indirekt über eine mögliche Veränderung des permanenten Einkommens, aber nicht direkt in Form deutlich veränderten Konsums.[222]

$$C = c \times YP$$

mit

C = Konsum

c = Durchschnittsneigung zum Konsum

YP = Permanentes Einkommen

Für die vorliegende Untersuchung ist daher die Tatsache entscheidend, daß Individuen ihren Konsum und damit ihre Ersparnis am langfristigen permanenten Einkommen ausrichten. Da insbesondere im Ruhestandsalter Perioden mit negativem transitorischen Einkommen vorherrschen,[223] resultiert in Zeiten positiver transitorischer Einkommen die Notwendigkeit zu sparen, um das permanente Einkommen aufrecht er-

---

220 Vgl. Friedman, M. (Consumption Function, 1957), S. 20 ff.

Der Unterschied zwischen der Lebenszyklustheorie nach Modigliani und der Permanenten Einkommenshypothese liegt weniger in den Grundaussagen begründet, sondern eher in der Akzentuierung einzelner Komponenten der Theorien. So werden in der Lebenszyklustheorie Aussagen über die Sparmotive getroffen, die beispielsweise in der finanziellen Vorsorge für die erste und letzte Lebensphase bestehen. Die Hypothese permanenten Einkommens betrifft dagegen vorrangig die Erwartungsbildung der Individuen hinsichtlich des permanenten Einkommens.
Vgl. Dornbusch, R. / Fischer, S. (Makroökonomik, 1992), S. 287 f.

221 Vgl. hierzu und zum folgenden Dornbusch, R. / Fischer, S. (Makroökonomik, 1992), S. 281 ff.; Wachtel, P. (Macroeconomics, 1989), S. 379 ff.

Zur genauen Berechnung des permanenten Einkommens vgl. Dornbusch, R. / Fischer, S. (Makroökonomik, 1992), S. 283 f.

Das permanente Einkommen enthält auch die in dieser Arbeit als Einkommenspotential bezeichneten Assets.
Vgl. Wachtel, P. (Macroeconomics, 1989), S. 380 sowie zu den Kapitalbegriffen das Kapitel 1.3.

222 Vgl. Dornbusch, R. / Fischer, S. (Makroökonomik, 1992), S. 281 ff.; Wachtel, P. (Macroeconomics, 1989), S. 379 ff.

223 Negatives transitorisches Einkommen bedeutet negatives Einkommen in der laufenden Periode bzw. Entsparen.

halten zu können. Der Nutzen der Theorie des permanenten Einkommens für die vorliegende Untersuchung besteht folglich in der Erkenntnis, daß das Sparen für das Ruhestandsalter notwendig ist, womit die Aussagen der Lebenszyklustheorie von Modigliani bestätigt werden.

Aus den wichtigsten Lebenszyklustheorien des Sparens folgt daher die Notwendigkeit der Altersvorsorge per se und damit die Notwendigkeit, **daß** gespart werden muß. Allerdings lassen sich **keine** Hinweise darauf erkennen, **wie** gespart werden soll, wie also die einzelnen Assets sinnvollerweise gewichtet werden, um zielführend für die Alterssicherung zu sparen.[224] Daher wird dieser Arbeit die Lebenszyklushypothese nach Modigliani zugrunde gelegt, um die grundsätzliche Notwendigkeit des Sparens für das Ruhestandsalter zu belegen. Die Art und Weise des Sparens – das heißt die Asset Allocation für die Alterssicherung – muß daher auf andere Weise hergeleitet werden, was ausführlich im Kapitel 3 erläutert wird.

2.4 Zeithorizonteffekte von Aktiencharakteristika und ihre Bedeutung für die Asset Allocation

Eine wesentliche Eigenschaft der Asset Allocation für die Alterssicherung besteht in dem Zeithorizont, der sich üblicherweise über viele Jahre hinweg erstreckt. So beginnen Individuen die Ansparphase für die Finanzmittelansammlung mit dem Anfang der Berufstätigkeit, also häufig im Alter von ca. 20 Jahren.[225] Damit ergibt sich ein potentieller Zeithorizont von bis zu 40 Jahren,[226] in dem für die Altersvorsorge kontinuierlich gespart wird[227] – ein Zeithorizont, der für die Kapitalansammlung als überdurch-

---

[224] Dies resultiert aus dem vorrangigen Ziel der Lebenszyklustheorien, das Sparverhalten von Individuen zu erklären.

[225] Dies ergibt sich aus den durchschnittlichen 39,81 Versicherungs- bzw. Arbeitsjahren, die für die gesetzlich rentenversicherten Männer im Jahr 1998 ermittelt wurden; diese 39,81 Jahre werden vom durchschnittlichen Renteneintrittsalter von 59,8 Jahren subtrahiert.
Vgl. Verband Deutscher Rentenversicherungsträger (Hrsg.) (Rentenversicherung, 1999), S. 36. Für Frauen betragen die durchschnittlichen Versicherungs- bzw. Arbeitsjahre 25,57 Jahre. Vgl. ebd., S. 40.
Zum durchschnittlichen Ruhestandseintrittsalter in Deutschland vgl. die Fußnoten 34 und 53.

[226] Der Zeithorizont ergibt sich bei Unterstellung einer einmaligen Entnahme des angesparten Kapitals zur Altersversorgung.

[227] Der Anlagehorizont ergibt sich beispielsweise durch die durchschnittlichen Versicherungs- bzw. Arbeitsjahre der gesetzlich Rentenversicherten. Vgl. Verband Deutscher Rentenversicherungsträger (Hrsg.) (Rentenversicherung, 1999), S. 36.

schnittlich lang erscheint[228]. Es resultieren daher **zwei Besonderheiten** für den Zeithorizont der Asset Allocation für die Alterssicherung: Zum einen zeichnet sich der Zeithorizont durch eine erhebliche **Länge** aus, und zum anderen ist dieser Zeithorizont durch das vorgegebene Anlageziel im voraus **fixiert**, wenn man sich beispielsweise am durchschnittlichen oder individuell gewünschten Ruhestandseintrittsalter orientiert. In den vorangegangenen Kapiteln wurden ausführlich Rendite-, Risiko- und Performancemaße erläutert. Da die Asset Allocation zur Alterssicherung üblicherweise je nach Alterssichernden zu unterschiedlichen Zeitpunkten beginnt und endet, sich also über unterschiedlich lange Zeithorizonte erstreckt, soll im folgenden untersucht werden, ob der Zeithorizont die beschriebenen Rendite- und Risikocharakteristika beeinflußt und sich auf die Asset Allocation auswirkt.

Ob der Zeithorizont einen Einfluß auf die Asset Allocation ausübt, und wenn der Einfluß besteht, wie sich dieser auf die Asset Allocation auswirkt, ist ein seit Jahren überaus kontrovers diskutiertes Thema mit zumeist diametral entgegengesetzten Auffassungen und Argumentationsergebnissen. Im Mittelpunkt steht hierbei die Fragestellung der Aufteilung eines Portfolios in risikobehaftete und risikofreie Assets und deren **Gewichtung** im Portfolio. Die **Ursache** für sich im variierenden Zeithorizont verändernde Gewichtungen dieser beiden Assetklassen können u. a. in zeithorizontabhängigen Rendite-Risiko-Charakteristika bestehen, die den Assetklassen anhaften, die aber bei Betrachtung der seit Jahren andauernden, vehementen Diskussion über die Thematik alles andere als eindeutig zu sein scheinen. So kann der Zeithorizonteffekt gemäß den unterschiedlichen Auffassungen folgende drei Ausprägungen einnehmen:

- Ein Zeithorizonteffekt wird als **positiv** bezeichnet, wenn mit zunehmendem Zeithorizont das Risiko risikobehafteter Assets absolut oder relativ zur Rendite sinkt und Aktienanteile am Alterssicherungs-Portfolio und Zeithorizont positiv korreliert sind.
- Der Zeithorizonteffekt wird hingegen als **negativ** bezeichnet, wenn davon ausgegangen wird, daß mit zunehmendem Zeithorizont das Marktwertrisiko von Aktien

---

[228] Gängige Asset Allocation-Modelle wie z. B. die Portfolio Selection Theory nach Markowitz beziehen sich auf den Zeitraum einer Periode, mit der üblicherweise ein Jahr verbunden wird. Ansparprozesse der Individuen sind häufig durch das Anlageziel Immobilie, Auto etc. gekennzeichnet, wobei diese Anlageziele zumeist deutlich geringere Zeithorizonte umfassen.
Zum Zeitraum einer Periode vgl. beispielsweise Samuelson, P. A. (Lifetime Portfolio Selection, 1969), S. 239.

relativ zur Rendite steigt. Für die Asset Allocation werden in diesem Fall mit zunehmendem Zeithorizont sinkende Aktienanteile empfohlen.

- Der Zeithorizonteffekt ist **neutral, gleich null** oder **nicht existent**, wenn Rendite-Risiko-Charakteristika und die Asset Allocation durch die Variation des Anlagehorizontes nicht beeinflußt werden.[229]

Im folgenden soll ein Überblick über verschiedene Argumentationsweisen und –ergebnisse gegeben werden, um anschließend fundierte Annahmen für die Existenz und Wirkung von Zeithorizonteffekten für den weiteren Verlauf der Untersuchung zu treffen. Die Ausführungen werden danach strukturiert, ob ein neutraler, negativer oder positiver Zeithorizonteffekt hergeleitet wird. In den diesbezüglichen Kapiteln 2.4.1.1, 2.4.1.2 und 2.4.1.3 werden unterschiedliche Argumentationsweisen verschiedener Autoren erläutert. Dabei ist nicht die vom jeweiligen Verfasser getroffene Zuordnung zu den drei Zeithorizonteffekten ausschlaggebend, sondern der Zeithorizonteffekt, der vom jeweiligen Verfasser *tatsächlich* begründet wird.[230] In den weiteren Ausführungen werden Beispiele für Modelle mit theoretischer Begründung gegeben. Daneben existieren andere Modelle, die optimale Asset Allocations in Abhängigkeit des Zeithorizontes darstellen, die aber mangels offenkundiger theoretischer Begründung in dieser Untersuchung nicht erläutert werden.[231]

2.4.1 Ausprägungen von Zeithorizonteffekten

2.4.1.1 Neutrale Zeithorizonteffekte

Neutrale Zeithorizonteffekte werden üblicherweise durch Argumentationen anhand dynamischer stochastischer Programmierung nachgewiesen. Beispiele hierfür sind die

---

229 Alternativ zu der dargestellten Interpretation von **drei** Zeithorizonteffekten kann die Auffassung vertreten werden, daß der Zeithorizonteffekt zum einen entweder existiert oder nicht existiert, und daß er zum anderen – wenn er existiert – **zwei** Ausprägungen (positiv oder negativ) annehmen kann.

230 Meint beispielsweise ein Autor, einen negativen Zeithorizonteffekt zu erörtern, und ist dieser vermeintlich negative Zeithorizonteffekt de facto ein positiver, so wird die Argumentationsweise im Kapitel über positive Zeithorizonteffekte erläutert.

231 Zu den Konzepten und Produkten mit offensichtlich ausgeprägt intuitiven Begründungen vgl. exemplarisch Dembowski, A. (Altersvorsorge, 1998), S. 169 ff.;
Doetsch, P. A. (Altersvorsorge, 1998), S. 216 ff.;
Küntzel, U. (Altersvorsorge, 1999), S. 6 ff.;
Malkiel, B. G. (Random Walk, 1990), S. 339 ff.;
o. V. (Private Absicherung, 2000), S. 18 f.;
o. V. (Mitarbeiterfonds, 1999), S. 29.

Untersuchungen von **Samuelson,** der in mehreren Beiträgen zu diesem Thema darlegt, daß die optimale Asset Allocation vollkommen unabhängig vom Zeithorizont ist.[232] Er begründet dieses Ergebnis mit der Methode der dynamischen stochastischen Programmierung, indem er die jeweils optimale Asset Allocation für den Zeithorizont eines Investors ermittelt. Hierbei geht er – wie es der dynamischen stochastischen Programmierung zueigen ist – rekursiv vor, so daß er, beginnend mit der letzten Periode, die optimale Aufteilung risikobehafteter und risikoloser Assets auf das Portfolio eines Investors für verschiedene Zeithorizonte untersucht.[233] Das Ergebnis besteht darin, daß diese Aufteilung vollkommen unbeeinflußt vom Zeithorizont eines Investors bleibt, so daß ein Alterssichernder unabhängig von seinem Zeithorizont die Allokation der Assetklassen der risikobehafteten und risikolosen Assets immer in gleicher Weise vornimmt.[234] Wenn man dieser Argumentation folgte, ergäbe sich hinsichtlich der Asset Allocation für die Alterssicherung, daß sie sich von einer Kapitalallokation für andere Zwecke lediglich durch möglicherweise bestehende oder geplante steuerliche Förderungsmöglichkeiten unterschiede, daß jedoch keine Differenzierungen aufgrund eines vergleichsweise langen Zeithorizontes bestünden.

Der wesentliche **Kritikpunkt** an dieser Art der Herleitung von Zeithorizonteffekten bezieht sich auf die Methode der **dynamischen stochastischen Programmierung**. Bei der Ermittlung optimaler Entscheidungen müssen die einzelnen Allokationen für sich genommen, wie auch im Zusammenhang über mehrere Perioden hinweg optimal sein.[235] An dieser Methode kann die Grundvoraussetzung kritisiert werden, daß die Asset Allocation jeweils in einer Periode optimal sein muß und so das Entstehen eines Zeithorizonteffektes gerade verhindert wird.[236] Zeithorizonteffekte treten bezeichnungsgemäß dann auf, wenn der Zeithorizont variiert. Genau diese Variation wird jedoch nicht bei der dynamischen stochastischen Programmierung durchgeführt, da lediglich eine Aneinanderreihung eines Vielfachen von Einperioden-Zeithorizonten er-

---

232 Vgl. Samuelson, P. A. (Lifetime Portfolio Selection, 1969), S. 239 ff.;
ders. (Asset Allocation, 1990), S. 5 ff.;
ders. (Portfolio Management, 1989), S. 4 ff.;
ders. (Long-Term Case, 1994), S. 15 ff.

233 Vgl. Samuelson, P. A. (Lifetime Portfolio Selection, 1969), S. 239 ff.

234 Vgl. Samuelson, P. A. (Lifetime Portfolio Selection, 1969), S. 245;
ders. (Portfolio Management, 1989), S. 9 f.

235 Vgl. Winhart, S. (Asset Allocation, 1999), S. 48;
Chiang, A. C. (Dynamic Optimization, 1992), S. 20 ff.

236 Vgl. Eaton, R. D. Van / Conover, J. A. (Investment Horizon, 1998), S. 53.

folgt, so daß die Nicht-Existenz von Zeithorizonteffekten und damit die Zeithorizont-Unabhängigkeit der Asset Allocation die logische Folge dieser Vorgehensweise ist.

Ein weiteres, häufig genanntes Argument von Samuelson besteht in dem seiner Meinung nach hier nicht geltenden **Gesetz der großen Zahl**, dem zufolge sich bei einer Vervielfachung der Perioden die jährlichen Renditen ihrem Erwartungswert immer mehr annähern würden. Die letztere Argumentation wird von Samuelson verworfen, da sich seinen Ausführungen entsprechend der zu maximierende Erwartungsnutzen der Investoren mit variierendem Zeithorizont nicht ändert.[237] Entscheidend ist dabei, daß die tatsächlichen Rendite-Risiko-Charakteristika der Investition in risikobehaftete Wertpapiere nicht berücksichtigt werden, sondern daß das Ergebnis nur von speziellen Nutzenfunktionen der Investoren[238] abhängt. Hierbei wirkt sich das in Kapitel 3.1.2.4 erläuterte Problem der mangelnden Identifizierungsmöglichkeit der Nutzenfunktion von Alterssichernden aus.

Bei zusammenfassender Betrachtung ergibt sich die Einschätzung, daß im Modell von Samuelson die tatsächlichen Zeithorizont- und Alterssicherungs-Spezifika nicht berücksichtigt werden, so daß das Modell nicht im Alterssicherungsbereich zur Anwendung kommen sollte.

2.4.1.2 Negative Zeithorizonteffekte

Im Rahmen der Diskussion um die Zeithorizonteffekte existieren mehrere Argumentationsweisen, die einen negativen Zeithorizonteffekt zu zeigen beabsichtigen. Die vermeintlichen Belege für diese Art der Effekte begründen aber keine negativen, sondern entsprechend der Definition in Kapitel 2.4 positive Zeithorizonteffekte. Daher werden diese Argumentationsweisen im folgenden Kapitel über positive Zeithorizonteffekte erläutert mit dem Hinweis auf die ursprüngliche Intention des jeweiligen Autors.

---

[237] Vgl. Samuelson, P. A. (Lifetime Portfolio Selection, 1969), S. 245;
ders. (Portfolio Management, 1989), S. 9 f.;
ders. (Long-Term Case, 1994), S. 16.

[238] Vgl. hierzu Samuelson, P. A. (Long-Term Case, 1994), S. 16.

2.4.1.3 Positive Zeithorizonteffekte

2.4.1.3.1 Zeithorizonteffekte mit Begründung durch die Optionspreistheorie

Im folgenden werden Argumentationsweisen zu positiven Zeithorizonteffekten in der Asset Allocation vorgestellt, deren Basis die Optionspreistheorie darstellt. Diese Ansätze haben den Vorteil, aufgrund ihrer Begründung durch die Optionspreistheorie unabhängig von Annahmen über die Nutzenfunktionen zu gelten, so daß die damit verbundene, in Kapitel 3.1.2.4 erläuterte Problematik gemindert werden kann.[239]

2.4.1.3.1.1 Argumentationen von Bodie, Crane und Zenger

Bodie untersucht die Abhängigkeit der Asset Allocation vom Zeithorizont[240] basierend auf der Optionsbewertung.[241] Bodie konstatiert zwar, daß die Ausfallwahrscheinlichkeit für eine vorgegebene Mindestrendite mit zunehmendem Zeithorizont eindeutig abnimmt[242] und damit ein **positiver Zeithorizonteffekt** hinsichtlich der Ausfallwahrscheinlichkeit besteht,[243] aber die Ausfallwahrscheinlichkeit vernachlässigt – wie in Kapitel 3.1.2.3.2.2 dargestellt – die Volumina, um die die Mindestrendite verfehlt wird.[244] In der Tat werden – wie auch Bodie erläutert – Verfehlungen der Mindestren-

---

239 Die Unabhängigkeit von Annahmen über Nutzenfunktionen der Investoren und damit die Präferenzfreiheit werden als objektivitätssteigernd interpretiert. Dennoch kann festgestellt werden, daß die Modelle mit vermeintlicher Präferenzfreiheit trotzdem spezifische Risikodefinitionen mit entsprechend verbundenen Nutzenfunktionen implizieren und daß daher Präferenzfreiheit nicht zwangsläufig die Allgemeingültigkeit der Ergebnisse, sondern eher einen Verzicht auf die präzise Modellierung der Präferenzen und deren potentielle Zusammenhänge mit der Asset Allocation bedeuten kann.
Vgl. Albrecht, T. (Zeithorizont, 1999), S. 2, S. 4, S. 39, S. 83 f.
Zur sehr positiven Einschätzung präferenzfreier Ansätze vgl. Merrill, C. / Thorley, S. (Time Diversification, 1996), S. 13.
Entsprechend den Ausführungen von Albrecht gelten auch die Ansätze nach der Optionspreistheorie lediglich für Nutzenfunktionen, die das jeweils implizit unterstellte Kriterium akzentuieren. Beispielsweise gilt die im weiteren Verlauf dieses Kapitels vorgestellte Argumentation von Bodie oder auch von Merrill / Thorley für Nutzenfunktionen, die Risiko ausschließlich mit der Unterschreitung einer vorgegebenen Mindestrendite gleichsetzen.

240 Der Beitrag Bodies dient nach seiner Aussage nicht der effizienten Investition im Lebenszyklus, wie es von Ferguson / Leistikow mißverstanden wird, sondern lediglich der Untersuchung potentiell bestehender Zeithorizonteffekte;
vgl. Bodie, Z. (Rejoinder, 1996), S. 75;
Ferguson, R. / Leistikow, D. (Risk of Stocks, 1996), S. 67.

241 Vgl. Bodie, Z. (Risk of Stocks, 1995), S. 18 ff.

242 Zu dieser Argumentationsweise vgl. die Ausführungen im Kapitel 2.4.1.3.2.

243 Vgl. hierzu und zum folgenden Bodie, Z. (Risk of Stocks, 1995), S. 18.

244 Vgl. in diesem Zusammenhang auch Zenger, C. (Zeithorizont, 1997), S. 198.

dite in unterschiedlichen Höhen bei Verwendung der Ausfallwahrscheinlichkeit völlig einheitlich und damit eben nicht – wie es als notwendig erscheinen kann – differenzierend beurteilt.[245] Der Bezug zum Zeithorizont besteht darin, daß sich beispielsweise bei Unterstellung eines Binomialmodelles zur Beschreibung der Kursverläufe risikobehafteter Assets die möglichen Abweichungen vom Ausgangswert naturgemäß mit zunehmendem Zeithorizont verstärken.[246] Dieses Ergebnis – zunehmende Schwankungen der Assets um den Ausgangswert – kann die Beurteilung eines variierenden Zeithorizontes im Vergleich zur Betrachtung der Ausfallwahrscheinlichkeit verändern. Jedoch wird hierbei – auch von Bodie – die Tatsache vernachlässigt, daß zwar die Schwankungen zunehmen, aber die Wahrscheinlichkeiten für stärker negative Abweichungen mit zunehmender Anzahl der Perioden im Binomialmodell immer geringer werden. Bodie untersucht nun die Kosten der Absicherung gegen eine Verfehlung der vorgegebenen Mindestrendite, die dem risikolosen Zins gleicht.[247] Er zeigt anhand der im Zeitablauf variierenden Absicherungskosten, daß diese mit zunehmender Restlaufzeit steigen. Das Ansteigen der Absicherungskosten bei zunehmendem Zeithorizont bedeutet per se einen **negativen Zeithorizonteffekt**.[248] Wegen der widersprüchlichen Ergebnisse der Argumentationen, basierend auf der Ausfallwahrscheinlichkeit einerseits und auf den Absicherungskosten andererseits, kann gemäß Bodies Auffassung kein eindeutiger Zeithorizonteffekt identifiziert werden. Statt dessen hängt laut Bodie die geeignete Aufteilung eines Portfolios auf risikobehaftete und risikolose Assets von der individuellen Nutzenfunktion ab, entsprechend der der Erwartungsnutzen maximiert wird. Damit trifft Bodie die Feststellung, daß die Asset Allocation nicht vom Zeithorizont abhängt.[249]

Bei Bodies Argumentation fällt auf, daß er lediglich isoliert die Risiken untersucht, die mit einer Aktieninvestition einhergehen, daß die Chancen in Form von Renditen hingegen ignoriert werden, wobei auch letztere für die Asset Allocation entscheidend

---

245 Vgl. Bodie, Z. (Risk of Stocks, 1995), S. 19.

246 Bodie stellt das einfache Beispiel von binomialen Aktienkursbewegungen von jeweils +20 Prozent oder –20 Prozent pro Jahr dar. Bei einem Zeithorizont von einem Jahr kann ein Investor also 20 Prozent seines eingesetzten Kapitals verlieren, bei 20 Jahren hingegen maximal $1 - 0{,}8^{20} = 98{,}85$ Prozent, was als Argument für einen möglicherweise negativen Zeithorizonteffekt gewertet wird.
Vgl. Bodie, Z. (Risk of Stocks, 1995), S. 19.

247 Vgl. hierzu und zum folgenden Bodie, Z. (Risk of Stocks, 1995), S. 19 ff.

248 Vgl. Zenger, C. (Zeithorizont, 1997), S. 198.

249 Vgl. hierzu und zum folgenden Bodie, Z. (Risk of Stocks, 1995), S. 20 f.

sind.[250] Diese fehlende Berücksichtigung der mit Aktien verbundenen Renditen wird dann deutlich, wenn nur die Absicherungskosten betrachtet werden, nicht aber die Renditen. Die Absicherungskosten steigen tatsächlich absolut mit zunehmendem Zeithorizont, allerdings nur unterproportional.[251] Die Renditen steigen dagegen proportional mit dem Zeithorizont. Die durchschnittlichen Absicherungskosten **pro Jahr** sinken mit zunehmendem Zeithorizont ebenso wie die marginalen Absicherungskosten,[252] wobei diese Tatsachen nicht in Bodies Argumentation verwendet werden. Tatsächlich reichten die sinkenden Absicherungskosten pro Jahr bei gleichbleibenden jährlichen Aktienrenditen aus, um einen **positiven Zeithorizonteffekt** zu diagnostizieren.[253]

Diese Argumentation verwendet **Zenger** in veränderter Weise, indem er – ausgehend von der von Bodie unterstellten Anlage der Finanzmittel in Aktien und long Puts – aufgrund der Put-Call-Parität in der hier anzuwendenden Weise die Finanzmittel in risikofreie Anlagen und long Calls anlegt.[254] Hieraus errechnet er garantierte, jährliche Mindestrenditen, die – wie offensichtlich erkenntlich ist – mit zunehmendem Zeithorizont **steigen**. Damit ist der Mangel an Bodies Argumentation behoben, lediglich die absolute Risikosteigerung in Form von Putpreissteigerungen mit zunehmendem Zeithorizont zu betrachten, da diese für sich genommen aussagelos sind und erst in der Betrachtung relativ zur erzielbaren Rendite eine sinnvolle Aussage beinhalten. So ist

---

[250] Vgl. hierzu und zu weiteren Kritikpunkten an Bodies Argumentation beispielsweise Bierman, H. Jr. (Investment Horizont, 1997), S. 51; Albrecht, T. (Zeithorizont, 1999), S. 74.

[251] Bodies und eigenen Berechnungen zufolge belaufen sich die Absicherungskosten bei einem Zeithorizont von einem Jahr auf 7,98 Prozent des abzusichernden Betrages. Bei einem zehnjährigen Zeithorizont betragen die Absicherungskosten zwar absolut 24,84 Prozent, was aber annualisierten Kosten von 2,48 Prozent entspricht. Bei einem für die Altersvorsorge durchaus gängigen Zeithorizont von 30 Jahren betragen die absoluten Absicherungskosten 41,63 Prozent, was jährlichen Kosten von 1,39 Prozent entspricht. Die **Renditen** hingegen bleiben bei zunehmendem Zeithorizont bei jährlicher Betrachtung **konstant**.
Zu den Absicherungskosten für die Gesamtzeiträume vgl. Bodie, Z. (Risk of Stocks, 1995), S. 20.

[252] Vgl. hierzu auch Bierman, H. Jr. (Investment Horizont, 1997), S. 51.

[253] Die Aussage gilt für stetige Renditen, die pro Jahr gleich bleiben und damit bei zunehmendem Zeithorizont linear ansteigen.

[254] Vgl. hierzu, zum folgenden und zu weiteren – aber hier irrelevanten, da nicht den Zeithorizont betreffenden – Kritikpunkten an Bodies Argumentation Zenger, C. (Zeithorizont, 1997), S. 199 ff.

die logische Folge[255] auch von Bodies Argumentation kein neutraler, sondern ein **positiver** Zeithorizonteffekt.[256]

Bodie konkretisiert die Asset Allocation durch die Berücksichtigung des **Einkommenspotentials** der Investoren – in seiner Untersuchung als Humankapital deklariert – wobei die optimale Asset Allocation vom Risikogehalt dieses Einkommenspotentials abhängt:[257] Bei risikoarmem Einkommenspotential kann es optimal sein, bei längeren Zeithorizonten höhere Anteile des Portfolios in Aktien zu investieren, bei einem stark risikobehafteten Einkommenspotential ist jedoch der umgekehrte Fall gegeben.[258] Auf diese Weise können **positive wie negative Zeithorizonteffekte** begründet werden.

---

255 Bodie selbst zieht die genannte Schlußfolgerung nicht.

256 Diese Meinung teilen neben Zenger auch Ferguson und Leistikow: vgl. Ferguson, R. / Leistikow, D. (Risk of Stocks, 1996), S. 68.

Ferguson und Leistikow nennen noch weitere Kritikpunkte an der Argumentation Bodies. Diese Kritikpunkte betreffen jedoch nicht den Zeithorizonteffekt und sind daher für die vorliegende Untersuchung nicht relevant. Vgl. ebd., S. 67 f.

Levy und Cohen gelangen aufgrund ihrer Argumenation ebenfalls zu einem positiven Zeithorizonteffekt. Vgl. Cohen, A. / Levy, H. (Risk of Stocks, 1998), S. 60 ff.

Die Kritik am Modell von Bodie wird von Taylor und Brown verstärkt: Sie kritisieren zum einen die realitätsferne implizite Annahme konstanter relativer Risikoaversion und zum anderen die vermeintliche Unterstellung des Risikomaßes der Standardabweichung, die nach Meinung von Taylor / Brown in der Untersuchung Bodies vom Zeithorizont unabhängig ist.
Die letztgenannte Kritik von Taylor und Brown ist ungerechtfertigt, da eine mit zunehmendem Zeithorizont abnehmende Standardabweichung in der von Bodie verwendeten modifizierten Black/Scholes-Formel zur Bestimmung der Optionspreise enthalten ist, was von den Autoren verkannt wird. In der Formel lt. Bodie wird die Standardabweichung als Streuungsmaß der Renditen risikobehafteter Assets mit der Quadratwurzel des Zeithorizontes multipliziert, so daß sich eine mit zunehmendem Zeithorizont abnehmende **jährliche** Standardabweichung ergibt. Eine zusätzliche Reduktion der Standardabweichung, wie sie von Taylor und Brown vorgeschlagen wird, würde eine Verringerung der jährlichen Standardabweichung doppelt und damit in falscher Weise berücksichtigen. Die Autoren unterliegen offensichtlich dem Fehlschluß, daß die **gesamte** Standardabweichung risikobehafteter Assets im Zeitablauf abnimmt, da tatsächlich lediglich die **jährliche** Standardabweichung abnimmt, die gesamte Standardabweichung aber – wenn auch unterproportional – mit zunehmendem Zeithorizont steigt.
Vgl. Taylor, R. / Brown, D. J. (Risk of Stocks, 1996), S. 69 f. und zur Kritik an Taylor / Brown vgl. auch Albrecht, T. (Zeithorizont, 1999), S. 78 f.

Zur weiteren Kritik am Modell von Bodie vgl. auch Merrill, C. / Thorley, S. (Time Diversification, 1996), S. 14.

257 Vgl. hierzu und zum folgenden ebd.

258 Diese Argumentation wird in identischer Weise vielfach auch von Spremann / Winhart verwendet. Vgl. z. B.
Spremann, K. / Winhart, S. (Asset Allocation, 1996), S. 21 ff.;
Spremann, K. / Winhart, S. (Lebenszyklus, 1998), S. 150 ff.;
Spremann, K. / Winhart, S. (Humankapital, 1997), S. 145 ff.

In einem weiteren Beitrag nennen **Bodie** und **Crane** „generally accepted investment principles".[259] Entsprechend diesen **„Investitionsprinzipien"** sollten Assets zur Alterssicherung vorwiegend in Aktien und langfristigen festverzinslichen Wertpapieren angelegt werden. Des weiteren sinkt gemäß der Argumentation der Aktienanteil am Gesamtportfolio mit zunehmendem Alter, und zwar entsprechend der „Daumenregel"[260] „100 minus Lebensalter". Darüber hinaus wird eine Abhängigkeit des Aktienanteils vom Vermögen oder Wohlstand des jeweiligen Alterssichernden empfohlen, so daß der Aktienanteil mit zunehmendem Vermögen steigt.[261] Diese Empfehlungen implizieren eine direkte oder indirekte Zeithorizontabhängigkeit der Asset Allocation und deuten auf einen **positiven Zeithorizonteffekt** hin. Darüber hinaus vergleichen die Autoren die Empfehlungen durch die „Investitionsprinzipien" mit dem **tatsächlichen Investitionsverhalten** ausgewählter Personen.[262] Hier ergibt sich eine tendenzielle Übereinstimmung des realen Investitionsverhaltens mit den Empfehlungen durch die „Investitionsprinzipien":[263] Der investierte Aktienanteil, der gemäß den Investitionsprinzipien um ein Prozent pro Jahr im Lebensablauf sinken soll, sinkt tatsächlich um durchschnittlich 0,6 Prozent pro Lebensjahr.[264] Mit einer Erhöhung des Vermögens

---

259 Vgl. hierzu und zum folgenden Bodie, Z. / Crane, D. B. (Personal Investing, 1997), S. 14.

Die „generally accepted investment principles" werden im folgenden kurz als „Investitionsprinzipien" bezeichnet.

Die Autoren haben die „Investitionsprinzipien" nicht selbst „entworfen", sondern zusammenfassend aufgrund häufig geäußerter „Expertenempfehlungen" formuliert. Vgl. ebd.

260 Vgl. Bodie, Z. / Crane, D. B. (Personal Investing, 1997), S. 14.

261 Zu weiteren, hier aber nicht relevanten „Investmentprinzipien" vgl. Bodie, Z. / Crane, D. B. (Personal Investing, 1997), S. 14.

262 Zum relevanten Personenkreis vgl. Bodie, Z. / Crane, D. B. (Personal Investing, 1997), S. 15 f.

Das tatsächliche Investitionsverhalten der Alterssichernden ist grundsätzlich interessant in der Hinsicht, daß Erkenntnisse bezüglich einer für die Alterssicherung geeigneten Asset Allocation von den Personen, deren Investitionsverhalten von den Autoren untersucht wurde, bereits umgesetzt werden. Für die vorliegende Untersuchung ist das tatsächliche Investitionsverhalten aber nicht primär relevant, da der Sinngehalt dieses Verhaltens erst im Vergleich mit geeigneten Asset Allocation-Modellen, die Gegenstand des Kapitels 3.2 sind, beurteilt werden kann. Des weiteren ist aufgrund der Auswahl des von Bodie und Crane untersuchten Personenkreises (Kunden des US-amerikanischen Pensionsfonds für Wissenschaftler und Lehrer „TIAA-CREF") davon auszugehen, daß diese Personen von den vorwiegend in der Praxis verwendeten und auch von den vom TIAA-CREF empfohlenen „generally accepted investment principles" stärker beeinflußt worden sind als ein für eine Gesamtbevölkerung repräsentativer Personenkreis. Dieser Kritikpunkt wird von den Autoren der Studie selbst genannt (vgl. Bodie, Z. / Crane, D. B. (Personal Investing, 1997), S. 15).

263 Vgl. hierzu und zum folgenden Bodie, Z. / Crane, D. B. (Personal Investing, 1997), S. 16 ff.

264 Untersucht wurde das Investitionsverhalten von Personen ab 25 Jahren. Vgl. Bodie, Z. / Crane, D. B. (Personal Investing, 1997), S. 16.

um jeweils eine Million Dollar geht eine reale Steigerung des Aktienanteils um 6,1 Prozent einher. [265]

Die Ausführungen der Autoren geben Hinweise auf eine für die private oder betriebliche Alterssicherung geeignete Asset Allocation. Insbesondere ist interessant, daß zum einen Ratschläge eher praxisorientierten Ursprungs, zum zweiten Empfehlungen der Theorie und zum dritten das reale Verhalten ausgewählter Alterssichernder eine tendenziell einheitliche Art der Asset Allocation verfolgen: einen mit zunehmendem Zeithorizont oder abnehmendem Lebensalter steigenden Aktienanteil am Vorsorgeportefeuille. Jedoch sind – wie auch in Fußnote 262 bereits erwähnt – die Eigenheiten der Untersuchung zu beachten und die theoretische Basis des von den Autoren genannten Modells kritisch zu hinterfragen.

2.4.1.3.1.2 Argumentation von Merrill / Thorley

Die Autoren untersuchen – wie auch Bodie – anhand der Optionspreistheorie den Zusammenhang zwischen Risiko von Aktien einerseits und dem Zeithorizont andererseits.[266] Sie konstruieren Protected Equity Notes (PEN) durch die Kombination von einem risikolosen Asset mit einer Long-Call-Position und ermitteln die Partizipationsraten der PEN für unterschiedliche Zeithorizonte.[267] Sie zeigen dabei, daß die Partizipationsrate mit zunehmendem Zeithorizont steigt, was eine verstärkte Partizipation der Anleger an den Kurssteigerungen der zugrundeliegenden Aktien und verminderte annualisierte Absicherungskosten gegen die Kursverluste unterhalb der garantierten Mindestrendite bedeutet und damit auf ein Risiko hinweist, das sich mit zunehmendem Zeithorizont vermindert.[268] Auf diese Weise belegen Merrill und Thorley einen **positi-**

---

265 Vgl. Bodie, Z. / Crane, D. B. (Personal Investing, 1997), S. 18.

266 Vgl. hierzu und zum folgenden Merrill, C. / Thorley, S. (Time Diversification, 1996), S. 13 ff.

267 Protected Equity Notes bestehen – wie oben im Text beschrieben – beispielsweise aus einer festverzinslichen Geldanlage und aus einer Long-Call-Position. Aufgrund der Existenz der festverzinslichen Geldanlage wird dem PEN-Inhaber eine im voraus bestimmte Mindestrendite des anfänglich investierten Kapitals garantiert. Durch die ebenfalls bestehende Long-Call-Position partizipiert der Inhaber einer PEN zusätzlich an Kursgewinnen des Basisobjektes. Wegen der Prämie des Calls und der gleichzeitig garantierten fixen Mindestverzinsung des eingesetzten Kapitals erfolgt die Partizipation des PEN-Inhabers an den Kursgewinnen des Basisobjektes nur unterproportional im Vergleich zur Kursentwicklung des Basisobjektes. Die Art und das Ausmaß dieser Partizipation wird durch die Partizipationsrate einer PEN charakterisiert.
Vgl. Albrecht, T. (Zeithorizont, 1999), S. 81;
Merrill, C. / Thorley, S. (Time Diversification, 1996), S. 14 f.

268 Vgl. Merrill, C. / Thorley, S. (Response, 1997), S. 62.

ven Zeithorizonteffekt für die Investoren, der auch generell auf die Asset Allocation anwendbar sein soll.

Die gleiche Vorgehensweise wenden die Autoren auf einen Collar an, wobei das gleichbedeutende Ergebnis wie bei PEN resultiert. Abschließend stellen sie den Bezug zu Defined Contribution-Plänen zur Alterssicherung der Bevölkerung her, bei denen die Erkenntnisse der Autoren berücksichtigt werden sollten.

Folgende Kritikpunkte werden am Ansatz von Merrill / Thorley geäußert:[269]

- PEN weisen implizite Absicherungskosten auf. Diese Kosten fallen zusätzlich zum eigentlichen Anlagebetrag an, so daß – je nach Höhe der Absicherungskosten – unterschiedliche Gesamtanfangsinvestitionen nötig sind, die aber in der erläuterten Untersuchung nicht in die Beurteilung der Asset Allocation eingehen.
- Des weiteren müssen die Absicherungskosten – je nach Betrachtungsweise – nicht zwangsläufig sinken: Interpretiert man Absicherungskosten auch als Opportunitätsverlust hinsichtlich der Rendite einer Asset Allocation ohne Absicherung und deren Kosten, so können sich insgesamt durchaus negative Zeithorizonteffekte ergeben.[270]

Bei der Kritik ist zu beachten, daß das Konzept von Merrill / Thorley nicht der Asset Allocation an sich dient, sondern lediglich beansprucht, einen Zeithorizonteffekt nachzuweisen. Dieses kann auf abstrakter Ebene anhand der Optionspreistheorie erfolgen, ohne daß die vorgestellten Finanzinstrumente selbst zur Asset Allocation dienen sollten. Daher kann die Grundaussage nachgewiesen werden, ohne jedoch das in der Argumentation genutzte Instrument in der praktischen Kapitalallokation verwenden zu müssen. Der Nachweis für einen **positiven Zeithorizonteffekt** kann damit als gegeben erachtet werden.

---

269 Vgl. hierzu und zum folgenden Albrecht, T. (Zeithorizont, 1999), S. 81 ff.

270 Vgl. Albrecht, T. (Zeithorizont, 1999), S. 84 f.

2.4.1.3.2 Zeithorizonteffekte mit Begründung durch Ausfallwahrscheinlichkeit und Ausfallerwartungswert

2.4.1.3.2.1 Grundsätzliche Argumentationsweise

Die **Renditen** von Kapitalanlagen entwickeln sich – bei Unterstellung diskreter, geometrischer Renditen, also bei Wiederanlage der zwischenzeitlichen Erträge aus den Investments für die private Alterssicherung – exponentiell positiv mit steigender Anzahl der Jahre, so daß sich bei zunehmendem Zeithorizont positive Wirkungen für die Rendite einer Kapitalanlage ergeben. Werden stetige Renditen verwendet, steigen die Renditen proportional zur Anzahl der Jahre.

Die Entwicklung des **Risikos** im Zeitablauf ist stark abhängig vom angenommenen Risikomaß.[271] Die Standardabweichung der Renditen steigt bei zunehmendem Zeithorizont – wie im folgenden dargestellt – mit der Quadratwurzel der Anzahl der Jahre.[272] Daraus resultiert per se ein negativer Zeithorizonteffekt,[273] da das Risiko mit zunehmendem Zeithorizont absolut zunimmt, was bei der üblicherweise zu Recht unterstellten Risikoaversion der Alterssichernden negativ zu beurteilen ist.[274] Hierbei ist aber zu beachten, daß das Risiko bei längeren Anlagehorizonten ausgehend von einem deutlich höheren Renditeniveau wirkt. Wird daher das Risiko in Relation zur voraussichtlich erzielten Rendite gesetzt, so fällt auf, daß sich die Rendite mit zunehmender Anzahl der Jahre **stärker** steigert als die Standardabweichung, so daß das Risiko einer Kapitalanlage in Relation zur Rendite sinkt. Daraus resultiert insgesamt ein eindeutig **positiver Zeithorizonteffekt**. Der positive Zeithorizonteffekt zeigt sich dadurch, daß sich die Ausfallwahrscheinlichkeit bei einer Zunahme des Zeithorizontes vermindert.[275]

---

[271] Vgl. Steiner, M. / Bruns, C. (Wertpapiermanagement, 2000), S. 75.

[272] Dies gilt für voneinander unabhängige Renditen;
vgl. Steiner, M. / Bruns, C. (Wertpapiermanagement, 2000), S. 59 und 75.

[273] Vgl. Steiner, M. / Bruns, C. (Wertpapiermanagement, 2000), S. 75.

[274] Steiner und Bruns folgern daraus, daß ein Anteil von risikobehafteten Assets nicht aufgrund des Zeithorizonteffektes bestimmt werden kann. Dies ist nicht nachvollziehbar, da nicht allein das Risiko, sondern auch die Rendite in die Betrachtung einbezogen werden muß. Daher wird im Kapitel 3.2 ausführlich dargestellt, wie der Zeithorizonteffekt für die Asset Allocation für die private Alterssicherung genutzt werden kann.
Vgl. Steiner, M. / Bruns, C. (Wertpapiermanagement, 2000), S. 75.

[275] Vgl. die vereinfachende Darstellung der Zusammenhänge bei Spremann, K. / Winhart, S. (Lebenszyklus, 1998), S. 151.

Im folgenden soll theoretisch begründet werden, warum die **Rendite proportional zur Zeit** ist, die **Standardabweichung** aber lediglich **mit der Wurzel der Anzahl der Jahre wächst**.

Es kann angenommen werden, daß der Prozeß der Kursbewegungen **P(t)** einer geometrischen **Brown'schen Bewegung**[276] folgt.[277] Das bedeutet:

$$dP = \mu P dt + \sigma P dz.$$

Die derzeitige relative Kursbewegung folgt demnach einer arithmetischen Brownschen Bewegung:

$$\frac{dP}{P} = \mu dt + \sigma dz.$$

μ beschreibt hierbei den Erwartungswert der relativen Kursänderung für ein infinitesimal kleines Zeitintervall; σ charakterisiert die Standardabweichung vom Erwartungswert. Der **Wiener-Prozeß**,[278] dessen Inkremente unabhängig und standardnormalverteilt sind, wird durch **dz** bezeichnet. Demzufolge sind bei der arithmetischen Brown'schen Bewegung die absoluten Prozeßinkremente, bei der geometrischen Brown'schen Bewegung die relativen Prozeßinkremente normalverteilt.

Der Erwartungswert E und die Varianz Var von P_t zum Zeitpunkt T sind gegeben durch die folgenden Formeln:[279]

$$E(P_t) = e^{\mu T} P_0$$

$$Var(P_t) = e^{2\mu T}\left(e^{\sigma^2 T} - 1\right) P_0^2$$

---

276 Die Brown'sche Bewegung dient der Beschreibung des Zufallsprozesses von Aktienkursverläufen. Diese Beschreibung resultiert aus der Beobachtung Browns, daß sich Pollen in Flüssigkeiten „regellos" und „zittrig" bewegen. Diese Beobachtungen können auf Aktienkursverläufe übertragen werden.
Vgl. Spremann, K. (Portfoliomanagement, 2000), S. 394 ff.

277 Vgl. hierzu und zum folgenden Winhart, S. (Asset Allocation, 1999), S. 163 f.

278 Der Wiener-Prozeß ist eine spezielle Brown'sche Bewegung mit einem Drift von null und einer Standardabweichung von eins, wodurch eine Standardisierung der Brown'schen Bewegung erfolgt.
Vgl. Spremann, K. (Portfoliomanagement, 2000), S. 394 ff.

279 Vgl. hierzu und zum folgenden Winhart, S. (Asset Allocation, 1999), S. 163 f.

Sind die Kurse lognormalverteilt, dann sind die **diskreten Gesamtrenditen** ebenfalls lognormalverteilt:

$$r_T = \frac{P_T - P_0}{P_0}$$

mit dem **Erwartungswert** $E(r_T) = e^{\mu T} - 1$

und der **Varianz** der Renditen $Var(r_T) = e^{2\mu T}\left(e^{\sigma^2 T} - 1\right)$

Die stetigen Renditen r* folgen einer arithmetischen Brown´schen Bewegung und sind normalverteilt, so daß folgender Zusammenhang besteht:[280]

$$r^* = d\,(\ln P) = \mu\,dt + \sigma\,dz = \left(\mu - \frac{\sigma^2}{2}\right)dt + \sigma\,dz$$

Dabei ergibt sich der **Erwartungswert** der **stetigen Gesamtrenditen** durch

$$E(r_t\,^*) = \left(\mu - \frac{\sigma^2}{2}\right)T = \mu T$$

und die **Varianz** der **stetigen** Gesamtrenditen

$$Var(r_T\,^*) = \sigma^2 T\,,$$

woraus sich die Gleichung für die **Standardabweichung** stetiger Gesamtrenditen

$$\text{Standardabweichung}(r_T\,^*) = \sigma\sqrt{T}$$

ergibt.

An den Erläuterungen ist zu erkennen, daß Renditen und Varianz der **diskreten** Renditen mit zunehmendem Zeithorizont exponentiell wachsen, wobei das Wachstum der Varianz mit größeren Steigerungsraten verläuft als das der Renditen.[281] Dies ändert sich bei den in der vorliegenden Untersuchung relevanten **stetigen** Renditen, bei denen **Erwartungswert** und **Varianz** der Renditen **proportional zum Zeithorizont** sind.

280 Vgl. hierzu und zum folgenden ebd.

281 Vgl. hierzu ebd.

Daraus resultiert der oftmals dargestellte Zeithorizonteffekt in der Asset Allocation, demzufolge die **Renditen** mit zunehmendem Zeithorizont **proportional** ansteigen, das **Risiko** – gemessen durch die **Standardabweichung** der Renditen – hingegen lediglich **unterproportional** mit der Wurzel der Anzahl der Jahre wächst: $\sigma_T = \sigma_t \sqrt{T}$ mit T = Anzahl der Jahre des gesamten Zeithorizontes und t = Einzeljahr.

Die Ausführungen zeigen, daß positive Zeithorizonteffekte, die – wie bereits erläutert – ein mit zunehmendem Zeithorizont unterproportional steigendes Risiko bei proportional steigender Renditeerwartung bedeuten, theoretisch begründbar sind. Diese Zusammenhänge wirken beispielsweise auf die Entwicklung der **Ausfallwahrscheinlichkeit** (Lower Partial Moment nullter Ordnung) – die Wahrscheinlichkeit für das Verfehlen einer Mindestrendite – im variierenden Zeithorizont:[282] So läßt sich die Entwicklung der Ausfallwahrscheinlichkeit mit variierendem Anlagehorizont unter der Normalverteilungsannahme der Aktienrenditen zeigen, wobei zu erkennen ist, daß – aufgrund des mit zunehmendem Anlagehorizont nur unterproportional ansteigenden Risikos in Form der Standardabweichung – die Ausfallwahrscheinlichkeit mit zunehmendem Zeithorizont kontinuierlich sinkt.[283] Als vorgegebene jährliche Mindestrendite wurde der Wert von null Prozent gewählt.[284] So ergeben sich für die unterschiedlichen Zeithorizonte die unterschiedlichen Ausfallwahrscheinlichkeiten, die anhand der folgenden Formel ermittelt wurden:[285]

$$LPM0 = N\left(\frac{\tau_t - \mu_t}{\sigma_t}\right)$$

mit

LPM0 = Ausfallwahrscheinlichkeit

N(.) = Flächeninhalt unter der Kurve der Standardnormalverteilung

τ_t = Mindestrendite für den Zeithorizont t

μ_t = Erwartungswert der Rendite risikobehafteter Assets für den Zeithorizont t

σ_t = Standardabweichung der Renditen risikobehafteter Assets für den Zeithorizont t

---

282 Zu grundsätzlichen Aspekten vgl auch Bruns, C. (Zeithorizont, 1996), S. 39 ff.

283 Als Inputparameter wurden ein Erwartungswert der Aktienrenditen von jährlich zehn Prozent und eine Standardabweichung der Aktienrenditen ausgehend von zwanzig Prozent verwendet.

284 Der Wert von null Prozent charakterisiert eine nominelle Kapitalerhaltung, wie sie bei der Förderung privater Altersvorsorge gefordert ist. Vgl. hierzu Kapitel 3.1.2.10. Der positive Zeithorizonteffekt kann auch für positive jährliche Mindestrenditen gezeigt werden.

285 Vgl. hierzu und zum folgenden die Kapitel 3.1.2.3.2.2 und 3.2.2.3.1.

Die resultierende, zeithorizontabhängige Ausfallwahrscheinlichkeit geht aus Abbildung 2.4.1.3.2.1-1 hervor:

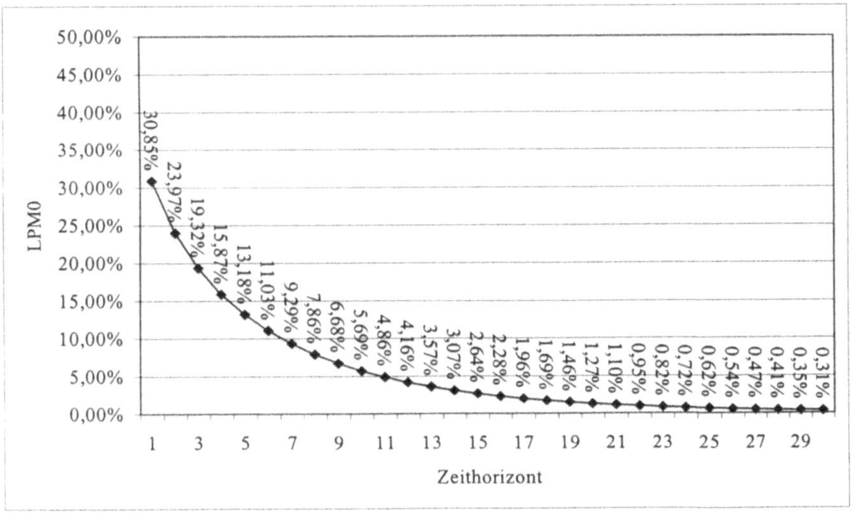

Abbildung 2.4.1.3.2.1-1: Ausfallwahrscheinlichkeit in Abhängigkeit vom Zeithorizont

Das Ergebnis überrascht nicht, wird doch die Ausfallwahrscheinlichkeit – wie aus der Formel auf Seite 111 ersichtlich wird – aufgrund des Erwartungswertes der Rendite und der Standardabweichung der Renditen berechnet, so daß der im vorigen Absatz beschriebene Sachverhalt wirkt. Das Resultat dieser Betrachtungen besteht darin, daß eine langfristige Aktienanlage Vorzüge im Vergleich zur kurzfristigen Anlage aufweist, ein Resultat, das für die Asset Allocation zur Alterssicherung von elementarer Bedeutung ist.

Ein positiver Zeithorizonteffekt läßt sich ebenso für den **Ausfallerwartungswert** – das Lower Partial Moment erster Ordnung – zeigen. Der Ausfallerwartungswert für die unterschiedlichen Zeithorizonte wird anhand der folgenden Formel ermittelt:[286]

[286] Vgl. hierzu und zum folgenden die Kapitel 3.1.2.3.2.2 und 3.2.2.4.1.

$$LPM1 = \int_{-\infty}^{\tau}(\tau_t - r_t)f(r_t)dr_t = (\tau_t - \mu_t)\times N\left(\frac{\tau_t - \mu_t}{\sigma_t}\right) + \sqrt{\frac{\sigma_t^2}{2\pi}}\times e^{-\frac{(\tau_t - \mu_t)^2}{2\sigma_t^2}}$$

mit

μ_t	=	Erwartungswert der Aktienrenditen für den Zeithorizont t
σ_t	=	Standardabweichung der Aktienrenditen für den Zeithorizont t
r_t	=	Aktienrenditen für den Zeithorizont t, die unter der Mindestrendite liegen
τ_t	=	vorgegebene Mindestrendite für den Zeithorizont t
N(.)	=	Flächeninhalt unter der Kurve der Standardnormalverteilung
LPM1	=	Ausfallerwartungswert

Wird auf der grundlegenden Annahme normalverteilter Aktienrenditen der Ausfallerwartungswert wie beschrieben ermittelt, so ergibt sich ab dem Zeithorizont von zwei Jahren ein eindeutig positiver Zeithorizonteffekt, wie es anhand der folgenden Abbildung 2.4.1.3.2.1-2 zu erkennen ist.[287] Der Ausfallerwartungswert für einen einjährigen Zeithorizont ist geringfügig niedriger als derjenige des zweijährigen Zeithorizontes. Trotz dieses nicht idealtypischen Verlaufs zwischen ein- und zweijährigem Zeithorizont wird der Effekt insgesamt als positiv angesehen.[288] Die Abbildung veranschaulicht die Entwicklung der Ausfallerwartungswerte für die vorgegebene Mindestrendite von jährlichen null Prozent.[289]

---

[287] Die Inputparameter wurden wie folgt gewählt: Erwartungswert der jährlichen Aktienrenditen zehn Prozent, Standardabweichung der Aktienrenditen beginnend bei 20 Prozent, vorgegebene Mindestrendite null Prozent.

[288] Würde beispielsweise der Erwartungswert der Renditen um 0,23 Prozent auf 10,23 Prozent pro Jahr erhöht oder die Standardabweichung der Aktienrenditen auf den Anfangswert von 19,55 Prozent vermindert, ergäbe sich ein eindeutig positiver Zeithorizonteffekt über alle Zeiträume hinweg. Aufgrund des hohen Realitätsgehalts der Werte der Inputparameter werden diese jedoch nicht verändert, um den positiven Zeithorizonteffekt zu belegen.

[289] Auch bei positiven jährlichen Mindestrenditen resultieren insgesamt positive Zeithorizonteffekte.

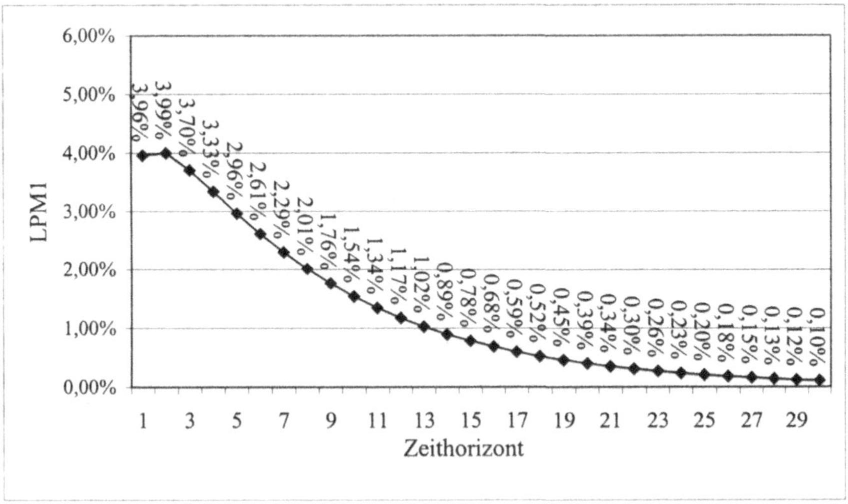

Abbildung 2.4.1.3.2.1-2: Ausfallerwartungswert in Abhängigkeit vom Zeithorizont

2.4.1.3.2.2 Untersuchung von Bierman anhand eines Binomialmodells

Bierman verwendet für seine Argumentation ein Binomialmodell, anhand dessen ein positiver Zeithorizonteffekt gezeigt wird. Hierbei nutzt Bierman das Maß der Ausfallwahrscheinlichkeit[290] für das Verfehlen einer Mindestrendite, die dem risikolosen Zins entspricht, und im Umkehrschluß[291] die Nichtausfall-Wahrscheinlichkeit für das Übertreffen der risikolosen Rendite. Die Parameter sind so gewählt, daß die Rendite für risikobehaftete Assets die risikolose markant übersteigt,[292] und daß die Wahr-

290 Vgl. hierzu die Darstellungen in Kapitel 3.1.2.3.2.2.

291 Die Nichtausfall-Wahrscheinlichkeit für das Übertreffen der Mindestrendite ist gleich „1 – Ausfallwahrscheinlichkeit".

292 Der Renditeerwartungswert für risikobehaftete Assets beträgt 15 Prozent, derjenige für risikolose Anlagen vier Prozent.
Vgl. Bierman, H. Jr. (Investment Horizont, 1997), S. 53.

Insbesondere die unterstellten Renditen für risikobehaftete Assets sind unrealistisch hoch, da Aktienrenditen in der Vergangenheit zumeist Werte von geringfügig mehr als zehn Prozent aufwiesen. Vgl. z. B.
Stehle, R. (Renditevergleich, 1999), S. 1 ff.;
Stehle, R. / Huber, R. / Maier, J. (DAX, 1996), S. 277 ff.

scheinlichkeit für einen Anstieg des Wertes der risikobehafteten Assets deutlich höher ist als für einen Wertverlust.[293] So steigt auch die Wahrscheinlichkeit für ein Übertreffen der risikolosen Rendite, die laut Bierman bereits beim Zeithorizont von drei Jahren 99,2 Prozent beträgt und damit höher als bei einem zweijährigen Zeithorizont ist.[294] Allerdings ist hierbei zu beachten, daß die Wahl der Inputparameter gravierende Einflüsse auf das Ergebnis hinsichtlich des Zeithorizonteffektes hat. Wird beispielsweise der Erwartungswert der Aktienrendite nicht mit 15 Prozent, sondern mit realitätsnäheren zwölf Prozent angenommen, ergeben sich entsprechend Biermans Argumentation diametral entgegengesetzte Ergebnisse, da die Wahrscheinlichkeit für ein Übertreffen der risikolosen Rendite bei dreijährigem Zeithorizont nicht 99,2 Prozent, sondern nur noch 89,6 Prozent beträgt.[295] Vergleicht man dieses Ergebnis mit der Nichtausfall-Wahrscheinlichkeit des zweijährigen Zeithorizontes von 96 Prozent[296], so resultiert ein negativer Zeithorizonteffekt, da die Nichtausfall-Wahrscheinlichkeit sinkt und die Ausfallwahrscheinlichkeit für das Verfehlen der risikolosen Rendite damit steigt.[297]

Die überhöht angenommene Aktienrendite wirkt sich gerade bei dem im folgenden dargestellten dreijährigen Zeithorizont aus.

293 Die Wahrscheinlichkeit für eine Rendite von 12 Prozent pro Periode beträgt 80 Prozent, die Wahrscheinlichkeit für eine Rendite von null Prozent beläuft sich auf nur 20 Prozent; vgl. Bierman, H. Jr. (Investment Horizont, 1997), S. 53.

294 Vgl. Bierman, H. Jr. (Investment Horizont, 1997), S. 53.

Im Vergleich dazu beträgt die Wahrscheinlichkeit, bei einem zweijährigen Zeithorizont die risikolose Rendite zu übertreffen, lediglich 96 Prozent.

295 Das Modell enthält vereinfachende Annahmen wie eine binomiale Kursbewegung und umfaßt lediglich zwei- und dreiperiodige Zeithorizonte.

296 Die Nichtausfall-Wahrscheinlichkeit von 96 Prozent bei einem zweijährigen Zeithorizont gilt für Erwartungswerte der Aktienrenditen sowohl von 15 Prozent als auch von zehn Prozent.

297 Dieses Ergebnis wird erzielt, da bei dem unterstellten Binomialmodell und bei der Annahme von zehn Prozent Aktienrendite nicht nur das schlechtest mögliche Ergebnis der Aktienanlage, sondern auch zusätzlich das zweitschlechtest mögliche Ergebnis der Aktienanlage einen geringeren Endwert aufweist als die risikolose Alternativanlage: Der Endwertfaktor der risikolosen Anlage beläuft sich auf $1{,}04^3 = 1{,}1249$, das schlechtest mögliche Aktienergebnis auf den Faktor 1,0, das zweitschlechteste im Falle 15-prozentiger Renditen auf $1{,}0 \times 1{,}0 \times 1{,}15 = 1{,}15$. Im Falle von beispielsweise zwölfprozentigen Aktienrenditen beträgt der Endwertfaktor lediglich $1{,}0 \times 1{,}0 \times 1{,}1200 = 1{,}1200$, was unterhalb des risikolosen Endwertfaktors von 1,1249 liegt. Daher zählt für die Ausfallwahrscheinlichkeit nicht nur die Wahrscheinlichkeit des schlechtestmöglichen Ergebnisses des Binomialmodells von $0{,}2^3 = 0{,}008$ (0,2 ist die Eintrittswahrscheinlichkeit für eine Aktienrendite von null Prozent), sondern auch die Wahrscheinlichkeit des zweitschlechtesten Ergebnisses $3 \times 0{,}2^2 \times 0{,}8 = 0{,}096$ (0,8 ist die Eintrittswahrscheinlichkeit für eine Aktienrendite von zwölf bzw. 15 Prozent), so daß sich eine Ausfallwahrscheinlichkeit von $0{,}096 + 0{,}008 = 0{,}1040$ und damit eine Nichtausfall-Wahrscheinlichkeit von 0,8960 ergibt.

Bierman selbst stellt also eine abnehmende Ausfallwahrscheinlichkeit und damit eine ansteigende Wahrscheinlichkeit für das Übertreffen der risikolosen Rendite mit Aktien bei zunehmendem Zeithorizont fest. Unter der Annahme dieses positiven Zeithorizonteffektes beschreibt Bierman die dessen ungeachtete eklatante Schwierigkeit, aufgrund dieses Zeithorizonteffektes eine sinnvolle Empfehlung zur zeithorizontabhängigen Asset Allocation zu generieren,[298] und er stellt letzteres als notwendigen zukünftigen Forschungsschwerpunkt heraus.

2.4.1.3.2.3 Argumentation von Kritzman

Kritzman trifft die Annahme, daß die Ausfallwahrscheinlichkeit für eine vorgegebene Mindestrendite bei einer Aktienanlage[299] mit zunehmendem Zeithorizont sinkt.[300] Allerdings gelte die Annahme nicht für das erwartete Endvermögen, da dies mit zunehmendem Zeithorizont von einer zunehmenden Unsicherheit erfaßt werde. Kritzman begründet das mit einem Random Walk-Verlauf der Aktienrenditen. Wenn in jeder Teilperiode von Neuem identische Risiken wirken können, würde sich folglich das Gesamtrisiko hinsichtlich des Endwertes mit zunehmender Anzahl der Teilperioden vervielfachen. Allerdings bezieht sich die zunehmende Streuung auf einen Erwartungswert des Endwertes, der mit zunehmendem Zeithorizont steigt. Generell stünde jedoch der mit zunehmendem Zeithorizont sinkenden Ausfallwahrscheinlichkeit ein steigender Verlust im Falle des unwahrscheinlicher werdenden Ausfalles gegenüber, so daß der Zeithorizonteffekt von Kritzman als insgesamt uneindeutig eingestuft wird. Dies ist per se korrekt, jedoch wird die alleinige Betrachtung des potentiellen Verlustes den tatsächlichen Gegebenheiten nicht gerecht. Statt dessen ist die Betrachtung mit Lower Partial Moments erster Ordnung sinnvoll, so daß der potentielle Verlust mit der Ausfallwahrscheinlichkeit kombiniert erfaßt wird, um Zeithorizonteffekte zu begutachten. Unter zwei wesentlichen Bedingungen – konstante relative Risikoaversion sowie ein Random Walk-Prozeß zur Beschreibung des Verlaufs von Aktienrenditen – ist daher laut Kritzman die Asset Allocation eines Individuums unabhängig vom

298 Bierman verweist zusätzlich auf den Problemgehalt der Fortschreibung der Vergangenheitsdaten in die Zukunft. So könne es durchaus längere Zeithorizonte geben, in denen festverzinsliche Wertpapiere Aktien überlegen seien. Daher empfehle sich eine Investition in Aktien und in Bonds, wobei eine Spezifizierung dieser Empfehlung nicht erfolgt.
Vgl. Bierman, H. Jr. (Comment, 1998), S. 70 ff.

299 Kritzman setzt Investitionen in Aktien mit Investitionen in eine Nachbildung des S&P 500-Index gleich. Vgl. Kritzman, M. P. (Time Diversification, 1994), S. 15.

300 Vgl. hierzu und zum folgenden Kritzman, M. P. (Time Diversification, 1994), S. 14.

Zeithorizont, so daß weder ein positiver noch ein negativer Zeithorizonteffekt existieren würde.[301] Kritzman begründet dies auch mit den häufig verwendeten Nutzenfunktionen U = ln(wealth)[302] und U = - 1/wealth und zeigt, daß der Nutzen aus einer Aktienanlage mit binomialverteilten Aktienrenditen bei unterschiedlichen Zeithorizonten vollkommen identisch bleibt.[303] Dieser Argumentation ist jedoch zu entgegnen, daß die gleichbleibenden Nutzenausprägungen von den Eintrittswahrscheinlichkeiten der binomialen Kursverläufe abhängen.[304] Werden diese Eintrittswahrscheinlichkeiten variiert, können sich diametral entgegengesetzte Resultate in Form von eindeutig positiven oder auch negativen Zeithorizonteffekten ergeben. Damit ist **keine generell gültige Zeithorizontunabhängigkeit der Asset Allocation** bewiesen, sondern lediglich eine Unabhängigkeit bei den unterstellten Nutzenfunktionen und den Spezifika des Binomialprozesses zur Beschreibung der Kursverläufe von Aktien.

Bei den weiteren Erläuterungen Kritzmans ergibt sich ein **positiver Zeithorizonteffekt**: Kritzman untersucht die möglichen Aktienkursentwicklungen anhand eines 95-Prozent-Konfidenzintervalls und bestimmt damit die potentiellen oberen und unteren Wertentwicklungsgrenzen einer Aktienanlage in Abhängigkeit vom Zeithorizont für eine vorgegebene Wahrscheinlichkeit von 95 Prozent, was bedeutet, daß mit 2,5-prozentiger Wahrscheinlichkeit die untere Grenze der prognostizierten Aktienkursentwicklungen unterschritten werden kann.[305] Hierbei zeigt sich für die zugrundegelegten

---

301 Vgl. Kritzman, M. P. (Time Diversification, 1994), S. 15 f.

302 Die häufige Verwendung dieser Nutzenfunktion bedeutet selbstverständlich nicht automatisch, daß ihre Anwendung die Realität korrekt wiedergibt. So werden immer wieder begründete Zweifel gerade an dieser Nutzenfunktion geäußert, da sie konstante relative Risikoaversion bedeutet, die wegen der unterstellten Unabhängigkeit der Asset Allocation vom Vermögen des Alterssichernden und einer ebenfalls unterstellten relativ geringen Risikoaversion als unrealistisch zu beurteilen ist.
Vgl. hierzu beispielsweise Albrecht, T. (Zeithorizont, 1999), S. 31 f. sowie das Kapitel 3.1.2.4.

303 Vgl. Kritzman, M. P. (Time Diversification, 1994), S. 15.

Zu den Schwierigkeiten, die bei der Verwendung von Nutzenfunktionen in der Asset Allocation auftreten, vgl. Kapitel 3.1.2.4.

Im Gegensatz zu Samuelson untersucht Kritzman die Wirkungen wirklich unterschiedlicher Zeithorizonte auf den Nutzen von Investoren, und nicht die Wirkungen von Vervielfachungen jeweils identischer Zeithorizonte;
vgl. Eaton, R. D. V. / Conover, J. A. (Investment Horizon, 1998), S. 53.

304 Vgl. hierzu und zum folgenden Eaton, R. D. V. / Conover, J. A. (Investment Horizon, 1998), S. 53.

305 Vgl. hierzu und zum folgenden Kritzman, M. P. (Time Diversification, 1994), S. 15.

Daten,[306] daß ab einem Zeithorizont von zehn Jahren[307] der dann erzielte Endwert das anfangs investierte Kapital mit 97,5-prozentiger Wahrscheinlichkeit übertreffen wird.[308] Ab einem Zeithorizont von 20 Jahren wird mit der gleichen Wahrscheinlichkeit der Endwert der risikolosen Alternativanlage überschritten, so daß ein **positiver Zeithorizonteffekt** das Ergebnis von Kritzmans Ausführungen ist.

2.4.1.3.2.4 Erläuterungen von Albrecht

Albrecht führt zu präferenzfreien Ansätzen zu Zeithorizonteffekten aus, daß Zeithorizonteffekte hinsichtlich der **Ausfallwahrscheinlichkeit** bestehen.[309] Anhand der von Albrecht durchgeführten Berechnungen und deren Ergebnissen wird die abnehmende Ausfallwahrscheinlichkeit von Aktien mit zunehmendem Zeithorizont gezeigt. Gleiches gilt für die Untergrenze eines 95-prozentigen Konfidenzintervalls hinsichtlich der jährlich zu erzielenden Durchschnittsrenditen, die mit zunehmendem Zeithorizont wachsen. Dies bedeutet, daß mit 97,5-prozentiger Wahrscheinlichkeit die Renditen höher als die angegebene Untergrenze der Renditen sind, wobei die **Renditeuntergrenzen** – wie bei der Betrachtung Kritzmans – mit zunehmendem Zeithorizont **ansteigen**. Daher gelten bei einer längeren beabsichtigten Anlagedauer mit gleichbleibender Wahrscheinlichkeit höhere Untergrenzen von jährlichen Durchschnittsrenditen. Das Ergebnis besteht daher in einem **positiven Zeithorizonteffekt**.

Im weiteren Verlauf der Argumentation erläutert Albrecht, daß der Zeithorizonteffekt zwar für die Ausfallwahrscheinlichkeit gelte, daß sich dieser Zeithorizonteffekt jedoch nicht für den **Ausfallerwartungswert**[310] feststellen ließe, da die Wahrscheinlichkeit großer negativer Abweichungen der Endwerte im Vergleich zu Alternativanlagen mit

---

306 Kritzman unterstellt eine risikolose Rendite von drei Prozent, eine Aktienrendite von zehn Prozent sowie eine Standardabweichung der Aktienrenditen von 15 Prozent (jeweils jährlich); vgl. Kritzman, M. P. (Time Diversification, 1994), S. 15.

307 Kritzman untersucht lediglich die Zeithorizonte ein, fünf, zehn, 15, 20 Jahre, so daß nicht ersichtlich ist, ab wann genau der eingezahlte Wert mit 97,5-prozentiger Wahrscheinlichkeit wieder mindestens erreicht wird. Vgl. Kritzman, M. P. (Time Diversification, 1994), S. 15. Gemäß eigenen Berechnungen wird der eingezahlte Wert jedoch tatsächlich nach zehn Jahren – und nicht früher – wieder erreicht.

308 Vgl. hierzu und zum folgenden Kritzman, M. P. (Time Diversification, 1994), S. 15.

309 Vgl. hierzu und zum folgenden Albrecht, T. (Zeithorizont, 1999), S. 39 ff.

310 Albrecht argumentiert mit dem Ausfallerwartungswert, ohne den Begriff explizit zu nennen; vgl. Albrecht, T. (Zeithorizont, 1999), S. 43 f.

ansteigendem Zeithorizont zunehme.[311] Albrecht begründet dies mit einem Binomialmodell, anhand dessen er die Ausfallwahrscheinlichkeiten und die Werte der möglichen Ausfälle zeigt. Er setzt jedoch fälschlicherweise implizit den Ausfallwert mit dem Ausfallerwartungswert gleich und ignoriert damit die Eintrittswahrscheinlichkeit der Ausfälle, so daß der intendierte Beweis eines fehlenden oder negativen Zeithorizonteffektes fehlschlägt. Denn im Gegensatz zu den verbalen Erläuterungen Albrechts steigt zwar der potentielle Wertverlust einer Anlage mit zunehmendem Zeithorizont, die Wahrscheinlichkeit für einen Eintritt eines derartigen Wertverlustes sinkt aber so stark, daß der positiv zu beurteilende Effekt der Verminderung der Ausfallwahrscheinlichkeit den negativ einzustufenden Effekt der Wertverluststeigerung stark überkompensiert.[312] Wird daher korrekterweise der Ausfallerwartungswert und nicht fälschlicherweise der Maximalverlust einer Kapitalanlage betrachtet, ergibt sich ein **eindeutig positiver Zeithorizonteffekt**.

Bei diesen Argumentationsweisen ist es wichtig, nochmals deutlich auf die Unterschiede zwischen **maximalem Ausfallwert, durchschnittlichem Ausfallwert** und **Ausfallerwartungswert** hinzuweisen. Albrecht betrachtet lediglich den **maximalen Ausfallwert**, was eine Extrembetrachtung darstellt, die nicht sinnvoll ist.[313] Die Betrachtung des **durchschnittlichen Ausfallwertes** ist ebenfalls nicht sinnvoll, da dieses

---

[311] Vgl. hierzu und zum folgenden Albrecht, T. (Zeithorizont, 1999), S. 43 f.

[312] Albrecht geht von einem Binomialmodell zur Beschreibung möglicher Kursverläufe von risikobehafteten Investments aus. Die möglichen Wertverläufe von jährlich –20 Prozent oder +30 Prozent treten jeweils mit 50-prozentiger Wahrscheinlichkeit ein. Das Worst-Case-Szenario eines fortwährenden Verlustes von 20 Prozent tritt damit bei einjährigem Zeithorizont mit einer Wahrscheinlichkeit von 50 Prozent ein, bei einem zehnjährigem Zeithorizont hingegen nur noch mit $0,5^{10} = 0,0977$-prozentiger Wahrscheinlichkeit. Der vermeintlich negative Zeithorizonteffekt kommt laut Albrecht durch den maximalen Wertverlust zustande, der bei **einjährigem** Zeithorizont 1-0,8 = 20 Prozent des eingesetzten Kapitals beträgt, bei **zehnjähriger** Anlagedauer dagegen schlechtestenfalls $1-0,8^{10} = 89,26$ Prozent des investierten Kapitals (Albrechts Berechnungen enthalten hier den falschen Wert von 91 Prozent). Was Albrecht vernachlässigt, ist die Tatsache, daß der Ausfallerwartungswert – und nicht allein der maximale potentielle Wertverlust - der entscheidende Wert ist: Der Ausfallerwartungswert beträgt also für den **einjährigen** Zeithorizont 0,5*0,2 = 0,1, was zehn Prozent des eingesetzten Kapitals entspricht. Ausschlaggebend für die Beurteilung ist der Vergleich mit dem Ausfallerwartungswert für den Maximalverlust bei **zehnjährigem** Anlagehorizont, der lediglich 0,000977*0,8926 = 0,000872 beträgt, entsprechend 0,087 Prozent des eingesetzten Kapitals. Werden alle möglichen Ergebnisse der Binomialverteilung betrachtet, die einen Verlust im Vergleich zum Anfangswert aufweisen, ergibt sich ein Ausfallerwartungswert von 0,3150 Prozent, der damit ebenfalls deutlich geringer ist als der Ausfallerwartungswert für einen einjährigen Zeithorizont von zehn Prozent. Daran ist ersichtlich, daß die Argumentation Albrechts ihr Ziel verfehlt, da die Ausführungen als ein weiterer Beleg für einen eindeutig **positiven Zeithorizonteffekt** zu werten sind.
Vgl. Albrecht, T. (Zeithorizont, 1999), S. 43 f.

[313] Ebensowenig orientieren sich Investoren ausschließlich am maximalen Gewinn.

Risikomaß[314] einseitig die Verluste betrachtet, mögliche Gewinne aber völlig ignoriert. Ein Zeithorizonteffekt – wie auch jede Portfolioselektion – basiert nicht nur auf Risiken, sondern auch auf Renditen, also auf den Rendite-Risiko-Charakteristika von Assets. Dadurch, daß der **Ausfallerwartungswert** im Gegensatz zum durchschnittlichen Ausfallwert die Wahrscheinlichkeit des Ausfalls in die Betrachtung einbezieht, werden implizit auch die Chancen positiver Renditen berücksichtigt, so daß das Maß des Ausfallerwartungswertes als zweidimensional aufgefaßt werden kann. Daher ist es sinnvoll, Zeithorizonteffekte anhand des Ausfallerwartungswertes zu untersuchen.

Bei der inhaltlichen Argumentation Albrechts ist zu kritisieren, daß er explizit lediglich die Ausfallwahrscheinlichkeit untersucht, nicht aber die Erweiterung der Untersuchung dieses Risikomaßes um die Lower Partial Moments erster oder auch zweiter Ordnung vornimmt.[315] Albrecht akzentuiert zwar zu Recht mögliche Verluste aus der Asset Allocation, wie es auch für den Zweck der Alterssicherung geeignet erscheint, betrachtet diese Verluste aber nicht in korrekter Weise. Bei der Untersuchung der Wahrscheinlichkeiten argumentiert Albrecht pauschal, die Wahrscheinlichkeit für größere Endvermögenswertverluste nehme mit zunehmendem Zeithorizont zu und diejenige für kleinere Endvermögenswertverluste nehme mit ansteigender Anlagedauer ab. Hierbei berücksichtigt er aber nicht das absolute Niveau der Ausfallwahrscheinlichkeiten, das für größere Verluste teilweise vernachlässigbar gering ist. Des weiteren lassen Albrechts Ausführungen die sich anbietende Verknüpfung der Wahrscheinlichkeit mit dem Endvermögenswert vermissen, woraus sich eine Berechnung des für die Alterssicherung wichtigen Ausfallerwartungswertes ergäbe. Die Ergebnisse hinsichtlich des Ausfallerwartungswertes würden sich zwar bei der Variation des Zeithorizontes nicht markant von denen der Ausfallwahrscheinlichkeit unterscheiden, jedoch die teils geringe Relevanz größerer Verluste zusätzlich veranschaulichen.

2.4.1.3.3 Empirische Ergebnisse hinsichtlich der Zeithorizonteffekte

2.4.1.3.3.1 Zeitreihen des MSCI-Welt-Index

Ein positiver Zeithorizonteffekt in Verbindung mit der Entwicklung der Rendite- und Risikocharakteristika im Zeitablauf ist anhand historischer Daten gut zu erkennen. So

---

[314] Ausfallwerte und Ausfallerwartungswerte werden als Risikomaß – und nicht als Renditemaß – aufgefaßt, da vorrangig die negativen Abweichungen der Renditen und damit die Risiken akzentuiert werden.

[315] Zu Lower Partial Moments vgl. die Erläuterungen in Kapitel 3.1.2.3.2.2.

wurden im Rahmen dieser Arbeit die **Rendite** und die **Standardabweichung** des MSCI-Welt-Aktienindex[316] in den Jahren 1970 bis 2000 für unterschiedliche Zeithorizonte untersucht. Anhand der folgenden Abbildung 2.4.1.3.3.1-1 ist das Ergebnis ersichtlich, daß die durchschnittliche jährliche Rendite für alle Zeithorizonte relativ gleich bleibt, die annualisierte Standardabweichung der Renditen jedoch mit zunehmendem Zeithorizont gravierend sinkt, was die Existenz eines Zeithorizonteffektes bekräftigt.

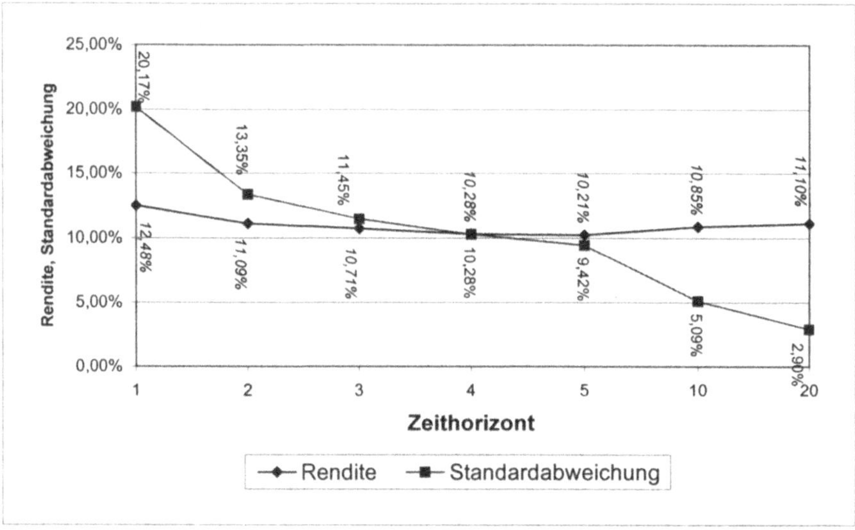

Abbildung 2.4.1.3.3.1-1: Rendite und Standardabweichung des MSCI-Welt-Index 1970-2000

Welche **Renditen** in den vergangenen 30 Jahren gemäß MSCI-Welt-Index in den unterschiedlichen Anlagehorizonten tatsächlich erzielt wurden, wird anhand der folgenden Abbildung 2.4.1.3.3.1-2 ersichtlich.[317] Bei der Betrachtung der Abbildung fällt

[316] Der MSCI-Welt-Aktienindex wurde unter den verfügbaren Indizes ausgewählt, weil er eine weltweite Anlage in Aktien repräsentiert, die das unsystematische Risiko eliminieren und die Risiken der Investition in Einzelländer vermindern kann. Daher ist eine Geldanlage, die sich in der Zusammensetzung am MSCI-Welt-Index orientiert, für die Alterssicherung geeignet. Zur Argumentation vgl. z. B. Heda, K. / Heine, K. / Oltmanns, E. (Indexfonds, 2001), S. 109 ff. und Kapitel 3.1.2.1.

[317] Zu einer Untersuchung der Schwankungsbreiten der Renditen von US-amerikanischen Aktien für unterschiedliche Anlagehorizonte vgl. Keppler, M. (Risiko, 1990), S. 613.

auf, daß die mittleren jährlichen Renditen über alle Anlagehorizonte relativ ähnlich ausfallen, daß aber die annualisierte Schwankungsbreite – wie aufgrund der abnehmenden Standardabweichung entsprechend der vorangegangenen Abbildung erwartet – mit zunehmendem Anlagehorizont viel kleiner wird. So sind für die Anlagehorizonte zehn und 20 Jahre in keinem der vergangenen Zeitintervalle negative Renditen erzielt worden. Beim Anlagehorizont von 20 Jahren betrug die geringste realisierte jährliche Rendite 7,21 Prozent, was als vergleichsweise hoch einzuschätzen ist. Für Einjahreszeithorizonte hingegen rentierten die betrachteten Aktien schlechtestenfalls mit –27,27 Prozent, so daß hier das höhere Risiko eines Aktieninvestments für kurze Zeithorizonte zu erkennen ist.

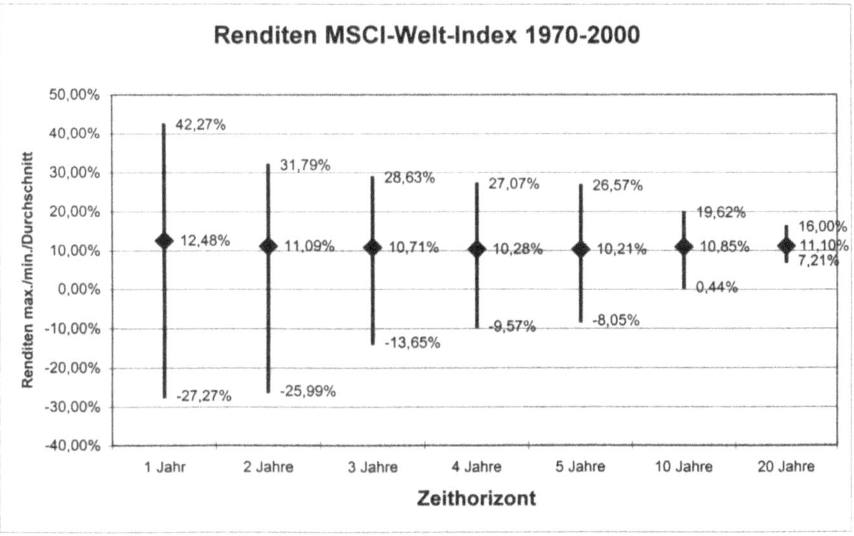

Abbildung 2.4.1.3.3.1-2: Renditen MSCI-Welt-Index 1970 - 2000

Des weiteren wurde die **Ausfallwahrscheinlichkeit** des MSCI-Welt-Index für Zeithorizonte von einem bis zu 20 Jahren untersucht. Als Inputdaten dienten die Monatsendstände des MSCI-Index der Jahre 1970 bis 2000. Vorgegeben wurde hier eine jährliche Mindestrendite von 6,5 Prozent. Anhand dieser Daten wurde für rollierende Perioden der jeweiligen Zeithorizonte die Ausfallwahrscheinlichkeit ermittelt.[318] Das Ergebnis wird durch die folgende Abbildung 2.4.1.3.3.1-3 ersichtlich:

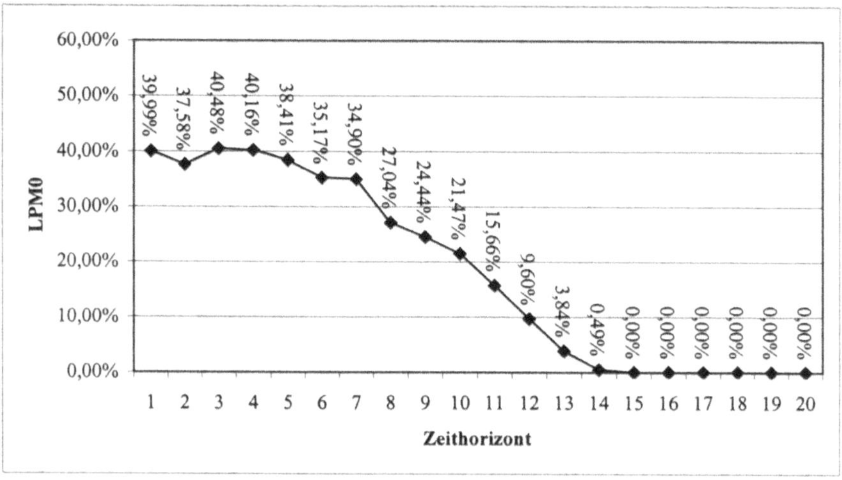

Abbildung 2.4.1.3.3.1-3: LPM0 MSCI-Welt-Index

An der Abbildung ist zu erkennen, daß die Wahrscheinlichkeit für die Unterschreitung einer durchschnittlichen, jährlichen Mindestrendite von 6,5 Prozent mit zunehmendem Zeithorizont insgesamt markant sinkt, auch wenn dieser Effekt bei den geringen Zeithorizonten nicht eindeutig ausfällt. Dennoch ist anhand der tatsächlichen Ergebnisse ein **positiver Zeithorizonteffekt** ersichtlich.

Da die Betrachtung der Ausfallwahrscheinlichkeit die **Höhe der erlittenen Ausfälle** vernachlässigt, kann die Betrachtung um die Untersuchung des Lower Partial Moments erster Ordnung erweitert werden. So stellt die folgende Abbildung 2.4.1.3.3.1-4

---

318 Der Vorteil dieser Untersuchungsmethode der rollierenden, sich aber überlappenden Perioden liegt zum einen darin, die tatsächlichen Rendite-Risiko-Charakteristika des Index vollkommen korrekt zu erfassen. Zum anderen steigt durch die Verwendung überlappender Perioden die Anzahl der jeweiligen Zeithorizonte und sinkt die Abhängigkeit von einem Anfangsdatum der Betrachtungsdaten. Der Nachteil der Verwendung überlappender Perioden besteht in der fehlenden Unabhängigkeit der verwendeten Zeitreihen. Dieser Nachteil wird als geringer gewichtig als die Vorteile erachtet. Um dennoch den Nachteil statistischer Abhängigkeit zu beheben, werden im folgenden Kapitel 2.4.1.3.3.2 mittels Bootstrapping statistisch unabhängige Zeitreihen simuliert und anhand dieser Zeitreihen die Ausfallwahrscheinlichkeit und der Ausfallerwartungswert ermittelt.

die Entwicklung des **Ausfallerwartungswertes** des MSCI-Welt-Aktienindex in Abhängigkeit vom Zeithorizont dar:

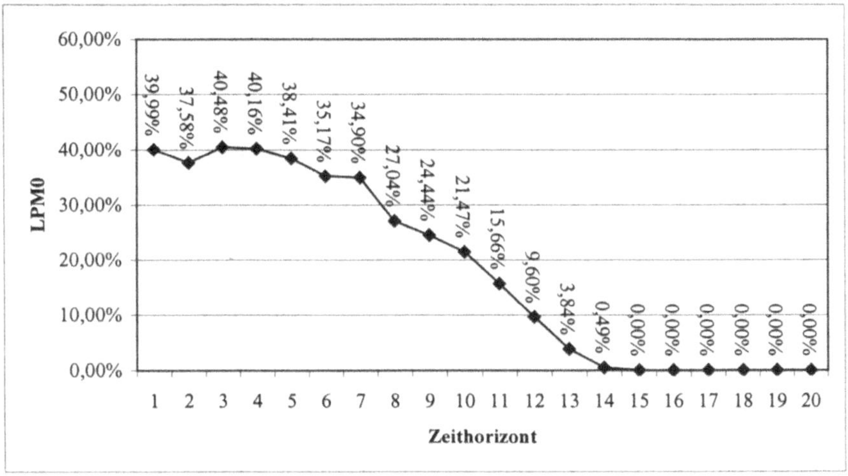

Abbildung 2.4.1.3.3.1-4: LPM1 MSCI-Welt-Index

Durch die Abbildung ist deutlich zu erkennen, daß nicht nur für die Ausfallwahrscheinlichkeit, sondern auch für den **Ausfallerwartungswert** positive Zeithorizonteffekte existieren, die für die Alterssicherung nutzbar sind: Der Ausfallerwartungswert vermindert sich bei einer vorgegebenen Mindestrendite von null Prozent mit zunehmendem Zeithorizont markant,[319] so daß er für neunjährige Anlagehorizonte nur noch wenig über null Prozent – nämlich genau 0,22 Prozent – beträgt. Dies bedeutet, daß die vom Alterssichernden geforderte jährliche Mindestrendite von null Prozent um durchschnittlich 0,22 Prozent für den Gesamtzeitraum verfehlt wird.[320] Ab dem

[319] Der Zeithorizonteffekt verläuft bei den Zeithorizonten von einem bis zu drei Jahren nicht eindeutig. Ab dem Zeithorizont von drei Jahren sinkt der Ausfallerwartungswert kontinuierlich, so daß ein eindeutig positiver Zeithorizonteffekt erkennbar ist.

[320] Bei der Berechnungsweise ist zu beachten, daß sich die Mindestrendite auf jährliche Zeiträume, der Ausfallerwartungswert aber auf den jeweiligen Gesamtzeitraum bezieht. Auf diese Weise erhält die Berechnung des Ausfallerwartungswertes höhere Aussagekraft, da die Verluste bei den Gesamtzeiträumen von vorrangigem Interesse sind. Beispielsweise bedeuten gleichbleibende Ausfallerwartungswerte für zunehmende Gesamtzeiträume sinkende Ausfallerwartungswerte bei jährlicher Betrachtungsweise, was per se bereits einen positiven Zeithorizonteffekt anzeigt. Bei den real existenten Renditezeitreihen des MSCI-Welt-Index sinken jedoch sogar die Ausfallerwartungswerte für die Gesamtzeiträume.

Zeithorizont von zehn Jahren sinkt der Ausfallerwartungswert auf null Prozent. Dies bedeutet, daß ab diesem Zeithorizont beim MSCI-Welt-Index keine jährlichen Renditen von weniger als null Prozent für den jeweiligen Zeithorizont existierten.

Die Rendite- und Risikocharakteristika des vorgestellten Aktienindex erscheinen als fundamental wichtig für die Asset Allocation für die Alterssicherung. Es wurde anhand der realen Ausprägungen der Aktienkursentwicklungen ersichtlich, daß sich eine Aktienanlage in der Vergangenheit für die Investoren bei zunehmend langen Zeithorizonten – wie sie bei der Alterssicherung üblich sind – zunehmend vorteilhaft entwikkelt hat, so daß die Berücksichtigung des Anlagehorizontes von elementarer Bedeutung für die Asset Allocation ist[321]. Wird diese Entwicklung der Vergangenheit auf die Zukunft übertragen, kann dieser Zeithorizonteffekt für die Alterssicherung genutzt werden, indem bei langen Anlagehorizonten vorrangig in risikobehaftete Wertpapiere mit üblicherweise höheren Renditen investiert wird, wohingegen für kurze Zeiträume eine Investition in Aktien riskanter und damit teilweise vermeidenswert erscheint.[322]

2.4.1.3.3.2 Bootstrap-Verfahren zur Simulation statistisch unabhängiger Zeitreihen anhand des MSCI-Welt-Index und daraus resultierende Ergebnisse zu Zeithorizonteffekten

Die Untersuchung der tatsächlichen Zeitreihen der Renditen des MSCI-Welt-Aktienindex hat den Vorzug, real mögliche Anlageergebnisse für die verschiedenen Zeithorizonte korrekt abzubilden und auch zeitliche Abhängigkeiten der Renditen untereinander (Autokorrelation) zu berücksichtigen. Das Problem der Untersuchung tatsächlicher Zeitreihen besteht jedoch darin, daß nur eine relativ geringe Anzahl von Zeitreihen zur Verfügung steht und damit die Aussagekraft der Ergebnisse – auch im Hinblick auf die Berechnung von Ausfallrisikomaßen – stark eingeschränkt ist. Zusätzlich ist an den Untersuchungen des Kapitels 2.4.1.3.3.1 zu kritisieren, daß überlap-

---

Der Zeithorizonteffekt für den Ausfallerwartungswert kann auch bei positiven jährlichen Mindestrenditen gezeigt werden. Erwarten die Alterssichernden z. B. eine Rendite von mindestens zwei Prozent pro Jahr, sinkt trotz der mit zunehmendem Zeithorizont erhöhten gesamten Mindestrendite der Ausfallerwartungswert für den Gesamthorizont.

321 Vgl. Keppler, M. (Risiko, 1990), S. 614.

322 Vgl. Keppler, M. (Risiko, 1990), S. 614.

Für Keppler resultieren aus den Feststellungen zum Zeithorizonteffekt steigende Aktienanteile am Gesamtportefeuille mit zunehmendem Anlagehorizont. Er betont, das Verlustrisiko sei bei Beachtung des Zeithorizontes zwar nicht gänzlich auszuschließen, aber dennoch markant zu vermindern. Vgl. ebd.

pende, also statistisch voneinander abhängige Renditeperioden verwendet wurden, um eine größere Anzahl von Zeitreihen zu betrachten. Aus statistischer Sicht stellt dies einen Nachteil dar. Dieser Nachteil läßt sich nun beheben, indem das Bootstrap-Verfahren angewandt wird.[323]

Generell erfolgt die Durchführung des Bootstrap-Verfahrens wie folgt:[324]

- Aus einer unbekannten Verteilung wird eine Stichprobe vom Umfang n gezogen. Die Stichprobenvariablen werden als unabhängig identisch verteilt angenommen. Aus den vorliegenden Stichprobendaten wird eine empirische Verteilung gebildet, wobei jede Stichprobenausprägung die gleiche Wahrscheinlichkeit aufweist.
- Aus der empirischen Verteilung wird mittels Zufallsziehung eine mehrdimensionale Realisation generiert, die als Bootstrap-Realisation benannt wird. Eine Stichprobenvariable kann dabei in der Bootstrap-Realisation keinmal, einmal oder mehrmals auftreten (Ziehung mit Zurücklegen).
- Anhand der Bootstrap-Realisation wird dann der Wert der interessierenden Statistik errechnet – hier die Rendite eines Zeithorizontes.
- Die beiden vorhergehenden Schritte werden b-mal wiederholt. Daraus resultieren b unabhängige Bootstrap-Realisationen und in dieser Untersuchung entsprechend b Renditewerte für die jeweiligen Zeithorizonte.
- Aus den b Werten der Bootstrap-Statistik können die Bootstrap-Verteilung und in dieser Untersuchung relevante Maße wie Lower Partial Moments ermittelt werden.

Bei der vorliegenden Untersuchung werden Monatsrenditen des MSCI-Welt-Index als stochastisch unabhängig angenommen.[325] Monatsrenditen stehen in größerer Anzahl zur Verfügung. Sie können durch Zufallsziehungen in unterschiedlicher Anzahl zu Renditezeitreihen kombiniert werden, die durch die unterschiedliche Anzahl gezogener Monatsrenditen verschiedene Zeithorizonte repräsentieren. Durch die Zufallsziehungen steht jetzt eine ausreichend große Anzahl an Renditesimulationen zur Verfü-

---

323 Vgl. hierzu und zum folgenden und generell zum Bootstrap-Verfahren
Dornau, R. / Szczesny A. (Portfolio, 1999), S. 3;
Efron, B. / Tibshirani, R. J. (Bootstrap, 1993), S. 10 ff.
Gutsche, J. (Bootstrapping, 1994), S. 3 ff.
Portmann, T. / Wegmann, P. (Lower Partial Moments, 1998), S. 329 ff.

324 Vgl. hierzu grundlegend Gutsche, J. (Bootstrapping, 1994), S. 4 f.;
Portmann, T. / Wegmann, P. (Lower Partial Moments, 1998), S. 329 ff.

325 Die genannte Annahme basiert nicht auf Untersuchungen zur stochastischen Unabhängigkeit der Monatsrenditen.

gung. Als Grundlage für die Zufallsziehungen dienten die 379 Monatsrenditen des MSCI-Welt-Index von Januar 1970 bis Juli 2001. Aus diesen Monatsrenditen wurden insgesamt 30 000 Simulationen durchgeführt, jeweils 1000 für die Zeithorizonte von einem bis zu 30 Jahren. Pro Zeithorizont waren auf diese Weise 1000 Bootstrap-Realisationen[326] verfügbar, was die ursprüngliche Anzahl der Zeitreihen, die im Kapitel 2.4.1.3.3.1 verwendet wurden, um ein Vielfaches übertrifft.[327] Anschließend wurden die Bootstrap-Realisationen hinsichtlich der Zeithorizonteffekte untersucht. Hierzu wurden zunächst die Lower Partial Moments nullter Ordnung errechnet, die für die jeweiligen Zeithorizonte gelten.[328] Anhand dieser Ergebnisse ist erneut ein eindeutig positiver Zeithorizonteffekt zu diagnostizieren: Die Lower Partial Moments nullter Ordnung sinken – wie in der Abbildung 2.4.1.3.3.2-1 ersichtlich – von 27,50 Prozent für einjährige Zeithorizonte bis auf 0,1 Prozent für 30-jährige Zeithorizonte. Bei dem Ergebnis fällt auf, daß bei 15-jährigen Zeithorizonten noch 2,3 Prozent Wahrscheinlichkeit für das Verfehlen einer Rendite von null Prozent über den Gesamtzeitraum gelten, und daß auch für die Zeithorizonte bis zu 30 Jahren das Lower Partial Moment nullter Ordnung in keinem Zeithorizont auf null Prozent sinkt. Selbst für die längsten Zeithorizonte bestehen noch um die 0,1 Prozent Ausfallwahrscheinlichkeit. Entsprechend den tatsächlichen Charakteristika des MSCI-Welt-Index war die Ausfallwahrscheinlichkeit ab dem Zeithorizont von 15 Jahren auf null gesunken – und das, obwohl eine deutlich höhere Mindestrendite von 6,5 Prozent gewählt wurde.[329] Insgesamt ergibt sich jedoch wiederum ein Nachweis für einen positiven Zeithorizonteffekt, da die Ausfallwahrscheinlichkeiten für zunehmende Zeithorizonte deutlich abnehmen.

---

326 Diese Anzahl von Bootstrap-Realisationen kann als ausreichend erachtet werden. So werden für die Schätzung von Abweichungsmaßen beispielsweise 50 bis 200 Bootstrap-Realisationen gefordert.
Vgl. Efron, B. (Bootstrap, 1987), S. 180 f.;
Gutsche, J. (Bootstrapping, 1994), S. 7.

327 Betrachtet man beispielsweise 30-Jahres-Horizonte, so existieren analog der Vorgehensweise in Kapitel 2.4.1.3.3.1 lediglich 19 überlappende Zeitreihen (von Januar 1970/Januar 2000 bis Juli 1971/Juli 2001). Aus diesem Grund wurde im Kapitel 2.4.1.3.3.1 als längster Zeithorizont der 20-Jahres-Horizont verwendet, für den immerhin 132 überlappende Zeitreihen verwendet wurden.

328 Als vorgegebene Mindestrendite wurde ein Wert von null Prozent verwendet.

329 Hierbei kann als Ursache vermutet werden, daß die tatsächlichen Aktienrenditen nicht statistisch unabhängig voneinander sind, daß also zeitliche Abhängigkeiten bestehen, die eher auf einen Kursprozeß der Mean Reversion als auf einen Random Walk hindeuten.
Zur Untersuchung der Mean Reversion bei Aktienrenditen vgl. beispielsweise
DeBondt, W. F. M. / Thaler, R. H. (Mean-Reverting Walk, 1989), S. 189 ff.

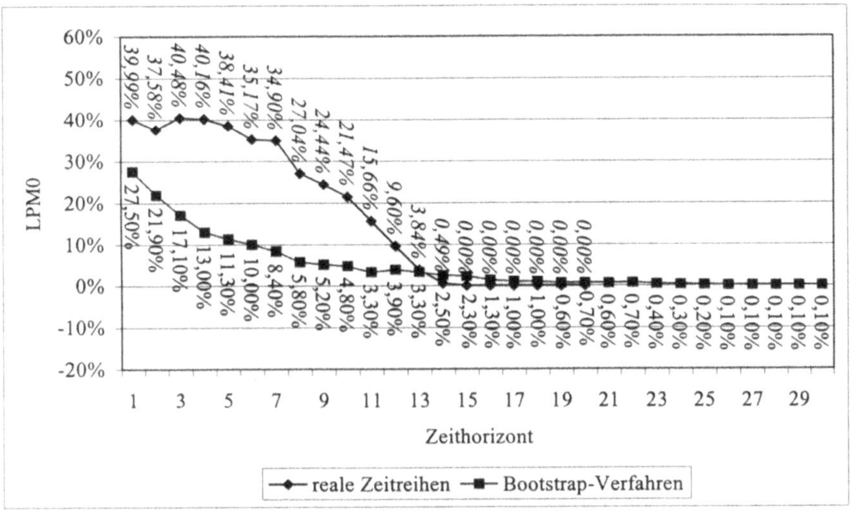

Abbildung 2.4.1.3.3.2-1: MSCI-Welt-Index: LPM0 Bootstrapping.

Ein ähnliches Ergebnis ist für die Untersuchung des Lower Partial Moments erster Ordnung festzustellen, wie es mit der Abbildung 2.4.1.3.3.2-2 veranschaulicht wird. Der Ausfallerwartungswert beträgt für einjährige Zeithorizonte 2,92 Prozent (im Vergleich zum Ausfallerwartungswert der realen Zeitreihen von 5,74 Prozent), und fällt bis auf 0,02 Prozent für 30-jährige Zeithorizonte ab. Der Ausfallerwartungswert von 0,02 Prozent bedeutet, daß bei einem 30-jährigen Zeithorizont bei einer Kapitalanlage von beispielsweise 100.000,- € ein sehr geringer Verlust von 20,- € erwartet werden kann. Aufgrund der gezeigten Abhängigkeit des Ausfallerwartungswertes vom Zeithorizont wird auch für den Ausfallerwartungswert ein eindeutig positiver Zeithorizonteffekt identifiziert.

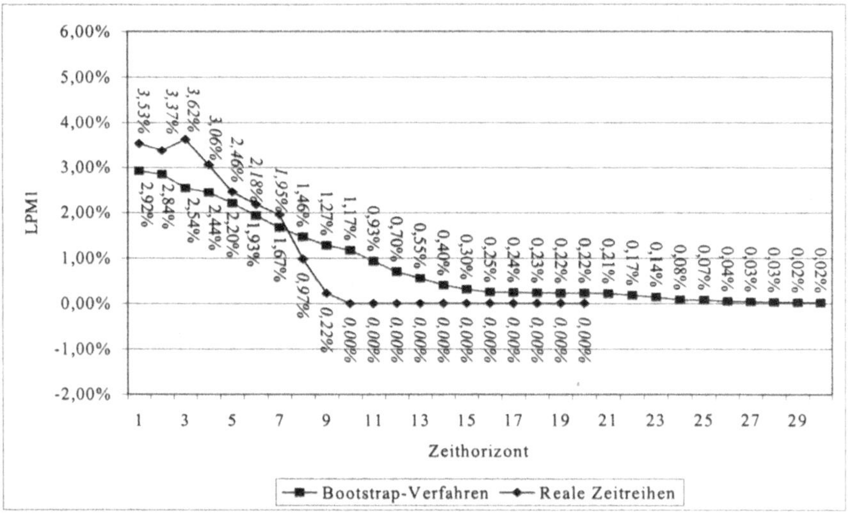

Abbildung 2.4.1.3.3.2-2: MSCI-Welt-Index: LPM1 Bootstrapping

2.4.2 Zusammenfassende Darstellung des in der weiteren Untersuchung unterstellten Zeithorizonteffektes

Aus den Ausführungen des Kapitels 2.4.1 wird ersichtlich, daß Zeithorizonteffekte für die Rendite-Risiko-Charakteristika risikobehafteter Wertpapiere existieren. Generell ist festzustellen, daß das Gesamtrisiko der risikobehafteten Assets mit zunehmendem Zeithorizont steigt, daß diese Steigerung aber lediglich unterproportional im Vergleich zu den Renditesteigerungen erfolgt. Daher gelangen alle Untersuchungen zu einem negativen Zeithorizonteffekt, die lediglich isoliert das Risiko der Kapitalanlagen untersuchen, was jedoch in dieser Untersuchung nicht als sinnvoll erachtet wird, da diese eindimensionale Betrachtungsweise nicht den tatsächlichen Charakteristika risikobehafteter Assets gerecht wird. Wenn bei zunehmenden Anlagehorizonten das unterproportional gestiegene Risiko ausgehend von einem deutlich höheren Renditeniveau wirkt, so resultieren immer dann positive Zeithorizonteffekte, wenn man das Risiko mittels Lower Partial Moments im Hinblick auf ein vorgegebenes Renditeniveau beurteilt. Diese Vorgehensweise ist als zielführend für die Asset Allocation für die Alterssicherung zu beurteilen – gerade bei der Renditevorgabe von null Prozent, also bei der nominellen Kapitalerhaltung, die dem intuitiven Wunsch vieler Alterssichernden und den gesetzlichen Anforderungen zur Förderung privater und bestimmter Formen betrieblicher Alterssicherung gerecht wird.[330] Daß Zeithorizonteffekte existieren, zeigen am besten die eigenen Untersuchungen der tatsächlichen Charakteristika des MSCI-Welt-Index, die die Existenz positiver Zeithorizonteffekte in mehrfacher Hinsicht belegen. Daher ist die Annahme eines **positiv ausgeprägten Zeithorizonteffektes** sinnvoll und sowohl aus theoretischer als auch aus praktischer Sicht fundierbar.[331]

3. Eignung ausgewählter Modelle zur zeithorizontabhängigen Asset Allocation für die Alterssicherung

3.1 Modellelemente und Kriterien zur Beurteilung der Modelle

3.1.1 Eingrenzung der für die Untersuchung relevanten Kriterien und Modellelemente

Ziel des Kapitels 3 ist es, bestehende und neue Modelle zur zeithorizontabhängigen Asset Allocation hinsichtlich ihrer Eignung für die Alterssicherung zu beurteilen. Die Beurteilung erfolgt anhand bestimmter Kriterien, die im folgenden dargestellt werden. Diese **Kriterien** beziehen sich zumeist auf die **Berücksichtigung von Modellelementen.** Die **Modellelemente** setzen sich aus **Zielen**[332], die generell für Kapitalanlagen gelten[333], und aus weiteren **Spezifika** insbesondere der privaten Alterssicherung zusammen.[334] Diese Spezifika wurden in Kapitel 2.1.1 erläutert. Es stellen nicht die Modellelemente selbst die Beurteilungskriterien für die Modelle dar, sondern deren **Berücksichtigung** im jeweiligen Modell zur Alterssicherung. Einerseits ist hier zu beur-

330 Der gleiche Zeithorizonteffekt läßt sich auch für positive Mindestrenditen zeigen.

331 Diese Meinung teilt beispielsweise Albrecht, der sich – wie bereits oben ersichtlich wurde – ausführlich mit der Problematik von Zeithorizonteffekten auseinandergesetzt hat. Nach Albrecht kann für zunehmende Zeithorizonte eine zunehmende Eignung von Aktienanlagen im Vergleich zur Anlage in festverzinsliche Wertpapiere in der „...Mehrzahl der praxisrelevanten Fälle als ... zutreffend bezeichnet werden... ."
Vgl. Albrecht, T. (Zeithorizont, 1999), S. 5.

332 Der Begriff „Ziel" wird definiert als ein erstrebenswerter, zukünftiger Zustand;
vgl. Heinen, E. (Entscheidungen, 1976), S. 45.

333 Ziele im Hinblick auf Kapitalanlagen sind erstrebenswerte Charakteristika von Assets während des für ein Individuum relevanten Anlagehorizontes;
vgl. Schmidt-von Rhein, A. (Ziele, 1998), S. 37.
Zu allgemeinen, denkbaren Anlegerzielen vgl. ebd., S. 38 f.

334 Hierbei ist zu betonen, daß kein Asset selbst, sondern Modelle zur Asset Allocation beurteilt werden sollen.

teilen, **ob das jeweilige Modellelement** überhaupt **im Modell berücksichtigt wird**, oder ob es nachteiligerweise vernachlässigt wurde. Andererseits ist zu beurteilen, **ob das Modellelement** – wenn es in das jeweils beschriebene Modell eingeht - **in geeigneter Weise berücksichtigt wird**. Dies erfolgt anhand der Eignung des **Maßstabs** des Modellelements für die Alterssicherung. Die Betrachtung der Beziehungen der Modellelemente untereinander ist für die Zielsetzung der vorliegenden Untersuchung von nachrangiger Bedeutung und wird daher in diesem Kapitel vernachlässigt. Die relevanten Elemente werden zunächst in diesem Kapitel überblicksartig herausgearbeitet, definiert und abgegrenzt, um im folgenden Kapitel 3.1.2 eine geeignete Erfassung der Modellelemente anhand bestimmter Maßstäbe konkretisieren zu können.

Zunächst wird also ein Überblick über die in dieser Untersuchung verwendeten Modellelemente gegeben. Die generellen Ziele einer Kapitalanlage bestehen üblicherweise in der **Rendite** des eingesetzten Kapitals, in der **Sicherheit** der Kapitalanlage und in deren **Liquidität**.[335] Diese Ziele werden häufig als „Zieldreieck" oder auch als „magisches Dreieck der Kapitalanlagen"[336] dargestellt.[337]

Im folgenden werden die drei Ziele und deren Relevanz für die Untersuchung erläutert.

Die **Rendite** ist ohne Zweifel ein wichtiges Kriterium für die Asset Allocation zur Alterssicherung.[338] Daher werden die Rendite und ihre Maße ausführlich in Kapitel 3.1.2.2 erörtert.

---

335 Vgl. Schmidt-von Rhein, A. (Ziele, 1998), S. 36.

336 Steiner, M. / Bruns, C. (Wertpapiermanagement, 2000), S. 50.
Steiner und Bruns verwenden im Zieldreieck das Ziel des Risikos und nicht das der Sicherheit. Dies erstaunt, da in den gängigen portfolio- und kapitalmarkttheoretischen Modellen risikoaverse Anleger unterstellt werden, was anhand von Umfragen hinsichtlich der Ziele von Kapitalanlagen auch immer wieder bestätigt wird. Offensichtlich ist statt des Risikos die Risikovermeidung bzw. die Sicherheit gemeint.
Die „Magie" des Dreiecks soll in der Zielkonkurrenz von Rendite, Sicherheit und Liquidität bestehen.
Vgl. Schmidt-von Rhein, A. (Ziele, 1998), S. 36.

337 Vgl. Altrogge, G. (Investition, 1991), S. 98;
Straub, R. (Dreieck, 1974), S. 38 ff.

338 Aufgrund der offensichtlichen Bedeutung der Rendite für die Asset Allocation zur Alterssicherung wird auf eine genaue Begründung dieser Bedeutung verzichtet.

Entsprechend den in der Asset Allocation üblichen Begriffen wird weniger die **Sicherheit** von Kapitalanlagen, sondern vielmehr das **Risiko** berücksichtigt. Dies resultiert daraus, daß die Sicherheit keine unterschiedlichen Ausprägungen haben kann (ein Asset ist sicher oder unsicher), daß es aber unterschiedliche Ausmaße des Risikos gibt (beispielsweise gemessen an der Standardabweichung), wobei diese unterschiedlichen Ausmaße des Risikos relevant für die Asset Allocation sind. Die Risikobegriffe und Risikomaße werden in Kapitel 3.1.2.3 ausführlich erläutert.

Bezüglich der **Liquidität** als Ziel der Kapitalanlage muß geprüft werden, ob die Liquidität für den Zweck der Untersuchung relevant ist. Im Zusammenhang mit der Kapitalanlage ist insbesondere der Liquiditätsbegriff der **Liquidierbarkeit**[339] von Bedeutung. Die Liquidierbarkeit umfaßt zwei interdependente[340] Dimensionen:[341] Die zeitliche[342] und die Kostendimension[343], wobei sich eine ideale Liquidierbarkeit durch Sofortigkeit und Kostenfreiheit auszeichnet.[344] Die für die Kapitalanlage relevante Liquidierbarkeit bestünde somit in der jederzeitigen bzw. börsentäglichen Veräußerbarkeit eines Assets zu marktüblichen Preisen.[345]
Die Liquidität wird zwar häufig als Anlageziel genannt, in ihrer Bedeutung für die Kapitalanlage, für die Asset Allocation und deren Modelle aber im Vergleich zu anderen Anlagezielen herabgestuft.[346] Diese generelle Aussage erscheint nicht gänzlich plausi-

---

339 Es existieren Auffassungen, nach denen die Liquidierbarkeit von der Liquidität streng zu trennen ist. Diese Trennung beruht jedoch auf einer anderen Liquiditätsdefinition als der in dieser Arbeit verwendeten. Welche Definition zu bevorzugen ist, ist für den weiteren Verlauf der Untersuchung ohne Belang.
Zur alternativen Liquiditätsdefinition vgl. Schmidt-von Rhein, A. (Ziele, 1998), S. 41.

340 Die Interdependenz resultiert aus den Einflüssen der Zeit auf die Kosten, da sich mit abnehmender Liquidierungsdauer die Kosten erhöhen können. Vgl. beispielsweise ebd., S. 47.

341 Vgl. hierzu und zum folgenden ebd., S. 46 f.

342 Die zeitliche Dimension beschreibt die Zeit von der Liquidierungsnotwendigkeit bzw. vom Liquidierungswunsch bis hin zum tatsächlichen Liquiditätszufluß. Vgl. ebd., S. 47.

343 Die Kostendimension umfaßt die Möglichkeit von Preisabschlägen bzw. Kosten, die mit einer vorzeitigen Liquidierung von Assets einhergehen können. Vgl. hierzu und zu den Arten der Liquidierungskosten sowie zu den dazugehörigen Einflußfaktoren
Amihud, Y. / Mendelson, H. (Liquidity, 1991), S. 235.

344 Vgl. Schmidt-von Rhein, A. (Ziele, 1998), S. 41.

345 Vgl. Steiner, M. / Bruns, C. (Wertpapiermanagement, 2000), S. 74.

346 Vgl. ebd., S. 50 und 73 f.

Steiner und Bruns halten die Liquidität nicht für vollkommen vernachlässigbar, messen ihr aber lediglich die Bedeutung einer Nebenbedingung bei, im Gegensatz zur Rentabilität und Sicherheit, die gemäß Steiner / Bruns die Anleger als Ziel priorisieren.
Vgl. Steiner, M. / Bruns, C. (Wertpapiermanagement, 2000), S. 74.

bel, da eine nach Assets differenzierende Betrachtung notwendig wäre: So weisen börsengehandelte Wertpapiere sicherlich eine andere Liquidierbarkeit auf als beispielsweise Immobilien oder Kunstgegenstände, die durchaus eine Möglichkeit zur Geldanlage darstellen. Da den letztgenannten Anlagemöglichkeiten üblicherweise eine geringer ausgeprägte Liquidierbarkeit anhaftet, kann es zunächst notwendig erscheinen, Liquiditätsunterschiede bei der Asset Allocation zu berücksichtigen. Wie in Kapitel 1.3 bereits erwähnt, stehen jedoch börsengehandelte Wertpapiere – also mit marktüblichen Kosten schnell liquidierbare Assets – im Mittelpunkt dieser Untersuchung.[347] Allein diese Tatsache gestattet die Vernachlässigung des Liquiditätskriteriums.[348] Darüberhinaus ist es ein grundsätzliches Charakteristikum der Asset Allocation für die Alterssicherung, daß sich der Prozeß der Kapitalansammlung über viele Jahre hinweg erstreckt, während denen üblicherweise keine unerwarteten Auszahlungen an den jeweiligen Alterssichernden notwendig sind.[349] Auch aus diesem Grund erscheint das Kriterium der **Liquidität** in dieser Arbeit als **vernachlässigbar**.

Für die Alterssicherung ist es bedeutsam, daß geeignete **Assetklassen** für die Asset Allocation verwendet werden, und daß die geeigneten Assetklassen in korrekter Weise in der Asset Allocation berücksichtigt werden. Diese Assetklassen werden in Kapitel 3.1.2.1 erörtert.[350]

---

347 Gerade bei börsengehandelten Wertpapieren sind die Liquidierungskosten – abgesehen von der Situation vorübergehender Kursrückgänge – üblicherweise identisch mit den Kosten einer vorzeitigen Liquidierung, woraus auch wiederum die Irrelevanz der Liquidität resultieren kann. Vgl. Schmidt-von Rhein, A. (Ziele, 1998), S. 49.

348 Vgl. zu dieser Aussage und deren Einschränkungen Schmidt-von Rhein, A. (Ziele, 1998), S. 36.

Dagegen könnte eingewandt werden, daß nicht die **Marktüblichkeit** der Preise, sondern die **Verkaufspreise in Relation zu den Kaufkursen** relevant sind. So können beispielsweise börsengehandelte Wertpapiere zwar nahezu jederzeit zu marktüblichen Preisen veräußert werden, die aber unter den Einstandskursen liegen können und damit einen Verlust für den Investor bedeuten. Dieser Verlust ist jedoch nicht als mangelnde **Liquidität** eines Wertpapieres zu werten, sondern er fällt unter das Kriterium der **Rentabilität**, das in Kapitel 3.1.2.1 ausführlich dargestellt wird. Auch aufgrund dieser Argumentation ergibt sich also keine Relevanz der Liquidität für die vorliegende Untersuchung.

349 Hierzu bestehen entgegengesetzte Auffassungen, denen zufolge die Mittel für die Alterssicherung gerade zu Beginn des Ansparprozesses auch für andere Zwecke wie die Absicherung unvorhergesehener Notfälle dienen muß. Dagegen kann jedoch eingewandt werden, daß die Mittel dann nicht nur den Zweck der Alterssicherung innehaben. In der vorliegenden Untersuchung wird unterstellt, daß die Mittel zur Altersvorsorge einzig und allein der Altersversorgung dienen.
Vgl. z. B. Döller, R. (Zukunftsvorsorge, 1999), S. 14.

350 Wegen der grundlegenden Bedeutung dieses Modellelements werden die Assetklassen bei der Beurteilung der Modelle an erster Stelle des Beurteilungsrasters abgehandelt.

Für die Asset Allocation ist es nicht nur wesentlich, unterschiedliche Risiken der unterschiedlichen Assetklassen korrekt zu erfassen und in das jeweilige Modell einfliessen zu lassen, sondern zusätzlich sollte die **Risikoeinstellung der Investoren** berücksichtigt werden, was ausführlich im Kapitel 3.1.2.4 erläutert wird. Die Risikoeinstellung führt zu einer Begrenzung des Risikos, das anhand der Risikomaße quantifiziert wird. Die Berücksichtigung der Risikoeinstellung beeinflußt die Gewichtung der einzelnen Assetklassen in den Alterssicherungsportfolios.

Ein wichtiges Kriterium zur generellen Beurteilung einer Asset Allocation besteht in der **Performance**, die mit einem Modell voraussichtlich erzielt werden wird. Die Performance faßt die Rendite und das Risiko von Investitionsmöglichkeiten zu einer einparametrischen Kennzahl zusammen und unterscheidet sich daher sowohl inhaltlich als auch bezüglich der Maßstäbe von den Modellelementen Rendite und Risiko.[351]

Gerade bei den langen Zeithorizonten der Alterssicherung ist es von fundamentaler Bedeutung, die finanziellen Wirkungen der **Inflation** zu berücksichtigen, sei es durch die im Kapitel 3.1.2.6 beschriebenen unterschiedlichen Asset-Strukturierungen oder durch die jeweilige Höhe der Vorsorge- und Versorgungsbeträge.

Ein weiteres Ziel ist eine geringe **Sensitivität** der Modellergebnisse aufgrund einer Variation wichtiger Inputparameter. Eine geringe Sensitivität ist Ausdruck der Robustheit des Modells, die zu erreichen angestrebt wird, um den Modellergebnissen nicht „Zufallscharakter" beimessen zu müssen. Die Sensitivität wird im Kapitel 3.1.2.7 erläutert.

Die möglichst hohe **Realitätsnähe eines Modells** konkretisiert sich – wie im Kapitel 3.1.2.8 beschrieben – anhand der Realitätsnähe der Modellannahmen und potentieller Modellergebnisse.

Des weiteren wird ein geringer **Verwaltungsaufwand** angestrebt, der gemäß den Ausführungen im Kapitel 3.1.2.9 aus den laufenden Informations- und Verwaltungsaufwendungen, die mit der Asset-Allocation des jeweiligen Modells verbunden sind, besteht.[352]

---

[351] Zu den Einzelheiten vgl. Kapitel 3.1.2.5.

[352] Vgl. Schmidt-von Rhein, Andreas (Ziele, 1998), S. 63 ff.

Zur privaten und betrieblichen Alterssicherung bilden ab dem Jahr 2002 **gesetzliche Anforderungen** an die Produkte, mit denen die Asset Allocation für die Alterssicherung durchgeführt werden kann, die Voraussetzung für die Förderung der Alterssicherung. Daher soll die gesetzlich geforderte garantierte nominelle Kapitalerhaltung als wichtigste dieser Anforderungen bei der Beurteilung der Asset Allocation-Modelle berücksichtigt werden. Diese Aspekte sind Gegenstand des Kapitels 3.1.2.10.

Ein Charakteristikum der Altersvorsorge ist die **lange Vorsorgedauer** über viele Jahre hinweg. Die **Zeithorizonteffekte**, die in Kapitel 2.4 erläutert wurden, sind von entscheidender Bedeutung für die gesamte Asset Allocation. Wie diese Zeithorizonteffekte in den Modellen zur zeithorizontabhängigen Asset Allocation berücksichtigt werden, ist ein weiteres Darstellungs- und Beurteilungskriterium in dieser Arbeit.

Aus den Ausführungen wird ersichtlich, daß **elf Kriterien** zur Beurteilung von Modellen zur zeithorizontabhängigen Asset Allocation relevant sind. Die weitere Untersuchung basiert auf diesen elf Kriterien, die im folgenden detailliert erörtert werden.

3.1.2 Detaillierte Erläuterung der für die Beurteilung der Modelle verwendeten Kriterien

3.1.2.1 Den Asset Allocation-Modellen zugrundeliegende Assetklassen

Als Assetklassen zur Geldanlage kommen grundsätzlich Aktien, festverzinsliche Wertpapiere, Derivate, Immobilien und Kunstgegenstände in Betracht.[353] Investmentfondsanteile werden in dieser Untersuchung nicht als eigenständige Assetklasse angesehen, da sie letzten Endes lediglich die Assetklasse der Anlagemöglichkeit, in die das Fondsmanagement investiert, repräsentieren.[354] Daher gelten die Rendite-Risiko-Charakteristika und – was für die vorliegende Arbeit besonders bedeutsam ist – die Zeithorizonteffekte der zugrundeliegenden Assetklasse auch für die jeweiligen In-

---

353 Zum Assetbegriff vgl. die Erläuterungen im Kapitel 1.3.

354 Diese Betrachtungsweise stellt eine Vereinfachung dar, da sich Investmentfondsanteile durch Besonderheiten bei den Transaktionskosten und bei den Rendite-Risiko-Charakteristika auszeichnen. Des weiteren investiert das Fondsmanagement eines Fonds einer bestimmten Assetklasse nicht ausschließlich in diese eine Assetklasse, sondern kann beispielsweise zu Kurssicherungszwecken in beschränktem Umfang in Derivate investieren, auch wenn der Fonds die Finanzmittel vorrangig in der Assetklasse der Aktien anlegt.

vestmentfonds.[355] Die Assetklassen für die Alterssicherung sollten sich für den jeweiligen Alterssichernden durch für ihn vorteilhafte Rendite-, Risiko- und Liquiditätscharakteristika[356] auszeichnen.[357] Solche Eigenschaften kommen üblicherweise folgenden Assetklassen zu: Aktien, festverzinslichen Wertpapieren erstrangiger Bonität, oder Investmentfondsanteilen, die die beiden erstgenannten Assetklassen repräsentieren.

Aktien und **Aktienfondsanteile** sind dabei eindeutig als **risikobehaftete** Assetklasse einzustufen. Unter Aktienfonds können passiv verwaltete[358] **Indexfonds** als für die Alterssicherung besonders geeignet angesehen werden, weil sie üblicherweise ein geringeres oder überhaupt kein unsystematisches Risiko enthalten, mit geringeren Gebühren als aktiv verwaltete Investmentfonds belastet sind und auch aufgrund des passiven Fondsmanagements eine höhere Rendite erzielen als Fonds mit aktivem Portefeuillemanagement.[359] Unter den Indexfonds werden solche für die Alterssicherung als besonders geeignet erachtet, denen ein internationaler Index zugrunde liegt, weil auf diese Weise die unterschiedlichen Risiken der Investition in einzelne Nationen diversifiziert werden.[360]

Als **risikolos** können **Geldmarktfondsanteile** wegen kontinuierlicher Wertsteigerungen und wegen der oftmals (kurzfristig) garantierten Verzinsung gelten[361]. **Anleihen** sind wegen des inhärenten Zinsänderungsrisikos, das sich im Kursrisiko und Wiederanlagerisiko konkretisiert, nicht risikolos. Eine Ausnahme bilden **Zerobonds**, die kei-

---

355 Die Existenz der positiven Zeithorizonteffekte auch für **Investmentfonds** wurde in einer Untersuchung von Maurer / Schlag nachgewiesen. Vgl. Maurer, R. / Schlag, C. (Shortfall-Risiken, 2001), S. 440 ff.

356 Die Liquidität wurde zwar in Kapitel 3.1 als irrelevant eingeschätzt. Von Bedeutung ist hingegen die mögliche Teilbarkeit von Assets. So ist es beispielsweise nicht möglich, laufend Ansparbeträge direkt in Kunstgegenstände oder in Immobilien zu investieren.

357 Die genannten Charakteristika von Assetklassen gelten für die Auswahl der Assets zur Alterssicherung und sind von den Kriterien zur Beurteilung der Modelle zu unterscheiden.

358 Alle Indexfonds werden charakteristischerweise passiv verwaltet, jedoch soll diese Tatsache an dieser Stelle hervorgehoben werden.

359 Vgl. hierzu und zur weiteren, eingehenden Begründung der Vorteilhaftigkeit von Indexfonds für die Alterssicherung Benke, H. (Blue-Chip-Index, 2001), S. 248;
Heda, K. / Heine, K. / Oltmanns, E. (Indexfonds, 2001), S. 109 ff.

Von Fondsgesellschaften wird aus nachvollziehbaren Gründen des eigenen Nutzens trotzdem immer wieder versucht, die Vorteilhaftigkeit eines aktiven Fondsmanagements zu begründen; vgl. hierzu exemplarisch Hallacker, M. (Investmentfonds, 1999), S. 602.

360 Vgl. Heda, K. / Heine, K. / Oltmanns, E. (Indexfonds, 2001), S. 112.

361 Vgl. z. B. Zeyer, F. (Geldmarktfonds, 2001), S. 35.

ne laufenden Ausschüttungen aufweisen, so daß bei Identität von Laufzeit des Zerobonds und Anlagehorizont des Investors das Zinsänderungsrisiko eliminiert ist. Daher können Zerobonds unter der genannten Bedingung als risikolos gelten.[362]

Deutsche **Versicherungsprodukte** sind hinsichtlich ihres Kapitalanteils aufgrund des garantierten Mindestzinses von derzeit 3,25 Prozent[363] risikolos. Dennoch werden Versicherungsprodukte in dieser Arbeit nicht untersucht, da Daten zu ihren Rendite-Risiko-Charakteristika faktisch nicht verfügbar sind. Zudem basiert die mögliche Vorteilhaftigkeit beispielsweise von Kapitallebensversicherungen auf den mit ihnen verbundenen Steuervorteilen, deren Fortbestand in der Zukunft jedoch zweifelhaft ist. Die Renditen von Versicherungsprodukten sind üblicherweise geringer als bei anderen Assetklassen.[364]

Immobilien können ein Asset zur Alterssicherung darstellen.[365] Mangels Liquidität und aufgrund der kaum vorhandenen Daten über Rendite-Risiko-Charakteristika der Immobilienanlage[366] werden sie jedoch aus der Untersuchung ausgeschlossen.[367]

Als weiteres Asset zur Alterssicherung kann zudem das vom Alterssichernden voraussichtlich realisierbare **Einkommenspotential** angesehen werden. Die Vorteilhaftigkeit der Berücksichtigung des Einkommenspotentials in der Asset Allocation zur Alterssicherung wird am Beispiel eines Modells in Kapitel 3.2.2.1 beurteilt.[368]

Als **Beurteilungskriterium** für die Modelle, die im weiteren Verlauf der Arbeit behandelt werden, dient **die sinnvolle Zugrundelegung der Assetklassen**.

---

362 Diese Betrachtungsweise ist bei Abstraktion vom Ausfallrisiko gerechtfertigt.

363 Der Rechnungszins von 3,25 Prozent bezieht sich auf das Anlagekapital eines Versicherungsprodukts und entspricht dem Stand von Juli 2001;
vgl. § 2 Abs. 1 Deckungsrückstellungsverordnung und z. B. Looman, V. (Lebensversicherung, 2000), S. 22.

364 Vgl. z. B. Auerbach, W. / Fink, A. (Altersvorsorge, 1999), S. 279;
Heda, K. / Heine, K. / Oltmanns, E. (Indexfonds, 2001), S. 110.
Zu einer anderslautenden Einschätzung vgl. Albrecht, P. (Altersversorgung, 1999), 1 ff.

365 Als „Plädoyer" für Immobilien bzw. Immobilienfonds als Bestandteil der Alterssicherung vgl. Bartholomäi, R. C. (Immobilie, 2000), S. 479.

366 Vgl. Aigner, K. (Immobilien, 2001), S. 431 f.;
Maier, K. M. (Immobilien, 2000), S. 9.

367 Zu Ansätzen der Identifikation von Rendite-Risiko-Charakteristika einer Immobilienanlage über offene Immobilienfonds vgl. Klug, W. (Immobilie, 2001), S. 409 f.

368 Vgl. hierzu die Ausführungen in Kapitel 1.3.

3.1.2.2 Rentabilität und Rentabilitätsmaße

Als **Rendite** oder **Rentabilität**[369] wird die Wertsteigerung aus Kapitalanlagen oder – genauer – der Gewinn pro eingesetztem Kapital verstanden:[370]

$$\text{Rendite in Prozent} = \frac{\text{Gewinn}}{\text{eingesetztes Kapital}} \times 100$$

Die Rendite kann als **Brutto- oder Nettogröße** errechnet werden. Bei letzterer werden Steuern und Transaktionskosten berücksichtigt, also vom Bruttogewinn subtrahiert.[371] Für Anleger der Mittel für die Alterssicherung ist grundsätzlich die Nettorendite relevant, da beispielsweise gerade die unterschiedliche steuerliche Behandlung unterschiedlicher Vorsorgeprodukte zu Renditedifferenzen führt. Allerdings sind der Steuersatz je nach Anleger und die Transaktionskosten je nach Finanzdienstleistungsinstitut individuell verschieden, was eine individuelle Berücksichtigung der genannten Größen erforderlich macht. Aufgrund der Komplexität der relevanten steuerrechtlichen Vorschriften wird von der Berücksichtigung von Steuern abgesehen.[372] Transaktionskosten können relativ einfach durch eine um die Transaktionskosten geminderte Rendite (bei laufenden Kosten) oder durch einen höheren Einzahlungsbetrag im Vergleich zum Auszahlungsbetrag (bei einmaligen Kosten) berücksichtigt werden. Auch die Transaktionskosten werden wegen der de facto unmöglichen, aber eigentlich erforderlichen standardisierten Betrachtungsweise vernachlässigt.

Des weiteren können **Nominal-** und **Realrenditen** unterschieden werden, wobei letztere die **Inflation** berücksichtigen.[373] Gerade bei der Zielsetzung der Altersversorgung und dem üblicherweise langfristigen Zeithorizont der Altersvorsorge ist es geradezu

---

[369] Die Begriffe Rendite und Rentabilität werden in dieser Untersuchung als Synonyme verwendet.

[370] Vgl. hierzu und zum folgenden z. B. Steiner, M. / Bruns, C. (Wertpapiermanagement, 2000), S. 50 ff.

Zu weiteren Renditedefinitionen vgl. z. B. Loistl, O. (Wertpapiermanagement, 1996), S. 248 f. und 555 f., oder
Weick, M. (Renditeberechnungsmethoden, 1993), S. 4.

[371] Vgl. z. B. Poddig, T. / Dichtl, H. / Petersmeier, K. (Portfoliomanagement, 2000), S. 120;
Steiner, M. / Bruns, C. (Wertpapiermanagement, 2000), S. 50.

[372] Diesbezüglich wird die Auffassung vertreten, daß eine Formel für die Renditeberechnung nach Steuern generell nicht gegeben werden kann;
vgl. Poddig, T. / Dichtl, H. / Petersmeier, K. (Portfoliomanagement, 2000), S. 120.

[373] Vgl. hierzu und zum folgenden Sharpe, W. F. / Alexander, G. J. (Investments, 1990), S. 87 f.

zwingend notwendig, die Inflation in die Kalkulationen einzubeziehen.[374] Aufgrund der Bedeutung der Inflation wird sie vom Renditekriterium getrennt und als eigenständiges, in Kapitel 3.1.2.4 erläutertes Beurteilungskriterium verwendet.

Ein Unterscheidungskriterium für Renditeberechnungsarten bezieht sich auf die Durchschnittsbetrachtung von Renditewerten mehrerer Perioden[375] und betrifft die hypothetische Behandlung der während des Anlagehorizontes anfallenden Zwischengewinne. Bei der **arithmetischen Rendite** wird unterstellt, daß die Zwischengewinne bei deren Ausschüttung entnommen und konsumiert bzw. anderweitig verwendet werden, und daß damit das eingesetzte Kapital zum Beginn einer jeden Periode identisch ist.[376] Die arithmetische Rendite ergibt sich aus folgender Berechnung:[377]

$$\text{Arithmetische Rendite} = \frac{\dfrac{\text{Endvermögen} - \text{Anfangsvermögen}}{\text{Anfangsvermögen}}}{\text{Laufzeit in Jahren}} \times 100$$

Die Anwendung der arithmetischen Rendite auf den Ansparprozeß erscheint nicht sinnvoll, da auf diese Weise der Zinseszinseffekt durch die Wiederanlage der laufenden Erträge einer Kapitalanlage vernachlässigt wird. Statt dessen sollten Erträge aus der Alterssicherung gerade thesauriert werden. Aufgrund der Annahme der Wiederanlage laufender Erträge aus dem Ansparprozeß ist nicht die arithmetische, sondern die **geometrische Rendite** als Erfolgsmaßstab der Kapitalanlagen zur Alterssicherung geeignet, die Wertentwicklung der Assets korrekt wiederzugeben, da bei der geometrischen Rendite diese Wiederanlage berücksichtigt wird. Die geometrische Rendite ist durch folgende Formel definiert:

$$\text{Geometrische Rendite} = \left[\sqrt[n]{\frac{\text{Endvermögen}}{\text{Anfangsvermögen}}} - 1\right] \times 100,$$

[374] Zu den Auswirkungen der mangelnden Berücksichtigung der Inflation bei der Alterssicherung vgl. Thießen, F. (Inflationsillusion, 2000), S. 372 ff.

[375] Vgl. Poddig, T. / Dichtl, H. / Petersmeier, K. (Portfoliomanagement, 2000), S. 113.

[376] Vgl. hierzu und zum folgenden Poddig, T. / Dichtl, H. / Petersmeier, K. (Portfoliomanagement, 2000), S. 113 ff;
Spremann, K. (Portfoliomanagement, 2000), S. 29;
Steiner, M. / Bruns, C. (Wertpapiermanagement, 2000), S. 51.

[377] Vgl. ebd.

oder in anderer Darstellungsweise:[378]

$$\text{Geometrische Rendite} = \sqrt[n]{\prod_{t=1}^{n}\left(1 + \text{Rendite}_t\right)} - 1$$

mit

t = Zeitperiode

n = Laufzeit

Die Kapitalansammlung zur Alterssicherung erfolgt üblicherweise nicht durch die einmalige Anlage eines Geldbetrages, sondern durch einen kontinuierlichen Sparprozeß. Daher kann die Rendite dadurch beeinflußt werden, wann und in welcher Höhe Kapitalbeträge für die Alterssicherung investiert werden.[379] Im Falle der Alterssicherung wird die Rendite aber nicht wesentlich durch Timing-Strategien aufgrund des aktiven Portfoliomanagements von Portefeuillemanagern erzielt,[380] sondern das Timing der Mittelzuflüsse zu den Vorsorgemitteln ist regelmäßig durch die Vorsorgenden und deren Finanzkraft bestimmt, von den Vermögensverwaltern nicht zu beeinflussen und damit nicht maßgeblich für den Erfolg der Asset Allocation. Vielmehr sind regelmäßige Zahlungen in gleicher oder gleichmäßig steigender Höhe für die Altersvorsorge als realistisch zu beurteilen. Daher ist es zweckmäßig, mögliche Verzerrungen der Renditeberechnung aufgrund der Mittelzuflüsse zu eliminieren, wie es durch die **zeitgewichtete Rendite** erfolgt.[381] Die zeitgewichtete Rendite basiert auf der geometrischen Renditeberechnung. Jede neue Einzahlung oder auch Auszahlung generiert eine neue Periode, für die die Rendite jeweils berechnet wird. In der Realität werden normalerweise monatlich oder jährlich Zahlungen für die Alterssicherung geleistet, daher kann die zeitliche Länge der einzelnen Perioden als jeweils identisch angenom-

378 Vgl. Poddig, T. / Dichtl, H. / Petersmeier, K. (Portfoliomanagement, 2000), S. 113.

379 Vgl. hierzu und zum folgenden Poddig, T. / Dichtl, H. / Petersmeier, K. (Portfoliomanagement, 2000), S. 115 ff.

380 Wäre der genannte Sachverhalt gegeben, sollte die unten beschriebene wertgewichtete Rendite verwendet werden.

381 Vgl. hierzu und zum folgenden Spremann, K. (Portfoliomanagement, 2000), S. 33 f.; Steiner, M. / Bruns, C. (Wertpapiermanagement, 2000), S. 569 ff.

Gegen die Relevanz der zeitgewichteten Rendite könnte eingewandt werden, daß eine sinnvolle und spezifizierte Weise der Asset Allocation für die Alterssicherung bisher in dieser Untersuchung nicht festgelegt wurde und daß daher ein aktives Portefeuillemanagement mit einem nichtstandardisierten Timing der Investitionsmittel nicht ausgeschlossen werden kann. Hier ist jedoch zu entgegnen, daß ein solcher Verlauf des Ansparprozesses als unrealistisch eingestuft werden muß, da nicht beispielsweise je nach aktueller Kapitalmarktsituation unterschiedlich gespart werden kann, sondern daß statt dessen der Altersvorsorge regelmäßig Beträge zugeführt werden.

men werden.[382] Unter der letztgenannten Bedingung gilt für die zeitgewichtete Rendite folgende Formel:

$$\text{Zeitgewichtete Rendite} = \sqrt[n]{\prod_{t=1}^{n}(1 + \text{Rendite}_t)} - 1$$

mit

t = Zeitperiode

n = Anzahl der Perioden im Anlagehorizont

An der Formel fällt unmittelbar die nahezu vollständige Identität mit der Formel der geometrischen Renditeberechnung auf, mit Ausnahme der möglichen Unterscheidung von fixen Perioden des Anlagehorizontes (beispielsweise Jahre) und der noch weitergehenden Unterteilung in Einzelperioden, die durch Zu- und Abflüsse aus einem Portfolio bestimmt werden.[383] Diese Einzelperioden und Perioden des Anlagehorizontes sind bei der geometrischen Renditeberechnung zwingend identisch, bei der zeitgewichteten Rendite nur optional.

Die Ermittlung von **wertgewichteten Renditen** ist dann sinnvoll, wenn der Portfoliomanager im Unterschied zur Situation bei der Anwendung zeitgewichteter Renditen Einfluß auf den Zeitpunkt und die Höhe der Anlagebeträge hat. Die Rendite wird also ceteris paribus durch den Zeitpunkt der Investitionen (und auch Desinvestitionen) beeinflußt.[384] Da die Betrachtung unterschiedlicher Investitionszeitpunkte bei der Alterssicherung irrelevant ist, kann auf weitere Darstellungen der wertgewichteten Rendite verzichtet werden.[385]

Neben den bisher beschriebenen diskreten[386] Renditen können **logarithmierte** bzw. **stetige Renditen** verwendet werden. Diese Renditen errechnen sich nach der Formel

---

382 Vgl. hierzu und zum folgenden Poddig, T. / Dichtl, H. / Petersmeier, K. (Portfoliomanagement, 2000), S. 116.

383 Vgl. hierzu und zum folgenden Poddig, T. / Dichtl, H. / Petersmeier, K. (Portfoliomanagement, 2000), S. 116 f.

384 Vgl. Saxinger, R. A. (Performance-Messung, 1993), S. 171.

385 Zur detaillierten Darstellung wertgewichteter Renditen und zum Vergleich der beiden Berechnungsmethoden vgl.
Poddig, T. / Dichtl, H. / Petersmeier, K. (Portfoliomanagement, 2000), S. 117 ff.;
Saxinger, R. A. (Performance-Messung, 1993), S. 171 ff.;
Steiner, M. / Bruns, C. (Wertpapiermanagement, 2000), S. 569 ff.

386 Die Begriffe „diskrete" Rendite, „einfache" Rendite oder auch „normale" Rendite werden synonym aufgefaßt.

$$\text{stetige Rendite} = \ln(K_t) - \ln(K_{t-1}) = \ln\left[\frac{K_t}{K_{t-1}}\right].$$[387]

Stetige Renditen haben den Vorteil, **eher normalverteilt** zu sein, was positiv zu beurteilende Folgen für die Konstruktion der Asset Allocation hat, wenn die Asset Allocation beispielsweise auf den Rendite-Risiko-Charakteristika von Aktien beruht.[388] Ein weiterer Vorteil besteht in der Addierbarkeit bzw. zeitlichen Skalierbarkeit[389] stetiger Renditen und damit in der korrekten Anwendbarkeit des arithmetischen Mittels mehrerer Renditen: Eine Kursveränderung von 100 auf 110 im exemplarischen ersten Jahr stellt eine **diskrete Rendite** von zehn Prozent dar, und eine im zweiten Jahr folgende Kursverminderung von 110 auf 100 einen Kursverlust von 9,09 Prozent, woraus sich bei Addition der Renditen eine positive diskrete Rendite von insgesamt 0,91 Prozent oder jährlich 0,455 Prozent ergibt, obwohl keine Kursveränderung im Vergleich zum Ausgangswert erfolgt. Bei **stetigen Renditen** hingegen ergibt sich zunächst ein relativer Kursgewinn von 9,53 Prozent, und der folgende absolute Verlust von zehn Einheiten auf den Kurs von 100 stellt eine Rendite von -9,53 Prozent dar. Die Betrachtung von absoluten und relativen Kursveränderungen führen damit zu gleichen Ergebnissen, und die Kurssteigerungen und Kursverluste sind korrekt miteinander vergleichbar. Renditeuntersuchungen, die sich über mehrere Zeiträume oder Jahre hinweg erstrecken und die jährlich angegebene, unterschiedliche Renditen beinhalten, sollten unter Verwendung stetiger Renditen durchgeführt werden.

Zusammenfassend formuliert ist es insbesondere aufgrund der Verteilungseigenschaften sinnvoll, im Zusammenhang mit der Assetklasse der Aktien **stetige Brutto-Realrenditen** für die weitere Untersuchung zu verwenden. Die **korrekte Erfassung der Renditen der Assetklassen in einem Modell** ist ein **Beurteilungskriterium** für die Modelle, die in dieser Arbeit erläutert werden.

---

[387] Vgl. Loistl, O. (Wertpapiermanagement, 1996), S. 202;
Steiner, M. / Bruns, C. (Wertpapiermanagement, 2000), S. 52 f.;
Wilkens, M. (Wertpapiermanagement, 1996), S. 229 f.

[388] Vgl. hierzu und zum folgenden Steiner, M. / Bruns, C. (Wertpapiermanagement, 2000), S. 52 f.
Der geometrische Durchschnitt von diskreten Renditen ist mit dem arithmetischen Durchschnitt von stetigen Renditen identisch;
vgl. Poddig, T. / Dichtl, H. / Petersmeier, K. (Portfoliomanagement, 2000), S. 102 ff. und 115.

[389] Vgl. Meyer, C. (Value at Risk, 1999), S. 231.

3.1.2.3 Für die Alterssicherung relevante Risikoarten, Risikobegriffe und Risikomaße

Die Wertentwicklung von Investitionen in die Alterssicherung ist mit Unsicherheit behaftet. Diese Unsicherheit ist für die Alterssicherung von wesentlicher Bedeutung, da sie bei der Asset Allocation berücksichtigt werden muß, um einerseits das in Kapitel 3.1.1 dargestellte Sicherheits- oder Risikovermeidungsziel[390] zu erfüllen, und um andererseits eine Entscheidungsgrundlage für eine Asset Allocation zu bieten, die für die Alterssicherung geeignet ist. Daher werden im folgenden kurz der hier verwendete Risikobegriff erläutert und anschließend Risikomaße vorgestellt, die für die Asset Allocation zur Alterssicherung potentiell von Belang sind. Ziel der Ausführungen ist es, eine Grundlage für das **Beurteilungskriterium der geeigneten Berücksichtigung des Marktwertrisikos von Aktienanlagen in einem Modell** zu schaffen.

3.1.2.3.1 Risikoarten und Risikobegriffe

Ein Charakteristikum der Prognose von Wertentwicklungen besteht in ihrem Zukunftsbezug, woraus üblicherweise eine generelle Unsicherheit resultiert. Die **Unsicherheit** als Gegenstück zur **Sicherheit**[391] ist ein eher umgangssprachlicher Begriff mit dem Inhalt, daß Diskrepanzen realisierter Umweltzustände von den erwarteten möglich sind.[392] Dieser Unsicherheitsbegriff wird in der Entscheidungstheorie genauer definiert und differenziert:[393] Zum einen in die **Ungewißheit**, bei der eine Wahrscheinlichkeitsverteilung der zukünftig möglichen Umweltzustände nicht existiert, so daß rationale Entscheidungen nicht möglich sind[394]; zum anderen in das **Risiko**[395], bei dem eine Wahrscheinlichkeitsverteilung bekannt ist[396]. Die Unsicherheit läßt sich –

---

390 Vgl. Schmidt-von Rhein, A. (Ziele, 1998), S. 40.

391 Sicherheit bedeutet, daß der zukünftige wahre Umweltzustand bekannt ist; vgl. Bamberg, G. / Coenenberg, A. G. (Entscheidungslehre, 1996), S. 17.

392 Vgl. Perridon, L. / Steiner, M. (Finanzwirtschaft, 1999), S. 98.

393 Vgl. hierzu und zum folgenden Bamberg, G. / Coenenberg, A. G. (Entscheidungslehre, 1996), S. 17.

394 Perridon, L. / Steiner, M. (Finanzwirtschaft, 1999), S. 98.

395 Die hier dargestellte Risikodefinition wird auch als **Risiko im engeren Sinne** bezeichnet, im Gegensatz zur Unsicherheit, die als **Risiko im weiteren Sinne** deklariert wird;
vgl. Perridon, L. / Steiner, M. (Finanzwirtschaft, 1999), S. 98 f. und
Steiner, M. / Bruns, C. (Wertpapiermanagement, 2000), S. 53 f.

396 Vgl. Bamberg, G. / Coenenberg, A. G. (Entscheidungslehre, 1996), S. 17 und 66.

wie auch anhand der folgenden Abbildung zu erkennen ist – noch weiter differenzieren, je nachdem, ob die Wahrscheinlichkeiten als objektiv oder subjektiv einzustufen sind.[397]

Informationsstand bzgl. Konsequenzen / Informationsstand bzgl. Umweltzustände	Sicherheit	Risiko	Ungewißheit
Sicherheit	Sicherheit	**Risiko**	Ungewißheit
Risiko	**Risiko**	**Risiko**	Ungewißheit
Ungewißheit	Ungewißheit	Ungewißheit	Ungewißheit

Abbildung 3.1.2.3.1-1: Unsicherheit

Entscheidend ist bei dem hier dargestellten Risikobegriff, daß sowohl positive wie auch negative Abweichungen als Risiko deklariert werden, obwohl die positiven Abweichungen in der Betriebswirtschaftslehre intuitiv üblicherweise als Chancen eingestuft werden[398]. So wird unter dem Risiko im **betriebswirtschaftlichen Sinne** die Gefahr der **Unter**schreitung von Zielanspruchsniveaus oder die **negative** Abweichung realisierter von erwarteten Zielen verstanden.[399] Dennoch basieren diverse Modelle, die der Asset Allocation zugrunde liegen, auf der allgemeinen Risikointerpretation,

[397] Objektive Wahrscheinlichkeiten bestehen beispielsweise bei empirischen Häufigkeitsverteilungen, wohingegen sich subjektive Wahrscheinlichkeiten aus Erfahrungen, Überzeugungen oder Überlegungen ergeben.
Vgl. hierzu und zur folgenden Abbildung Bamberg, G. / Coenenberg, A. G. (Entscheidungslehre, 1996), S. 66 ff.;
Meyer, C. (Value at Risk, 1999), S. 40;
Perridon, L. / Steiner, M. (Finanzwirtschaft, 1999), S. 98.

[398] Vgl. Büschgen, H. E. (Bankbetriebslehre, 1998), S. 865.

[399] Vgl. Büschgen, H. E. (Bankbetriebslehre, 1998), S. 865.
Hierbei ist zu beachten, daß Büschgen das betriebswirtschaftliche Risiko als Risiko im engeren Sinne bezeichnet, wobei diese Bezeichnung identisch mit der in der Fußnote 395 genannten Risikointerpretation ist, sich aber hinsichtlich der Inhalte unterscheidet.
Vgl. ebd. und Perridon, L. / Steiner, M. (Finanzwirtschaft, 1999), S. 98 f., sowie
Steiner, M. / Bruns, C. (Wertpapiermanagement, 2000), S. 53 f.

derzufolge Abweichungen in positive wie negative Richtungen als Risiko angesehen werden.[400] Im folgenden Kapitel 3.1.2.3.2 werden Risikomaße für beide Risikoauffassungen erläutert.

Im Zusammenhang mit der Asset Allocation sind folgende **Risikoarten** zu erläutern: Gemäß CAPM läßt sich das **Gesamtrisiko** eines risikobehafteten Wertpapiers in das **unsystematische**, unternehmensspezifische **Risiko** einerseits und in das **systematische Risiko** oder Marktrisiko andererseits differenzieren.[401] Das unsystematische Risiko ist gemäß Portfoliotheorie durch Diversifikation im Idealfall zu eliminieren und wird daher gemäß CAPM nicht in Form einer Risikoprämie abgegolten. Das allgemeine Marktrisiko ist dagegen durch Diversifikation nicht zu verringern und muß daher durch höhere Renditen als für risikofreie Anlagen „entlohnt" werden, um Kaufanreize zu bieten. Das **Gesamtrisiko** eines Wertpapiers wird an der im Kapitel 3.1.2.3.2.1 beschriebenen **Standardabweichung** der Renditen des Wertpapiers gemessen, und das **systematische Risiko** wird durch den ebenfalls im Kapitel 3.1.2.3.2.1 beschriebenen **Beta-Faktor** ausgedrückt. Das **unsystematische Risiko** kann anhand der **Residualvolatilität** als Wurzel aus der Residualvarianz gemessen werden. Letztere ergibt sich aus der Differenz zwischen dem Gesamtrisiko und dem systematischen Risiko. Daher sind unterschiedliche Risikomaße zu verwenden, je nachdem, welche Risikoarten in der Asset Allocation für die Alterssicherung berücksichtigt werden sollen. Welches Risikomaß für die Asset Allocation zur Alterssicherung geeignet ist, ist Gegenstand des folgenden Kapitels 3.1.2.3.2.[402]

3.1.2.3.2 Risikomaße

In diesem Kapitel werden unterschiedliche Risikomaße vorgestellt, die erstens die **Basis für eine Portefeuillestrukturierung** bilden können, die zweitens für die **Beurteilung der Performance** einer Kapitalanlage zu verwenden sind, und die drittens auch zur Berücksichtigung der **Risikoeinstellung der Alterssichernden als Entschei-**

---

[400] Vgl. z. B. Steiner, M. / Bruns, C. (Wertpapiermanagement, 2000), S. 54.

[401] Vgl. hierzu und zum folgenden beispielsweise Perridon, L. / Steiner, M. (Finanzwirtschaft, 1999), S. 252 ff. und S. 268;
Sharpe, W. F. / Alexander, G. J. (Investments, 1990), S. 208 f.;
Steiner, M. / Bruns, C. (Wertpapiermanagement, 2000), S. 6 ff., 21 ff., 55 f. und 66.

[402] Im genannten Kapitel erfolgt die Begründung für die Relevanz des Gesamtrisikos in der weiteren Arbeit.

dungskriterium bei der Selektion von Assets dienen können. Die Modelle und Konzepte der Asset Allocation zur Alterssicherung basieren auf unterschiedlichen Risikomaßen, deren Eignung für diese Zwecke jedoch verschieden ausgeprägt ist. Die folgenden Ausführungen dienen als eine der Grundlagen zur Beurteilung von Modellen für die Asset Allocation zur Alterssicherung.

3.1.2.3.2.1 Volatilität und Betafaktor als beiderseitige Risikomaße

Volatilität

Ein sehr gängiges[403] und auch anerkanntes[404] Risikomaß ist die Volatilität, die durch die annualisierte Standardabweichung beispielsweise von Aktienrenditen[405] ausgedrückt wird.[406] Mit Hilfe der Volatilität wird üblicherweise das **Gesamt**risiko[407] von Assets – insbesondere von Aktien – ausgedrückt, das durch die Standardabweichung bzw. Varianz als Maß für die Schwankungsbreite der Assetrenditen um ihren Mittelwert repräsentiert wird.[408] Dabei werden sowohl positive als auch negative Abweichungen vom Mittelwert als Risiko deklariert.[409]

---

403 Vgl. Schmidt-von Rhein, A. (Ziele, 1998), S. 36;
Uhlir, H. / Steiner, P. (Wertpapieranalyse, 1994), S. 128.

404 Vgl. z. B. Sharpe, W. F. / Alexander, G. J. (Investments, 1990), S. 145 f.

405 Die Volatilität ist ein typisches Riskomaß für die Assetklasse Aktien.

406 Vgl. hierzu und zum folgenden Steiner, M. / Bruns, C. (Wertpapiermanagement, 2000), S. 57 ff.; Wilkens, M. (Wertpapiermanagement, 1996), S. 230 f.
Die Standardabweichung weist im Vergleich zur Varianz den Vorteil auf, daß sie die gleiche Dimension wie die Zufallsvariable besitzt und im Gegensatz zur Varianz nicht quadriert ist.
Vgl. Poddig, T. / Dichtl, H. / Petersmeier, K. (Portfoliomanagement, 2000), S. 49 f.

407 Das Gesamtrisiko umfaßt – wie in Kapitel 3.1.2.3.1 dargestellt wurde – die Risikokomponenten systematisches und unsystematisches Risiko.

408 Vgl. hierzu und zum folgenden Poddig, T. / Dichtl, H. / Petersmeier, K. (Portfoliomanagement, 2000), S. 123 ff.

409 Diese Tatsache muß jedoch keinen Nachteil bedeuten, da – bei Unterstellung von symmetrischen Verteilungen und damit auch bei der Normalverteilung – die negativ vom Mittelwert abweichende Verteilungskomponente der positiv abweichenden gleicht. Auf diese Weise sind die Resultate oder Entscheidungen, die aufgrund der Verteilungsausprägung getroffen werden, nicht anders als diejenigen, die beispielsweise auf den in Kapitel 3.1.2.3.2.2 beschriebenen Downside-Risk-Maßen basieren.
Vgl. zu dieser Argumentation Sharpe, W. F. / Alexander, G. J. (Investments, 1990), S. 146.

Problematisch wird die Verwendung der Standardabweichung bzw. der Varianz bei asymmetrischen, also schiefen Verteilungen, die bei Aktienrenditen durchaus vorkommen können.
Vgl. hierzu Meyer, C. (Value at Risk, 1999), S. 47.

Aufgrund der Berücksichtigung auch der positiven Abweichungen sollte die Volatilität nicht als reines Risikomaß, sondern als Maß für die generelle Schwankungsbreite beispielsweise von Aktienrenditen um den Mittelwert interpretiert werden.

Die Annahme der Normalverteilung der Renditen ist die Voraussetzung für die korrekte Anwendung der Standardabweichung als Risikomaß, wobei die Annahme der Normalverteilung der Renditen – als Kriterium relevant im Kapitel 3.1.2.8 – zu entscheidenden Vereinfachungen führt: Nur die Normalverteilung kann durch die Angabe des Mittelwertes und der Standardabweichung vollständig beschrieben werden.[410] Deswegen müssen vorteilhafterweise lediglich die Standardabweichung und die Varianz beispielsweise von Aktienrenditen berechnet oder geschätzt werden, um die Verteilung der Aktienrenditen zu bestimmen, und nicht die ganze Verteilung selbst.[411] Daher basieren viele portfoliotheoretische Modelle auf der Normalverteilungsannahme für die Renditen von Wertpapieren, vorwiegend von Aktien. Wird einem Modell die Normalverteilungsannahme zugrundegelegt, kann die Standardabweichung als geeignetes beiderseitiges Risikomaß für Aktien angesehen werden.[412]

Wie bereits in Kapitel 3.1.2.2 erwähnt, sind **stetige Renditen** eher normalverteilt als diskrete Renditen,[413] so daß die Varianz vorzugsweise durch die Abweichung stetiger Renditen von deren Mittelwert berechnet wird. Dies geschieht anhand folgender Formeln:

$$\text{Varianz} = \frac{1}{n}\sum_{t=1}^{n}\left[\ln(1+R_t)-\mu\right]^2$$

mit dem Mittelwert $\mu = \frac{1}{n}\sum_{t=1}^{n} \ln(1+R_t)$.

Soll die Standardabweichung für mehrere Jahre berechnet werden, so ist die annualisierte Standardabweichung mit der Wurzel aus der Anzahl der Jahre zu multiplizieren:[414]

---

410 Vgl. hierzu und zum folgenden Bamberg, G. / Baur, F. (Statistik, 1996), S. 109; Poddig, T. / Dichtl, H. / Petersmeier, K. (Portfoliomanagement, 2000), S. 71; Steiner, M. / Bruns, C. (Wertpapiermanagement, 2000), S. 57.

411 Vgl. Poddig, T. / Dichtl, H. / Petersmeier, K. (Portfoliomanagement, 2000), S. 125.

412 Vgl. Korn, O. u. a. (Risikomessung, 1996), S. 2.

413 Vgl. hierzu auch Uhlir, H. / Steiner, P. (Wertpapieranalyse, 1994), S. 129 f.

414 Vgl. sinngemäß Steiner, M. / Bruns, C. (Wertpapiermanagement, 2000), S. 59. Zur Herleitung der Formel vgl. Kapitel 2.4.1.3.2.1.

$$\sigma_t = \sigma_{ann} \times \sqrt{t}$$

mit

σ_t = Standardabweichung für t Jahre

σ_{ann} = annualisierte Standardabweichung

t = Anzahl der Jahre des jeweils betrachteten Zeithorizontes.

Diese Berechnung der Standardabweichung in Abhängigkeit des Zeithorizontes ist eine Grundlage der in Kapitel 2.4 erläuterten **Zeithorizonteffekte** beispielsweise der Aktienperformance[415], wobei der Zeithorizonteffekt seinerseits die eminent wichtige Basis der Asset Allocation für die Alterssicherung bildet.

Zur **Kritik** der Standardabweichung sind die bereits oben in diesem Kapitel genannten Aspekte zu nennen, denen entsprechend auch positive Abweichungen vom Erwartungswert als Risiko eingeschätzt werden[416] und denen zufolge die Normalverteilung der Rendite die Voraussetzung für eine korrekte Betrachtung der Rendite-Risiko-Charakteristika nur anhand der beiden Kriterien Erwartungswert und Standardabweichung darstellt. Darüber hinaus wird folgendes kritisiert: Weist eine Kapitalanlage beispielsweise einen Mittelwert der Rendite von –10 Prozent auf, und wird dieser Wert ohne Risiko erzielt, wird die Anlage gemäß der Standardabweichung als risikolos erachtet, obwohl diese Einschätzung nicht dem gängigen Risikoverständnis entspricht. Durch die Annahme positiver Renditeerwartungswerte ist dieser Kritikpunkt in der vorliegenden Arbeit irrelevant. Die erwähnten Punkte sind grundsätzlich negativ zu beurteilen. Die Kritik kann jedoch einerseits entkräftet werden, und andererseits wird durch sie die Eignung für die Asset Allocation für die Alterssicherung nicht markant beeinträchtigt.

Wie im Kapitel 3.1.2.3.1 beschrieben, mißt die Standardabweichung der Renditen das **Gesamtrisiko** beispielsweise von Aktien. Damit beinhaltet sie bei nicht perfekter Diversifikation auch vorhandene unsystematische Risiken des betrachteten Alterssiche-

---

415 Als Performancemaßstab dient in diesem Fall sinnvollerweise die in Kapitel 3.1.2.5.1 dargestellte Sharpe-Ratio oder die Modified Sharpe-Ratios, da diese durch die Portefeuillerendite und Verzinsung risikoloser Investments einerseits und durch die Standardabweichung der Portefeuillerenditen bzw. durch die Lower Partial Moments andererseits beschrieben werden und dabei das Gesamtrisiko der Investments berücksichtigen.

416 Vgl. z. B. Harlow, W. V. (Asset Allocation, 1991), S. 29.

rungs-Portefeuilles,[417] die durch weitere Diversifikation idealerweise eliminiert werden können.[418] Die Diversifikation ist – außerhalb des Alterssicherungs-Portfolios selbst – dann möglich, wenn das untersuchte Portfolio Teil eines größeren Gesamtportefeuilles ist, so daß weitere Diversifizierungseffekte wirken können.[419] Dieser mögliche Kritikpunkt, die potentielle zusätzliche Diversifikation werde nicht berücksichtigt, ist für die vorliegende Untersuchung nicht relevant, da ausschließlich das Portefeuille betrachtet wird, das die Assets zur Alterssicherung enthält. Wenn aber ein Portefeuille wie das Alterssicherungs-Portefeuille allein betrachtet wird, so ist auch das Gesamtrisiko dieses Portefeuilles relevant, da eine weitergehende, bewußte Diversifizierung in der Untersuchung – und auch häufig in der Praxis der Alterssicherung – nicht mehr erfolgt. Es wäre daher im Gegenteil sogar ein Fehler, nur einen Teil des Gesamtrisikos des Alterssicherungs-Portfolios zu berücksichtigen. Zugleich stellt die Berücksichtigung des Gesamtrisikos auch deswegen einen Vorteil dar, da auf diese Weise perfekt diversifizierte Portfolios **nicht** unterstellt werden.[420] Daher ergibt sich insgesamt zunächst eine **positive Beurteilung** für das Risikomaß der Standardabweichung für die Alterssicherung im Hinblick auf die Verwendung zur Asset Allocation und zur Performancebeurteilung[421]. Die Beurteilung fällt hingegen **negativ** für die Eignung zur Berücksichtigung der Risikoeinstellung der Alterssichernden aus, da beispielsweise eine maximal tolerierte Standardabweichung von Investoren aufgrund der Komplexität dieses Risikomaßes üblicherweise nicht beziffert werden kann.[422]

---

417 Die Standardabweichung gibt keinen Aufschluß über die Zusammensetzung des Risikos, also zu welchen Teilen sich das Gesamtrisiko aus systematischem und unsystematischem Risiko zusammensetzt. Dies ist aber für die vorliegende Untersuchung kein Nachteil, da hier das Gesamtrisiko, und nicht dessen Zusammensetzung interessiert.

Zum Kritikpunkt der mangelnden Differenzierbarkeit des Risikos vgl. Steiner, M. / Bruns, C. (Wertpapiermanagement, 2000), S. 578.

418 Vgl. Perridon, L. / Steiner, M. (Finanzwirtschaft, 1999), S. 297;
Sharpe, W. F. / Alexander, G. J. (Investments, 1990), S. 750.

419 Vgl. hierzu und zum folgenden Wittrock, C. (Performancemessung, 1998), S. 948 f.

420 Vgl. Perridon, L. / Steiner, M. (Finanzwirtschaft, 1999), S. 297.

421 Letzteres wird im Kapitel 3.1.2.5.1 erläutert.

422 Die Berücksichtigung der Risikoeinstellung eines Investors ist Gegenstand des Kapitels 3.1.2.4. Um Redundanzen zu vermeiden, wird bereits in diesem Kapitel eine Auswahl getroffen, welche Risikomaße zur Berücksichtigung der Risikoeinstellung grundsätzlich geeignet sind.

Betafaktor

Ein weiteres Risikomaß, das vorwiegend für die Charakterisierung von Aktienkursrisiken verwendet wird,[423] stellt der Betafaktor dar, der Ausdruck des systematischen Risikos[424] ist. Gemäß CAPM[425] ist – wie in Kapitel 3.1.2.3.1 erläutert – das systematische Risiko relevant für die Abgeltung des Risikos durch Rendite, weil das unsystematische Risiko diversifizierbar und damit eliminierbar ist und daher keiner Abgeltung bedarf. Die Verbindung mit dem Marktrisiko ist dergestalt, daß die Sensitivität der Rendite einer Aktie aufgrund der Entwicklung der Marktrendite durch den Betafaktor ausgedrückt wird.[426] Der Betafaktor wird wie folgt errechnet:

$$\text{Betafaktor der Aktie } i = \frac{\sigma_{iM}}{\sigma_M^2}$$

mit

σ_{iM} = Kovarianz zwischen Aktienrendite und der Rendite des Marktportfolios

σ_M^2 = Varianz der Rendite des Marktportefeuilles.

Da der Betafaktor ausschließlich das systematische Risiko betrachtet, bleibt folglich das unsystematische Risiko unberücksichtigt, was de facto bedingt, daß das jeweilige Portfolio perfekt diversifiziert ist und kein unsystematisches Risiko mehr enthält.[427] Dies kann bei Alterssicherungsportfolios nicht als gegeben erachtet werden. Für die Alterssicherung ist der Betafaktor daher irrelevant. Hinsichtlich der Asset Allocation für die Alterssicherung besteht zwar das Ziel, möglichst gut diversifizierte Portefeuilles zu kreieren. Ob jedoch bei jedem Alterssicherungs-Portefeuille das Fehlen unsystematischen Risikos gegeben ist, muß bezweifelt werden. Dem Argument, das betrachtete Portefeuille sei möglicherweise nicht das Gesamtportfolio des jeweiligen Alterssichernden, und aufgrund dieser Tatsache könne das eventuell im Einzelportefeuille noch vorhandene unsystematische Risiko durch die weiteren Portfolios letztlich insgesamt eliminiert werden,[428] wird für diese Untersuchung geringe Bedeutung bei-

---

423 Vgl. Sharpe, W. F. / Alexander, G. J. (Investments, 1990), S. 204.

424 Zum systematischen Risiko vgl. Kapitel 3.1.2.3.1.

425 Auch im Marktmodell ist der Betafaktor das relevante Maß für das systematische Risiko; vgl. Steiner, M. / Bruns, C. (Wertpapiermanagement, 2000), S. 64.

426 Vgl. hierzu und zum folgenden Perridon, L. / Steiner, M. (Finanzwirtschaft, 1999), S. 265 ff. und 272.

427 Vgl. Poddig, T. / Dichtl, H. / Petersmeier, K. (Portfoliomanagement, 2000), S. 269.

428 Vgl. z. B. Poddig, T. / Dichtl, H. / Petersmeier, K. (Portfoliomanagement, 2000), S. 268; Wittrock, C. (Performancemessung, 1998), S. 949.

gemessen: Zum einen ist die Existenz anderer Portefeuilles zwar möglich, aber nicht sicher, und zudem ist es kaum gewährleistet, daß die in weiteren Portefeuilles enthaltenen Assets das unsystematische Risiko des untersuchten Portefeuilles insgesamt eliminieren. Zum anderen erscheint es keineswegs als Nachteil, auch bei der Existenz weiterer Assets im Gesamtportefeuille des betrachteten Alterssichernden im untersuchten Portefeuille das unsystematische Risiko zu berücksichtigen. Denn wenn dies im Einzelportfolio noch beachtet wird, dann können bei der möglichen Berechnung des Risikos des Gesamtportfolios die sich dann ergebenden Diversifikationseffekte immer noch in die Berechnung mit einbezogen werden.

Bei der Asset Allocation zur Alterssicherung kann die Verwendung des Betafaktors im Vergleich zur Standardabweichung nur nachteilig sein: Die Standardabweichung enthält im Rahmen des Gesamtrisikos vorteilhafterweise auch das unsystematische Risiko. Im Falle der perfekten Diversifikation und des daraus resultierenden unsystematischen Risikos von null würde dies aufgrund seiner Nicht-Existenz auch nicht in die Berechnung des Gesamtrisikos mit eingehen. Ist also **kein unsystematisches Risiko** vorhanden, ist die Verwendung der Standardabweichung nicht nachteilig, der Betafaktor erbringt aber keinen Vorteil. **Existiert** im anderen Falle **unsystematisches Risiko**, so wird dieses durch die Standardabweichung vorteilhafterweise berücksichtigt, durch den Betafaktor hingegen nicht, so daß sich hier ein eindeutiger Nachteil für den Betafaktor ergibt. Anhand dieser Argumentation wird deutlich ersichtlich, daß sich die Verwendung des Betafaktors nur nachteilig auswirken kann. Daher ist die Standardabweichung dem Betafaktor vorzuziehen.[429]

3.1.2.3.2.2 Semivarianz, Semistandardabweichung und Lower Partial Moments als Downside-Risikomaße

Die Verwendung von Risikomaßen, die auch die positiven Abweichungen von einem Referenzwert als Risiko einstufen, wird immer wieder kritisiert.[430] Daher finden die Downside-Risikomaße zunehmend Verbreitung.[431] Bei diesen Risikomaßen werden ausschließlich die negativen Abweichungen von einem Mittelwert oder einem Refe-

---

[429] Diese Einschätzung bezieht sich auf alle drei Verwendungsmöglichkeiten der Risikomaße, die zu Beginn des Kapitels 3.1.2.3.2 genannt wurden.

[430] Vgl. z. B. Korn, O. u. a. (Risikomessung, 1996), S. 2.

[431] Vgl. Korn, O. u. a. (Risikomessung, 1996), S. 1. Die zunehmende Verbreitung wird in dieser Quelle insbesondere in Zusammenhang mit Optionsgeschäften prognostiziert.

renzwert als Risiko interpretiert und in der Asset Allocation berücksichtigt.[432] Zu dieser Gruppe von Risikomaßen zählen die Semivarianz, die Lower Partial Moments sowie der Value at Risk. Semivarianz und Lower Partial Moments werden im folgenden jeweils kurz dargestellt.[433]

Semivarianz und Semistandardabweichung

Die **Semivarianz** unterscheidet sich von der Varianz in der Hinsicht, daß sie ausschließlich negative Mittelwertabweichungen in die Berechnung einbezieht und damit der üblichen und intuitiv eingängigen[434] Risikoauffassung gerecht wird.[435] Die Semivarianz wird anhand folgender Formel ermittelt:

$$\text{Semivarianz} = \frac{1}{n} \sum_{i=1}^{\tilde{n}} \left(\tilde{r}_i - \bar{r}\right)^2$$

mit

$\tilde{r}_i$ = Rendite, die kleiner als die mittlere Rendite ist

$\bar{r}$ = mittlere Rendite über alle n Perioden

n = Gesamtanzahl aller Renditen

$\tilde{n}$ = Anzahl der geringeren als der mittleren Renditen

Die Quadratwurzel aus der Semivarianz stellt dann die **Semistandardabweichung** dar.

Grundsätzlich kommt die Semivarianz bzw. Semistandardabweichung bei der Beurteilung des Risikos und bei der Normalverteilungsannahme[436] zu keinen anderen Er-

---

432 Vgl. hierzu und zum folgenden z. B. Korn, O. u. a. (Risikomessung, 1996), S. 1; Poddig, T. / Dichtl, H. / Petersmeier, K. (Portfoliomanagement, 2000), S. 130 ff.

433 Auf eine ausführliche Beschreibung des Value at Risk wird in dieser Untersuchung verzichtet, da er üblicherweise nicht zur Asset Allocation verwendet wird. Zum Value at Risk und seinen Einsatzmöglichkeiten vgl. Meyer zu Selhausen (Bank-Informationssysteme, 2000), S. 332 ff.; Meyer, C. (Value at Risk, 1999).

434 Vgl. Korn, O. u. a. (Risikomessung, 1996), S. 1; Wittrock, C. (Performance, 1996), S. 41 f.

435 Vgl. hierzu und zum folgenden Poddig, T. / Dichtl, H. / Petersmeier, K. (Portfoliomanagement, 2000), S. 130 f.

436 Die Aussage gilt auch generell für alle symmetrischen Verteilungen, von denen die Normalverteilung jedoch für die Asset Allocation am ehesten relevant ist.

gebnissen als die bereits im Kapitel 3.1.2.3.2.1 beschriebene Volatilität.[437] Vorteile bieten sich lediglich bei Renditeverteilungen, die nicht symmetrisch sind, da diese durch die Semivarianz bzw. Semistandardabweichung erfaßt werden können, durch die Varianz bzw. Standardabweichung hingegen nicht.[438] Grundsätzlich entspricht die Semivarianz dem Lower Partial Moment zweiter Ordnung, sofern die vorgegebene Mindestrendite des Lower Partial Moments dem Mittelwert der Renditen entspricht. Da die Semivarianz damit nur ein Spezialfall des Lower Partial Moments zweiter Ordnung ist,[439] wird sie in dieser Untersuchung nicht weiter explizit verwendet.

Lower Partial Moments

Auch im Rahmen der Lower Partial Moments werden ausschließlich die negativen Abweichungen von einem Referenzwert[440] als Risiko interpretiert und als Risikomaß verwendet. Im Gegensatz zur Standardabweichung stellt eine symmetrische Verteilung keine notwendige Voraussetzung zur Risikoermittlung dar. Statt dessen kann mittels Lower Partial Moments das Risiko beliebig verteilter Zufallsvariablen errechnet werden.[441]

Es existieren **drei Formen** der Lower Partial Moments: Die **Ausfallwahrscheinlichkeit** oder das Lower Partial Moment nullter Ordnung (LPM0), der **Ausfallerwartungswert** LPM1 sowie die **Ausfallvarianz** LPM2.

---

[437] Die Semivarianz entspricht bei symmetrischen Verteilungen genau der halben Varianz; die Semistandardabweichung multipliziert mit der Quadratwurzel aus zwei ist identisch mit der Standardabweichung; vgl. z. B. Poddig, T. / Dichtl, H. / Petersmeier, K. (Portfoliomanagement, 2000), S. 132 f.

[438] Zur ausführlichen Beurteilung der Semivarianz als Risikomaß vgl. Meyer, C. (Value at Risk, 1999), S. 48 ff.

[439] Vgl. z. B. Korn, O. u. a. (Risikomessung, 1996), S. 5, wo der Sachverhalt allerdings falsch, nämlich mit verkehrten Bezügen, dargestellt ist, sowie
Meyer, C. (Value at Risk, 1999), S. 60 f.

Das Lower Partial Moment zweiter Ordnung wird unten in diesem Kapitel beschrieben.

[440] Der Begriff „Referenzwert" wird in diesem Zusammenhang gleichbedeutend mit den Begriffen „Mindestrendite", „Target" oder „Zielrendite" verwendet; zu den Begriffen vgl. z. B. Meyer, C. (Value at Risk, 1999), S. 43.

[441] Vgl. Korn, O. u. a. (Risikomessung, 1996), S. 2 f.

Da die tatsächliche Verteilung der jeweiligen Zufallsvariablen jedoch nicht immer bekannt ist, wird häufig die Normalverteilung beispielsweise der Renditen unterstellt;
vgl. Poddig, T. / Dichtl, H. / Petersmeier, K. (Portfoliomanagement, 2000), S. 133.

Die allgemeine Formel für Lower Partial Moments (ex ante) der Ordnung m lautet bei Verwendung diskreter Renditen[442]

$$LPMm = \sum_{j=1}^{N} p_j \times \left(\tau - \tilde{r}_j\right)^m$$

mit

LPMm = Lower Partial Moment m-ter Ordnung.

N = Anzahl der möglichen Renditen, die geringer als die geforderte Mindestrendite sind.

p_j = Wahrscheinlichkeit für die Realisation der Rendite $\tilde{r}_j$.

τ = Gewünschte Mindestrendite.

$\tilde{r}_j$ = Realisierte Rendite, die geringer als die Mindestrendite ist.

Werden die Lower Partial Moments für diskrete vergangene Renditeverteilungen berechnet (ex post), wird jeder Realisation dieselbe Wahrscheinlichkeit beigemessen, so daß sich folgende modifizierte Formel ergibt:[443]

$$LPMm = \sum_{i=1}^{\tilde{n}} \frac{1}{n} \times \left(\tau - \tilde{r}_i\right)^m$$

mit

$\tilde{n}$ = Anzahl der Renditen, die kleiner als die geforderte Mindestrendite sind.

n = Gesamtanzahl der Renditen.

Für stetige Renditeverteilungen lautet die allgemeine Definition der Lower Partial Moments[444]

$$LPMm = \int_{-\infty}^{\tau} \left(\tau - r_i\right)^m f\left(r_i\right) dr_i$$

Das **LPM0** wird üblicherweise als **Ausfallwahrscheinlichkeit** interpretiert.[445] Mit dem LPM0 wird das Risiko beschrieben, eine bestimmte Mindestrendite zu verfehlen,

---

442 Vgl. hierzu und zum folgenden Poddig, T. / Dichtl, H. / Petersmeier, K. (Portfoliomanagement, 2000), S. 135.

443 Vgl. hierzu und zum folgenden Poddig, T. / Dichtl, H. / Petersmeier, K. (Portfoliomanagement, 2000), S. 136.

444 Vgl. Korn, O. u. a. (Risikomessung, 1996), S. 4;
Meyer, C. (Value at Risk, 1999), S. 45;
Szczesny, A. (Risikomessung, 1998), S. 345.

also zu unterschreiten.[446] Der Erwartungswert der Renditen, die Standardabweichung der Renditen sowie die subjektiv festzulegende Mindestrendite[447] werden als Größen benötigt,[448] um die Ausfallwahrscheinlichkeit für die vorgegebene Mindestrendite zu berechnen. Graphisch ergibt sich die Ausfallwahrscheinlichkeit bei stetigen Renditen als Flächeninhalt unter der Kurve der Normalverteilung von $-\infty$ bis zur vorgegebenen Mindestrendite, für die die Wahrscheinlichkeit berechnet werden soll.[449] Die Ausfallwahrscheinlichkeit wird – wie auch die anderen Lower Partial Moments – anhand der Abbildung 3.1.2.3.2.2-1 veranschaulicht:

---

[445] Die Begriffe Ausfallwahrscheinlichkeit, Downside Risk, Downside Wahrscheinlichkeit, Verlustwahrscheinlichkeit, Shortfall Risk, Shortfall Wahrscheinlichkeit oder Lower Partial Moment nullter Ordnung werden teils synonym und teilweise auch differenzierend verwendet. Zur synonymen Verwendung vgl. Steiner, M. / Bruns, C. (Wertpapiermanagement, 2000), S. 62; Franke, G. / Hax, H. (Finanzwirtschaft, 1994), S. 262 f.;
zur differenzierenden Verwendung vgl. beispielsweise Poddig, T. / Dichtl, H. / Petersmeier, K. (Portfoliomanagement, 2000), S. 135 f.; dort wird die Ausfallwahrscheinlichkeit auf der Basis normalverteilter Renditen als Spezialfall des LPM0 interpretiert, da bei letzterem keine bestimmte Verteilung der Renditen vorausgesetzt wird. Allerdings sind die Ausführungen mißverständlich, da einerseits die Normalverteilung als Voraussetzung zur Berechnung der Ausfallwahrscheinlichkeit betrachtet wird, andererseits die Ausfallwahrscheinlichkeit als Lower Partial Moment nullter Ordnung angesehen wird, bei dem keine bestimmte Renditeverteilung gegeben sein muß.

Teilweise wird auch – wie in Kapitel 3.1.2.3.2.2 erwähnt - die Semivarianz den Lower Partial Moments zugeordnet;
vgl. Meyer, C. (Value at Risk, 1999), S. 43 ff.

[446] Vgl. hierzu und zum folgenden Fischer, B. (Performanceanalyse, 2000), S. 251 f.;
Sortino, F. A. / van der Meer, R. (Downside Risk, 1991), S. 29;
Steiner, M. / Bruns, C. (Wertpapiermanagement, 2000), S. 62 f.

Das LPM0 ähnelt dem Value at Risk: Die Ausfallwahrscheinlichkeit gibt die Mindestrendite vor, woraus eine Verlustwahrscheinlichkeit resultiert, wohingegen beim Value at Risk der Verlust ermittelt wird, der mit einer vorgegebenen Wahrscheinlichkeit nicht überschritten wird. Vgl. Korn, O. u. a. (Risikomessung, 1996), S. 5, wo die Zusammenhänge jedoch falsch dargestellt sind.

Zur detaillierten Darstellung der Zusammenhänge zwischen Ausfallwahrscheinlichkeit und Value at Risk vgl. Meyer, C. (Value at Risk, 1999), S. 54.

[447] Die subjektive Festlegung einer Mindestrendite empfiehlt sich in Zusammenhang mit der Alterssicherung, da auf diese Weise die Risikoeinstellung der Alterssichernden relativ einfach zu berücksichtigen ist. Zu alternativen Interpretationen der Mindestrendite vgl. Franke, G. / Hax, H. (Finanzwirtschaft, 1994), S. 263. Vgl. auch Kapitel 3.1.2.4.

[448] Die Wahl der Mindestrendite ist subjektiv festzulegen, was aber nicht vollkommen willkürlich geschehen sollte. So empfiehlt es sich, beispielsweise einen Alternativzins vom Geld- oder Kapitalmarkt oder einer für die Asset Allocation zur Alterssicherung relevanten Benchmark als gewünschte Mindestrendite zu wählen.
Vgl. Korn, O. u. a. (Risikomessung, 1996), S. 6.

Die tatsächliche Standardabweichung und der tatsächliche Erwartungswert der Renditen sind üblicherweise nicht bekannt, so daß Schätzungen aus historischen Daten verwendet werden;
vgl. Poddig, T. / Dichtl, H. / Petersmeier, K. (Portfoliomanagement, 2000), S. 134.

[449] Vgl. Poddig, T. / Dichtl, H. / Petersmeier, K. (Portfoliomanagement, 2000), S. 134.

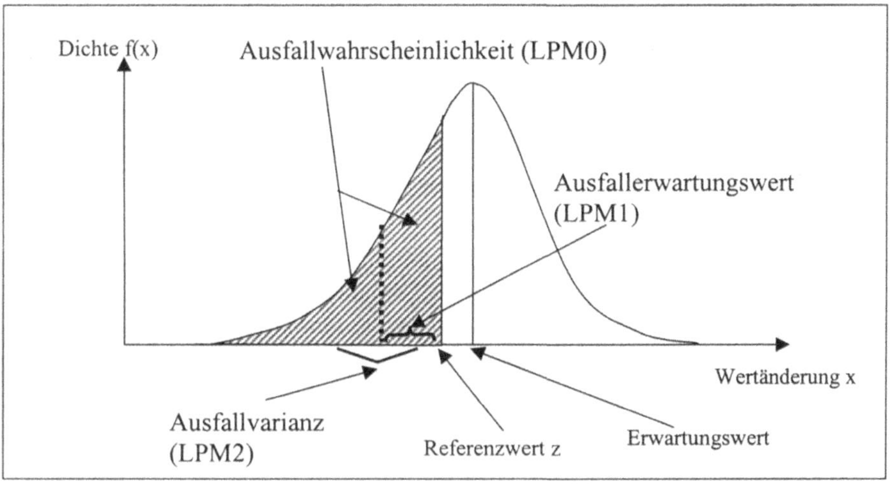

Abbildung 3.1.2.3.2.2-1: Lower Partial Moments

Die Ausfallwahrscheinlichkeit für **diskrete** Renditeverteilungen wird anhand folgender Formel errechnet:[450]

$$LPM0 = \sum_{j=1}^{\tilde{n}} \frac{1}{n} \times \left(\tau - \tilde{r}_j\right)^0$$

oder für **stetige** Renditeverteilungen

$$\text{Ausfallwahrscheinlichkeit} = LPM0 = \int_{-\infty}^{\tau} \left(\tau - r_i\right)^0 f(r_i) dr_i$$

Ein Vorteil der Ausfallwahrscheinlichkeit im Vergleich beispielsweise zur Standardabweichung der Renditen eines Wertpapiers ist die intuitiv leicht nachvollziehbare, oben dargestellte Aussage der Ausfallwahrscheinlichkeit.[451] Das Ausmaß der Unterschreitung der vorgegebenen Mindestrendite ist allerdings nicht am Wert der Ausfall-

---

450 Vgl. Poddig, T. / Dichtl, H. / Petersmeier, K. (Portfoliomanagement, 2000), S. 136 und Steiner, M. / Bruns, C. (Wertpapiermanagement, 2000), S. 63.
Zur Legende der erstgenannten Formel siehe S. 109.

451 Vgl. Fischer, B. (Performanceanalyse, 2000), S. 251, oder Wittrock, C. (Performancemessung, 1998), S. 949, wobei die genannte Einschätzung bei Wittrock für alle Lower Partial Moments geäußert wird.

wahrscheinlichkeit zu erkennen.[452] So könnte beispielsweise die Wahrscheinlichkeit für ein Verfehlen der Mindestrendite sehr klein, der mit sehr kleiner Wahrscheinlichkeit erzielbare Verlust hingegen hoch sein. Dieser Mangel läßt sich bei der Verwendung der Ausfallwahrscheinlichkeit nicht beheben; durch die ergänzende Anwendung der im folgenden dargestellten Lower Partial Moments höherer Ordnung kann jedoch eine umfassendere Einschätzung der sich aus einer Wertpapieranlage ergebenden Risiken erfolgen.

Die Lower Partial Moments erster und zweiter Ordnung berücksichtigen, wie weit die negativen Abweichungen vom Erwartungswert der Renditen entfernt sind.[453] Das **Lower Partial Moment erster Ordnung (LPM1)** bzw. der **Ausfallerwartungswert**[454] kennzeichnet die wahrscheinlichkeitsgewichtete Höhe der durchschnittlichen Unterschreitung der Mindestrendite, also den Verlust, der bei einer Kapitalanlage durchschnittlich erwartet werden kann.[455] Anders formuliert ergibt sich der Ausfallerwartungswert - wenn nur die Renditewerte unterhalb der Mindestrendite betrachtet werden - entsprechend der **durchschnittlichen Höhe der Renditeverfehlung im Falle des Ausfalles multipliziert mit der Ausfallwahrscheinlichkeit**.[456] Es erscheint zunächst verwunderlich, daß mit einer Kapitalanlage im Durchschnitt Verluste erzielt werden. Dies ist darauf zurückzuführen, daß der Ausfallerwartungswert bezeichnungsgemäß lediglich negative Abweichungen von der vorgegebenen Mindestrendite berücksichtigt. Der Ausfallerwartungswert wird anhand der folgenden Formel für **diskrete** Verteilungen ermittelt:[457]

---

452 Vgl. Franke, G. / Hax, H. (Finanzwirtschaft, 1994), S. 263;
Meyer, C. (Value at Risk, 1999) S. 56 f.;
Steiner, M. / Bruns, C. (Wertpapiermanagement, 2000), S. 64.

Diese Tatsache ist auch anhand der oben genannten Formel der Ausfallwahrscheinlichkeit ersichtlich: Die Abweichung der Renditerealisation von der Mindestrendite geht nicht in die Berechnung ein, sie bleibt also unberücksichtigt.

453 Vgl. hierzu und zum folgenden Poddig, T. / Dichtl, H. / Petersmeier, K. (Portfoliomanagement, 2000), S. 136;
Sortino, F. A. / van der Meer, R. (Downside Risk, 1991), S. 29.

454 Die beiden Begriffe können gleichbedeutend verwendet werden;
vgl. beispielsweise Meyer, C. (Value at Risk, 1999), S. 59.

455 Ist der Wert des LPM1 beispielsweise gleich ein Prozent, bedeutet dies eine durchschnittlich einprozentige Unterschreitung der vorgegebenen Mindestrendite.
Vgl. Korn, O. u. a. (Risikomessung, 1996), S. 5.

456 Vgl. analog Poddig, T. / Dichtl, H. / Petersmeier, K. (Portfoliomanagement, 2000), S. 137.

457 Zur Legende dieser und der folgenden Formel siehe S. 109.

$$LPM1 = \sum_{i=1}^{\tilde{n}} \frac{1}{n} \times (\tau - \tilde{r}_i)^1$$

Für **stetige** Verteilungen gilt folgende Formel:[458]

$$LPM1 = \int_{-\infty}^{\tau} (\tau - r_i)^1 f(r_i) dr_i$$

Als **Ausfallvarianz**[459] wird das **Lower Partial Moment zweiter Ordnung (LPM2)** interpretiert. Hier werden überproportionale negative Abweichungen vom Erwartungswert der Rendite stärker gewichtet, da die Abweichungen quadratisch in die Berechnung der Downside-Varianz eingehen. Dies wird anhand der folgenden Formeln für diskrete und für stetige Verteilungen ersichtlich:[460]

$$LPM2 = \sum_{i=1}^{\tilde{n}} \frac{1}{n} \times (\tau - \tilde{r}_i)^2$$

$$LPM2 = \int_{-\infty}^{\tau} (\tau - r_i)^2 f(r_i) dr_i$$

Dieses Maß ähnelt der in Kapitel 3.1.2.3.2.1 dargestellten Varianz insofern, daß auch hier Schwankungsbreiten charakterisiert werden, allerdings wird nur die Schwankungsbreite der Renditen unterhalb der vorgegebenen Mindestrendite berücksichtigt.[461] Ist die vorgegebene Mindestrendite identisch mit dem Erwartungswert der Rendite, gleicht die Downside-Varianz der in Kapitel 3.1.2.3.2.2 dargestellten Semivarianz, was bereits dort beschrieben wurde.[462] Ist zusätzlich die zugrundeliegende Renditeverteilung symmetrisch, entsprechen die Downside-Varianz und die Semivarianz der Hälfte der Varianz, die in Kapitel 3.1.2.3.2.1 erläutert wurde.

---

458 Vgl. analog Korn, O. u. a. (Risikomessung, 1996), S. 4.

459 Der Begriff Ausfallvarianz soll in dieser Arbeit als Synonym zur Downsidevarianz gelten, ebenso wie der von Wittrock verwendete Begriff Ausfall-Semivarianz. Letzterer ist inhaltlich identisch mit den vorgenannten, auch wenn aufgrund der Wortwahl ein anderer Anschein erweckt wird. Vgl. Wittrock, C. (Performancemessung, 1998), S. 950.

460 Vgl. hierzu und zum folgenden Poddig, T. / Dichtl, H. / Petersmeier, K. (Portfoliomanagement, 2000), S. 136.
Zur Legende der Formeln siehe S. 109.

461 Vgl. Korn, O. u. a. (Risikomessung, 1996), S. 5.
Zur Veranschaulichung aller Lower Partial Moments anhand eines Beispiels vgl. Poddig, T. / Dichtl, H. / Petersmeier, K. (Portfoliomanagement, 2000), S. 136 f.

462 Vgl. hierzu und zum folgenden Wittrock, C. (Performancemessung, 1998), S. 950.

Je nach Risikobereitschaft eines Alterssichernden kann ein anderes Lower Partial Moment als jeweils am besten geeignetes Risikomaß verwendet werden: So ist generell für alle Anleger unabhängig von ihrer Risikoeinstellung das LPM0 als Risikomaß verwendbar, was auch intuitiv nachvollziehbar ist. Ist der jeweilige Anleger risikoavers, so ist je nach Grad der Risikoaversion entweder das LPM1 bei schwächerer Risikoaversion oder das LPM2 bei stärker ausgeprägter Risikoaversion geeignet.[463] Zur Beurteilung des Risikos, das jeweils mit einer Asset Allocation verbunden ist, können – je nach Anlegertypus – unterschiedliche Lower Partial Moments miteinander kombiniert werden. Zunächst ist die **Ausfallwahrscheinlichkeit** aufgrund folgender Vorteile sinnvollerweise bei jeder Risikobeurteilung zu verwenden: Sie ist an Alterssichernde ohne vertiefte einschlägige Vorkenntnisse kommunizierbar, intuitiv leicht nachvollziehbar und daher von Alterssichernden – im Gegensatz zu anderen Risikomaßen – als Ausdruck der eigenen Risikoeinstellung bezifferbar. So kann von Alterssichernden durchaus angegeben werden, ob sie beispielsweise fünf, zehn oder zwanzig Prozent Wahrscheinlichkeit für die Unterschreitung einer geforderten Mindestrendite zu tragen bereit sind – im Unterschied beispielsweise zur Standardabweichung oder Varianz der Aktienrenditen, die schwieriger nachvollziehbar oder durch Nicht-Fachleute zu beziffern sind. Auf diese Weise ergibt sich eine **Eignung für die Asset Allocation für die Alterssicherung**, weil die **Risikoeinstellung** der Investoren explizit berücksichtigt werden kann.[464] Aufgrund der Ausführungen ergibt sich ebenso die Eignung für die **Asset Allocation** und **Performancemessung**.

Diese Vorzüge gelten auch für den **Ausfallerwartungswert**. Er ist darüber hinaus positiv zu beurteilen, da hier – wie erläutert – zusätzlich die Höhe potentieller Verluste mit in die Betrachtung eingeht.[465] Somit ergibt sich eine positive Beurteilung des Aus-

---

463 Korn, O. u. a. (Risikomessung, 1996), S. 5;
Poddig, T. / Dichtl, H. / Petersmeier, K. (Portfoliomanagement, 2000), S. 136.

464 Zu kritisieren ist die Ausfallwahrscheinlichkeit aus folgendem Grund: Bei der Betrachtung lediglich der Ausfallwahrscheinlichkeit als Risikomaß ist eine rationale Auswahl von Portfolios nur eingeschränkt möglich, da beispielsweise zwei Portfolios mit identischer Ausfallwahrscheinlichkeit, aber unterschiedlichen Ausmaßen der Renditeunterschreitungen als gleichwertig beurteilt werden, wenn die Beurteilung anhand der Ausfallwahrscheinlichkeit erfolgt. Ist dieser Fall gegeben, haben also die beiden Portfolios gleiche Ausfallwahrscheinlichkeiten, aber unterschiedliche Ausfallerwartungswerte, stellt sich die vermeintliche Gleichwertigkeit bei einer Betrachtung, die um den Ausfallerwartungswert erweitert wird, als falsch heraus.
Vgl. hierzu Meyer, C. (Value at Risk, 1999), S. 59;
Sortino, F. A. / van der Meer, R. (Downside Risk, 1991), S. 29.

465 Zur detaillierteren Beurteilung vgl. Meyer, C. (Value at Risk, 1999), S. 59 f.

Auch hier ist darauf hinzuweisen, daß eine korrekte Auswahl von Portfolios nur im Hinblick auf Ausfallwahrscheinlichkeit und -höhe erfolgt. Weisen beispielsweise zwei Portfolios den gleichen

fallerwartungswertes für die **Asset Allocation** und für die Verwendung zur Berücksichtigung der **Risikoeinstellung** der Alterssichernden.

Die **Ausfallvarianz** als Risikomaß für die Asset Allocation ist grundsätzlich positiv zu beurteilen.[466] Hinsichtlich der Eignung für die Alterssicherung ergibt sich dagegen ein negatives Urteil: Die Ausfallvarianz ist – wie es auch den Risikomaßen der Varianz oder Standardabweichung zueigen ist – erklärungsbedürftig und nicht einfach zu interpretieren. Zudem wird eine Toleranz von Alterssichernden gegenüber bestimmten Werten der Ausfallvarianz nicht zu beziffern sein.[467] Daher scheint die Verwendung zur Berücksichtigung der **Risikoeinstellung** der Alterssichernden nicht möglich zu sein.

3.1.2.4 Berücksichtigung der Risikoeinstellung der Investoren

Sind Modelle zur Asset Allocation für die Alterssicherung entscheidungstheoretisch fundiert, ließe sich der Anspruch erheben, die Risikoeinstellung der Alterssichernden könnte berücksichtigt werden. In diesem Kapitel soll daher untersucht werden, ob dies als möglich erachtet werden kann.

Im folgenden werden zunächst zwei traditionelle Arten nutzentheoretischer Fundierung im Hinblick auf die Eignung zum Zweck der vorliegenden Untersuchung beurteilt, um dadurch die Vorteilhaftigkeit der Existenz traditioneller nutzentheoretischer Fundierung zur Erfassung der individuellen Risikoeinstellung einschätzen zu können.

Als nutzentheoretische Fundierung von Entscheidungen und damit auch der Asset Allocation dient beispielsweise das **Bernoulli-Prinzip**, demzufolge das jeweilige Indivi-

---

Renditeerwartungswert, die gleiche Mindestrendite, die gleiche Ausfallwahrscheinlichkeit und den gleichen Ausfallerwartungswert auf, so ergibt sich bei Betrachtung der beiden Risikomaße ein identisches Urteil. Vernachlässigt wird jedoch die Ausfallvarianz, bei der stärker negative Abweichungen von der Mindestrendite durch die Quadrierung stärker gewichtet werden. Es wird also nicht danach differenziert, ob hohe Verluste mit niedriger Wahrscheinlichkeit oder aber niedrige Verluste mit höherer Wahrscheinlichkeit erzielt werden, da beide Varianten einen identischen Ausfallerwartungswert ergeben können. Eine differenzierende Betrachtung ist erst mittels der Ausfallvarianz möglich. Die Ausfallvarianz weist - bei identischem Ausfallerwartungswert - entsprechend der Berechnung höhere Werte auf, wenn der Fall höherer Verluste, die sich mit geringerer Wahrscheinlichkeit ergeben, gegeben ist.
Vgl. ebd.

466 Vgl. hierzu Meyer, C. (Value at Risk, 1999), S. 60 f.

467 Vgl. in genereller Hinsicht Meyer, C. (Value at Risk, 1999), S. 60 f.

duum aufgrund des Nutzenerwartungswertes verschiedener zur Auswahl stehender Alternativen entscheiden soll.[468] Die zu treffende Entscheidung kann bekanntlich gefällt werden, indem der Erwartungswert beispielsweise monetärer Ergebnisse berechnet und das Ergebnis mit der Nutzenfunktion des Investors bewertet wird, so daß das Individuum dann den Erwartungsnutzen maximieren kann. Die Verwendung des Bernoulli-Prinzips als nutzentheoretische Fundierung von Modellen wird oftmals als nötig angesehen, um ein rationales Entscheidungsverhalten der Individuen unterstellen zu können.[469] Allerdings sind andere Meinungen eher nachvollziehbar, die rationales Verhalten nicht mit der Berücksichtigung des Bernoulli-Prinzips gleichsetzen. Die Kritikpunkte am Bernoulli-Prinzip wiegen zu schwer, um es als unabdingbare Voraussetzung für jegliche Modelle anzusehen: So ist die **Kenntnis von Nutzenfunktionen** der Individuen nötig, um den Nutzenerwartungswert zu errechnen,[470] wobei die Gegebenheit dieser Voraussetzung in der Realität als vollkommen illusorisch angesehen werden muß.[471] Theoretische Möglichkeiten, die Nutzenfunktionen zu ermitteln,[472] muten als viel zu umständlich an, als daß sie in der Wirklichkeit der Alterssicherung eingesetzt werden könnten.[473] Somit kann das Bernoulli-Prinzip zwar als gängiges theoretisches Konstrukt angesehen werden, das aber für die praktische Umsetzung nicht geeignet ist.[474]

---

468 Vgl. hierzu und zum folgenden Bamberg, G. / Coenenberg, A. G. (Entscheidungslehre, 1996), S. 74 ff.;
Franke, G. / Hax, H. (Finanzwirtschaft, 1994), S. 292 ff.;
Perridon, L. / Steiner, M. (Finanzwirtschaft, 1999), S. 112 ff.;
Spremann, K. (Portfoliomanagement, 2000), S. 314 ff.

469 Vgl. Spremann, K. (Portfoliomanagement, 2000), S. 333.

470 Vgl. Bamberg, G. / Coenenberg, A. G. (Entscheidungslehre, 1996), S. 95.

471 Zu weiteren, detailliert beschriebenen Kritikpunkten vgl.
Bamberg, G. / Coenenberg, A. G. (Entscheidungslehre, 1996), S. 96 ff.;
Kritzman, M. P. (Utility, 1992), S. 19;
Perridon, L. / Steiner, M. (Finanzwirtschaft, 1999), S. 117 f.

472 Zur Ermittlung von Nutzenfunktionen vgl. z. B. Laux, H. (Entscheidungstheorie, 1998), S. 164 ff.

473 Eine ähnliche, aber nicht so rigoristisch formulierte Beurteilung nennen auch Bamberg / Coenenberg; vgl. Bamberg, G. / Coenenberg, A. G. (Entscheidungslehre, 1996), S. 95.
Auch Laux bezeichnet den Aufwand der Ermittlung von Nutzenfunktionen in Übereinstimmung mit dem Bernoulli-Prinzip bei einer großen Anzahl möglicher Ergebnisse – was bei Renditerealisationen von Aktienanlagen gegeben ist – als „erheblich“. Vgl. Laux, H. (Entscheidungstheorie, 1998), S. 167.

474 Diese Einschätzung teilen auch Perridon / Steiner und Spremann;
vgl. Perridon, L. / Steiner, M. (Finanzwirtschaft, 1999), S. 118;
Spremann, K. (Portfoliomanagement, 2000), S. 417.

Das **(μ,σ)-Prinzip** gilt als wichtigstes klassisches Entscheidungsprinzip[475], bei dem neben dem Erwartungswert der Rendite auch das durch die Standardabweichung gemessene Risiko in die Entscheidung mit einbezogen wird.[476] Hierbei liegt also die Annahme zugrunde, daß sich bei Unsicherheit die Verteilung der Zufallsvariablen aufgrund der beiden Parameter Erwartungswert und Standardabweichung eindeutig bestimmen läßt.[477] Dies ist bei der Normalverteilung gegeben. Das (μ,σ)-Prinzip per se ist ein Entscheidungsprinzip, nach dem grundsätzlich entschieden werden kann, allerdings noch keine Entscheidungsregel, da anhand des Prinzips keine Aussage über die Präferenzfunktion getroffen wird.[478] Erst wenn letztere bekannt ist, können Entscheidungen tatsächlich getroffen werden. Die grundsätzliche Vorgehensweise, aufgrund von Rendite und Risiko zu entscheiden, ist zwar völlig korrekt, doch gilt auch hier der oben genannte, wesentliche Kritikpunkt, daß zur Entscheidungsfindung die **Kenntnis der Nutzenfunktion** des Investors notwendig ist, so daß eine Entscheidung aufgrund des (μ,σ)-Prinzips de facto unmöglich zu treffen ist.[479] Es existieren weitere Kritikpunkte zum (μ,σ)-Prinzip, die jedoch hier nicht weiter vertiefenswürdig sind.[480]

Die traditionellen Entscheidungskriterien allein sind zur Entscheidungsfindung in der Praxis der Alterssicherung nicht geeignet, und insbesondere sind sie nicht anwendbar, um die Risikoeinstellung der Investoren zu berücksichtigen. Statt dessen läßt sich eine Entscheidung einerseits aufgrund von Renditeerwartungswerten und andererseits aufgrund von vorgegebenen Ausfallwahrscheinlichkeiten oder vorgegebenen Ausfallerwartungswerten treffen.[481] Ausfallwahrscheinlichkeiten und –erwartungswerte können

---

475 Vgl. Franke, G. / Hax, H. (Finanzwirtschaft, 1994), S. 300.

476 Vgl. hierzu und zum folgenden z. B. Bamberg, G. / Coenenberg, A. G. (Entscheidungslehre, 1996), S. 88 ff.;
Perridon, L. / Steiner, M. (Finanzwirtschaft, 1999), S. 110 f.

477 Vgl. Laux, H. (Entscheidungstheorie, 1998), S. 154 ff.;
Poddig, T. / Dichtl, H. / Petersmeier, K. (Portfoliomanagement, 2000), S. 71.

478 Vgl. hierzu und zum folgenden Laux, H. (Entscheidungstheorie, 1998), S. 154.

479 Zur weiteren Kritik vgl. z. B. Franke, G. / Hax, H. (Finanzwirtschaft, 1994), S. 300 f.
Des weiteren kann gezeigt werden, daß bei einer Asset Allocation aufgrund klassischer Entscheidungskriterien Nutzenunterschiede bei vollkommen unterschiedlicher Allokation der Assets sehr gering sind. Demnach wäre eine vollkommen verfehlte Allokation der Assets vom Individuum aufgrund veränderten Nutzens kaum merkbar, und sämtliche Bemühungen um eine „optimale" Asset Allocation entbehrten jeglicher Notwendigkeit.
Vgl. Spremann, K. (Portfoliomanagement, 2000), S. 327 ff.

480 Zur weitergehenden Kritik vgl. z. B. Laux, H. (Entscheidungstheorie, 1998), S. 156 ff.

481 Vgl. hierzu die Kapitel 3.2.2.3 und 3.2.2.4.

von Alterssichernden benannt werden, so daß aufgrund eines „(μ,LPMm)-Kriteriums" entschieden wird. Diese Möglichkeiten, individuelle Risikoeinstellungen zu berücksichtigen und entsprechende Portfolios zu selektieren, werden in den Kapiteln 3.2.2.3.1 und 3.2.2.4.1 ausführlich erläutert. Aufgrund der Möglichkeiten erscheinen Entscheidungsregeln vorteilhaft, die keine Kenntnis der genauen Nutzenfunktion des jeweiligen Alterssichernden und statt dessen nur gewisse Eigenschaften von Nutzenfunktion erfordern.[482] In dieser Untersuchung werden daher diejenigen Portfolios selektiert, die

- einerseits μ-σ-effizient sind, also im Sinne der Portfolio Selection Theory nach Markowitz effizient sind, und die
- andererseits eine vorgegebene Mindestrendite mit einer ebenfalls indirekt vorgegebenen Nichtausfall-Wahrscheinlichkeit[483] nicht unterschreiten (bei Verwendung des Lower Partial Moments nullter Ordnung als Risikomaß) oder bei gegebener Mindestrendite einen vom Alterssichernden bestimmten Ausfallerwartungswert nicht überschreiten (bei Nutzung des Lower Partial Moments erster Ordnung als zusätzliches Risikomaß).

Auf diese Weise stehen den Alterssichernden zunächst Portfolios zur Auswahl, die im Sinne der Portfoliotheorie μ-σ-effizient sind, die daher bei einer bestimmten Rendite das geringste Risiko oder bei gegebenem Risiko die maximale Rendite aufweisen. Welches dieser effizienten Portfolios selektiert wird, soll in dieser Untersuchung nicht aus der Verwendung von praktisch nicht identifizierbaren Riskonutzenfunktionen resultieren, sondern aufgrund der Vorgabe von Mindestrendite und Ausfallwahrscheinlichkeit bzw. Ausfallerwartungswert. So sind Ausfallwahrscheinlichkeit und Ausfallerwartungswert ein spezielles Auswahlkriterium innerhalb des allgemeinen μ-σ-Kriteriums.[484] Aufgrund der Nennung der Vorgabeparameter Mindestrendite und Ausfallwahrscheinlichkeit oder Ausfallerwartungswert **kann die individuelle Risikoneigung tatsächlich in der Praxis berücksichtigt werden**.

---

[482] Vgl. Reichling, P. (Risikomessung, 1999), S. 232.

[483] Als **Nichtausfall-Wahrscheinlichkeit** wird die Wahrscheinlichkeit „1 – Ausfallwahrscheinlichkeit" benannt. Die Nicht-Ausfallwahrscheinlichkeit ist deswegen nur implizit vorgegeben, da explizit die Ausfallwahrscheinlichkeit vom Investor bestimmt ist.

[484] Zu Teilaspekten vgl. Reichling, P. (Risikomessung, 1999), S. 228.

Die Tatsache, ob die **individuelle Risikoneigung** in einem Modell **in geeigneter Weise in die Asset Allocation eingeht**, wird im weiteren Verlauf der Arbeit als **Beurteilungskriterium** verwendet.

3.1.2.5 Durch ein Modell erzielbare Performance und Performancemaße

Im Gegensatz zur Rendite, die die Wertentwicklung eines Wertpapiers oder Portefeuilles charakterisiert, ist die Performance ein **zweidimensionaler**[485] Begriff mit den Dimensionen Rendite *und* Risiko.[486] Aufgrund dieser Zweidimensionalität wird bei der Beurteilung einer wertmäßigen Portefeuilleentwicklung nicht allein die Rendite, sondern zusätzlich das Risiko, mit dem die Rendite „erkauft" wurde, berücksichtigt und in einer Kennzahl ausgedrückt. Daher kann die Performance als risikoadjustierte Rendite wie folgt definiert werden: [487]

$$\text{Performance} = \frac{\text{Anlagerendite} - \text{Benchmarkrendite}}{\text{Risikomaß}}$$

Bereits die **erste Dimension** – die Rendite – wird bei den Performancemaßen aussagekräftiger durch den Vergleich der individuellen Portfoliorendite mit der Rendite einer Benchmark oder der risikofreien Anlagemöglichkeit.[488] Auf diese Weise wird die

485 Es existieren auch Auffassungen, denen entsprechend die Performance ein dreidimensionaler Begriff mit den Dimensionen Rendite, Risiko und Liquidität ist.
Zu diesen und zu weiteren Interpretationen des Performancebegriffes vgl. beispielsweise
Loistl, Otto (Wertpapiermanagement, 1996), S 13 ff.;
Poddig, T. / Dichtl, H. / Petersmeier, K. (Portfoliomanagement, 2000), S. 264 f.;
Saxinger, R. A. (Performance-Messung, 1993), S. 174 ff;
Spindler, C. (Asset Allocation, 1993), S. 150 f.

486 Vgl. Poddig, T. / Dichtl, H. / Petersmeier, K. (Portfoliomanagement, 2000), S. 264;
Steiner, M. / Bruns, C. (Wertpapiermanagement, 2000), S. 568.

Bei der Verwendung des Performancebegriffes ist zu beachten, daß dieser – wie es oben bereits ersichtlich wurde – in der Literatur und in der Praxis nicht einheitlich definiert wird. Nicht selten und fälschlicherweise wird Performance mit der Rendite eines Portfolios gleichgesetzt, so daß sich keine Unterschiede zum Renditebegriff ergäben. Es ist aber gerade das grundlegende Charakteristikum des Performancebegriffes, zusätzlich zur Rendite auch die Risikodimension zu berücksichtigen.
Vgl. Steiner, M. / Bruns, C. (Wertpapiermanagement, 2000), S. 568.

487 Vgl. hierzu und zum folgenden Steiner, M. / Bruns, C. (Wertpapiermanagement, 2000), S. 568.

488 Zur Benchmarkkonstruktion vgl.
Poddig, T. / Dichtl, H. / Petersmeier, K. (Portfoliomanagement, 2000), S. 265 ff:,
Steiner, M. / Bruns, C. (Wertpapiermanagement, 2000), S. 574 f.;
Wittrock, C. (Performancemessung, 1998), S. 943.

„Überrendite“ über eine risikofreie oder auch risikobehaftete Alternativanlage dargestellt, um die Leistung des Portfoliomanagements oder die Rendite-Risiko-Charakteristika einer Asset Allocation plastischer darzustellen.[489] Besteht die Benchmark in der risikofreien Anlagemöglichkeit, so gibt die Überrendite die Risikoprämie wieder, die gemäß CAPM für die Übernahme des systematischen Risikos gewährt wird.[490]

Die Rendite wird bei den Performancemaßen durch die **zweite Dimension** – das Risiko – gleichsam normiert.[491] Weil gemäß der Kapitalmarkttheorie ein höheres systematisches Risiko mit einer höheren Rendite verbunden ist,[492] ist eine hohe Rendite allein nicht aussagekräftig, da zwecks Erzielung überproportionaler Renditen höhere Risiken eingegangen werden könnten, was der Alterssicherung aber nicht zweckdienlich wäre. Daher ist es sinnvoll, aufgrund der Division der Renditen durch das Risiko eine „griffige“ Maßzahl für die Performance eines Wertpapierportefeuilles zu verwenden, um die Entwicklung der Asset Allocation eines Portefeuilles für die Alterssicherung einschätzen zu können. Im folgenden werden Performancemaße kurz charakterisiert und im Hinblick auf die Eignung zur Beurteilung der Asset Allocation für die Alterssicherung überprüft.

3.1.2.5.1 Sharpe-Ratio und Modified Sharpe-Ratios

Die Sharpe-Ratio[493] ist wie folgt definiert:[494]

$$\text{Sharpe-Ratio} = \frac{\text{Rendite}_{\text{Portfolio}} - \text{Rendite}_{\text{risikofreie Anlage}}}{\text{Standardabweichung}_{\text{Portfoliorendite}}}$$

---

489 Vgl. hierzu und zum folgenden Steiner, M. / Bruns, C. (Wertpapiermanagement, 2000), S. 568 f.

490 Vgl. Poddig, T. / Dichtl, H. / Petersmeier, K. (Portfoliomanagement, 2000), S. 267.
Zum theoretischen Hintergrund vgl. z. B. Saxinger, R. A. (Performance-Messung, 1993), S. 178 f.

491 Vgl. beispielsweise Perridon, L. / Steiner, M. (Finanzwirtschaft, 1999), S. 295.

492 Vgl. Steiner, M. / Bruns, C. (Wertpapiermanagement, 2000), S. 24 ff.

493 Die Sharpe-Ratio wird alternativ auch als Sharpe-Maß oder Reward-to-Variability-Ratio bezeichnet, wobei die unterschiedlichen Begriffe den identischen Inhalt beschreiben.
Vgl. z. B. Steiner, M. / Bruns, C. (Wertpapiermanagement, 2000), S. 576, oder Saxinger, R. A. (Performance-Messung, 1993), S. 180.

494 Vgl. Fischer, B. (Performanceanalyse, 2000), S. 271 f.;
Steiner, M. / Bruns, C. (Wertpapiermanagement, 2000), S. 576.

Der Wert der Sharpe-Ratio ergibt sich aus der Subtraktion der risikolosen Rendite von der Rendite des betrachteten Portefeuilles, wobei dieser Ausdruck durch das Gesamtrisiko des Portefeuilles dividiert und so normiert wird.[495] Die Sharpe-Ratio mißt daher die Risikoprämie für eine übernommene Einheit **Gesamtrisiko** des jeweiligen Portefeuilles.[496] Der vorteilhafteste Performance-Wert kommt demjenigen Portfolio zu, das pro Gesamtrisiko die höchste Überrendite oder aber pro Überrendite das geringste Gesamtrisiko innehat.[497] Da die Sharpe-Ratio eine relative Größe ist, können einerseits verschiedene Portfolios miteinander und andererseits ein Portfolio mit einer Benchmark verglichen werden.[498]

Die zur Sharpe-Ratio benötigten Größen (Renditen der Wertpapiere eines Portefeuilles und einer risikolosen Anlage sowie die Standardabweichung der Wertpapierrenditen) sind anhand der Kurse berechenbar, die am Geld- und Kapitalmarkt zu beobachten sind, was als vorteilhaft einzuschätzen ist.[499]

Eine differenzierende Beurteilung ergibt sich für das zugrundeliegende **Risikomaß** der Standardabweichung. Aus der Beurteilung resultiert – wie im Kapitel 3.1.2.3.2.1 erläutert – die Eignung der Standardabweichung für die Asset Allocation, so daß sich diesbezüglich auch eine positive Einschätzung der Sharpe-Ratio ergibt.

Kritisiert wird weiterhin, daß die Standardabweichung ein symmetrisches Risikomaß ist, das damit auch Kurssteigerungen als Risiko berücksichtigt.[500] Einen Ausweg bieten hier die im Kapitel 3.1.2.3.2.2 genauer dargestellten Lower Partial Moments, die nur negative Abweichungen von einem Referenzwert als Risiko interpretieren.[501] So

---

495 Vgl. Sharpe, W. F. / Alexander, G. J. (Investments, 1990), S. 750.

496 Vgl. Poddig, T. / Dichtl, H. / Petersmeier, K. (Portfoliomanagement, 2000), S. 267; Sharpe, W. F. / Alexander, G. J. (Investments, 1990), S. 750; Wittrock, C. (Performancemessung, 1998), S. 948.

497 Vgl. Perridon, L. / Steiner, M. (Finanzwirtschaft, 1999), S. 296.

498 Vgl. Poddig, T. / Dichtl, H. / Petersmeier, K. (Portfoliomanagement, 2000), S. 267; Wittrock, C. (Performancemessung, 1998), S. 948.

499 Vgl. Steiner, M. / Bruns, C. (Wertpapiermanagement, 2000), S. 577.

500 Vgl. Wittrock, C. (Performancemessung, 1998), S. 949.

501 Vgl. Korn, O. u. a. (Risikomessung, 1996), S. 6 f.; Wittrock, C. (Performancemessung, 1998), S. 949 f.

Die dargestellte Modifikation wird deswegen als Veränderung der Sharpe-Ratio und nicht des Treynor-Maßes aufgefaßt, da die Lower Partial Moments ebenso wie die Sharpe-Ratio hinsichtkann die ursprüngliche Sharpe-Ratio abgewandelt und unter Verwendung der Lower Partial Moments zu aussagekräftigen, zweidimensionalen Performancemaßen verdichtet werden.[502] Das Ergebnis sind die folgenden Modified Sharpe-Ratios (MSR):

$$MSR0 = \frac{Rendite_{Portfolio} - Rendite_{risikofreie\ Anlage}}{LPM0}$$

$$MSR1 = \frac{Rendite_{Portfolio} - Rendite_{risikofreieAnlage}}{LPM1}$$

$$MSR2 = \frac{Rendite_{Portfolio} - Rendite_{risikofreieAnlage}}{\sqrt{LPM2}}$$

Aus den Formeln wird ersichtlich, daß der Zähler mit demjenigen der Grundform der Sharpe-Ratio übereinstimmt. Im Nenner wird als Risikomaß nun aber nicht die Standardabweichung der Portefeuillerenditen, sondern jeweils ein Lower Partial Moment oder – im Falle der MSR2 – dessen Quadratwurzel verwendet.[503]

Bei der Verwendung der Sharpe-Ratio wird die Auswahl einer geeigneten Benchmark als problematisch eingeschätzt,[504] wenn die Benchmark-Performance mit der Performance des betrachteten Portfolios verglichen werden soll. Dieser Kritikpunkt betrifft aber auch die weiteren Performancemaße, so daß daraus kein Nachteil speziell für die Sharpe-Ratio erwächst.

---

lich der Risikokomponente das Gesamtrisiko umfassen, und nicht nur das systematische Risiko wie bei dem Treynor-Maß.

502 Vgl. hierzu und zum folgenden Albrecht, P. / Maurer, R. / Stephan, T. G. (Shortfall-Performance, 1995), S. 59 ff.;
Korn, O. u. a. (Risikomessung, 1996), S. 6;
Szczesny, A. (Risikomessung, 1998), S. 346 f.

Die MSR_n werden in dieser Arbeit als „Modified Sharpe-Ratio n-ter Ordnung" bezeichnet.

503 Als weitere, hier nicht weiter betrachtete Modifikation ergibt sich die **Sortino-Ratio**, bei der anstelle der Rendite der risikofreien Anlagemöglichkeit die im Lower Partial Moment verwendete Mindestrendite verwendet wird:

$$SoR = \frac{Rendite_{Portfolio} - Mindestrendite}{\sqrt{LPM_2}}$$

Vgl. hierzu und zum folgenden Korn, O. u. a. (Risikomessung, 1996), S. 7;
Sortino, F. A. / Price, L. N. (Performance, 1994), S. 59 ff.

504 Vgl. Steiner, M. / Bruns, C. (Wertpapiermanagement, 2000), S. 578.

Ein gewichtiger Nachteil für die Sharpe Ratio ergibt sich allerdings bei einem Spezialfall von Portfolios, deren Performance beurteilt werden soll: Stehen zur Portfoliokonstruktion die zwei Assetklassen risikobehaftete und risikofreie Wertpapiere zur Verfügung, so errechnet sich die Sharpe Ratio wie folgt:

$$\text{Sharpe-Ratio} = \frac{\text{Rendite}_{\text{Portfolio}} - \text{Rendite}_{\text{risikofreie Anlage}}}{\text{Standardabweichung}_{\text{Portfoliorenditen}}}$$

$$= \frac{x \times r_A + (1 - x) \times r_f - r_f}{\sqrt{x^2 \times \sigma_A^2}} = \frac{x \times r_A + r_f - x \times r_f - r_f}{x \times \sigma_A} = \frac{r_A - r_f}{\sigma_A}$$

mit

x = Aktienanteil

$1\text{-}x$ = Anteil der risikolosen Geldanlage

r_A = Aktienrendite

r_f = Rendite der risikofreien Geldanlage

σ_A = Standardabweichung der Aktienrenditen

Es ist zu erkennen, daß die Sharpe-Ratio für Portfolios, die sich aus einer risikolosen und einer risikobehafteten Assetklasse zusammensetzen, vollkommen unabhängig von der Gewichtung dieser Assets ist. Daher werden alle Portfolios, die sich aus den gleichen beiden Assetklassen zusammensetzen, sich aber hinsichtlich der Gewichtung dieser Assetklassen unterscheiden, mittels Sharpe-Ratio völlig identisch beurteilt. Dies ist als Mangel der Sharpe-Ratio zu bewerten. Ein Ausweg besteht in der Verwendung der Modified Sharpe-Ratios, die auch den Vorzug der Berücksichtigung des Gesamtrisikos[505] aufweisen, die aber die beschriebenen Portfolios je nach Gewichtung der Assetklassen unterschiedlich beurteilen.

Aus den in diesem Kapitel erläuterten Gründen erscheinen die traditionellen und modifizierten Sharpe-Ratios grundsätzlich als geeignete Maße, um die Portfolios zur Alterssicherung hinsichtlich ihrer Performance zu beurteilen. Da jedoch die Portfolios entsprechend den Empfehlungen vieler Modelle aus risikolosen und risikobehafteten Assetklassen konstruiert werden, ergäbe sich mittels Sharpe-Ratio keine differenzierende Beurteilung hinsichtlich Portfolios mit unterschiedlicher Gewichtung der beiden Assetklassen. Bei zusammenfassender Betrachtung resultiert hier ein in jeder Hinsicht

505 Mit Gesamtrisiko ist hier die Summe aus systematischem und unsystematischem Risiko gemeint.

positives Urteil für die Modified Sharpe-Ratios. Die **MSR0** und **MSR1**, die auf den Risikomaßen der Lower Partial Moments nullter und erster Ordnung basieren, werden in der weiteren Untersuchung als Performancemaße verwendet, weil diese Risikomaße relevant für die eigenen Modelle der Kapitel 3.2.2.3 (LPM0-Modell) und 3.2.2.4 (LPM1-Modell) sind.[506]

3.1.2.5.2 Treynor-Maß

Das Treynor-Maß[507] ähnelt dem Sharpe-Maß, da die erste Dimension – die Rendite bzw. der Renditevergleich zwischen der Portfoliorendite und der Rendite einer risikofreien Anlage – mit dem Sharpe-Maß identisch ist und es sich nur hinsichtlich der zweiten Dimension – dem Risikomaß – unterscheidet:[508]

$$\text{Treynor-Maß} = \frac{\text{Rendite}_{\text{Portfolio}} - \text{Rendite}_{\text{risikofreie Anlage}}}{\beta_{\text{Portfolio}}}$$

Das hier relevante Risiko ist nicht das Gesamtrisiko, ausgedrückt durch die Standardabweichung der Renditen des betrachteten Portfolios, sondern lediglich das systematische Risiko, das durch den Betafaktor des Portfolios repräsentiert wird. Entscheidend ist nicht die absolute Schwankung der Renditen, sondern die relative im Vergleich zum Marktportefeuille des CAPM.[509] Das Treynor-Maß ist daher als Risikoprämie pro Einheit des übernommenen systematischen Risikos zu verstehen.[510] Da ebenso wie die Sharpe-Ratio auch das Treynor-Maß eine relative Größe[511] darstellt, ist einerseits der

506 Der Grund für die Verwendung des MSR0 besteht in der grundsätzlichen Eignung des Lower Partial Moments nullter Ordnung zur Asset Allocation, zur Erfassung der Risikoeinstellung und zur Portfolio Selektion. Dies wurde im Kapitel 3.1.2.3.2.2 ausführlich erläutert.

507 Das Treynor-Maß wird auch als Reward-to-Volatility-Ratio bezeichnet; vgl. Wittrock, C. (Performancemessung, 1998), S. 949.

Die Bezeichnung „Reward-to-Volatility-Ratio“ ist insofern mißverständlich, als hierzulande mit Volatilität zumeist die Standardabweichung (und nicht der Betafaktor) gleichgesetzt wird. Vgl. Perridon, L. / Steiner, M. (Finanzwirtschaft, 1999), S. 296.

508 Zur folgenden Formel vgl. z. B. Sharpe, W. F. / Alexander, G. J. (Investments, 1990), S. 749.

509 Vgl. Saxinger, R. A. (Performance-Messung, 1993), S. 180.

510 Vgl. Poddig, T. / Dichtl, H. / Petersmeier, K. (Portfoliomanagement, 2000), S. 269; Steiner, M. / Bruns, C. (Wertpapiermanagement, 2000), S. 579.

511 Vgl. Steiner, M. / Bruns, C. (Wertpapiermanagement, 2000), S. 579.

Vergleich der Performance zwischen unterschiedlichen Portfolios möglich,[512] und andererseits kann auch die Portfolio-Performance mit einer Benchmark-Performance verglichen werden[513].

Als Vorteil des Treynor-Maßes ergibt sich – ebenso wie bei der Sharpe-Ratio – die leichte Beobachtbarkeit und Berechenbarkeit der benötigten Berechnungsgrößen.

Beim Treynor-Maß wird ebenso wie bei der Sharpe-Ratio kritisiert, daß der Betafaktor ein symmetrisches Risikomaß darstellt.[514] Die vorrangige Kritik am Treynor-Maß setzt an dem Risikomaß, also am Beta-Faktor an.[515] Da dieser – wie bereits im Kapitel 3.1.2.3.2.1 erläutert – lediglich das systematische Risiko umfaßt, bleibt folglich das unsystematische Risiko unberücksichtigt, was wiederum impliziert, daß das jeweilige Portfolio perfekt diversifiziert ist und daher kein unsystematisches Risiko mehr enthält.[516] Diese Voraussetzung für die korrekte Performanceberechnung anhand des Treynor-Maßes ist nicht immer gegeben. Entsprechend der Beurteilung der Risikomaße der Standardabweichung und des Betafaktors in Kapitel 3.1.2.3.2.1 ergibt sich die Einschätzung, daß das Treynor-Maß aufgrund des verwendeten Risikomaßes zur Beurteilung von Alterssicherungsportfolios **ungeeignet** ist.[517]

---

512 Vgl. Perridon, L. / Steiner, M. (Finanzwirtschaft, 1999), S. 296.

513 Vgl. Poddig, T. / Dichtl, H. / Petersmeier, K. (Portfoliomanagement, 2000), S. 269.

514 Vgl. zu genaueren Ausführungen die Kapitel 3.1.2.5.1 und 3.1.2.3 sowie zur Quelle die Fußnoten 500 und 501.

515 Vgl. beispielsweise Steiner, M. / Bruns, C. (Wertpapiermanagement, 2000), S. 580 f.
Neben der Kritik am Risikomaß gibt es auch weitere Kritikpunkte: Da das Treynor-Maß aus dem CAPM abgeleitet ist, gilt die Kritik am CAPM auch für das Treynor-Maß.
Vgl. Steiner, M. / Bruns, C. (Wertpapiermanagement, 2000), S. 581.

516 Vgl. Poddig, T. / Dichtl, H. / Petersmeier, K. (Portfoliomanagement, 2000), S. 269.

517 Diese Einschätzung wird durch Meinungen unterstützt, denen zufolge das Treynor-Maß zur Performancemessung sogar generell ungeeignet ist;
vgl. hierzu Steiner, M. / Bruns, C. (Wertpapiermanagement, 2000), S. 581.

3.1.2.5.3 Jensen-Alpha

Das Jensen-Alpha[518] wird anhand folgender Gleichung bestimmt:[519]

$$\text{Jensen-Alpha} = (R_{\text{Portefeuille}} - R_{\text{risikofreie Anlage}}) - (R_{\text{Benchmark}} - R_{\text{risikofreie Anlage}}) \times \beta_{\text{Portefeuille}} + \varepsilon_{\text{Portefeuille}}$$

mit

R = Rendite

β = Betafaktor

ε = Stochastischer Störterm mit einem Erwartungswert von null.[520]

Es ist zu erkennen, daß von der Überschußrendite des Portefeuilles die Überschußrendite, die sich theoretisch gemäß CAPM bei gleichem systematischen Risiko hätte ergeben müssen, subtrahiert wird, um auf diese Weise ein absolutes Maß für die Portfolio-Performance zu erhalten.[521] Ein positiver Wert des Jensen-Alpha besagt, daß die Überrendite des jeweils betrachteten Portfolios die risikoadjustierte Überrendite der jeweiligen Benchmark übertroffen hat.[522] Da Jensens Alpha ein absolutes und nicht ein relatives Maß für die Performance eines Portefeuilles ist, können verschiedene Portefeuilles grundsätzlich nicht miteinander verglichen werden, sondern nur jeweils mit der Benchmark.[523] Ein Vergleich zwischen Portfolios ist nur dann möglich, wenn sie das gleiche systematische Risiko aufweisen.[524]

Da auch das Jensen-Maß auf dem CAPM basiert,[525] gilt die **Kritik** am CAPM auch für das Jensen-Alpha. Der Betafaktor ist hier das verwendete Risikomaß. Dies ist aus den

---

518 Die Begriffe Jensen-Alpha, Jensens Alpha, Jensen-Maß und Differential Return sind Synonyme; vgl. Poddig, T. / Dichtl, H. / Petersmeier, K. (Portfoliomanagement, 2000), S. 332 f.; Perridon, L. / Steiner, M. (Finanzwirtschaft, 1999), S. 295.

519 Vgl. hierzu und zum folgenden Steiner, M. / Bruns, C. (Wertpapiermanagement, 2000), S. 582.

520 Der Störterm befindet sich in der Gleichung, da das Jensen-Alpha durch Regression ermittelt wird. Der Störterm kennzeichnet die Abweichungen der Beobachtungen von der Regressionsgeraden.
Vgl. Steiner, M. / Bruns, C. (Wertpapiermanagement, 2000), S. 582.

521 Vgl. z. B. Perridon, L. / Steiner, M. (Finanzwirtschaft, 1999), S. 295.

522 Vgl. Steiner, M. / Bruns, C. (Wertpapiermanagement, 2000), S. 582.

523 Vgl. Fischer, B. (Performanceanalyse, 2000), S. 276;
Poddig, T. / Dichtl, H. / Petersmeier, K. (Portfoliomanagement, 2000), S. 334.

524 Vgl. Perridon, L. / Steiner, M. (Finanzwirtschaft, 1999), S. 295.

525 Vgl. Steiner, M. / Bruns, C. (Wertpapiermanagement, 2000), S. 582.

in den Kapiteln 3.1.2.3.2.1 und 3.1.2.5.2 genannten Gründen sowohl in genereller Hinsicht als auch im Hinblick auf die **Eignung** zur Performance-Beurteilung der Ergebnisse aus der Asset Allocation für die Alterssicherung **negativ** zu beurteilen, so daß das Jensen-Maß in der vorliegenden Arbeit nicht verwendet wird.

3.1.2.6 Berücksichtigung der Inflation

Die Vernachlässigung der Wirkungen der Geldentwertung können sich auf das Ansparergebnis von Kapitalanlagen über mehrjährige Anlagehorizonte – wie es für die Alterssicherung charakteristisch ist – entscheidend auswirken. Dies wird anhand eines Beispiels einer Anlage eines Geldbetrages mit einer Verzinsung von sieben Prozent deutlich. Unter diesen Bedingungen steigert sich beispielsweise ein Anlagebetrag von 100.000,- € nach 30 Jahren auf 761.225,50 €.[526] Herrscht aber eine Inflationsrate von jährlich 2,5 Prozent, so beträgt im Unterschied zur Nominalrendite die Realrendite lediglich 4,5 Prozent, was sich durch den langen Zeithorizont auf das Anlageergebnis sehr gravierend auswirkt, so daß nun der reale Endwert lediglich 374.531,81 € beträgt, was knapp der Hälfte des eigentlich erwarteten Anlageergebnisses entspricht.[527] Bezogen auf die Alterssicherung verdeutlicht das Beispiel, welche negativen Auswirkungen die Nicht-Berücksichtigung der Inflation haben kann, da so ungewollt und ungeplant beispielsweise lediglich der halbe Betrag dessen, was zum Leben im Alter notwendig ist, zur Verfügung stehen kann.[528]

Die Inflation kann sich im Rahmen der Asset Allocation für die Alterssicherung auf zwei Weisen auswirken:

1. Die Wirkungen der Inflation können die **Strukturierung der Alterssicherungsportfolios** beeinflussen, so daß je nach Inflationsrate unterschiedliche Gewichtungen der Assetklassen als optimal erachtet werden.

---

526 Dies ergibt sich – bei Verwendung diskreter Renditen – durch die einfache Berechnung des Endwertes der Investition durch Multiplikation des Anfangswertes mit $1{,}07^{30}$.

527 Der Endwert bei Inflation entspricht genau 49,20 Prozent des Betrages bei Vernachlässigung der Geldentwertung.

528 Das Beispiel macht die Inflation auf drastische Art und Weise deutlich, da die Inflationswirkungen auf eine Einmalanlage dargestellt wurden, wobei hier die Inflation auf den gesamten Ansparbetrag mit einem sehr langen Zeithorizont wirkt. Bei der Altersvorsorge in Form eines kontinuierlichen Ansparprozesses wirkt die Inflation nicht so stark, da die Inflation nicht auf alle Beträge mit sehr langen Zeithorizonten wirkt. Auf diese Weise fällt der Unterschied zwischen den Beträgen mit und ohne Inflationsberücksichtigung nicht so hoch aus.

2. Inflation wird bei der **Höhe der** anzusparenden und im Ruhestandsalter auszuzahlenden **Beträge** berücksichtigt, so daß sich ein Inflationsausgleich beispielsweise durch mit der Inflationsrate ansteigende Vorsorge- oder Versorgungsbeträge ergibt. Hinsichtlich der Höhe der Beträge sind folgende Aspekte zu beachten:
   - Berücksichtigung der Inflationsrate bei den Ansparbeträgen in der Vorsorgephase: Hier muß die Entwertung der laufenden Ansparbeträge bis zum Zeitpunkt des Ruhestandseintritts in die Berechnungen mit einbezogen werden, so daß ein gewünschter Endwert oder gewünschte Versorgungsbeträge auch real erzielt werden.
   - Für die Versorgungsphase muß ebenfalls beachtet werden, daß während der Versorgungszeit, die 20 Jahre und länger andauern kann, natürlich ebenfalls Inflation herrscht, daß daher auch die Rentenzahlungen der Inflation unterliegen und damit entwertet werden. Dies muß ebenfalls in die Berechnung der Höhe der Vorsorge- und Versorgungsbeträge mit eingehen.

Das **erste Problem** – der Einfluß der Inflationsrate auf die Asset-Gewichtungen – ist in dieser Arbeit der **zentrale Aspekt** der Inflationswirkungen, da die Gewichtung der Assetklassen im Mittelpunkt der Asset Allocation steht.[529] Daher soll dies im weiteren Verlauf der Arbeit untersucht werden, so daß die **Berücksichtigung der Inflationsrate in der Asset Allocation eines Modells** als **Beurteilungskriterium** dient.

Die **zweite Problemstellung** – die Bemessung der Höhe der Vorsorge- und Versorgungszahlungen in Abhängigkeit der Inflationsrate – ist allenfalls als Randaspekt der Asset Allocation zu interpretieren. Zudem ist diese Fragestellung für alle Modelle einheitlich zu beantworten, so daß die Bemessung der Höhe der Beträge nicht bei den einzelnen Modellen thematisiert werden muß. Des weiteren kann die Inflation bei der Bemessung der Beiträge in der Vorsorge- und Versorgungsphase relativ einfach berücksichtigt werden. Aus diesen Gründen wird dieser Teil der Inflationswirkungen im weiteren Verlauf der Arbeit nicht behandelt.[530]

---

[529] Zum Begriff der Asset Allocation vgl. Kapitel 1.3.

[530] Hinweise zu den Wirkungen der Inflation und zur Lösung des Problems hinsichtlich der Höhe der Beträge finden sich bei Thießen, F. (Inflationsillusion, 2000), S. 372 ff.

3.1.2.7 Sensitivität der Modellergebnisse

Anhand der Sensitivität der Modellergebnisse soll festgestellt werden, wie empfindlich die Ergebnisse der Asset Allocation-Modelle auf eine geringfügige Veränderung der wesentlichen Inputparameter reagieren. Die Sensitivität soll die Robustheit der Modellergebnisse gegen die Wirkungen veränderter Inputparameter kennzeichnen. Die präzise Beurteilung angemessener Sensitivitätswerte ist nicht unproblematisch: Einerseits müssen die Modellergebnisse auf variierte Inputparameter reagieren, um die Berücksichtigung der Inputparameter überhaupt zu rechtfertigen. Andererseits ist eine zu starke Änderung der Modellergebnisse negativ zu beurteilen, da den Ergebnissen auf diese Weise Zufallscharakter beigemessen werden müßte oder nicht plausible Ergebnisse resultieren.[531] Ändern sich daher beispielsweise optimale Aktienanteile als Folge der Veränderung des Kapitalmarktzinssatzes um 50 Basispunkte um mehrere hundert Prozent, so wird das Ergebnis als übersensitiv beurteilt, so daß die Ergebnisse aus der Asset Allocation als tendenziell zufällig erachtet werden müssen.

Die Zuverlässigkeit der Einschätzung absoluter Sensitivitätswerte kann gesteigert werden, indem die Betrachtung der Sensitivitätswerte auch im Vergleich zu denjenigen anderer Asset Allocation-Modelle erfolgt, um die Angemessenheit dieser Werte beurteilen zu können. Dies ist nicht bei den Sensitivitäten aller Inputparameter möglich, da einzelne Inputparameter nur in jeweils einem Modell verwendet werden. Die Erläuterungen zu den Sensitivitäten sind auf die **Beschreibung** der Werte in Abhängigkeit vom Zeithorizont beschränkt; die genauen **Ursachen** für den Verlauf der Sensitivitätswerte in Abhängigkeit vom Zeithorizont erscheinen als vernachlässigbar und werden daher in dieser Untersuchung nicht betrachtet. Des weiteren werden in der Untersuchung die **absoluten Sensitivitäten** um die Betrachtung **relativer Sensitivitäten** ergänzt: Die **absoluten Sensitivitäten** messen die absolute Veränderung des Aktienanteils im Vergleich zum ursprünglichen Aktienanteil, wohingegen **relative Sensitivitäten** die prozentuale Veränderung des Aktienanteils relativ zum Ursprungsprozentsatz messen. Auf diese Weise wird die Abhängigkeit der Sensitivitäten vom Niveau der Ausgangswerte neutralisiert, und die Sensitivitäten verschiedener Modelle können sinnvoll miteinander verglichen werden. Zusammenfassend formuliert dient damit die **Höhe der Sensitivität des Aktienanteils** als **Beurteilungskriterium** für die Asset Allocation-Modelle.

---

531 Zur Anforderung der Robustheit von Modellen vgl. Little, J. D. C. (Models, 1970), S. B-466 ff.

3.1.2.8 Realitätsnähe eines Modells

Die Realitätsnähe eines Modells wird anhand der Realitätsnähe der Modellannahmen und der Realitätsnähe potentieller Modellergebnisse beurteilt.

Die **Realitätsnähe der Annahmen des Modells** ist objektiv nicht einfach festzustellen, können doch die Einschätzungen der Realitätsnähe durch verschiedene Beurteilende eines Modells weit auseinanderliegen. Des weiteren ist Annahmen das Charakteristikum zueigen, nicht vollkommen realistisch zu sein, da ein Modell ein vereinfachtes Abbild der Wirklichkeit geben soll. Hierzu sind Annahmen nötig, die durch die zu erzielende Vereinfachung des Wirklichkeitsabbildes ebenso vereinfachend und von der Wirklichkeit abstrahierend sein müssen. Daher ist gleichsam die Realitätsferne zu beurteilen. Da dies nicht eindeutig objektiv erfolgen kann, soll die Realitätsnähe anhand von Plausibilitätsüberlegungen und anhand von Vergleichen zwischen den Modellen eingeschätzt werden.

Unter den Annahmen, auf denen Asset Allocation-Modelle basieren, ist die Annahme hinsichtlich der Verteilung der Renditen risikobehafteter Wertpapiere besonders umstritten. Die als Zufallsvariable aufgefaßten Aktienrenditen können – was die häufigste Annahme darstellt – durch die **Normalverteilung** beschrieben werden. Daher soll im folgenden kurz die Normalverteilungsannahme diskutiert werden, um im weiteren Verlauf der Arbeit die Realitätsnähe der Verteilungsannahme fundiert beurteilen zu können. Die Normalverteilungsannahme für Aktienrenditen ist aufgrund einiger Vorzüge eine sehr gängige Beschreibung der Ausprägungen von Aktienrenditen: Die Verteilung ist einfach und eindeutig durch zwei Parameter (Erwartungswert und Standardabweichung der Aktienrenditen) zu bestimmen, wobei diese Parameter aus den am Kapitalmarkt zu beobachtenden Kursen ermittelbar und beispielsweise für Annahmen der Verteilung zukünftiger Aktienrenditen verwendbar sind. Die Standardabweichung der Rendite, die auf der Normalverteilungsannahme basiert, ist das meistverwendete Risikomaß, das – wie bereits im Kapitel 3.1.2.3.2.1 erläutert – vielen Asset Allocation-Modellen zugrundeliegt.[532] So wird die Standardabweichung als Risikomaß und damit die Normalverteilung als gängige und zulässige – wenn auch vereinfachende – Modellierung der Verteilung von Aktienrenditen akzeptiert.[533]

---

[532] Vgl. hierzu Kapitel 3.1.2.3.2.1.

[533] Vgl. beispielsweise Garz, H. / Günther, S. / Moriabadi, C. (Portfolio-Management, 1997), S. 32; Kritzman, M. P. (Uncertainty, 1991), S. 20;

Hinsichtlich der Verteilungsannahme ist dennoch zu beachten, daß gemäß einhelliger Meinung die Normalverteilung eine tendenziell vereinfachende Annahme darstellt, die die empirischen Verteilungen der Aktienrenditen nicht vollkommen korrekt widerspiegelt, da – beispielsweise für den deutschen Kapitalmarkt, der durch den DAX repräsentiert werden kann – die tatsächliche Renditeverteilung eine Rechtsschiefe[534] und Leptokurtosis[535] aufweist, so daß die tatsächliche Verteilung nicht allein durch den Erwartungswert der Rendite und die Standardabweichung beschrieben werden kann.[536] Der Zeithorizont einer Betrachtung von Aktienanlagen ist nicht nur für die Asset Allocation selbst, sondern auch für die Annahme von Renditeverteilungen von Bedeutung, weil die Normalverteilungsannahme für kürzere Zeithorizonte von bis zu einem Jahr noch eher akzeptiert ist als für längere Zeithorizonte.[537] Bei längeren Zeithorizonten wirkt sich die Tatsache aus, daß Kursverluste auf 100 Prozent limitiert, Kursgewinne jedoch unbegrenzt sind. Gerade aufgrund der mit längeren bzw. mehreren einzelnen, kurzen Zeithorizonten einhergehenden multiplikativen Verknüpfung diskreter Einzelrenditen[538] und des dadurch zum Ausdruck kommenden Zinseszinseffektes von jährlichen Renditen größer als null Prozent[539] werden die möglichen hohen Gesamtrenditen deutlich. Dies ergibt die empirisch beobachtete Rechtsschiefe von Renditeverteilungen wie z. B. bei DAX-Werten.[540] Werden – was entsprechend der Begründung in Kapitel 3.1.2.2 zu favorisieren ist – stetige Renditen für die Messung von Aktien-

zu den Folgen der vereinfachenden Verwendung der Normalverteilung vgl. Portmann, T. / Wegmann, P. (Lower Partial Moments, 1998), S. 336 f.

534 Die Schiefe ist das dritte Moment einer Verteilung (nach dem Erwartungswert als erstes und der Streuung als zweites Moment) und beschreibt das Ausmaß der Asymmetrie einer Verteilung. Die Schiefe der symmetrischen Normalverteilung nimmt daher einen Wert von null an. Vgl. Poddig, T. / Dichtl, H. / Petersmeier, K. (Portfoliomanagement, 2000), S. 141 f.; Spremann, K. (Portfoliomanagement, 2000), S. 89.

535 Das vierte Moment einer Verteilung – die Leptokurtosis – beschreibt die Wölbung einer Verteilung, die bei der Normalverteilung dem Wert drei entspricht. Werte größer als drei kennzeichnen die Leptokurtosis, eine Konzentration der Renditen um den Erwartungswert und an den Rändern der Verteilung. Vgl. Poddig, T. / Dichtl, H. / Petersmeier, K. (Portfoliomanagement, 2000), S. 142 f.

536 Vgl. z. B. Garz, H. / Günther, S. / Moriabadi, C. (Portfolio-Management, 1997), S. 31 f.; Poddig, T. / Dichtl, H. / Petersmeier, K. (Portfoliomanagement, 2000), S. 141.

537 Vgl. Spremann, K. (Portfoliomanagement, 2000), S. 89 und 150.

538 Vgl. Spremann, K. (Portfoliomanagement, 2000), S. 89.

539 Vgl. Spremann, K. (Portfoliomanagement, 2000), S. 379.

540 Zu einem kurzen Überblick über Untersuchungen zur Vereinbarkeit der Normalverteilungsannahme mit empirisch beobachteten Renditeverteilungen vgl. Spremann, K. (Portfoliomanagement, 2000), S. 89.

kursänderungen verwendet, so sind die logarithmierten Renditen eher normalverteilt[541] und das Anlageergebnis ist lognormalverteilt.[542] So steht die Lognormalverteilung mit der empirisch beobachteten Rechtsschiefe der Renditeverteilung eher im Einklang.

Die Verteilungsannahme ist entscheidend für die Korrektheit der Risikobetrachtung mittels unterschiedlicher Risikomaße. Werden die Semivarianz, die halbe Varianz oder beispielsweise das Lower Partial Moment zweiter Ordnung als Risikomaß verwendet, so ergibt sich bei unterstellter Normalverteilung kein Unterschied zwischen den Ergebnissen der Risikomaße, wenn die Mindestrendite dem Erwartungswert der Rendite entspricht.[543] Allerdings ist die Verwendung der Lower Partial Moments auch bei symmetrischen Verteilungen zu rechtfertigen, da üblicherweise der Erwartungswert der Aktienrenditen oberhalb der vorgegebenen Mindestrenditen liegt und sich damit Differenzierungen in den Ergebnissen der Risikobetrachtung ergeben, wenn die verschiedenen Risikomaße verwendet werden. Zudem sind die Lower Partial Moments eher geeignet, die tatsächliche Risikoeinstellung eines Alterssichernden wiederzugeben als Varianz oder Semivarianz.[544]

Eine Alternative zu den theoretischen Verteilungen ist die Verwendung der **Verteilung historischer Renditen**. Letztere Verteilungen weichen von den ersteren ab mit der üblichen Folge, mathematisch-statistisch nicht exakt beschrieben werden zu können, aber dafür die tatsächlich vorhandene Renditeverteilung wiederzugeben. Der Vorteil der Verwendung der Verteilung historischer Renditen besteht in der exakten Wiedergabe der vergangenen, tatsächlichen Renditeverteilung, der Nachteil in der Ungewißheit, ob die zukünftige Renditeverteilung mit der vergangenen identisch ist.[545]

Bei dem Kriterium der Realitätsnähe wichtiger Annahmen sollen die Annahmen beurteilt werden, die zum einen **spezifisch für das jeweils betrachtete Modell** sind, und die zum anderen **noch nicht** bereits **in den anderen Beurteilungskriterien erfaßt** wurden, so daß Redundanzen vermieden werden.

---

541 Vgl. Poddig, T. / Dichtl, H. / Petersmeier, K. (Portfoliomanagement, 2000), S. 105.

542 Vgl. Spremann, K. (Portfoliomanagement, 2000), S. 378 ff.

543 Vgl. hierzu die Ausführungen in Kapitel 3.1.2.3.2.

544 Vgl. hierzu die Ausführungen in Kapitel 3.1.2.4.

545 Der genannte Nachteil gilt ebenso für die theoretischen Verteilungen.

Eine weiteres Kriterium, ein Asset Allocation-Modell zu beurteilen, ist die **Realitätsnähe der Modellergebnisse**. Die Ergebnisse sollten in der Asset Allocation eines durchschnittlichen Alterssichernden zwar nicht **tatsächlich akzeptiert**, aber doch **potentiell akzeptiert**[546] sein. Nur wenn diese Realitätsnähe vorliegt, kann von einem tatsächlichen Einsatz der in dieser Arbeit vorgestellten Asset Allocation-Modelle ausgegangen werden. Wie bereits erwähnt besteht das Ziel der vorliegenden Arbeit gerade in der Darstellung und Entwicklung von tatsächlich nutzbaren Modellen.

3.1.2.9 Verwaltungsaufwand

Mit der Asset Allocation für die Alterssicherung ist je nach Modell eine fortlaufende Verwaltung der bisher angesparten Assets und die Allokation der neuen Mittelzuflüsse notwendig.[547] Die Verwaltung setzt sich aus Informationsaktivitäten und Verwaltungstätigkeiten zusammen. Beides ist mit **Verwaltungsaufwand** während der Zeit der Durchführung der Alterssicherung verbunden, was in eine zeitliche und eine kostenmäßige Komponente differenziert werden kann. Die zeitliche Komponente ist in Kosten überführbar und dadurch mit der anderen Komponente in der gleichen Dimension vergleichbar. Es soll der Verwaltungsaufwand maßgeblich sein, der offenkundig mit einem Modell verbunden ist, und nicht derjenige, der subjektiv betrieben wird, aber eventuell nicht nötig ist.[548] In dieser Arbeit sollen die **Kosten** der Verwaltung

---

[546] Die tatsächliche Akzeptanz setzte voraus, daß die vorgestellten Asset Allocation-Modelle bereits vielfach durchgeführt und zur Alterssicherung eingesetzt würden. Dies kann aber aufgrund des in den Kapiteln 2.1.1.2 und 2.1.1.3 dargestellten Entwicklungsstandes der betrieblichen und privaten Alterssicherung nicht erwartet werden. Daher wird hier das Kriterium der potentiellen Akzeptanz verwendet: Dies bedeutet, daß die Asset Allocation-Modelle im Rahmen ihres zukünftigen Einsatzes zu normalen Ergebnissen führen. Die potentielle Normalität oder Akzeptanz wird wiederum anhand von Plausibilitätsüberlegungen beurteilt. Beispielsweise können optimale Aktienanteile mit Ausprägungen von mehreren hundert Prozent das Ergebnis eines Asset Allocation-Modells sein, was nicht nur als tatsächlich nicht-akzeptiert, sondern auch als potentiell nicht-akzeptiert eingeschätzt würde, da ein solches Ergebnis eine Kreditaufnahme zur Alterssicherung in erheblichem Umfang voraussetzen würde.

[547] Vgl. hierzu und zum folgenden Schmidt-von Rhein, A. (Ziele, 1998), S. 50 f.

[548] Folgende Gleichung kann als in dieser Untersuchung nicht verwendeter Maßstab für den Verwaltungsaufwand dienen:

$$GV = t \times vk + \sum_{i=1}^{n} VK_i$$

mit GV = Gesamte Verwaltungskosten
t = benötigte Zeiteinheiten in Stunden
vk = Kostensatz pro Zeiteinheit (auch als Opportunitätskosten)
VK_i = direkt zurechenbare Verwaltungskosten der Kostenart i.

Vgl. Schmidt-von Rhein, A. (Ziele, 1998), S. 50 f.

nicht explizit erörtert, sondern lediglich **anhand von Indikatoren** abgeschätzt werden. Als **Indikatoren** dienen die **Häufigkeit notwendiger Portfolioumschichtungen**, die **Assetklassen** und die mit ihnen typischerweise verbundenen Verwaltungskosten, die beispielsweise bei Aktien anders als bei festverzinslichen Wertpapieren oder Kunstgegenständen ausgeprägt sind.

3.1.2.10 Erfüllung gesetzlicher Erfordernisse durch das Modell

Ab dem Jahr 2002 wird in Deutschland die private und betriebliche Alterssicherung durch den Staat gefördert, um ein zukünftig abgesenktes Leistungsniveau aus der gesetzlichen Rentenversicherung zumindest teilweise zu kompensieren,[549] und um auf diese Weise das bisher vorrangig per Umlageverfahren finanzierte Alterssicherungssystem zu einem (geringen) Teil auf ein Kapitaldeckungsverfahren umzustellen.[550] Die Förderung erfolgt durch mögliche Sonderausgabenabzüge[551] und Altersvorsorgezulagen[552] in gesetzlich bestimmten Höhen[553] und ist an bestimmte Anforderungen an die Art und Weise der Altersvorsorge und –versorgung geknüpft. Daher soll in dieser Arbeit untersucht werden, ob durch die Modelle zur Asset Allocation zur Alterssicherung die wesentlichen Anforderungen, die im folgenden kurz dargestellt werden, erfüllt werden können. So kann die Einsetzbarkeit der Modelle in der Praxis der privaten und betrieblichen Alterssicherung weiter erhöht werden.

Förderungsfähig sind Altersvorsorgeverträge[554], die vom Bundesaufsichtsamt für das Versicherungswesen[555] als solche zertifiziert wurden. Eine Legaldefinition eines Al-

---

Kosten entstehen beispielsweise durch Depotgebühren, Kauf- und Verkaufprovisionen, Entgelte für das Portfoliomanagement und sonstige Kosten, die mit der Asset Allocation verbunden sind. Vgl. ebd.

549 Die vollständige Kompensation wird angestrebt, sie wird aber nach den derzeitigen Ausgestaltungen der betrieblichen und privaten Alterssicherung nicht möglich sein. Vgl. die Ausführungen in den Kapiteln 2.1.1.2 und 2.1.1.3.

550 Zu den Details der betrieblichen und privaten Alterssicherung vgl. die Kapitel 2.1.1.2 und 2.1.1.3.

551 Vgl. § 10a EStG.

552 Die **Altersvorsorgezulage** setzt sich aus einer **Grundzulage** und einer **Kinderzulage** zusammen; vgl. §§ 83-85 EStG.

553 Vgl. § 86 EStG.

554 Ein Altersvorsorgevertrag müßte entsprechend der Begriffsverwendung dieser Untersuchung eigentlich als „Alterssicherungsvertrag" bezeichnet werden, da ein Altersvorsorgevertrag im Sinne des AltZertG sowohl die Vorsorge- als auch die Versorgungsphase und damit die gesamte Al-

tersvorsorgevertrages ist in § 1 des Gesetzes über die Zertifizierung von Altersvorsorgeverträgen (Altersvorsorgeverträge-Zertifizierungsgesetz – AltZertG) gegeben. Dementsprechend zeichnen folgende Charakteristika einen Altersvorsorgevertrag aus:

- In der Vorsorgephase werden **laufend** Einzahlungen zugunsten der Alterssicherung getätigt.[556] Daher sollte das jeweilige Asset Allocation-Modell für diese Form der Vorsorge geeignet sein.

- Die **Auszahlungsphase** zur Altersversorgung **beginnt frühestens** mit Vollendung des 60. Lebensjahres oder mit dem Beginn einer Altersrente aus der gesetzlichen Rentenversicherung.[557] Durch diese Vorschrift und durch das aktuelle Lebensalter eines Alterssichernden ist der Mindestzeithorizont für die Altersvorsorge determiniert.[558]

- Zum Beginn der Auszahlungsphase – also in der Regel mit Vollendung des 60. Lebensjahres – muß zumindest die **Rückzahlung des eingezahlten Kapitals** vom Anbieter des Altersvorsorgevertrages **garantiert** sein.[559] Daraus resultiert eine Zweiteilung des gesamten Zeithorizontes in die Zeit bis zum Beginn der Auszahlungsphase und in die Zeit ab dem Beginn der Auszahlungsphase. Diese Vorschrift hat gravierende Folgen für die Asset Allocation, da die Nutzung des Zeithorizonteffektes durch den Zeitpunkt des Versorgungsbeginns limitiert ist und daher die **Asset Allocation auf den Zeitpunkt des Versorgungsbeginns auszurichten ist.** Dadurch ergibt sich eine Verkürzung des eigentlich zur Verfügung stehenden, viel längeren Anlagehorizontes auf den Zeithorizont bis zum Versorgungsbeginn: Das Kapital wird angespart, um in der Versorgungsphase wiederum im Rahmen eines Auszahlungsplanes[560] ausgezahlt zu werden. Dies bedeutet, daß bei weitem nicht das gesamte eingezahlte Kapital zu Beginn der Versorgungsphase zur Verfügung

terssicherung betrifft. Um dem Wortlaut des Gesetzes zu folgen wird jedoch in dieser Arbeit im Zusammenhang mit dem AltZertG der Begriff „Altersvorsorgevertrag" verwendet.

555 Vgl. § 1 Abs. 3 und § 2 AltZertG.

556 Vgl. § 1 Abs. 1 Nr. 1 AltZertG.

557 Vgl. hierzu und zu weiteren, für die Untersuchung nicht wesentlichen Details § 1 Abs. 1 Nr. 2 AltZertG.

558 Bei dieser Beschreibung wird von der Möglichkeit eines vorzeitigen Todes vor dem Eintritt des Versorgungsfalles abgesehen.

559 Vgl. § 1 Abs. 1 Nr. 3 AltZertG.

560 Vgl. hierzu den nächsten Punkt der Abhandlung.

stehen muß, sondern eben nur der (geringe) Teil, der zu diesem Zeitpunkt an den zu Versorgenden ausgezahlt wird, während der (größere) Teil des Kapitals erst im weiteren Verlauf der Versorgungsphase ausgezahlt werden muß. So ergäben sich tatsächliche Zeithorizonte der Kapitalanlage, die deutlich länger als bis zum Zeitpunkt des Eintritts des Versorgungsfalles reichten. Diese Zeithorizonte könnten sich in einer veränderten Asset Allocation und in einer besseren Ausnutzung des positiven Zeithorizonteffektes[561] niederschlagen, wenn sie berücksichtigt werden dürften. Das wird jedoch vom Gesetzgeber unterbunden, da das eingesetzte Kapital zum Zeitpunkt des Versorgungsbeginns zur Verfügung zu stehen hat, obwohl es de facto zum größten Teil nicht dann verfügbar sein muß und im Rahmen eines Anlageplans bis zum 85. Lebensjahr und anschließender Kapitalverrentung oder im Rahmen einer alleinigen Kapitalverrentung[562] an den zu Versorgenden nach und nach ausgezahlt wird.

- Das angesparte Kapital kann beim Eintritt des Versorgungsfalles **nicht als Einmalauszahlung**, sondern lediglich als Leibrente bis zum Lebensende oder aber als Auszahlungsplan bis zum 85. Lebensjahr mit einer sich anschließenden Leibrente bis zum Lebensende in Anspruch genommen werden.[563] Diese Regelung bedeutet eine gesetzlich vorgeschriebene Verlängerung des Zeithorizontes für die Asset Allocation im Vergleich zu einer Einmalauszahlung. Die Verlängerung dieses Zeithorizontes kann jedoch nicht vollumfänglich genutzt werden, da – wie im vorigen Punkt erläutert – die Höhe des ursprünglich eingesetzten Kapitals zwischenzeitlich garantiert sein muß.

- Weiterhin werden im Gesetz die **Produkte** genannt, in die die Altersvorsorgebeiträge investiert werden können. Hierzu zählen insbesondere Investmentfondsanteile, Rentenversicherungen und Bankguthaben.[564]

Bei der Betrachtung der wesentlichen gesetzlichen Vorschriften fällt auf, daß insbesondere der garantierte Kapitalerhalt zum Eintritt des Versorgungsfalles ein gewichtiges Problem für die Asset Allocation darstellt, weil eine Garantie des eingesetzten Kapitals vorrangig aufgrund der Investition in festverzinsliche Wertpapiere gewährt wer-

[561] Der positive Zeithorizonteffekt wurde in Kapitel 2.4.1.3 erläutert.

[562] Vergleich hierzu § 1 Abs. 1 Nr. 4 und 5 AltZertG.

[563] Vgl. § 1 Abs. 1 Nr. 4 und 5 AltZertG.

[564] Vgl. § 1 Abs. 1 Nr. 7 AltZertG.

den kann. Die Garantie basierend auf der Anlage in Aktien stellt jedoch aufgrund der Marktpreisrisiken, die mit Aktienanlagen verbunden sind, ein Problem dar, das durch die Asset Allocation gelöst werden muß, wenn auf die Renditechancen, die mit Aktien verbunden sind, nicht verzichtet werden soll. Die Garantie der nominellen Kapitalerhaltung wurde daher von den unterschiedlichen Beteiligten an der Konzeption der Förderung der Alterssicherung besonders kontrovers diskutiert,[565] so daß aus den genannten Gründen diese gesetzliche Vorschrift als die wesentliche erscheint. Alle anderen genannten Vorschriften berühren vorrangig formale Aspekte der Ausgestaltung der Alterssicherung, die aber die Asset Allocation per se nicht wesentlich beeinflussen. Daher wird im Verlauf der Beurteilung der Modelle im Kapitel 3.2 die mögliche **Erfüllung der Anforderung der garantierten, nominellen Kapitalerhaltung** als **Beurteilungskriterium** dienen. Auf diese Weise wird der unmittelbare Einsetzbarkeit der Modelle für die Praxis der privaten Alterssicherung in Deutschland ab dem Jahr 2002 untersucht.

3.1.2.11 Art und Weise der Ausnutzung von Zeithorizonteffekten

Gemäß den Ausführungen des Kapitels 2.4 wird ein positiver Zeithorizonteffekt für die Assetklasse der Aktien angenommen. Die zeithorizontabhängigen Rendite-Risiko-Charakteristika von Aktien sollen daher in ein Modell zur Alterssicherung eingehen. Ein Modell wird daher anhand des **Kriteriums** beurteilt, **ob und wie der Zeithorizonteffekt berücksichtigt wird**.

3.1.3 Zusammenfassende Darstellung des Beurteilungsrasters

In den vorangegangenen Abschnitten des Kapitels 3.1.2 wurden ausführlich diverse Kriterien erläutert, die im Hinblick auf die Beurteilung der Modelle für die Alterssicherung relevant sind. Diese Kriterien stellen die Basis für die Erläuterung und Beurteilung der in dieser Arbeit vorgestellten Asset Allocation-Modelle dar. Die Beschreibungen und die sich jeweils direkt anschließenden Beurteilungen der Modelle erfolgen anhand des folgenden „Beurteilungsrasters“, das sich aus den Einzelkriterien ergibt, die im Kapitel 3.1.2 erläutert wurden:

---

[565] Vgl. z. B. o. V. (Riester-Fonds, 2001), S. 35;
Heydebreck, T. v. (Garantievorschrift, 2000), S. 18;
Rezmer, A. (Pensionsfonds, 2001), S. 32.

- **Berücksichtigte Assetklassen**
Aufgrund der Erläuterungen im Kapitel 3.1.2.1 wird die Verwendung von Aktien oder Aktienfonds als risikobehaftete Assets und die Verwendung von Geldmarktanlagen, Geldmarktfonds oder Zerobonds als risikolose Assets empfohlen.

- **Art und Weise der Berücksichtigung der Rentabilität**
Wie im Kapitel 3.1.2.2 dargestellt, gibt es vielfältige Möglichkeiten, die Rendite von Wertpapieren zu berechnen. Das Ergebnis im genannten Kapitel bestand in der empfohlenen Verwendung logarithmierter Renditen im Zusammenhang mit Aktienkursänderungen.

- **Berücksichtigung des Risikos**
Im Kapitel 3.1.2.3.2 wurde die **Eignung der Volatilität für die Asset Allocation** begründet, die als Risikomaß zwar nicht dem in der Betriebswirtschaftslehre gängigen Risikoverständnis entspricht,[566] was jedoch unter der Annahme normalverteilter Aktienrenditen irrelevant ist.[567] Positiv für die Asset Allocation und für die Selektion geeigneter Portfolios[568] sind die **Downside-Risikomaße** zu beurteilen, wie es im oben genannten Kapitel begründet wurde.

- **Berücksichtigung der Risikoeinstellung des Vorsorgenden**
Bezüglich der **Risikomaße zur Erfassung der Risikoeinstellung** wurde im Kapitel 3.1.2.4 erläutert, daß sich einzelne Downside-Risikomaße[569] grundsätzlich zur Erfassung der Risikoeinstellung der Investoren eignen. Für die Standardabweichung ergab sich keine diesbezügliche Eignung.

---

566 Dies wurde bereits im Kapitel 3.1.2.3 damit begründet, daß zum einen auch positive Abweichungen vom Erwartungswert als Risiko interpretiert werden, und daß zum anderen kontinuierlich negative Wertentwicklungen beispielsweise von Aktien gemäß der Volatilität nicht als Risiko gelten.

567 Die Irrelevanz bezieht sich nicht auf den Kritikpunkt der Einstufung einer Aktie als risikolos, wenn die Aktienrenditen kontinuierlich negativ verlaufen.

568 Für die Selektion von Portfolios sind Lower Partial Moments nullter und erster Ordnung positiv zu beurteilen; vgl. Kapitel 3.1.2.3.2.2.

569 Die Eignung wurde für Lower Partial Moments nullter und erster Ordnung festgestellt.

- **Voraussichtlich durch das Modell erzielbare Performance**
  Aufgrund der vorhergehend genannten Kriterien der Rendite und des Risikos von Kapitalanlagen kann deren Performance ermittelt werden. Hier soll abgeschätzt werden, welche Performance durch die Modelle jeweils erzielt werden kann. Dies erfolgt anhand der im Kapitel 3.1.2.5 als geeignet identifizierten Modified Sharpe-Ratios nullter und erster Ordnung.

- **Berücksichtigung der Inflation**
  Wie es bereits im Kapitel 3.1.2.6 erläutert wurde, ist es für die Modellbeurteilung von Bedeutung, ob und wie die Inflation in den Asset Allocation-Modellen berücksichtigt wird.

- **Sensitivität der Modellergebnisse**
  Die Sensitivität der Modellergebnisse aufgrund von Veränderungen wichtiger Inputparameter sollte gering ausgeprägt sein.

- **Realitätsnähe eines Modells**
  Angestrebt wird eine hohe Realitätsnähe des Modells, wie es durch eine jeweils hohe Realitätsnähe der Modellannahmen und –ergebnisse konkretisiert wird.

- **Verwaltungsaufwand**
  Der Verwaltungsaufwand soll möglichst gering sein.

- **Erfüllung gesetzlicher Erfordernisse**
  Bei den vorgestellten Modellen soll geprüft werden, ob die Garantie nomineller Kapitalerhaltung, die zur Förderung privater Altersvorsorge gesetzlich gefordert wird, erfüllt werden kann.

- **Art und Weise der Ausnutzung des Zeithorizonteffektes**
  Der weiteren Untersuchung liegt – wie im Kapitel 2.4 begründet – die Annahme eines positiven Zeithorizonteffektes zugrunde. Dieser positive Zeithorizonteffekt sollte in den Modellen ausgenutzt werden.

3.2 Darstellung und Beurteilung von Modellen zur Asset Allocation für die Alterssicherung

3.2.1 Begründung der Auswahl der Modelle

Bei der Auswahl der Modelle, die in dieser Arbeit vorgestellt werden, ist der Zeithorizonteffekt entscheidend, der für die Asset Allocation für die Alterssicherung genutzt werden soll. Im Kapitel 2.4 wurde ausführlich dargestellt, daß die Annahme eines positiven Zeithorizonteffektes mit den entsprechenden Folgen für die Asset Allocation sinnvoll erscheint. Daher werden im weiteren Verlauf der Arbeit nur Modelle betrachtet, denen scheinbar oder tatsächlich die Annahme eines positiven Zeithorizonteffektes zugrunde liegt.

Des weiteren ist es für die Auswahl der Modelle entscheidend, daß ein Modell in ersichtlicher Weise theoretisch fundiert ist. Es existieren zahlreiche Konzepte und auch Produkte zum „lebensaltersabhängigen" – also zeithorizontabhängigen – Sparen, denen offensichtlich ein positiver Zeithorizonteffekt zugrunde liegt. Diese Konzepte, die den Aktienanteil in sehr groben Abstufungen vom Lebensalter abhängig machen, erscheinen jedoch als willkürlich, stark vereinfachend und nicht ausreichend fundiert. Daher werden solche Konzepte in dieser Arbeit vernachlässigt.[570]

Die Anforderungen an die Modelle, einerseits einen positiven Zeithorizonteffekt anzunehmen, und andererseits erkennbar theoretisch fundiert zu sein, schränken die Anzahl der in Frage kommenden Modelle stark ein. Dies resultiert aus der Tatsache, daß in der wissenschaftlichen Forschung bisher negative oder neutrale Zeithorizonteffekte stärker hervorgehoben wurden als positive, und daß in der Praxis zwar – wie oben erwähnt – Konzepte und Produkte basierend auf einem positiven Zeithorizonteffekt existieren, diese Konzepte und Produkte jedoch keine erkennbare theoretische Fundierung aufweisen.

Aufgrund dieser Bedingungen wurde ein Modell von Spremann / Winhart ausgewählt, das theoretisch fundiert ist und – tatsächlich oder scheinbar – auf der Annahme eines positiven Zeithorizonteffektes basiert. Das Modell steht exemplarisch für die existen-

---

[570] Zu einer Übersicht über relevante Modelle zur Asset Allocation und zum diesbezüglichen Forschungsstand vgl. Spremann, K. / Winhart, S. (Humankapital, 1997), S. 155 f.,
Spremann, K. / Winhart, S. (Lebenszyklus, 1998), S. 166 f., oder
Spremann, K. / Winhart, S. (Asset Allocation, 1996), S. 25.

ten Modelle, die zur Alterssicherung konzipiert sind. Es wird in Kapitel 3.2.2.1 vorgestellt und beurteilt. Des weiteren existieren Ansätze für Modelle, die noch nicht in eine Asset Allocation umgesetzt wurden, die teilweise offenkundige Mängel aufweisen, und/oder die die Charakteristika der Alterssicherung bisher nicht in die Asset Allocation einbezogen haben. Diese Ansätze bilden die Grundlage für eigene Modelle des Verfassers, die in den Kapiteln 3.2.2.2 und 3.2.2.3 ausführlich erläutert und beurteilt werden. Das Modell, das in Kapitel 3.2.2.4 vorgestellt wird, stellt eine vollständige Neuerung dar.

3.2.2 Beurteilung der Eignung ausgewählter Modelle für die Asset Allocation zur Alterssicherung

3.2.2.1 Modell von Spremann / Winhart mit Berücksichtigung des Einkommenspotentials und des Pensionskapitals

3.2.2.1.1 Asset Allocation im Modell von Spremann / Winhart

Spremann / Winhart formulieren zunächst ein einfaches Modell zur Asset Allocation aufgrund des μ-σ-Kriteriums als „Vorstufe" zu einem zusammengefaßten, erweiterten Modell, das der Alterssicherung eines Individuums dienen soll.[571] Im erweiterten Modell, das im Mittelpunkt der Erläuterungen in dieser Arbeit steht, gehen neben dem Finanzkapital eines Alterssichernden weitere Kapitalarten – das Einkommenspotential und das Pensionskapital – in die Asset Allocation mit ein.[572] Diese Vorgehensweise soll die umfassende Berücksichtigung der Situation eines Alterssichernden ermöglichen.

Annahmegemäß spart ein Alterssichernder regelmäßig einen Teil seiner laufenden Einkommen für die Alterssicherung, wobei die Höhe der Sparraten als vorgegeben betrachtet wird.[573] Die entscheidende Fragestellung des Modells besteht darin, wie, d. h. aus welchen Assetklassen, sich die Mittel zur Alterssicherung im Laufe der Lebenszeit[574] eines Alterssichernden zusammensetzen. Dabei ist in diesem Modell nicht

---

571 Vgl. Spremann, K. / Winhart, S. (Humankapital, 1997), S. 156 f.

572 Vgl. hierzu und zum folgenden Spremann, K. / Winhart, S. (Humankapital, 1997), S. 156 ff.

573 Vgl. hierzu und zum folgenden Spremann, K. (Portfoliomanagement, 2000), S. 324 ff.; Spremann, K. / Winhart, S. (Humankapital, 1997), S. 156 f.; Spremann, K. / Winhart, S. (Lebenszyklus, 1998), S. 151 ff.

574 Vgl. Spremann, K. / Winhart, S. (Humankapital, 1997), S. 157.

die Gewichtung der Assetklassen bei der Neuanlage finanzieller Mittel entscheidend, sondern die Gewichtung der möglichen Assetklassen für das gesamte bisher angesparte Kapital. Der gesuchte Anteil der risikobehafteten Assetklasse am Vermögen **b** wird als **x** deklariert, wobei dieser Anteil über die Lebenszeit hinweg variiert und vom Zeithorizont abhängt.[575] Es wird angenommen, daß der Alterssichernde nach dem μ-σ-Kriterium entscheidet,[576] so daß er eine Asset Allocation anhand der Präferenzfunktion $\Phi(\mu,\sigma) = \mu - \frac{a}{2}\sigma^2$ beurteilt

mit

μ = Erwartungswert der Aktienrenditen

σ = Standardabweichung der Aktienrenditen

a = absolute Risikoaversion eines Alterssichernden.

Dem Alterssichernden bietet sich einerseits eine festverzinsliche Anlage mit der risikolosen Verzinsung **i**.[577] Andererseits kann der Alterssichernde in Aktien mit dem Erwartungswert der Aktienrenditen $\boldsymbol{\mu}$ und der Standardabweichung der Aktienrenditen $\boldsymbol{\sigma}$ investieren. Es gelten folgende Zusammenhänge für den Erwartungswert und die Standardabweichung eines Portfolios in Abhängigkeit vom Aktienanteil am Portfolio:

$\mu(x) = i + x \cdot (\mu - i)$

$\sigma(x) = x \cdot \sigma$

Der Erwartungswert und die Standardabweichung des Endvermögens des Portfolios nach einer Periode ergeben sich wie folgt:

$\mu_{EWP} = b \cdot (1+\mu(x))$

$\sigma_{EWP} = b \cdot \sigma(x)$

mit

μ_{EWP} = Erwartungswert des Endvermögens des Portfolios

σ_{EWP} = Standardabweichung des Endvermögens des Portfolios

---

575 Vgl. hierzu und zum folgenden Spremann, K. / Winhart, S. (Humankapital, 1997), S. 157; Spremann, K. (Portfoliomanagement, 2000), S. 324 ff.

576 Zum genannten Entscheidungskriterium vgl. beispielsweise Bamberg, G. / Coenenberg, A. G. (Entscheidungslehre, 1996), S. 88 ff.

577 Vgl. hierzu und zum folgenden Spremann, K. (Portfoliomanagement, 2000), S. 324 ff.; Spremann, K. / Winhart, S. (Humankapital, 1997), S. 156 f.; Spremann, K. / Winhart, S. (Lebenszyklus, 1998), S. 151 ff.

Der Alterssichernde beurteilt die Asset Allocation – wie oben erläutert – anhand des (μ,σ)-Kriteriums:[578]

$$F(x) = \mu(x) - \frac{a}{2}\cdot\sigma(x)^2 = b\cdot(1+\mu(x)) - \frac{a}{2}\cdot b^2\cdot\sigma(x)^2 = b\cdot(1+i+x\cdot(\mu-i)) - \frac{a}{2}\cdot b^2\cdot x^2\cdot\sigma^2$$

Die erste Ableitung dieser Gleichung nach dem Aktienanteil lautet wie folgt:

$$F'(x) = b\cdot(\mu-i) - a\cdot x\cdot b^2\cdot\sigma^2$$

Durch Nullsetzen der Gleichung ergibt sich der „optimale" Aktienanteil:[579]

$$x = \frac{\mu-i}{a\cdot b\cdot\sigma^2}$$

Wird darüberhinaus konstante relative Risikoaversion vorausgesetzt, gilt also der Zusammenhang $a = \frac{k}{b}$, so ergibt sich folgende einfache Berechnung des „optimalen" Aktienanteils:

$$x_t = \frac{\mu-i}{k\sigma^2}$$

Dieses einfache Modell, das sich auf die Strukturierung des Finanzkapitals bezieht, wurde von Spremann / Winhart um die Berücksichtigung des Einkommenspotentials[580] und des Pensionskapitals[581] fortentwickelt.

---

578 Vgl. hierzu und zum folgenden Spremann, K. (Portfoliomanagement, 2000), S. 324 ff.; Spremann, K. / Winhart, S. (Humankapital, 1997), S. 156 f.; Spremann, K. / Winhart, S. (Lebenszyklus, 1998), S. 151 ff.

579 Das Produkt aus a und b nimmt gemäß empirischen Untersuchungen zumeist Werte zwischen eins und zwei an, so daß aus der Gleichung plausible Aktienanteile resultieren können. Vgl. Spremann, K. (Portfoliomanagement, 2000), S. 311.

580 Spremann / Winhart verwenden in ihren Publikationen durchgängig den Begriff „Humankapital" anstelle des Einkommenspotential-Begriffes. In Kapitel 1.3 dieser Untersuchung wurde erläutert, daß der Terminus „Humankapital" die intendierten Inhalte nicht exakt widerspiegelt und daß daher der Begriff „Einkommenspotential" verwendet werden soll. Vgl. z. B. Spremann, K. / Winhart, S. (Lebenszyklus, 1998), S. 154 ff.

581 Der Begriff „Pensionskapital" wird von Spremann / Winhart als Barwert von erwarteten, zukünftigen Leistungen aus der Alterssicherung definiert. Vgl. Spremann, K. / Winhart, S. (Lebenszyklus, 1998), S. 158.

Das **Einkommenspotential** ergibt sich entsprechend den folgenden Erläuterungen:[582] Grundsätzlich ist das Einkommenspotential als Barwert zukünftiger Arbeitseinkommen definiert:

$$\text{Einkommenspotential EP} = \sum_{t=1}^{n} \frac{\text{Einkommen}_t}{(1+i)^t}$$

Ausgangswert ist in dieser Arbeit ein Einkommen von DM 90.000,- im Alter von 30 Jahren. Dieses Einkommen steigert sich

- erstens um einen Inflationsausgleich von jährlich 2,5 %,
- zweitens um eine Produktivitätssteigerung von jährlich 0,5 % und
- drittens aufgrund von Beförderungen alle drei Jahre bis zum 41. Lebensjahr und dann noch im 45. und 50. Lebensjahr um jeweils 17 %.

Auf diese Weise wird das Einkommen vom 30. bis zum 60. Lebensjahr ermittelt.[583] Um die laut Spremann / Winhart sinkende Unsicherheit der Karriere in späteren Lebensjahren zu berücksichtigen, wird ein sinkender Verlauf der Werte der Zinsen zur Barwertermittlung unterstellt. Die jeweiligen Diskontsätze werden daher ausgehend von 25% im 30. Lebensjahr entsprechend der folgenden Formel ermittelt:

$d_{t+1} = 10\% + (d_t - 10\%) \cdot 0{,}8$

Das **Pensionskapital** wird ermittelt, indem 13% des jeweiligen Arbeitseinkommens mit einer Verzinsung von 5,3% gespart wird.[584]

Weiterhin wird angenommen, daß Teile des Einkommenspotentials und Pensionskapitals durch die allgemeine wirtschaftliche Entwicklung risikobehaftet sind, was gemäß Spremann / Winhart durch einen „impliziten Aktienanteil" dieser Assetklassen berücksichtigt wird.[585] Diese „impliziten Aktienanteile" wurden in der vorliegenden Arbeit mit 30% für das Einkommenspotential und mit 10% für das Pensionskapital angenommen. x_F stellt in der folgenden Gleichung – wie erwähnt – den optimalen Aktienanteil am Finanzkapital dar. Im ersten Term der rechten Seite der Gleichung wird

---

582 Vgl. hierzu und zum folgenden Spremann, K. / Winhart, S. (Humankapital, 1997), S. 147 ff.

583 Vgl. hierzu und zum folgenden Spremann, K. / Winhart, S. (Humankapital, 1997), S. 147 ff.

584 Vgl. Spremann, K. / Winhart, S. (Humankapital, 1997), S. 154 f.

585 Vgl. hierzu und zum folgenden Spremann, K. / Winhart, S. (Humankapital, 1997), S. 150 ff.; Spremann, K. / Winhart, S. (Lebenszyklus, 1998), S. 161 ff.

der Aktienanteil ermittelt, der dann resultieren würde, wenn die übrigen Komponenten des Vermögens vollkommen risikolos wären.[586] Von diesem Aktienanteil werden die Anteile des Nettoeinkommenspotentials, des Pensionskapitals und der sonstigen Vermögensgegenstände subtrahiert, die ebenfalls risikobehaftet sind.[587] Sonstige Vermögensbestandteile wurden bei den Berechnungen in dieser Arbeit vernachlässigt. Aufgrund dieser Zusammenhänge ergibt sich folgender Aktienanteil am Finanzkapital:[588]

$$x_F = \frac{(\mu - i)G}{k\sigma^2 F} - x_{NE}\frac{NE}{F} - x_P\frac{PK}{F} - \sum_{i=1}^{n} x_{V_i}\frac{V_i}{F}$$

mit

$x_{F/NE/P/V_i}$	=	Aktienanteil am Finanzkapital / Nettoeinkommenspotential / Pensionskapital / sonstigen Vermögen i
μ	=	Erwartungswert der Aktienrendite
σ	=	Standardabweichung der Renditen risikobehafteter Assets
i	=	risikoloser Zins
k	=	Risikoaversionskoeffizient
G	=	Gesamtvermögen
F	=	Finanzkapital
NE	=	Nettoeinkommenspotential
PK	=	Pensionskapital
Vi	=	sonstiger Vermögensbestandteil i

Entsprechend der Asset Allocation ergeben sich folgende Aktienanteile am Finanzkapital des Alterssichernden:[589]

---

586 Vgl. hierzu und zum folgenden Spremann, K. / Winhart, S. (Lebenszyklus, 1998), S. 162.

587 Diese Anteile werden von Spremann / Winhart als „implizite Aktienanteile“ der anderen Kapitalarten bezeichnet.

588 Die Vorgehensweise der Verfasser zur Ermittlung der Gleichung wurde in den Originalquellen nicht weiter erläutert. Deswegen wird auch in dieser Arbeit auf weitergehende Ausführungen zur Ermittlung der Gleichung verzichtet.
Vgl. Spremann, K. / Winhart, S. (Lebenszyklus, 1998), S. 159 ff.

589 Folgende Werte der Inputparameter werden verwendet: Risikoloser Zins fünf Prozent, Erwartungswert der Aktienrenditen zehn Prozent, Standardabweichung der Aktienrenditen 20 Prozent, ein Risikoaversionskoeffizient von zwei, Jahreseinkommen beginnend bei DM 90.000,- im Alter von 30 Jahren, ein Pensionskapital von 13 Prozent des jeweiligen Jahreseinkommens.

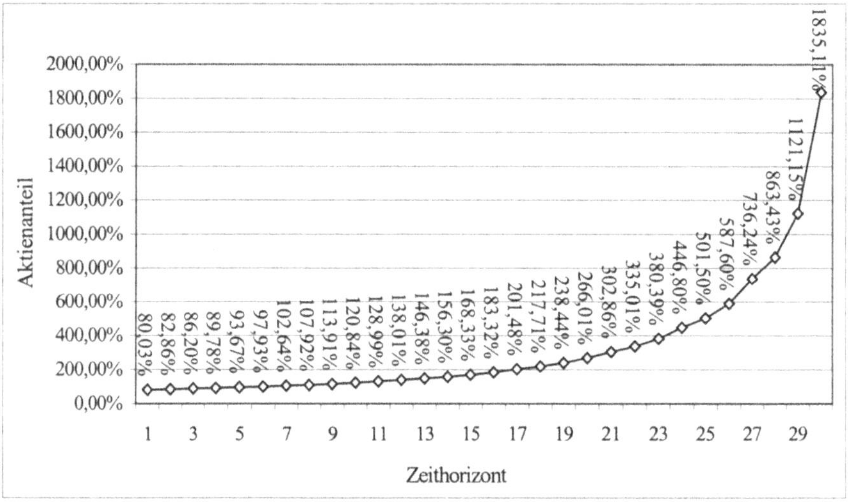

Abbildung 3.2.2.1.1-1: Spremann-Modell: Optimaler Aktienanteil

3.2.2.1.2 Beurteilung des Modells von Spremann / Winhart

Im Modell verwendete Assetklassen

Für die Anlage des **Finanzkapitals** stehen zwei Assetklassen zur Verfügung: Einerseits Bargeld und festverzinsliche Wertpapiere als risikolose Investments, und andererseits Aktien als risikobehaftete Assetklasse.[590] Diese Beschränkung auf zwei Assetklassen im Finanzkapital erscheint durchaus sinnvoll: Gemäß der **Tobin-Separation** setzt sich ein Portefeuille genau aus den beiden Assetklassen risikoloser und risikobehafteter Wertpapiere zusammen.[591] Die risikobehaftete Assetklasse und damit das risikobehaftete Portefeuille umfaßt alle am Markt erhältlichen, riskanten Kapitalanlagen. Das unsystematische Risiko ist im risikobehafteten Portfolio eliminiert. Dieses Aktienportfolio[592] ist für alle Anleger identisch. Die individuelle Risikoeinstellung eines Anlegers kommt daher nur durch die Gewichtung von risikolosen und risikobehafteten Assets zum Ausdruck.

590 Vgl. hierzu und zum folgenden Spremann, K. / Winhart, S. (Humankapital, 1997), S. 156 ff.

591 Vgl. z. B. Steiner, M. / Bruns, C. (Wertpapiermanagement, 2000), S. 23.

592 Zum Aktienportfolio vgl. Loistl, O. (Kapitalmarkttheorie, 1994), S. 251 ff.

Die vorliegende **Konkretisierung der Assetklassen** des Finanzkapitals ist bei der risikobehafteten Klasse sinnvoll, nicht oder nur eingeschränkt hingegen bei der risikolosen Assetklasse:[593] Zwar ist Bargeld risikolos,[594] die Renditen von festverzinslichen Wertpapieren können jedoch schwanken und negative Werte annehmen – wenn auch die Schwankungen mit geringerer Volatilität erfolgen als bei Aktien.[595] Daher ist die grundlegende Strukturierung der Assetklassen positiv zu beurteilen, diejenige der risikolosen Wertpapiere muß jedoch genauer mit Assets konkretisiert werden.

Das erläuterte Modell von Spremann / Winhart ist in dem Sinne eine Erweiterung, daß über die üblicherweise verwendeten Assetklassen von Aktien und festverzinslichen Wertpapieren hinaus noch die Assetklassen des **Einkommenspotentials**, des **Pensionskapitals** und der sonstigen Vermögensbestandteile erfaßt werden.

Das **Einkommenspotential** soll die mit der beruflichen Entwicklung zu erzielenden Einkommenszuwächse abbilden und in die Asset Allocation integrieren.[596] Der Barwert des Einkommenspotentials wird bestimmt, indem der Gegenwartswert der zukünftigen erwarteten Arbeitseinkommen gebildet wird.[597] Bei der Schätzung der Einkommen werden Gehaltssteigerungen aufgrund von Inflation, Produktivitätsfortschritt und Karriereentwicklung einberechnet, so daß das Gehalt kontinuierlich ansteigt. Ein bestimmter Teil des Einkommenspotentials – und auch der anderen Komponenten des Vermögens – wird zudem in zweierlei Hinsicht als risikobehaftet angesehen: Zum einen besteht Unsicherheit aufgrund der allgemeinen wirtschaftlichen Entwicklung, da sich diese auf das Arbeitseinkommen auswirkt. Diese Unsicherheit wird im Modell dergestalt berücksichtigt, daß ein Teil des Einkommenspotentials als mit dem Aktienmarkt vollständig positiv[598] korreliert betrachtet und damit als „impliziter Aktienan-

593 Hierbei ist zuzugestehen, daß die genaue Ausgestaltung der Assetklassen nicht im thematischen Mittelpunkt der Untersuchung von Spremann / Winhart steht.

594 Die Einschätzung von Bargeld als risikolos vernachlässigt die Wirkungen der Inflation.

595 Zu den schwankenden Rentenrenditen vgl. beispielsweise Miegel, M. / Allerdissen, K. (Renditen, 1998), S. 55.

596 Vgl. zum Einkommenspotential-Begriff auch die Ausführungen in Kapitel 1.3.

597 Vgl. hierzu und zum folgenden Spremann, K. / Winhart, S. (Lebenszyklus, 1998), S. 153 ff.; Spremann, K. / Winhart, S. (Humankapital, 1997), S. 146 f.

598 Die vollständig positive Korrelation wird von den Autoren mit dem unpräziseren Begriff „perfekte Korrelation“ belegt, wobei hier nur implizit erkenntlich ist, daß es sich um eine Korrelation von plus eins handeln muß. Vgl. Spremann, K. / Winhart, S. (Humankapital, 1997), S. 158.

teil" des Einkommenspotentials angesehen wird. Dieser „implizite Aktienanteil" wird auch zur Modellierung der Unsicherheiten der weiteren Kapitalarten Pensionskapital und sonstiges Kapital verwendet. Wie genau dieser „implizite Aktienanteil" bestimmt wird, bleibt offen, da dieser Aspekt des Modells nicht spezifiziert erörtert wird.[599] Zum anderen herrscht ebenfalls zusätzliche Unsicherheit bezüglich der individuellen Karriere des Alterssichernden, die nicht perfekt prognostizierbar ist.[600] Aufgrund der Unsicherheit zukünftigen Arbeitseinkommens wird dieses mit unterschiedlichen Abzinsungsfaktoren auf den Gegenwartswert diskontiert.[601] Da zu Beginn des Berufslebens die Unsicherheit hinsichtlich der Karriere des Vorsorgenden am größten ist und im weiteren Verlauf der Karriere tendenziell abnimmt, wird das Einkommenspotential mit Diskontsätzen abgezinst, die im Verlaufe des Berufslebens abnehmen.

Als **Pensionskapital** wird gemäß Spremann / Winhart der Barwert bereits erworbener Pensionsansprüche oder der Barwert geleisteter Beiträge[602] verstanden.[603] Dabei wird unterstellt, daß für das Pensionskapital regelmäßig Kapital an eine Pensionskasse gezahlt wird. Dieses Kapital wird von der Pensionskasse verwaltet und einerseits in Aktien und andererseits in Bargeld und festverzinsliche Wertpapiere[604] investiert. Gemäß dieser Investition in die beiden Assetklassen entspricht das Risiko, das im Pensionskapital inhärent ist, dem Risiko des Portfolioanteils, der in risikobehaftete Assets investiert wird, wobei dieser Anteil als gering – im Beispiel zur Asset Allocation mit zehn Prozent – angenommen wird.[605]

---

599 Weitere, jedoch unpräzise Darstellungen werden im Verlauf der angegebenen Quelle gegeben; vgl. Spremann, K. / Winhart, S. (Lebenszyklus, 1998), S. 163.

600 Vgl. hierzu und zum folgenden Spremann, K. / Winhart, S. (Humankapital, 1997), S. 158 f.

601 Zu den Details der Diskontierung und zu den folgenden Ausführungen vgl. Spremann, K. / Winhart, S. (Lebenszyklus, 1998), S. 151 ff. sowie Kapitel 3.2.2.1.1.

602 Hierbei erscheint es als fragwürdig, warum und wie der *Bar*wert bereits getätigter Zahlungen ermittelt werden soll. Sinnvoll wäre es vielmehr, den derzeitigen *End*wert der Zahlungen darzustellen, da bereits erfolgte Auszahlungen nicht auf einen Gegenwartswert abgezinst werden können, sondern statt dessen die bereits erfolgte Verzinsung des eingesetzten Kapitals berücksichtigt werden sollte.
Vgl. Spremann, K. / Winhart, S. (Humankapital, 1997), S. 158.

603 Vgl. hierzu und zum folgenden Spremann, K. / Winhart, S. (Humankapital, 1997), S. 154 f. und S. 158 f.

604 Hier wird wiederum implizit unterstellt, festverzinsliche Wertpapiere seien risikolos.
Vgl. Spremann, K. / Winhart, S. (Humankapital, 1997), S. 159.

605 Vgl. Spremann, K. / Winhart, S. (Humankapital, 1997), S. 158 f.; zur von den Autoren implizit als genau erachteten Berechnung des Pensionskapitals vgl. ebd.

Das **Gesamtvermögen** eines Alterssichernden wird von Spremann / Winhart als Summe aus Finanzkapital (risikobehaftete und risikolose Wertpapiere), Einkommenspotential und Pensionskapital[606] definiert.[607] Gemäß Spremann / Winhart ist die vorgenommene Erweiterung der berücksichtigten Assetklassen sinnvoll, um eine umfassende Beachtung der Situation eines Alterssichernden zu ermöglichen. Hierbei ist grundsätzlich zu kritisieren, daß gerade die Berücksichtigung von Einkommenspotential zur Asset Allocation mit sehr großen Unsicherheiten behaftet ist, wobei dies von den Autoren zu beheben versucht wird, indem die verschiedenen Arten der Unsicherheit in das Modell in durchaus sinnvoller Weise mit eingehen. Daher kann die Verwendung der mehreren Assetklassen kaum pauschal kritisiert werden, da auch die Erfassung des Einkommenspotentials und des Pensionskapitals per se nicht als eindeutig nachteilig zu beurteilen ist. Kritisch zu beurteilen ist die Tatsache, daß einerseits ein Genauigkeitsgewinn hinsichtlich der Erfassung der Kapitalarten für die Asset Allocation intendiert ist, daß aber andererseits dieser beabsichtigte Genauigkeitsgewinn durch die vermehrten Unsicherheitsfaktoren letzten Endes zu mehr Ungenauigkeit führen kann. Die Beurteilung der Berücksichtigung der Assetklassen fällt aus den erörterten Gründen bestenfalls **neutral** aus.

Berücksichtigung der Rentabilität

Hinsichtlich der Ausgestaltung des Renditemaßes werden von Spremann / Winhart keine Aussagen getroffen, ob also die geometrische, arithmetische, diskrete oder stetige Rendite verwendet wird.[608] Empfehlenswert ist die Verwendung stetiger Renditen.[609]

Berücksichtigung des Marktwertrisikos

Das **Risiko** von Assets ist im einfachen Modell von Spremann / Winhart annahmegemäß bei Bargeld und festverzinslichen Wertpapieren nicht existent.[610] Für Bargeld ist

---

606 Die sonstigen Vermögensbestandteile wurden hier – wie auch von den Autoren – vernachlässigt; vgl. Spremann, K. / Winhart, S. (Humankapital, 1997), S. 159.

607 Vgl. Spremann, K. / Winhart, S. (Humankapital, 1997), S. 159.

608 Vgl. hierzu und zum folgenden Spremann, K. / Winhart, S. (Humankapital, 1997), S. 156 ff.

609 Zur ausführlichen Begründung vgl. Kapitel 3.1.2.2.

610 Vgl. hierzu und zum folgenden Spremann, K. / Winhart, S. (Lebenszyklus, 1998), S. 159 ff. und Spremann, K. / Winhart, S. (Humankapital, 1997), S. 156 ff.

dies bei Vernachlässigung der Inflation – was oben bereits kritisiert wurde – zutreffend. **Nicht zulässig** ist diese Annahme bei Anleihen, die durchaus markante und für den Vorsorgenden spürbare Renditeschwankungen aufweisen.[611] Die Renditeschwankungen sind zwar üblicherweise geringer als bei Aktien, können aber dennoch nicht vernachlässigt werden, da sich bereits minimale Renditeänderungen langfristig deutlich auswirken.[612] Das Risiko von **Aktien** – im Modell die risikobehaftete Assetklasse – wird durch die Standardabweichung ausgedrückt – eine übliche Vorgehensweise mit den positiv und negativ zu beurteilenden Kritikpunkten, die in Kapitel 3.1.2.3.2.1 beschrieben wurden. Die Berücksichtigung des Risikos bei den risikobehafteten Assets kann daher insgesamt als **geeignet** eingestuft werden.

Berücksichtigung der Risikoeinstellung

Da die Asset Allocation auf dem klassischen μ-σ-Prinzip[613] basiert, wird die Risikoeinstellung eines Vorsorgenden – wie auch in den Formeln zur Asset Allocation ersichtlich ist – alternativ entweder anhand der konstanten absoluten Risikoaversion a[614] oder anhand des konstanten relativen Risikoaversionskoeffizienten k[615] erfaßt.[616] Der Parameter für die absolute Risikoaversion nimmt Werte größer als null an, um die Risikoaversion eines Alterssichernden zu kennzeichnen und zu präzisieren.[617] Die relati-

611 Vgl. hierzu Miegel, M. / Allerdissen, K. (Renditen, 1998), S. 55.

612 Wird Kapital beispielsweise 30 Jahre investiert, so ist das Endkapital bei einer Verzinsung von zehn Prozent 17,45 mal so hoch wie das eingesetzte Kapital; bei einer Verzinsung von 9,5 Prozent beträgt der Faktor nur 15,22. Bei Multiplikation mit dem eingesetzten Kapital – z. B. € 10.000 - werden so Differenzen beim geplanten Endkapital ersichtlich – im Beispiel € 22.290,90 nach 30 Jahren -, die vom Investor nicht einfach auszugleichen sein werden.

613 Das klassische Entscheidungsprinzip lautet wie folgt:

$$\varphi(\mu,\sigma) = \mu - \frac{a}{2}\sigma^2$$

Vgl. Bamberg, G. / Coenenberg, A. G. (Entscheidungslehre, 1996), S. 93; Spremann, K. (Portfoliomanagement, 2000), S. 306 f.

614 Die absolute Risikoaversion kennzeichnet den absoluten Vermögensbetrag, den ein Alterssichernder dem Risiko auszusetzen bereit ist. Vgl. z. B. Kritzman, M. P. (Utility, 1992), S. 19.

615 Relative Risikoaversion ist Ausdruck des Anteils am Gesamtvermögen, den ein Individuum dem Risiko aussetzen will. Vgl. z. B. Kritzman, M. P. (Utility, 1992), S. 19.

616 Vgl. hierzu und zum folgenden Spremann, K. / Winhart, S. (Lebenszyklus, 1998), S. 159 ff. und Spremann, K. / Winhart, S. (Humankapital, 1997), S. 156 ff.

617 Ist der Risikoaversionskoeffizient gleich null, ist der dadurch beschriebene Alterssichernde risikoneutral. Vgl. Spremann, K. / Winhart, S. (Lebenszyklus, 1998), S. 160.

ve Risikoaversion ist das Produkt aus Vermögen und dem Koeffizienten für die absolute Risikoaversion.[618] Annahmegemäß ist dieses Produkt konstant und nimmt typischerweise Werte zwischen eins und zwei an.[619] Wie allerdings die genaue Risikoaversion eines Altersvorsorgenden gemessen und das Meßergebnis in einen Wert von Koeffizienten für die absolute oder relative Risikoaversion transformiert werden soll, bleibt unklar oder ist nicht allgemein möglich. Allenfalls durch umfangreichere Befragungen ist eine Einstufung in Risikoaversionsgruppen möglich,[620] wobei hier eine Genauigkeit vorgetäuscht wird, die de facto nicht gegeben ist. Auch Spremann / Winhart räumen ein, daß der Parameter k durch „... geeignete Befragungen, Experimente und psychologische Tests möglichst genau...“[621] in Erfahrung zu bringen sei, was aber in der Praxis der Altersvorsorge als nicht möglich und praktikabel erscheint. Die Erfassung der Risikoeinstellung der Vorsorgenden ist daher als **ungeeignet** einzuschätzen.

Voraussichtlich erzielbare Performance

Die Rendite, die durch das Modell von Spremann / Winhart zu erzielen ist, nimmt aufgrund der sehr hohen Aktienanteile[622] hohe Ausmaße an, was auch für das Portfoliorisiko gilt. Die Performance wird anhand der Modified Sharpe-Ratio nullter und erster Ordnung[623] gemessen. Für die Performance ist das Finanzkapital relevant, da nur dieses annahmegemäß durch die Asset Allocation beeinflußt werden kann, und da eine Performancemessung des Einkommenspotentials nicht sinnvoll und mit den gängigen Performancemaßen auch nicht möglich erscheint.[624] Wie anhand der nachfolgenden Abbildung ersichtlich ist, steigen die Performancewerte kontinuierlich mit zunehmendendem Zeithorizont an, wobei – wie es im Kapitel 3.3 gezeigt wird – das Niveau der Performance unterdurchschnittlich ausgepägt ist.[625] Mit der Performance des Zero-

618 Vgl. Winhart, S. (Asset Allocation, 1999), S. 21.

619 Vgl. Friend, I. (Risky Assets, 1977), S. 65 ff.; Friend, I. / Blume, M. E. (Risky Assets, 1975), S. 915 ff.

620 Vgl. Bamberg, G. / Coenenberg, A. G. (Entscheidungslehre, 1996), S. 88 ff.

621 Spremann, K. / Winhart, S. (Humankapital, 1997), S. 161.

622 Zur Höhe der Aktienanteile vgl. Kapitel 3.2.2.1.1.

623 Vgl. hierzu Kapitel 3.1.2.5.1.

624 Das Pensionskapital, das ebenfalls in das Modell einfließt, wird bei der Performanceermittlung vernachlässigt.

625 Den Performancewerten liegen folgende Daten zugrunde: Zehn Prozent Rendite für risikobehaftete Assets, fünf Prozent Rendite risikoloser Assets, Standardabweichung der Renditen risikobehafteter Assets ausgehend von 20 Prozent für einjährige Zeithorizonte, Mindestrendite zur Ermittlung der Ausfallwahrscheinlichkeit und des Ausfallerwartungswertes von null Prozent.

bond-Modells[626] lassen sich die Ergebnisse nicht unmittelbar vergleichen, da die Performance des Zerobond-Modells aufgrund seiner Ausfallwahrscheinlichkeit und seines Ausfallerwartungswertes von null nicht ermittelbar ist.[627]

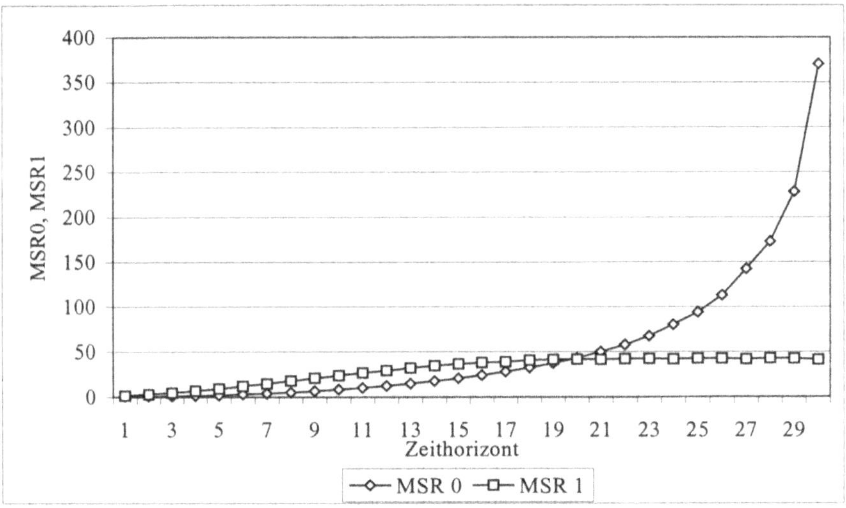

Abbildung 3.2.2.1.2-1: Spremann-Modell: MSR0 / MSR1

Berücksichtigung der Inflation

Die Inflation ist im Modell auf zweierlei Arten enthalten: Einerseits beinhaltet das Einkommenspotential einen Inflationsausgleich und steigt dadurch um so stärker, je höher die Inflation prognostiziert wird.[628] Andererseits hängt das Pensionskapital vom realisierten Einkommen ab, so daß auch das Pensionskapital je nach Höhe der Inflation ansteigt. Steigen das Einkommenspotential und das Pensionskapital, so sinkt – bei Berücksichtigung der *absoluten Risikoaversion* – ceteris paribus der optimale Aktienanteil am Finanzkapital, wie es anhand der Formel für den Aktienanteil ersichtlich ist, mit der implizit erkennbaren Begründung, daß das risikobehaftete Vermögen gestiegen ist und daher bei konstanter Risikoneigung die zusätzliche Investition in riskante Mit-

626 Vgl. hierzu Kapitel 3.2.2.2.2.

627 Die Performance des Zerobond-Modells ist jedoch höher einzustufen, da die Performance gegen unendlich geht, wenn sich die Ausfallwahrscheinlichkeit dem Wert null annähert.

628 Vgl. Spremann, K. / Winhart, S. (Humankapital, 1997), S. 148 und 155.

tel sinken muß.[629] Wird dagegen konstante *relative Risikoaversion* unterstellt, so ist der Effekt aufgrund der Inflation nicht sofort und eindeutig aus der Formel zur Ermittlung des Aktienanteils am Finanzvermögen abzulesen. Der Effekt der Inflation auf die Asset Allocation ist in der Tat nicht eindeutig, da für unterschiedliche Zeithorizonte einerseits steigende, andererseits sinkende Aktienanteile resultieren. Diese Inflationseffekte werden von Spremann / Winhart nicht gesondert beschrieben, und die Wirkungen der Inflation auf die Asset Allocation lassen vermuten, daß sie von den Autoren nicht beabsichtigt sind. Daher wird auf eine detaillierte Erläuterung der Inflationseffekte in dieser Arbeit verzichtet. Aus den genannten Gründen ist die Berücksichtigung der Inflation als **nicht korrekt** zu beurteilen.

Sensitivität der Modellergebnisse

Im folgenden wird die Sensitivität der Modellergebnisse hinsichtlich einer Veränderung wichtiger Inputparameter untersucht. Das Modellergebnis ist der Anteil risikobehafteter Assets am Portfolio. Die folgenden Sensitivitätsuntersuchungen ergeben jeweils absolute und relative[630] Sensitivitäten des Aktienanteils hinsichtlich einer Variation wichtiger Inputparameter. Zunächst werden die Sensitivitäten dieses Modells dargestellt. Um die Aussagekraft der Ergebnisse zu steigern, werden die Sensitivitäten aller in dieser Arbeit vorgestellten Modellergebnisse ermittelt und im Kapitel 3.3 miteinander verglichen, da letztlich erst der Vergleich der Sensitivitäten der verschiedenen Modellergebnisse eine Beurteilung der Sensitivitäten ermöglicht.[631]

Die wichtigen Inputparameter bestehen bei diesem Modell aus dem **Erwartungswert der Rendite**, der **Standardabweichung der Renditen** und aus dem **Risikoaversionskoeffizienten**. Das Einkommenspotential kann auf vielfältige Weisen verändert werden, die aber alle nicht mit den weiteren Modellen dieser Arbeit vergleichbar sind. Daher wurde auf eine Untersuchung der Variation der Einflußfaktoren und der daraus resultierenden Wirkungen auf die Asset Allocation verzichtet.

---

[629] Vgl. Spremann, K. / Winhart, S. (Humankapital, 1997), S. 160.

[630] **Absolute Sensitivitäten** messen – wie im Kapitel 3.1.2.7 erwähnt – die absolute Veränderung des Aktienanteils im Vergleich zu den Ursprungsdaten, wohingegen **relative Sensitivitäten** die prozentuale Veränderung des Aktienanteils relativ zum Ursprungsprozentsatz messen.

[631] Der Vergleich erfolgt bei den vergleichbaren - also nicht bei allen - Sensitivitäten.

Zunächst wurde die Veränderung des Aktienanteils aufgrund einer Variation des **Erwartungswertes der Renditen** risikobehafteter Wertpapiere untersucht. Wird der Erwartungswert von zehn auf elf Prozent erhöht, rechtfertigt das bei sonst gleichbleibenden Werten von Inputparametern eine vermehrte Anlage in Aktien. Dies wird anhand steigender Aktienanteile für alle Zeithorizonte auch anhand der nachfolgenden Abbildung ersichtlich: Für einen einjährigen Zeithorizont steigt beispielsweise der optimale Aktienanteil um 17,07 Prozent, was einer relativen Steigerung von 21,33 Prozent entspricht.[632] Beträgt der Anlagehorizont eines Alterssichernden 30 Jahre, so steigt der optimale Aktienanteil ausgehend von 1835,11 Prozent um 691,69 Prozent auf über 2500 Prozent. Dies entspricht einer relativen Steigerung um 37,69 Prozent. Verringert sich der Erwartungswert der Aktienrendite auf neun Prozent, so daß eine verminderte Anlage in Aktien optimal ist, führt diese Veränderung zu negativ ausgeprägten Sensitivitäten der gleichen Dimensionen.

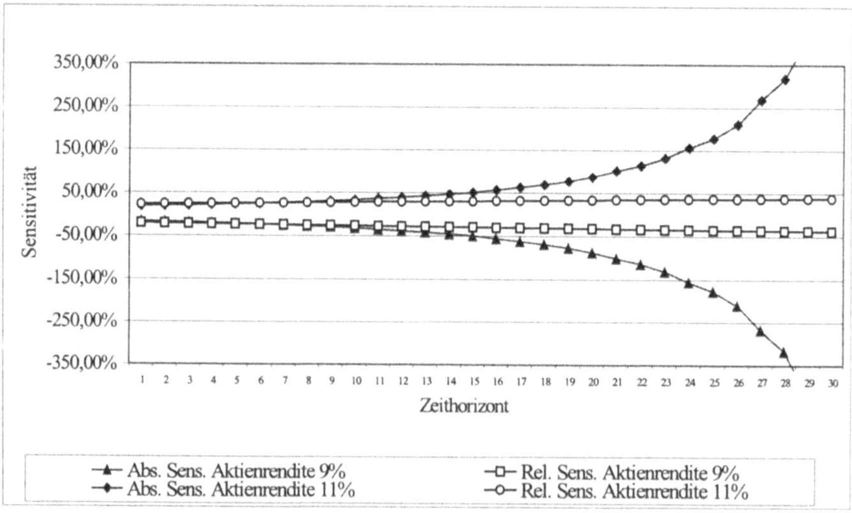

Abbildung 3.2.2.1.2-2: Spremann-Modell: Sensitivität Aktienrendite

632 Um die Erläuterungen übersichtlicher zu gestalten, werden hier nicht alle Sensitivitätswerte verbal und nicht per Abbildung dargestellt. Die Gesamtheit der Werte kann jedoch hinsichtlich der Variation aller Inputparameter aus den Tabellen im Anhang ersehen werden.

Bereits diese Ergebnisse zeigen, daß nicht nur die absoluten Veränderungen des Modellergebnisses bei einer Variation des Erwartungswertes der Rendite negativ zu bewerten sind. Selbst wenn man diese extrem hohen absoluten Veränderungen auf das hohe Ausgangsniveau der Aktienanteile[633] zurückführt und dieses die hohen absoluten Sensitivitäten bedingt, wird ersichtlich, daß auch die relativen Sensitivitäten als sehr hoch einzuschätzen sind. Bereits für einen Zeithorizont von einem Jahr verändert sich der optimale Aktienanteil relativ um über 21 Prozent, was den optimalen Aktienanteil je nach Ausprägung der gewählten Inputparameter als eher zufällig erscheinen läßt. So kann bereits jetzt die Einschätzung geäußert werden, daß zwar eine scheinbare, zusätzliche Präzision des Modells durch die Berücksichtigung weiterer Kapitalarten erreicht werden soll, daß diese Präzision aber de facto zu einer markanten Unpräzision wird, da die Modellergebnisse sehr sensitiv auf die Variation der Inputparameter reagieren.[634] Daher kann von einer zusätzlichen Genauigkeit oder von einem zusätzlichen Nutzen durch die Beachtung von „Human"- und Pensionskapital nicht die Rede sein.

Im folgenden werden die Wirkungen von Veränderungen der **Volatilität der Aktienrenditen** auf den optimalen Aktienanteil betrachtet. Durch eine Steigerung der Volatilität sinkt – wie an der Abbildung ersichtlich – der optimale Aktienanteil, der durch das Modell ermittelt wird. Die Veränderungen fallen für einen einjährigen Zeithorizont erwartungsgemäß geringer aus als für längere Anlagehorizonte. Die Veränderungsraten steigern sich bis auf absolut -321,54 Prozent und relativ -17,52 Prozent für einen 30-jährigen Anlagehorizont. Wird die Standardabweichung der Aktienrenditen auf 19 Prozent vermindert, sinkt das mit der Aktienanlage verbundene Risiko. Daher kann ein höherer Anteil des Finanzkapitals in Aktien investiert werden, so daß sich positive Sensitivitäten ergeben, die Werte von bis zu 373,63 Prozent (absolut) bzw. 20,36 Prozent (relativ) erreichen.

---

633 Die Erläuterung der Höhe der Aktienanteile erfolgte in Kapitel 3.2.2.1.1.

634 Diese Einschätzung resultiert aufgrund eines Vergleichs der Sensitivitäten mit dem einfachen Grundmodell der Autoren, bei dem sich geringere Sensitivitäten ergeben. Da dieses Modell jedoch nicht im Mittelpunkt der Arbeit steht, wird auf eine ausführliche Erläuterung des Vergleichs verzichtet.

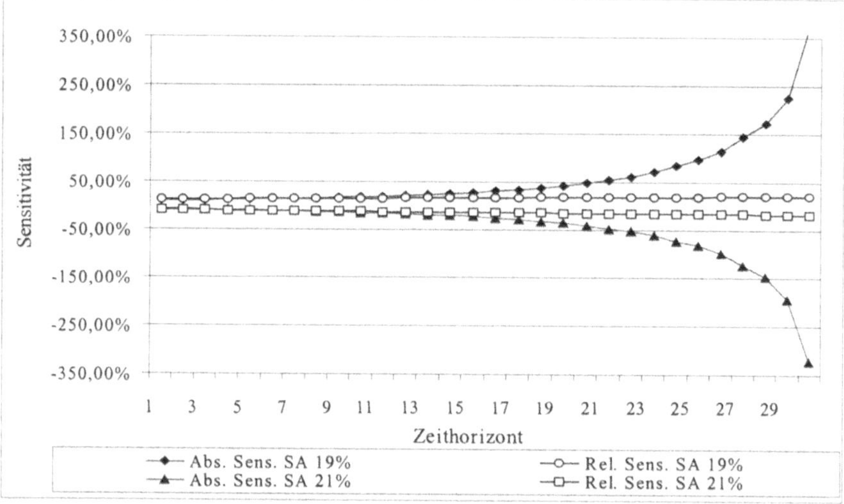

Abbildung 3.2.2.1.2-3: Spremann-Modell: Sensitivität Standardabweichung

Diese Ergebnisse bestätigen den Eindruck, der sich aus den Sensitivitäten hinsichtlich des Erwartungswertes der Renditen ergeben hat: Die absoluten Sensitivitäten sind extrem hoch, was allerdings zum Teil auf die ebenso exorbitant hohen Aktienanteile[635] zurückzuführen ist. Dennoch erscheinen die Veränderungsraten als zu hoch, was insbesondere an den relativen Sensitivitäten erkennbar ist. Die relativen Sensitivitäten sind auch bei Variationen der Standardabweichung hoch ausgeprägt, so daß den Modellergebnissen aus diesem Grund eine gewisse Beliebigkeit zukommt.

Der **Risikoaversionskoeffizient k** nimmt – wie oben in diesem Kapitel erwähnt – üblicherweise Werte zwischen eins und zwei an. Je höher dieser Wert ist, desto größer ist die Risikoaversion des Alterssichernden, und desto geringer sind folglich die Aktienanteile. Als Vorgabewert wurde hier der sehr hohe Wert zwei verwendet, damit die Aktienanteile nicht noch höher als bei der Vorgabe dieses Wertes ausfallen. Untersucht wurden nun die Aktienanteile, die sich ergeben, wenn der Risikoaversionskoeffizient auf den Wert 1,5 gesenkt wird. Die Sensitivität des Aktienanteils ist in diesem Fall noch größer als bei Variation der oben dargestellten Inputparameter Erwartungs-

[635] Die Höhe der Aktienanteile wurde aus den Erläuterungen in Kapitel 3.2.2.1.1 ersichtlich.

wert und Standardabweichung der Aktienrenditen: Für einen einjährigen Zeithorizont steigt der Aktienanteil um 28,46 Prozent.[636] Dies entspricht einem relativen Anstieg des Aktienanteils um 35,55 Prozent. Erwartungsgemäß erhöhen sich diese Werte noch weiter mit steigender Anzahl der Jahre des Zeithorizontes: Für den 30-jährigen Zeithorizont erhöht sich der Aktienanteil um 1152,82 Prozent auf nunmehr 2987,94 Prozent absolut; die relative Steigerung macht 62,82 Prozent aus.

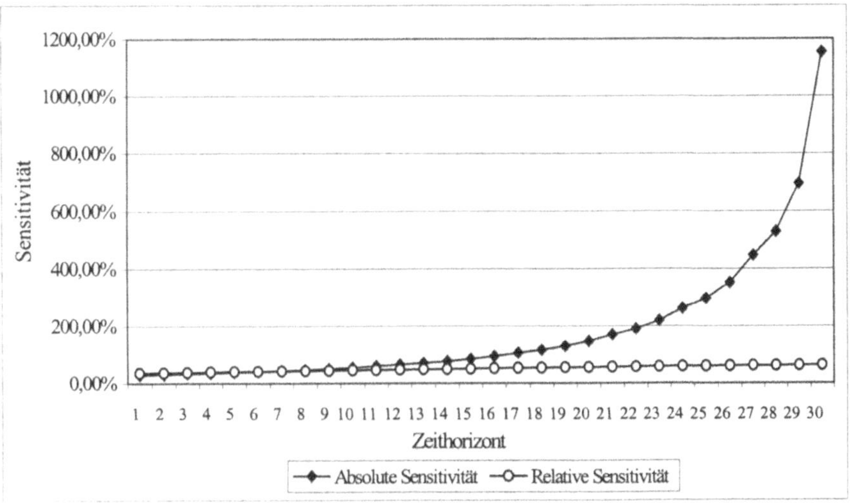

Abbildung 3.2.2.1.2-4: Spremann-Modell: Sensitivität Risikoaversionskoeffizient

Bei Betrachtung aller Sensitivitäten hat sich nun der bereits oben geäußerte Eindruck bestätigt, daß sich die Sensitivitäten bei Variation von Inputparametern des Modells in inakzeptablen Bereichen bewegen. Das Modell ist so instabil, daß bei einer auch nur geringfügigen Veränderung eines Inputparameters stark veränderte „optimale" Aktienanteile resultieren. Dies kann nicht das Ziel sein, das mit einem Modell verfolgt wird. Daher genügt allein die Beurteilung der Sensitivitäten des Modells, um das Modell für die Alterssicherung als nicht geeignet einzustufen.

[636] Die genauen Sensitivitätswerte sind – wie bereits erwähnt – dem Anhang dieser Arbeit zu entnehmen.

Realitätsnähe des Modells

Realitätsnähe der Modellannahmen
Hinsichtlich der Realitätsnähe der Modellannahmen existieren grundlegende Annahmen, die für alle Modelle gelten, die in dieser Arbeit vorgestellt werden. Diese werden lediglich in diesem Kapitel erläutert und beurteilt. Bei den im weiteren Verlauf der Arbeit behandelten Modellen werden nur noch diejenigen Annahmen bewertet, die speziell für das jeweilige Modell gelten. Des weiteren werden in diesem Kapitel nicht diejenigen Annahmen diskutiert, die im Rahmen der anderen Beurteilungskriterien behandelt werden.

Eine wichtige Annahme ist die Korrektheit der Werte der Inputparameter des Modells, also der erwarteten Rendite risikobehafteter und risikoloser Wertpapiere sowie der Standardabweichung der ersteren. Hierbei wird angenommen, daß die Werte für den jeweiligen Zeithorizont identisch bleiben. Es wird damit unterstellt, daß beispielsweise die **Rendite** über den Zeithorizont hinweg gleich ist, was eine vereinfachende Annahme ist, da die Renditen in der Realität schwanken und nicht über Jahre hinweg konstant bleiben.[637]

Ebenso wird von einer im Zeithorizont konstanten **Standardabweichung** ausgegangen – eine übliche wie aber auch vereinfachende Annahme.

Weiterhin wird angenommen, daß zwischen den Renditen der risikolosen und risikobehafteten Wertpapieren eine **Korrelation** von null besteht, so daß mögliche Korrelationseffekte zwischen den beiden Assetklassen vernachlässigt werden.

Eine Grundannahme des Modells besteht darin, daß der **Zeithorizont** der Altersvorsorge und –versorgung prognostizierbar ist. Für den Zeithorizont der Altersvorsorge ist dies relativ einfach zu bestimmen, wenn man z. B. ein Wunscheintrittsalter in die Altersversorgung bestimmt.[638] Schwieriger ist die Prognose des Zeithorizontes der Ver-

---

637 Zur Sensitivität der traditionellen Portfolio Selection im Hinblick auf eine Variation der Rendite vgl. Chopra, V. K. / Ziemba, W. T. (Effect of Errors, 1993), S. 9 ff.;
Schäfer, K./ Zimmermann, P. (Schätzfehler, 1998), S. 140 ff.

638 Selbstverständlich kann sich dieses Wunschruhestandsalter eines Individuums im Laufe seines Lebens ändern, was jedoch in dieser Untersuchung vernachlässigt wird.

sorgungsphase, da hierzu der Todeszeitpunkt bekannt sein muß.[639] Das Problem kann – wie es auch in den relevanten gesetzlichen Regelungen vorgesehen ist[640] – durch einen Auszahlungsplan bis zum 85. Lebensjahr und einer sich anschließenden Leibrente gelöst werden.[641]

Des weiteren ist darauf hinzuweisen, daß hinsichtlich des Finanzkapitals die Annahmen für die **Tobin-Separation** gelten.[642]

Die Konstruktion der Portfolios basiert auf der **Normalverteilungsannahme**, da die Standardabweichung der Renditen als Risikomaß verwendet wird.[643] Entsprechend den Ausführungen in Kapitel 3.1.2.8 ist die Annahme normalverteilter Aktienrenditen üblich und als vereinfachende Annahme bei der Verwendung stetiger Renditen akzeptiert.

Relevant sind zusätzlich die Aspekte, die vor allem aus den Annahmen zum **Einkommenspotential** und dem **Pensionskapital** eines Alterssichernden bestehen. Entscheidend ist hier, daß durch die Erfassung der weiteren Kapitalarten eine höhere Genauigkeit der Berücksichtigung der Situation eines Alterssichernden suggeriert wird, wobei diese Genauigkeit aufgrund der beschriebenen tendenziellen Willkür der Modellergebnisse de facto nicht gegeben ist. Denn die Genauigkeit entsteht nur, wenn alle Inputparameter präzise bestimmt werden können, was nicht der Fall ist. Wichtig ist hierbei, daß sich aufgrund der breiteren Erfassung der Kapitalarten die Anzahl der benötigten Inputparameter erhöht, da zahlreiche Annahmen hinsichtlich der Höhe und der Entwicklung der zwei weiteren Kapitalarten notwendig sind. Damit ergibt sich eine Vergrößerung der Unsicherheitspotentiale, was sich entsprechend stark auf die Modellergebnisse – die optimalen Aktienanteile – auswirkt.

Als notwendige Annahme ist hier insbesondere die Prognostizierbarkeit des zukünftigen Wertverlaufes des **Einkommenspotentials** zu nennen: Benötigt würden hier der

---

639 Wie bereits erläutert, steht in dieser Arbeit aufgrund der gesetzlichen Erfordernis garantierter Kapitalerhaltung bei der Förderung privater Alterssicherung die Vorsorgephase im Mittelpunkt.

640 Vgl. Kapitel 3.1.2.10.

641 Der Auszahlungsplan sieht keinen vollumfänglichen Kapitalverzehr vor, um den Restbetrag verrenten zu können. Vgl. § 1 Abs. 1 Nr. 4 und 5 AltZertG.

642 Vgl. hierzu z. B. Steiner, M. / Bruns, C. (Wertpapiermanagement, 2000), S. 22 ff.

643 Zu den unterschiedlichen Risikomaßen vgl. Kapitel 3.1.2.3.2.

Ausgangswert des Gehaltes, die prognostizierte Gehaltsentwicklung, die wiederum basiert auf der Inflation und auf Beförderungsschritten, die auf dreißig Jahre hinweg prognostiziert und im Gehalt quantifiziert würden. Neben diesen Prognosen würden die zukünftigen Gehälter mit einem variierenden Zins auf den Gegenwartswert abgezinst, so daß der Verlauf der Höhe dieses Zinses ebenfalls vorausgesagt werden müßte. Weiterhin wäre ein „Aktienanteil" des Einkommenspotentials zu schätzen, der weitere Risiken des Einkommenspotentials ausdrücken soll. Die genaue Kenntnis dieser zusätzlichen Parameter wäre nötig, um das das Einkommenspotential zu bestimmen und das Modell anwenden zu können.

Hinsichtlich des **Pensionskapitals** sind ebenfalls diverse Schätzungen durchzuführen, die allesamt mit großen Ungenauigkeiten verbunden sind: Geschätzt werden muß die Kopplung vom Pensionskapital an das laufende Einkommen, so daß das Pensionskapital allen Schätzungsungenauigkeiten unterliegt, denen auch die Prognose des Einkommens unterworfen ist. Zusätzlich zu schätzen ist der Aktienanteil des Pensionskapitals, über den kaum zuverlässige Aussagen über viele Jahre hinweg gemacht werden können. Weiterhin wird angenommen, daß das Risiko des Aktienanteils des Pensionskapitals genau dem Risiko entspricht, das der Aktienanteil des Finanzkapitals des Vorsorgenden aufweist – und das, obwohl das Pensionskapital entsprechend den Ausführungen von Spremann / Winhart von anderen Institutionen wie Pensionskassen verwaltet wird, so daß von einer Identität des Risikos dieser fremdverwalteten Aktienportefeuilles mit dem Risiko des eigenen Aktienportefeuilles nicht ausgegangen werden kann. Daher ist diese Annahme als grobe Vereinfachung zu werten, die die Realität nur unzureichend abbildet. Die zahlreichen Annahmen selbst sind damit nicht unbedingt unrealistisch, jedoch ist die Annahme unrealistisch, daß diese Fülle von Inputparametern zuverlässig über einen Anlagehorizont von 30 bis 40 Jahren[644] prognostiziert werden können. Dies erhöht die Unsicherheit, die mit dem Modell verbunden ist, in deutlichem Ausmaß.

Die **Realitätsnähe der Modellannahmen** ist aufgrund der Besonderheiten des Modells, die das Einkommenspotential und das Pensionskapital betreffen, insgesamt **negativ** zu bewerten.

---

644 Zeithorizonte dieses Ausmaßes werden – wie auch schon im vorherigen Verlauf der Arbeit – als für die Altersvorsorge üblich und relevant erachtet.

Realitätsnähe potentieller Modellergebnisse

Das Modellergebnis besteht aus dem Aktienanteil am Finanzkapital des jeweiligen Alterssichernden. Hinsichtlich der Aktienanteile werden hier die Vorgabeparameter relativ restriktiv in dem Sinne gewählt, daß die Werte der Inputparameter vorsichtig bemessen werden. Dies bedeutet, daß die gängigen Werte einer Risikoprämie von fünf Prozent, einer Standardabweichung der Renditen risikobehafteter Assets von 20 Prozent, ein Risikoaversionskoeffizient von zwei, ein Jahreseinkommen beginnend bei DM 90.000,- im Alter von 30 Jahren und eine Sparrate für das Pensionskapital von 13 Prozent des jeweiligen Jahreseinkommens vorgegeben werden. Für diese Vorgabeparameter ergeben sich Aktienanteile von 80,03 Prozent für einjährige Zeithorizonte bis zu 1835,11 Prozent für 30-jährige Anlagehorizonte. Um dies plastischer darzustellen, bedeutet das, daß ein Altersvorsorgender, der im ersten Jahr einer 30-jährigen Altersvorsorge DM 11.700,-[645] ansparen möchte, in diesem ersten Jahr DM 203.007,87 als Kredit für die Altersvorsorge aufnehmen muß,[646] um seine Vorsorge in optimaler Weise auszugestalten. Solche Aktienanteile können sich aufgrund von Variationen der Inputparameter noch markant erhöhen, wie es anhand der Ausführungen zu den Sensitivitäten bereits ersichtlich wurde. Von den Autoren selbst werden in einer Beispielrechnung Aktienanteile ermittelt, die bei einem 30-jährigen Alterssichernden zwischen 600 und 700 Prozent liegen.[647] Dabei ist es erstaunlich, daß diese Dimensionen von Aktienanteilen – und den damit verbundenen notwendigen Kreditfinanzierungen – von den Autoren lapidar damit beschrieben werden, daß der Altersvorsorgende in der ersten Hälfte des Erwerbslebens Kredit aufnehmen müsse, ohne diese Größenordnungen weiter zu kommentieren.[648] Die erläuterten Größenordnungen der Aktienanteile lassen den nötigen Realitätsbezug vermissen, da es nicht vorkommen wird, daß ein Alterssichernder z. B. mehr als das 17-fache des Finanzkapitals als Kredit für die Altersvorsorge aufnehmen wird. Dieses Vorgehen ist schon wegen der gängigen Beleihungs-

---

645 Dieser Betrag entspricht gemäß den Annahmen von Spremann / Winhart 13 Prozent des Jahresgehaltes von DM 90.000,- im Alter von 30 Jahren.

646 Der genannte Betrag entspricht dem 17,3511-fachen des gesparten Kapitals.

647 Die geringeren, aber absolut immer noch exorbitant hohen Aktienanteile, die Spremann / Winhart errechnen, resultieren im wesentlichen aus einer geringeren Risikoprämie von drei Prozent, die die Autoren annehmen. Zumindest auf internationalen Aktienmärkten ist entsprechend mehreren Untersuchungen jedoch eine Risikoprämie von circa fünf Prozent anzunehmen. Daher wurde für die eigene Berechnung der Aktienanteile dieses Modells der letztere Wert zugrundegelegt. Vgl. Spremann, K. / Winhart, S. (Humankapital, 1997), S. 160.

648 Vgl. Spremann, K. / Winhart, S. (Humankapital, 1997), S. 161.

grenzen für Aktien im Rahmen von Effektenlombardkrediten[649] nicht möglich, so daß ein Kreditkauf von Aktien in diesen Ausmaßen mangels Besicherungsmöglichkeiten ausgeschlossen ist. Mag es auch sein, daß unter Berücksichtigung anderer Kapitalarten wie Einkommenspotential und Pensionskapital im Rahmen eines theoretischen Konstruktes solche Aktienanteile aus einem Modell resultieren, aber den eigentlichen Rendite-Risiko-Charakteristika der Aktien werden diese Modellergebnisse nicht gerecht, da auch die sehr hohe Investition in Aktien zum Ende der Vorsorgephase als nicht zielführend erscheint. Somit muß dem „Modellrahmen" bestehend aus Einkommenspotential und Pensionskapital die Eignung abgesprochen werden, zu sinnvollen Modellergebnissen zu führen, da die Aktienanteile nicht durch Plausibilitätsüberlegungen, die auf den bekannten Risikoeigenschaften von Aktien basieren, nachvollzogen werden können. Den **potentiellen Modellergebnissen** des Modells ist daher die nötige **Realitätsnähe abzusprechen**. Die Modellergebnisse sind so unrealistisch, daß allein dieses Modellelement das Modell als **für die Alterssicherung nicht geeignet** klassifiziert.

Verwaltungsaufwand

In Kapitel 3.1.2.9 wurde der Verwaltungsaufwand als Summe aus dem mit Geldeinheiten bewerteten Zeitaufwand der Verwaltung und den direkt zurechenbaren Verwaltungskosten definiert. Der Zeitaufwand setzt sich einerseits aus dem zeitlichen Informationsaufwand und andererseits aus dem quantifizierten Aufwand zur Verwaltung des Depots zusammen. Der Informationsaufwand ist in diesem Modell hoch, weil die Ermittlung und Berechnung auch von Einkommenspotential und Pensionskapital neben dem Finanzkapital notwendig ist.[650] Andererseits kann – auch wenn dies nicht explizit erwähnt wird – ein passives Portefeuillemanagement mit dem Modell verfolgt werden, so daß keine Einzeltitelselektion erfolgen muß. Der quantifizierte Aufwand zur Verwaltung des Depots ist hoch, da sich der Aktienanteil immer auf das gesamte Finanzkapital des Vorsorgenden bezieht und daher auch Verkäufe von Aktien im Zeitablauf notwendig sind. So ist nicht die Strukturierung neu angelegter Beträge relevant, sondern die Strukturierung des Gesamtportefeuilles. Die direkt zurechenbaren Verwaltungskosten weisen keine Besonderheiten im Vergleich zu den anderen, in dieser Untersuchung vorgestellten Modellen auf. Insgesamt kann daher der Verwaltungsaufwand **höher als bei anderen Modellen** eingeschätzt werden.

---

[649] Die Beleihungsgrenzen für Aktien betragen zwischen 50 und 70 Prozent des Kurswertes. Vgl. z. B. Perridon, L. / Steiner, M. (Finanzwirtschaft, 1999), S. 427.

[650] Diese Einschätzung ergibt sich auch aufgrund der Erläuterungen im Kapitel 3.3.

Erfüllung gesetzlicher Erfordernisse

Im Modell wird in keiner Weise die garantierte Erhaltung des ursprünglich eingesetzten Kapitals beachtet, die für eine gesetzliche Förderung der Altersvorsorge notwendig ist. Dies ist die wesentliche Anforderung, die im Kapitel 3.1.2.10 erläutert wurde. Daher ist die Ausprägung dieses Kriteriums als **eindeutig negativ** zu beurteilen.

Art und Weise der Ausnutzung des Zeithorizonteffektes

Grundlegend für die Modelle zur Asset Allocation für die Alterssicherung ist der positive Zeithorizonteffekt, der im Kapitel 2.4.1.3 ausführlich erläutert wurde. Für diese Untersuchung wurde ein positiver Zeithorizonteffekt, also ein mit zunehmendem Zeithorizont sich relativ zur Rendite verringerndes Risiko, angenommen. Dieser Effekt wird auch grundsätzlich von Spremann / Winhart unterstellt, da auf eben jenen positiven Zeithorizonteffekt hingewiesen wird, bei dem sich die Renditen von Aktien mit der Anzahl der Jahre des Anlagehorizontes steigern, das Risiko aber lediglich mit der Wurzel der Anzahl der Jahre zunimmt.[651] Ein Zeithorizonteffekt ergibt sich jedoch im Modell von Spremann / Winhart nicht, wenn allein die Assetklasse des Finanzkapitals betrachtet wird, so daß über alle Zeithorizonte hinweg ein völlig identischer Aktienanteil im Finanzkapital resultiert.[652] Die nach Aussagen der Autoren je nach Anlagehorizont unterschiedlichen Rendite-Risiko-Charakteristika spiegeln sich damit nicht in der Asset Allocation wider. Das Resultat des Modells – ohne Berücksichtigung von Einkommenspotential und Pensionskapital – ist eine vollkommene **Zeithorizontunabhängigkeit** oder – anders formuliert – ein neutraler Zeithorizonteffekt. Erst wenn zusätzlich zum Finanzkapital das Einkommenspotential und Pensionskapital in die Asset Allocation mit einbezogen werden, erfolgt eine Asset Allocation basierend auf einem positiven Zeithorizonteffekt, der in Form von zunehmenden Aktienanteilen mit

---

[651] Vgl. Spremann, K. / Winhart, S. (Lebenszyklus, 1998), S. 151;
Spremann, K. / Winhart, S. (Asset Allocation, 1996), S. 21;
zur grundsätzlichen Begründung des Zeithorizonteffektes vgl. auch Spremann, K. (Asset Allocation, 1995), S. 123.

Vgl. auch die Ausführungen in Kapitel 2.4.1.3.2.1.

[652] Vgl. Spremann, K. / Winhart, S. (Lebenszyklus, 1998), S. 164;
Spremann, K. / Winhart, S. (Humankapital, 1997), S. 161.

zunehmendem Anlagehorizont erkennbar ist.[653] Dieser Effekt ist – wie im Kapitel 2.4 erläutert – für den Zweck der Alterssicherung nutzbar, jedoch kommt er im Modell von Spremann / Winhart lediglich durch den „Kunstgriff" der Berücksichtigung zusätzlicher Kapitalarten zustande. Der Effekt beruht daher nicht auf den eigentlichen Rendite-Risiko-Charakteristika von Aktien, die auch nach Aussage von Spremann / Winhart existieren.[654] Damit ergibt sich eine **negative Beurteilung** bezüglich dieses Kriteriums.

3.2.2.1.3 Zusammenfassende Gesamtbeurteilung des Modells

Im folgenden werden die Ausprägungen der wesentlichen Beurteilungskriterien zusammenfassend dargestellt, um eine prägnante Gesamtbeurteilung des erweiterten Modells von Spremann / Winhart zu ermöglichen.

- **Verwendete Assetklassen**
  Die Verwendung der beiden Assetklassen Aktien und risikolose Wertpapiere ist grundsätzlich vorteilhaft einzuschätzen, wobei die Zusammensetzung der Klasse der risikolosen Wertpapiere zu kritisieren ist. Die angestrebte allumfassende Berücksichtigung der Situation des jeweiligen Alterssichernden und damit ein Präzisionsgewinn in der Alterssicherung aufgrund der Einbeziehung von Einkommenspotential und Pensionskapital[655] scheinen nicht geglückt zu sein, da die Berücksichtigung de facto auf ungenaue Weise erfolgt, so daß ein insgesamter Genauigkeitsgewinn kaum möglich erscheint.[656] Die verwendeten Assetklassen und ihre Berücksichtigung sind daher **negativ** zu beurteilen.

---

[653] Dieser positive Zeithorizonteffekt ergibt sich nur bei niedrigen „Aktienanteilen" des Einkommenspotentials und Pensionskapitals. Bei höheren Risiken dieser Assets kann auch ein negativer Zeithorizonteffekt resultieren.

[654] Vgl. Spremann, K. (Asset Allocation, 1995), S. 123;
Spremann, K. / Winhart, S. (Lebenszyklus, 1998), S. 151;
Spremann, K. / Winhart, S. (Asset Allocation, 1996), S. 21.

[655] Diese Ziele werden von den Autoren nicht explizit genannt, ergeben sich aber implizit aus den Ausführungen.

[656] Die Autoren räumen auch ein, daß weiterer Forschungsbedarf bei der Ermittlung des Einkommens- und Pensionskapitals besteht.

- **Art und Weise der Berücksichtigung der Rentabilität**
  Zur Rentabilität werden in den Erläuterungen des Modells keine genauen Angaben gemacht.

- **Berücksichtigung des Marktwertrisikos**
  Das Marktwertrisiko geht über die Standardabweichung in die Asset Allocation ein, was als allgemein akzeptierte und **geeignete** Vorgehensweise einzuschätzen ist.

- **Berücksichtigung der Risikoeinstellung der Vorsorgenden**
  Die Risikoeinstellung der Vorsorgenden wird über Risikoaversionskoeffizienten erfaßt. Diese Erfassung ist entscheidungstheoretisch fundierbar, aber auch kritisierbar, und darüber hinaus nicht praktisch umsetzbar, so daß sich eine **klar negative** Einschätzung bezüglich dieses Kriteriums ergibt.

- **Voraussichtlich erzielbare Performance**
  Die Performance ist – gemessen an den Modified Sharpe-Ratios nullter und erster Ordnung – insgesamt betrachtet **die schlechteste** aller in dieser Arbeit vorgestellten Modelle.

- **Berücksichtigung der Inflation**
  Die Inflation wird **nicht korrekt** erfaßt.

- **Sensitivität der Modellergebnisse**
  Die Sensitivität der Modellergebnisse aufgrund von Veränderungen der Inputparameter ist **negativ** zu beurteilen.

- **Realitätsnähe der Modellannahmen und Modellergebnisse**
  Ebenfalls **negativ** einzustufen ist die Realitätsnähe der Modellannahmen wegen der tendenziellen Realitätsferne. Die **Modellergebnisse** in Form von extrem hohen Aktienanteilen sind fernab jeglicher Realität, so daß die Ausprägung dieses Kriteriums **sehr negativ** zu beurteilen ist.

- **Verwaltungsaufwand**
  Der Verwaltungsaufwand bei der Verwendung des Modells zur Alterssicherung ist als **akzeptabel** einzuschätzen.

- **Erfüllung gesetzlicher Erfordernisse**
  Die wichtige gesetzliche Anforderung garantierter Kapitalerhaltung kann durch das Modell **nicht erfüllt** werden.

- **Art und Weise der Ausnutzung des Zeithorizonteffektes**
  Bei der Gesamtbetrachtung des Modells ergibt sich zwar ein sinnvoller positiver Zeithorizonteffekt, der jedoch nur durch die Berücksichtigung von Einkommenspotential und Pensionskapital zustande kommt.[657] Daraus folgt eine **negative** Beurteilung bezüglich dieses Kriteriums.

Aus den Ausführungen wird ersichtlich, daß lediglich eines der Kriterien – das verwendete Risikomaß – positiv beurteilt werden kann, alle anderen Kriterien sind als nachteilig einzuschätzen. Dabei ist zu beachten, daß das positiv zu beurteilende Kriterium in seiner Bedeutung vergleichsweise gering zu gewichten ist, da die Verwendung eines geeigneten Risikomaßes eher als Selbstverständlichkeit vorausgesetzt werden kann. Aufgrund der Ausprägung der einzelnen Kriterien ist dem Modell insgesamt die **Eignung für die Alterssicherung eindeutig abzusprechen**.

3.2.2.2 Zerobond-Modell mit garantierter nomineller oder realer Kapitalerhaltung

3.2.2.2.1 Asset Allocation im Zerobond-Modell

Eine Anforderung an die Asset Allocation zur Alterssicherung ist entsprechend den relevanten Gesetzesvorschriften[658] die Garantie, daß Alterssichernde im Versorgungsfall zumindest das eingesetzte Kapital wieder zurückerhalten. Diese Forderung wird ab dem Jahr 2002 bei der Förderung der privaten Alterssicherung in Deutschland erhoben, derzufolge eine staatliche Förderung nur erfolgt, wenn die Rückzahlung des eingesetzten Kapitals garantiert wird. Um diesem Ziel gerecht zu werden, kann das folgende Modell verwendet werden, das wohl eines der wenigen möglichen ist, um das ursprünglich investierte Kapital mit Sicherheit[659] zurückzubekommen.[660] Diese Si-

---

[657] Wie bereits oben erwähnt, ergibt sich dieser positive Zeithorizonteffekt nur bei niedrigen „Aktienanteilen" des Einkommenspotentials und Pensionskapitals.

[658] Vgl. hierzu Kapitel 3.1.2.10, in dem die relevanten Gesetzesvorschriften konkret und ausführlich dargestellt wurden.

[659] Eigentlich müßte beim Modell dieses Kapitels von an Sicherheit grenzender Wahrscheinlichkeit gesprochen werden, da absolute Sicherheit zur Kapitalrückzahlung nie gegeben werden kann, weil immer aufgrund von Katastrophen, Kriegen oder der Zahlungsunfähigkeit eines Wertpapieremit-

cherheit wird erzielt, indem die Eigenschaften risikoloser Wertpapiere als Konstruktionsbestandteil der Asset Allocation dienen. Andere Modelle – beispielsweise Modelle unter Verwendung der Ausfallwahrscheinlichkeit – können zwar die Rückzahlung des Kapitals mit sehr hoher Wahrscheinlichkeit ermöglichen, wobei diese hohe Wahrscheinlichkeit nicht der Sicherheit entspricht, die in diesem Modell gegeben ist.[661] Hier soll diese Sicherheit gewährleistet werden, so daß der weit verbreiteten Risikoeinstellung und den gesetzlichen Rahmenbedingungen privater Alterssicherung Rechnung getragen wird.

Die optimale Asset Allocation erfolgt in diesem Modell unter der Anforderung, daß mindestens das ursprünglich investierte Kapital wieder zurückgezahlt werden kann.[662] Diese Vorgabe nomineller Kapitalerhaltung wird durch die Anlage von Beiträgen zur Alterssicherung in Zerobonds realisiert, die den Erhalt des eingezahlten Kapitals gleichsam garantieren:[663] Der Nominal- oder Rückzahlungswert eines „echten“[664] Zerobonds muß bei nomineller Kapitalerhaltung dem Investitionsbetrag eines jeweils neu investierten Beitrages zur Alterssicherung entsprechen. Daher ergibt sich der jeweilige Investitionsbetrag in Zerobonds als Barwert des Rückzahlungswertes. Die Differenz zwischen Rückzahlungswert und jeweils aktuellem Investitionsbetrag in Zerobonds kann in höher verzinsliche Assets, also in Aktien,[665] angelegt werden. Die pro-

---

tenten die Rückzahlung des eingesetzten Kapitals gefährdet sein kann. Im Modell, das in diesem Kapitel vorgestellt wird, sind die Aktienkursrisiken eliminiert.

660 Die Garantie des eingesetzten Kapitals beruht auf der Eliminierung der Marktpreisrisiken. Andere Risikoarten wie beispielsweise das Bonitätsrisiko werden hier nicht explizit betrachtet, was aber auch nicht unbedingt notwendig erscheint, weil bei der Investition in Anleihen höchster Bonität dieses Risiko als irrelevant betrachtet werden kann. Die hohe Bonität geht einher mit geringerer Verzinsung, was in der Asset Allocation durch die Annahme bonitätsadäquater Verzinsungen berücksichtigt wird.

Zu generellen Absicherungsstrategien von Aktienportfolios vgl. Bossert, T. / Burzin, C. (Aktienportfolios, 1998), S. 220 ff.

661 Zu den Sicherheits- und Unsicherheitsbegriffen vgl. Kapitel 3.1.2.3.1.

662 Vgl. hierzu und zu folgenden grundlegenden Aspekten
Steiner, M. / Bruns, C. (Wertpapiermanagement, 2000), S. 76 f.

663 Von einer Garantie im strengen Sinne des Wortes kann wegen der oben genannten Gründe nicht gesprochen werden.

664 „Echte“ Zerobonds haben einen Nominal- oder Rückzahlungswert von 100 Prozent und einen Ausgabe- oder Marktwert von 100 Prozent abzüglich Zins- und Zinseszins.
Vgl. Perridon, L. / Steiner, M. (Finanzwirtschaft, 1999), S. 397 ff.

665 Aktien weisen höhere Renditen auf als festverzinsliche Wertpapiere, was in dieser Arbeit bereits mehrfach - beispielsweise in Kapitel 2.1.1.2 - erläutert wurde.

zentualen Anteile der Zerobonds und der Aktien am Portefeuille zur Alterssicherung ergeben sich bei Verwendung von diskreten Renditen entsprechend folgenden Formeln:

$$zb_t = \frac{1}{(1+i_t)^t} \qquad x_t = 1 - \frac{1}{(1+i_t)^t}$$

mit

x_t = Aktienanteil an der Neuinvestition für den Zeithorizont t

zb_t = Anteil des Zerobonds an der Neuinvestition für den Zeithorizont t

i_t = jährliche Verzinsung des Zerobonds für die Restlaufzeit t

t = Anlagehorizont der jeweiligen Investition zur Alterssicherung

Auf diese Weise wird das Kapital genau in der Höhe in Zerobonds investiert, die nötig ist, um das ursprünglich eingesetzte Kapital nominal zu erhalten. Aufgrund der Verzinsung des Zerobonds über die jeweilige Laufzeit hinweg liegt der Anteil des Zerobonds am Portefeuille immer unter 100 Prozent. Je länger die Laufzeit der Altersvorsorge ist, um so höher ist die Gesamtverzinsung des Zerobonds, und um so geringer kann daher der Portefeuilleanteil des Zerobonds sein. Der restliche Anteil des Investitionsbetrages kann in hochverzinslichen Assets, also vorzugsweise in Aktien,[666] angelegt werden, um die Rendite des gesamten Portfolios im Vergleich zur risikolosen Verzinsung zu erhöhen. Dieser Anteil errechnet sich als (1 – Anteil der Zerobonds am Portefeuille) und erhöht sich daher mit zunehmendem Zeithorizont, weil die notwendige Investition in Zerobonds dann geringer ist. Zusätzlich können **laufzeitadäquate Verzinsungen** der Zerobonds angenommen werden, wodurch die jeweils herrschende Zinsstruktur berücksichtigt wird. So werden je nach Anlagehorizont unterschiedliche Renditen zur Ermittlung des Anteils der Zerobonds verwendet. In der folgenden Graphik ist daher die Asset Allocation zum einen bei konstanten Renditen für alle Laufzeiten – also bei einer flachen Zinsstruktur mit einem konstanten Zinssatz von jährlich fünf Prozent – ersichtlich. Zum anderen wurde eine normale Zinsstruktur mit Zinssätzen angenommen, die kontinuierlich von fünf Prozent für einjährige Anlagehorizonte

---

Vgl. z. B. auch Claessen, H. / Kaiser, H. (Aktien, 2001), S. 220 ff.; Gaulke, J. / Müller, F. J. (Renditevergleich, 1996), S. 115 ff.; Stehle, R. (Aktien versus Renten, 1998), S. 815 ff.; Stehle, R. (Renditevergleich, 1999), S. 1 ff.

[666] Die hohen Renditen von Aktien wurden bereits oben in diesem Kapitel und mehrfach in dieser Arbeit erläutert und durch Quellen belegt.

bis auf jährlich acht Prozent für 30-jährige Zeiträume ansteigen.[667] Unter diesen Datenkonstellationen ergeben sich folgende Aktienanteile für die jeweiligen Zeithorizonte:

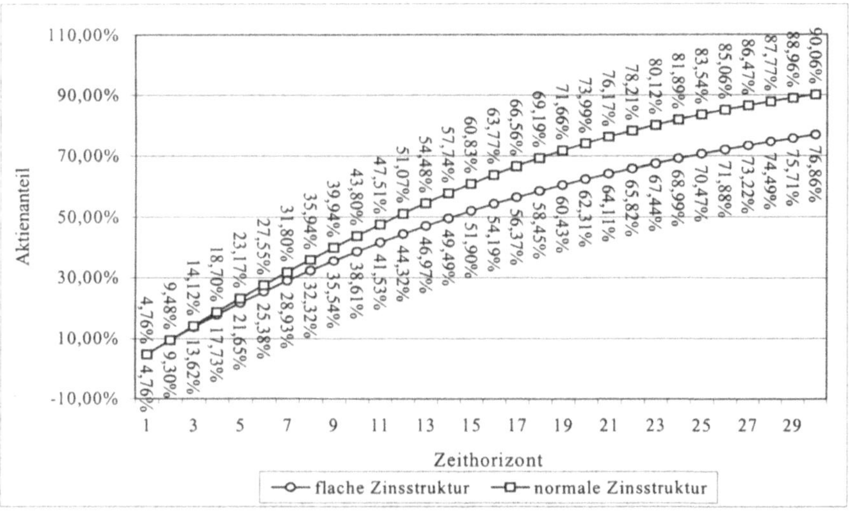

Abbildung 3.2.2.2.1-1: Zerobond-Modell: Aktienanteil

Wie anhand der Abbildung ersichtlich ist, steigen die optimalen Aktienanteile ausgehend von 4,76 Prozent für einjährige Zeithorizonte bis auf 76,86 Prozent für 30-jährige Zeithorizonte bei flacher Zinsstrukturkurve und bis auf 90,06 Prozent für denselben Anlagehorizont und normaler Zinsstrukturkurve. Die Aktienanteile sind bei der Annahme einer normalen Zinsstrukturkurve deshalb höher, weil bei mit ansteigendem Zeithorizont zunehmenden Spot Rates[668] logischerweise ein niedrigerer Investitionsbetrag in Zerobonds nötig ist, um das eingesetzte Kapital mit Sicherheit zurückzuerhalten.

[667] Die genaue Bestimmung von Zinsstrukturkurven steht nicht im Mittelpunkt der Problematik dieser Untersuchung, so daß diese Vorgabeparameter als vereinfachende Annahmen gelten können. Die genaue Berücksichtigung der jeweils herrschenden Zinsstrukturkurven im Modell gestaltet sich jedoch völlig unproblematisch.

[668] Spot Rates sind die Effektivverzinsungen von Zerobonds. Vgl. Steiner, M. / Bruns, C. (Wertpapiermanagement, 2000), S. 147.

Die Aktienanteile beziehen sich auf eine Neuanlage, die für den jeweiligen Zeithorizont, also bis zum Ende der Altersvorsorge angelegt werden soll. Der einmal ermittelte und gewählte Aktienanteil an der Neuanlage bleibt für die gesamte Laufzeit konstant, da erst nach der gesamten Laufzeit der Wert des Zerobonds exakt den Wert des ursprünglich eingesetzten Kapitals annimmt. Der Aktienanteil für eine einmal getätigte Anlage wird also nicht – wie es häufig angenommen wird[669] – mit abnehmender Laufzeit reduziert, da dann Aktienfondsanteile zugunsten von Anlagen in Zerobonds veräußert werden müßten und dann die sicheren Geldbeträge aus den Zerobondanlagen *mehr* als dem ursprünglich eingesetzten Kapital entsprechen würden, was nicht das Ziel des Modells darstellt.[670]

3.2.2.2.2 Beurteilung des Zerobond-Modells

Im Modell verwendete Assetklassen

Als Assetklassen dienen auch in diesem Modell risikolose und risikobehaftete Wertpapiere. Die Besonderheit stellt die Konkretisierung der **risikolosen Assetklasse** dar, die durch Zerobonds repräsentiert wird. Der Vorteil der Zerobonds liegt hier zum einen darin, daß sie – bei Verwendung von Bonds hoher Bonität und damit der Absenz von Ausfallrisiken – als risikolos eingestuft werden können. Das Zinsänderungsrisiko wirkt in Form des Wiederanlagerisikos hinsichtlich laufender Erträge und bezüglich der Wiederanlage der Mittel nach Ablauf der Laufzeit, also bei Eintritt in den Ruhestand. Laufende Erträge entfallen bei Zerobonds, so daß auch das Wiederanlagerisiko entfällt. Wirken kann dagegen das Wiederanlagerisiko bei der Anlage der Altersvorsorgebeträge zur Altersversorgung beim Beginn der Versorgungsphase, wobei dieses Risiko hier nicht im Vordergrund steht. Ein Kursrisiko während der Laufzeit des Zerobonds ist nicht relevant, da die Zerobonds annahmegemäß bis zur Endfälligkeit gehal-

---

[669] Diese falsche Vorgehensweise ergibt sich beispielsweise aus einer Graphik – nicht aus dem geschriebenen Text – bei Steiner, M. / Bruns, C. (Wertpapiermanagement, 2000), S. 77.

[670] Die ursprünglich zum Investitionszeitpunkt festgelegte Asset Allocation „garantiert" das eingesetzte Kapital in nomineller Hinsicht durch den Zerobondanteil am Portfolio. Würde während des für diese jeweilige Ansparrate relevanten Zeithorizontes aus Aktien desinvestiert und zusätzlich vermehrt in Zerobonds investiert, so wäre – was unmittelbar einsichtig ist – nicht nur das eingesetzte Kapital, sondern mehr als dieses abgesichert, da ein höherer Rückzahlungsbetrag als der gesamte Investitionsbetrag der ursprünglichen Ansparrate durch Zerobonds am Ende des Zeithorizontes zurückgezahlt würde. Dies ist nicht das Ziel des Modells.

ten werden. Die Verwendung von Zerobonds zur Bildung einer risikolosen Assetklasse ist damit positiv zu beurteilen.

Als Alternative zu Zerobonds können Geldmarktfonds angesehen werden, die ebenfalls keine zwischenzeitlichen Zahlungen ausschütten. Das Problem bei Geldmarktfonds besteht zum einen darin, daß die Verzinsung nicht wie bei Zerobonds für längere Zeithorizonte fixiert ist, so daß keine sichere Kalkulationsgrundlage in Form der Rendite der Geldmarktfonds gegeben ist. Da diese Verzinsung hier jedoch entscheidend für die Asset Allocation ist, wäre die Verwendung von Geldmarktfonds in dieser Hinsicht als nachteilig zu beurteilen. Ein weiterer Nachteil ist die fehlende Möglichkeit der Ausnutzung einer normalen Zinsstruktur, die für längere Zeithorizonte höhere Verzinsungen bietet, die zur Asset Allocation für die Alterssicherung genutzt werden können. Werden Zerobonds verwendet, ergeben sich – bei normaler Zinsstruktur – für längere Laufzeiten höhere Verzinsungen und damit ein niedrigerer Anteil der Zerobonds am Gesamtportefeuille. Auf diese Weise kann mehr in Aktien investiert werden, was erwartungsgemäß zu höheren Gesamtrenditen führt. Geldmarktfonds hingegen investieren bekanntlich in revolvierender Weise ausschließlich in kurzfristige Wertpapiere, so daß die annualisierte Verzinsung von Geldmarktfonds für alle Anlagehorizonte gleich ist und damit bei längeren Anlagehorizonten – bei Annahme einer normalen Zinsstrukturkurve – unnötigerweise geringer ist als bei Zerobonds.

Der Anteil am Portfolio, der nicht in risikolose Assets investiert wird, verbleibt für die Anlage in höchstrentierliche Assets. Unter den gängigen Assetklassen Geldmarktanlagen, Bonds und Aktien weisen Aktien die höchste Rendite auf, so daß die Assetklasse der **risikobehafteten Assets** in diesem Modell durch Aktien repräsentiert wird. Es empfiehlt sich eine Investition in passiv verwaltete Aktienfonds; erstens aus Kostengründen,[671] zweitens aufgrund der höheren Rendite als bei aktiv verwalteten Fonds[672] und drittens wegen der Verringerung der unsystematischen Risiken[673].

Art und Weise der Berücksichtigung der Rentabilität

Die Asset Allocation basiert in diesem Modell nicht auf den Rendite-Risiko-Charakteristika von Aktien, sondern auf den Renditen von Zerobonds. Daher werden die Verteilungseigenschaften stetiger Renditen hier nicht benötigt, so daß **diskrete Renditen** zur Asset Allocation verwendet werden.

Berücksichtigung des Marktwertrisikos

Das Marktwertrisiko risikobehafteter Assets wird in diesem Modell nicht berücksichtigt.[674] Ziel des Modells ist es, das eingesetzte Kapital entweder nominal oder real[675] abzusichern, wobei die Absicherung durch die Verwendung annahmegemäß risikoloser Zerobonds für die Asset Allocation erfolgt. Lediglich die Bemessung des Anteils der risikolosen Zerobonds ist für die Asset Allocation entscheidend. Der Aktienanteil besteht – wie im Kapitel 3.2.2.2.1 beschrieben – aus dem Anteil des jeweils neuinve-

---

671 Fonds, die einer passiven Anlagestrategie unterliegen, sind mit geringeren Verwaltungsgebühren belastet als Fonds mit aktivem Portefeuillemanagement.
Vgl. Heda, K. / Heine, K. / Oltmanns, E. (Indexfonds, 2001), S. 109 und 112.

672 Fonds mit aktivem Portefeuillemanagement weisen – auch ohne Berücksichtigung der (höheren) Kosten – in der überwiegenden Mehrzahl der Fälle eine geringere Rendite auf als die Indexrendite, die jeweils als Benchmark verwendet wird. Auch beim Vergleich von aktiv verwalteten Fonds mit Investmentfonds, die einem passiven Fondsmanagement unterliegen, erweisen sich die passiv verwalteten Fonds hinsichtlich der Rendite entsprechend diversen empirischen Untersuchungen als deutlich vorteilhafter.
Vgl. Heda, K. / Heine, K. / Oltmanns, E. (Indexfonds, 2001), S. 113 ff.

673 Durch die Kombination von mehreren Wertpapieren werden unsystematische Risiken durch den Diversifikationseffekt vermindert, wenn die Renditen zwischen den betreffenden Wertpapieren eine Korrelation von geringer als plus eins aufweisen. Wird ein Index perfekt nachgebildet, enthält das Indexportfolio nur das Marktrisiko und keine unsystematischen Risiken.
Zu dieser Argumentation vgl. Heda, K. / Heine, K. / Oltmanns, E. (Indexfonds, 2001), S. 111.

674 Die fehlende Berücksichtigung des Marktwertrisikos resultiert aus der im folgenden begründeten mangelnden Notwendigkeit der Berücksichtigung und nicht auf einer fehlenden Meßbarkeit des Risikos. Es können also durchaus die jeweiligen Portfoliorisiken gemessen werden, ohne daß die Meßergebnisse jedoch die Asset Allocation beeinflussen würden. Hinsichtlich des Ausfallrisikos ergibt sich jedoch – wie beschrieben – die Absenz des Risikos.

675 Der Begriff „real" bedeutet, daß die reale Kapitalerhaltung erreicht werden soll, indem Inflationserwartungen bei der Asset Allocation berücksichtigt werden. Diese angestrebte reale Kapitalerhaltung entspricht nur bei zutreffenden Inflationserwartungen einer tatsächlich realen Kapitalerhaltung.

stierten Betrages, der nicht zur Kapitalsicherung benötigt wird. Dieser Anteil wird in Aktien investiert, ohne deren Risiko zu berücksichtigen. Die Risikoberücksichtigung ist nicht notwendig, weil das Ziel der Asset Allocation ausschließlich in der Sicherung des eingesetzten Kapitals besteht. Da bereits diesbezüglich Sicherheit besteht, kann kein Risiko existieren, so daß eine Risikobetrachtung überflüssig ist. Dies bedeutet, daß aufgrund einer fehlenden Risikobetrachtung für das restliche Kapital ausschließlich die Rendite als Auswahlkriterium gilt, so daß das Kapital strenggenommen in die Investitionsalternative mit der höchsten erwarteten Rendite angelegt wird. Als Wertpapiere, die hohe Renditen aufweisen, können Aktien verwendet werden. Das Risiko wird damit lediglich im Sinne der nominalen oder realen Kapitalsicherung erfaßt, was jedoch in der vorgestellten Asset Allocation ohne ein Risikomaß erfolgt, da hier für die Asset Allocation die festverzinslichen, risikolosen Wertpapiere ausschlaggebend sind. Dies ist im Vergleich zu sonst gängigen Asset Allocation-Modellen ein Unterschied, da sonst zumeist die risikobehafteten Assets mit ihren Charakteristika für die Asset Allocation entscheidend sind.

Berücksichtigung der Risikoeinstellung der Vorsorgenden

Die Risikoeinstellung der Vorsorgenden wird in der Weise berücksichtigt, daß unterstellt wird, die Alterssichernden wollten in jedem Fall das eingesetzte Kapital nominal oder real[676] erhalten. Über diese Risikoaversion hinaus beachten die Alterssichernden kein Risiko, da dann lediglich die erzielte Rendite für ihre Asset Allocation-Entscheidungen maßgeblich ist. Diese Risikoeinstellung – die gewünschte Vermeidung des Risikos, das eingesetzte Kapital nicht zurückzuerhalten – wird allen Alterssichernden unterstellt. Es ergeben sich keine notwendigen weiteren, individuellen Differenzierungen bei der Risikoberücksichtigung. Dies unterscheidet das Modell von den Modellen, die Lower Partial Moments zur Asset Allocation verwenden, da dort die jeweiligen Risikoeinstellungen in subtiler Weise beachtet werden können, oder auch von den Modellen, bei denen – in der Praxis nicht identifizierbare – Nutzenfunktionen zur Auswahl der optimalen Portfolios nötig sind, so daß auch dort jedwede theoretisch denkbare Risikoeinstellung bei der Asset Allocation berücksichtigt werden kann. Damit wird hier eine vereinfachende und vereinheitlichende Annahme getroffen, die aber dennoch positiv zu beurteilen ist, weil diese Risikoeinstellung auch der staatlich geförderten privaten Altersvorsorge zugrunde liegt. Zudem wäre es – wie dargestellt – ein Widerspruch im Modell, wenn bei unterstellter Sicherheit der Rückzahlung des einge-

---

[676] Zur realen Kapitalerhaltung ist die oben in diesem Kapitel genannte Einschränkung zu beachten.

setzten Kapitals das Risiko betrachtet würde. Soll dennoch eine **individuelle Einstellung** von Alterssichernden gegenüber dem Sicherheitsniveau berücksichtigt werden, kann dies über den abgesicherten Endwert in Analogie zur Inflationsberücksichtigung erfolgen. So können – je nach gewünschtem Sicherheitsniveau – höhere bzw. niedrigere Endwerte als das eingesetzte Kapital abgesichert werden, so daß sich niedrigere bzw. höhere Aktienanteile in der Asset Allocation ergeben. Die Erfüllung dieser gesetzlichen Anforderung hinsichtlich der Beachtung des Risikos und damit die Berücksichtigung der Risikoeinstellung wird **positiv** beurteilt.

Erzielbare Performance

Die Performance dieses Modells ist direkt anhand der Sharpe-Ratio zu ermitteln. Die ermittelten Werte haben aber in dieser Untersuchung keine Aussagekraft, da sie mit den Werten aller anderen hier vorgestellten Modelle identisch wären.[677] Als Ausweg wurden für die anderen Modelle Modified Sharpe-Ratios berechnet, die auf Shortfall-Risikomaßen basieren. Die Werte dieser Shortfall-Risikomaße sind beim Zerobond-Modell jedoch gleich null, weil die Erzielung einer Mindestrendite von null Prozent sicher ist.[678] Gemäß der Berechnungsweise der Modified Sharpe-Ratios wird die Überrendite des jeweiligen Portfolios über die risikolose Rendite durch das Ausfallrisikomaß dividiert, was nicht möglich ist, wenn die Ausfallrisikomaße den Wert von null einnehmen. Daher ist nur die tendenzielle Aussage möglich, daß die Werte der hier relevanten Modified Sharpe-Ratios nullter und erster Ordnung gegen unendlich gehen würden, wenn die Ausfallwahrscheinlichkeit und der Ausfallerwartungswert gegen null gehen. Die erzielbare Performance ist damit als **sehr hoch** einzuschätzen.

Berücksichtigung der Inflation

Die gesetzlichen Bestimmungen zur privaten Alterssicherung sind derart ausgestaltet, daß zu einem bestimmten Zeitpunkt – dem Ruhestandseintrittszeitpunkt – das eingesetzte Kapital nominell garantiert sein muß.[679] Daher ist die Zeit vom Zeitpunkt der Anlage der Mittel zur Alterssicherung bis zum Ruhestandseintrittszeitpunkt relevant

---

677 Vgl. hierzu die Ausführungen in Kapitel 3.1.2.5.1.

678 Entscheidend für die fehlende Berechnungsmöglichkeit der Performance ist nicht der Wert der Mindestrendite von null Prozent, sondern die Sicherheit, mit der die Mindestrendite erzielt wird. So können auch positive jährliche Mindestrenditen gemäß diesem Modell mit Sicherheit erzielt werden, so daß sich die Modified Sharpe-Ratio auch dann nicht ermitteln läßt.

679 Vgl. hierzu Kapitel 3.1.2.10.

für die Asset Allocation, mit der die Rückzahlung des eingesetzten Kapitals garantiert werden soll. Die Inflation betreffend bietet es sich an, die Absicherung gegen die Inflationswirkungen in dieser Vorsorgephase zu berücksichtigen. Die gesetzlichen Regelungen können für den Zweck der Alterssicherung in der Weise erweitert werden, daß das eingezahlte Kapital nicht nur nominal, sondern auch real erhalten wird. Dies geschieht, indem die Rückzahlung des jeweiligen Zerobonds nicht nur das ursprünglich eingesetzte Kapital, sondern das ursprünglich eingesetzte Kapital zuzüglich eines Inflationsausgleichs abdeckt. Um dies zu ermöglichen, muß also der Anteil des Zerobonds am Gesamtportefeuille steigen und der Aktienanteil sinken. So ist eine höhere Endsumme als das nominal eingesetzte Kapital garantiert. Diese zusätzliche Sicherheit wird mit einem Opportunitätsverlust „bezahlt“, weil nur noch ein geringerer Anteil am neuinvestierten Kapital zur Investition in Aktien bereitsteht und damit auf höhere Renditen aus der Aktienanlage verzichtet wird. Der optimale Aktienanteil wird jetzt anhand folgender Formel errechnet:

$$x_t = 1 - \frac{(1+I)^t}{(1+i_t)^t}$$

mit

x_t = Aktienanteil der Neuinvestition für den Zeithorizont t

i_t = jährliche Verzinsung des Zerobonds für die Restlaufzeit t

t = Anlagehorizont der Neuinvestition zur Alterssicherung

I = jährliche Inflationsrate (dezimal)

Anhand der folgenden Graphik sind die Aktienanteile zu erkennen, die sich für die verschiedenen Zeithorizonte bei der Berücksichtigung einer Inflationsrate von zwei Prozent pro Jahr ergeben. Zum Vergleich sind die ursprünglichen Aktienanteile ebenfalls in der Graphik dargestellt. Man erkennt, daß die Aktienanteile bei Berücksichtigung der Inflation deutlich niedriger sind und von einem Anteil von 2,86 Prozent für einjährige Zeithorizonte bis zu einem Anteil von 82,00 Prozent für 30-jährige Zeithorizonte reichen.[680]

[680] Bei diesen Berechnungen wurde eine normale Zinsstrukturkurve unterstellt.

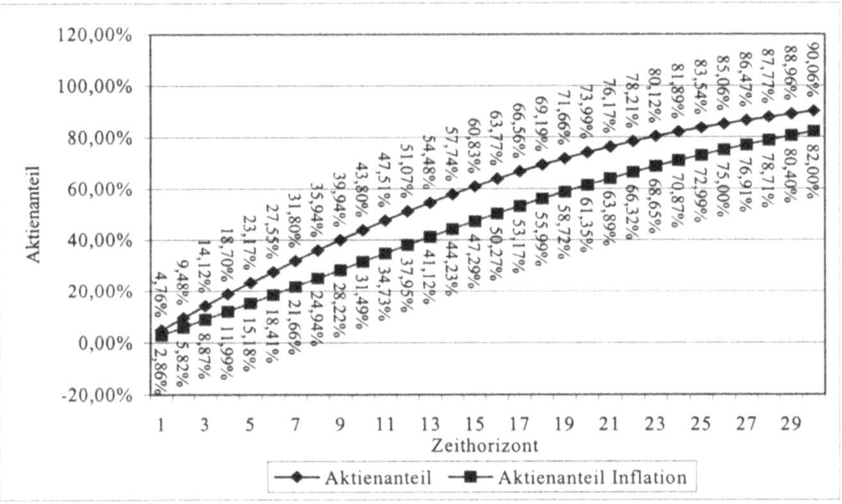

Abbildung 3.2.2.2.2-1: Zerobond-Modell: Aktienanteil bei Inflation

Durch die Asset Allocation mit Inflationsberücksichtigung ist ein Alterssichernder gegen die finanziellen Wirkungen der Inflation in der Ansparphase abgesichert, indem das ursprünglich eingesetzte Kapital nicht nur nominal, sondern real zu erhalten versucht wird.[681] Daher ist das Modell **geeignet**, die finanziellen Wirkungen der Inflation zu eliminieren.

Sensitivität der Modellergebnisse

Die wichtigen Inputparameter, die im folgenden untersucht werden, sind bei diesem Modell auf die **Zerobond-Verzinsung**, auf die Berücksichtigung der Steigung der Zinsstrukturkurve und der daraus resultierenden **laufzeitabhängigen Zerobond-Verzinsungen** und auf die **Inflationsrate** beschränkt.[682]

[681] Wie bereits erläutert ist die tatsächliche, reale Kapitalerhaltung nur unter der Bedingung korrekt prognostizierbarer Inflationsraten möglich.

[682] Die Betrachtungen der Sensitivitäten gehen von einer normalen Zinsstrukturkurve mit einem risikolosen Zins von fünf Prozent für einjährige Anlagehorizonte und einer Steigerung des risikolosen Zinses bis auf acht Prozent für 30-jährige Zeithorizonte aus.

Zunächst wird die **Zerobond-Verzinsung** ausgehend vom ursprünglichen Wert von fünf Prozent um ein halbes Prozent auf 5,5 Prozent erhöht. Die Erhöhung bewirkt, daß der Barwert des Zerobonds, der zur nominellen[683] Kapitalerhaltung nötig ist, durch die stärkere Abzinsung sinkt. Dies entspricht einer Senkung des Anteils des Zerobonds am jeweiligen Investitionsbetrag zur Alterssicherung, was zu einer Steigerung des Aktienanteils führt. Erwartungsgemäß steigt somit der optimale Aktienanteil für einjährige Zeithorizonte, und zwar von 4,76 Prozent um absolut 0,45 Prozent auf 5,21 Prozent. Das gleicht einer relativen Veränderung[684] des Aktienanteils um 9,48 Prozent. Die absolute Sensitivität steigt – wie an der Abbildung 3.2.2.2.2-2 ersichtlich[685] – bis zum Zeithorizont von 13 Jahren auf 2,70 Prozent an, um daraufhin bis zum 30-jährigen Zeithorizont wiederum auf absolute 1,29 Prozent zurückzufallen. Die relativen Sensitivitäten fallen kontinuierlich bis zum 30-jährigen Zeithorizont auf 1,43 Prozent ab. Die Sensitivitäten sind damit gerade für lange Zeithorizonte als vergleichsweise **sehr gering** zu beurteilen. Wird der risikolose Zins um ein halbes Prozent auf den Wert von 4,5 vermindert, dann sinken die optimalen Aktienanteile, da ein höherer Anteil von Zerobonds an jeweiligen Neuinvestitionsbetrag erforderlich ist, um den nominellen Kapitalerhalt garantieren zu können. Diese Senkung fällt absolut bei 14-jährigen Zeithorizonten mit –2,883 Prozent am stärksten aus und vermindert sich für 30-jährige Zeithorizonte wieder bis auf eine Verringerung von 1,48 Prozent. Die relativen Sensitivitäten fallen kontinuierlich, bei dieser Betrachtung von -9,57 Prozent auf –1,65 Prozent. Auch diese Sensitivitäten sind als **gering** zu beurteilen.

---

683 Bei der Ermittlung der Sensitivitäten aufgrund der Veränderungen der Zerobond-Verzinsungen wird lediglich die nominelle Kapitalerhaltung berücksichtigt, da dies zur Betrachtung der Sensitivitäten als ausreichend erachtet wird. Die Inflation wird separat bei der Untersuchung der Sensitivität aufgrund einer Variation der Inflationsrate betrachtet.

684 **Absolute Sensitivitäten** messen – wie bereits erläutert - die absolute Veränderung des Aktienanteils im Vergleich zu den Ursprungsdaten, wohingegen **relative Sensitivitäten** die prozentuale Veränderung des Aktienanteils relativ zum Ursprungsprozentsatz messen.

685 Die genauen Sensitivitätswerte sind dem Anhang zu entnehmen. Bei der Abbildung wurde aus Gründen der Übersichtlichkeit auf die Beschriftung mit Sensitivitätswerten verzichtet.

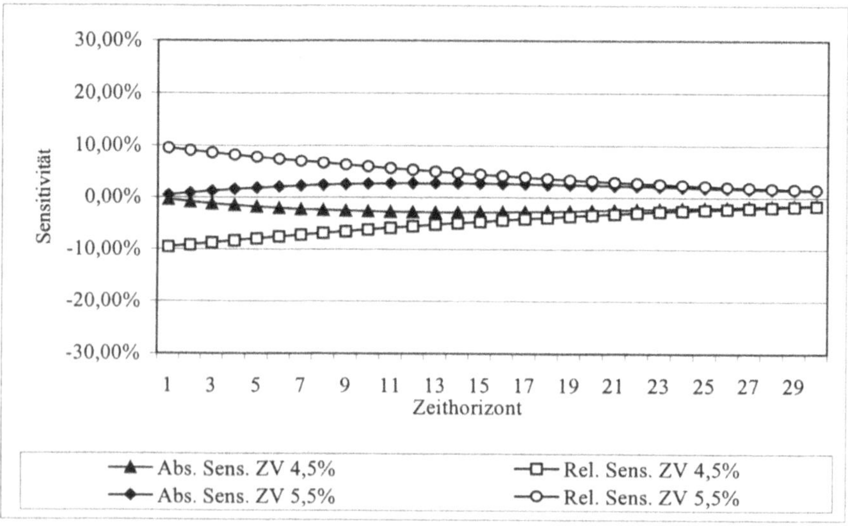

Abbildung 3.2.2.2.2-2: Zerobond-Modell: Sensitivität Zerobond-Verzinsung

Der nächste Inputparameter, der bei veränderten Kapitalmarktbedingungen variiert werden sollte, ist die die Steigung der Zinsstrukturkurve, genauer formuliert die aus der Zinsstrukturkurve resultierende, veränderte **Steigerung der laufzeitabhängigen Zerobond-Verzinsungen** mit zunehmendem Zeithorizont. Für die erste Variation wird die Steigung der Zinsstrukturkurve erhöht, indem sich die Zerobond-Verzinsungen von fünf Prozent für einjährige Anlagehorizonte bis auf neun Prozent erhöhen. Dies hat über alle Laufzeiten von zwei bis 30 Jahren hinweg die Wirkung steigender Zerobond-Verzinsungen, so daß sich – ähnlich der Sensitivität hinsichtlich der Festzinsvariation – die Aktienanteile erhöhen, wie es an der folgenden Abbildung 3.2.2.2.2-3 erkennbar ist. Die Steigerung wächst bis auf ein Maximum von 3,01 Prozent für 21-jährige Zeithorizonte. Die relativen Steigerungen betragen maximal 4,24 Prozent bei einem Zeithorizont von 16 Jahren. Im umgekehrten Falle wird die Steigung der Zinsstrukturkurve und der Verlauf laufzeitabhängiger Zerobond-Verzinsungen in der Weise verändert, daß die „Zeitprämie" für den 30-Jahres-Horizont auf zwei Prozent sinkt, so daß für Restlaufzeiten von einem Jahr fünf Prozent und für Restlaufzeiten von 30 Jahren sieben Prozent Verzinsung am Kapitalmarkt herrschen. Auf diese Weise sinkt der Zins zur Ermittlung des Barwertes des Zerobonds, wodurch der Anteil der Zerobonds am Portefeuille steigt, so daß letztendlich der Aktienanteil sinkt – ab dem Zeithorizont von zwei Jahren, da der Zins bei einem Anlagehorizont von einem Jahr bei der Veränderung der Zinsstruktur in diesem Beispiel konstant bleibt. Es ergeben sich also negative absolute und relative Sensitivitäten, die ebenfalls anhand der folgenden Abbildung abgelesen werden können. Die Größenordnungen der Veränderungen sind auch hier **gering**.

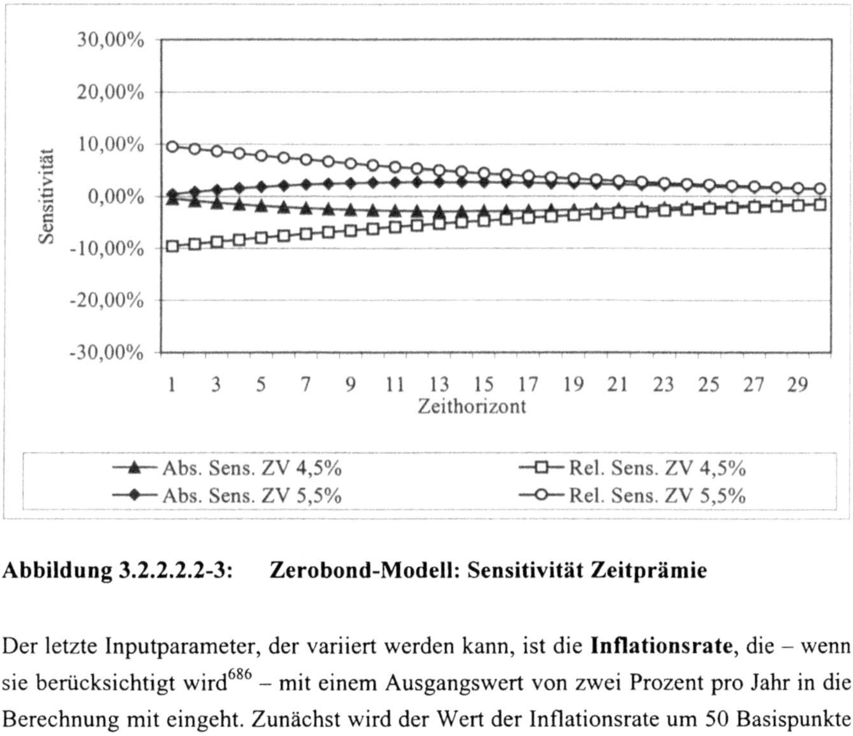

Abbildung 3.2.2.2.2-3: Zerobond-Modell: Sensitivität Zeitprämie

Der letzte Inputparameter, der variiert werden kann, ist die **Inflationsrate**, die – wenn sie berücksichtigt wird[686] – mit einem Ausgangswert von zwei Prozent pro Jahr in die Berechnung mit eingeht. Zunächst wird der Wert der Inflationsrate um 50 Basispunkte auf 2,5 Prozent erhöht. Dies bedeutet, daß ein höherer Wert als das ursprünglich investierte Kapital erhalten werden muß, so daß ein höherer Einsatz der Zerobonds für diese Kapitalerhaltung notwendig ist. Daher steigt der Zerobondanteil und sinkt der Aktienanteil am Gesamtportefeuille zur Alterssicherung. Bei einjährigen Zeithorizonten sinkt der Aktienanteil absolut um 0,48 Prozent, was einer relativen Änderung von -16,67 Prozent entspricht. Die relevanten relativen Sensitivitäten verringern sich mit

[686] Bei der Untersuchung der vorhergehenden Sensitivitäten ist davon ausgegangen worden, daß entsprechend den gesetzlichen Vorschriften zur Förderung privater Altersvorsorge lediglich das nominelle Kapital erhalten wird.

zunehmendem Zeithorizont kontinuierlich bis auf –3,47 Prozent. Die Beurteilung dieser Sensitivitäten fällt positiv aus. Wird der Wert der Inflation auf 1,5 Prozent gesenkt, muß dadurch im Vergleich zum Ausgangswert von zwei Prozent nur ein geringerer Betrag „garantiert" werden. Da die „Garantie" durch die Zerobonds erfolgen soll, kann der Zerobondanteil am Portefeuille verringert werden, was anhand der Berechnung des optimalen Zerobondanteils nachvollzogen werden kann. Entsprechend der Reduktion des Zerobondanteils steigt der Anteil risikobehafteter Assets am Gesamtportfolio, so daß sich positiv ausgeprägte Sensitivitäten ergeben, deren Werte denjenigen bei einer Erhöhung der Inflationsrate entsprechen. Der genaue Verlauf der Sensitivitäten über die verschiedenen Zeithorizonte wird anhand der folgenden Abbildung 3.2.2.2.2-4 dargestellt:

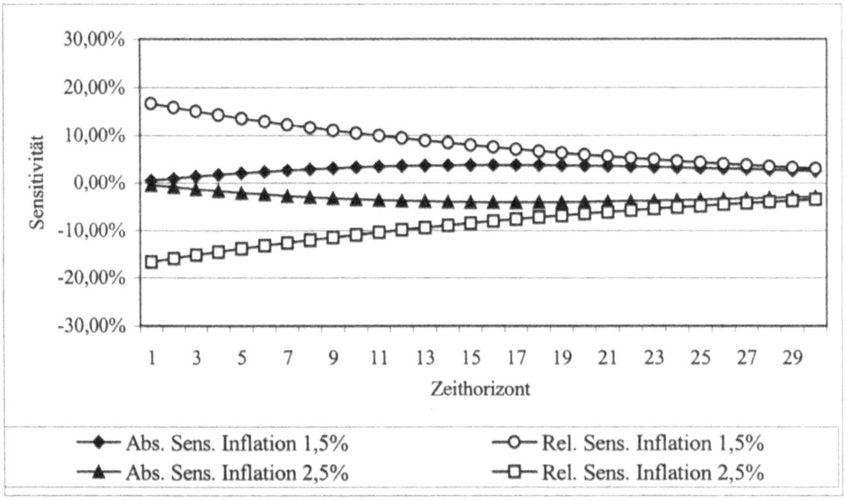

Abbildung 3.2.2.2.2-4: Zerobond-Modell: Sensitivität Inflationsrate

Realitätsnähe des Modells

Realitätsnähe der Modellannahmen: Eine wichtige Annahme besteht darin, daß für alle Zeithorizonte die entsprechenden Zerobonds in sehr guten Bonitäten zur Verfügung stehen. Diese Annahme entspricht nicht der Realität, jedoch könnte erwartet werden, daß bei einer Verbreitung des erläuterten Modells zur Alterssicherung vermehrt Zerobonds in den entsprechenden Laufzeiten angeboten werden.

Verteilungsannahmen müssen für dieses Modell nicht getroffen werden, da risikobehaftete Wertpapiere in ihren Eigenschaften nicht betrachtet werden. Das Fehlen dieser Annahmen kann als Vorteil erachtet werden.[687]
Die wesentlichen Annahmen, deren Erfüllung zur Wirksamkeit des Modells nötig ist, sind insgesamt **neutral** zu beurteilen.

Die **Realitätsnähe potentieller Modellergebnisse** ist bei diesem Modell **eindeutig sehr hoch** einzustufen: Für alle Zeithorizonte ergeben sich bei allen sinnvollen Konstellationen von Inputparametern positive Aktienanteile zwischen mehr als null und weniger als 100 Prozent, so daß eine unrealistische Kreditaufnahme oder ebenso unrealistische negative Aktienanteile durch das Modell nicht empfohlen werden.

Verwaltungsaufwand

Im Kapitel 3.1.2.9 wurde der Verwaltungsaufwand als Summe des in Geldeinheiten bewerteten Zeitaufwandes der Verwaltung und den direkt zurechenbaren Verwaltungskosten definiert. Der Zeitaufwand setzt sich aus dem quantifizierten zeitlichen Informationsaufwand und dem quantifizierten Aufwand zur Verwaltung des Depots zusammen. Der Informationsaufwand beschränkt sich im Modell auf die Auswahl geeigneter Zerobonds und auf die Investition der Portefeuilleanteile für risikobehaftete Assets in Aktienfonds. Der Informationsaufwand dafür ist – insbesondere bei der Auswahl der Aktienfonds – als gering zu beurteilen, da die Identifikation der geeigneten Assets nicht problematisch ist. Die Verwaltung des Depots selbst ist streng genommen nur beim Zeitpunkt der Investition des Kapitals nötig: Zum Investitionszeitpunkt werden ein geeigneter Zerobond und ein geeigneter Aktienfonds identifiziert. Gleichzeitig werden die zeithorizontabhängigen Assetgewichtungen ermittelt. Der Geldbetrag für die Alterssicherung wird im folgenden entsprechend den ermittelten Gewichtungen auf die Assetklassen aufgeteilt und in die Assetklassen investiert. Die nächsten Handlungen sind erst wieder zum Altersversorgungszeitpunkt – also zum Ruhestandseintrittszeitpunkt – nötig, wenn der Zerobond annahmegemäß fällig ist und die Aktienfondsanteile (teilweise) verkauft werden. Ein Verwaltungsaufwand entsteht daher nur zum jeweiligen Investitions- und Desinvestitionszeitpunkt, da eine zwischenzeitliche Überwachung oder zwischenzeitliche Depotumstrukturierungen nicht

---

[687] Zur vorteilhaften Einschätzung gelangt man vor dem Hintergrund, daß Annahmen vereinfachend, realitätsfern oder falsch sein können. Kommt ein sinnvolles Modell ohne diese Annahmen aus, bestehen diese Gefahren nicht.

erfolgen. Die direkt zurechenbaren Verwaltungskosten sind ebenfalls sehr gering und beschränken sich auf die Verwahrungskosten für den Zerobond und für die Aktienfondsanteile sowie auf die Gebühren des Investmentfonds. Der Verwaltungsaufwand ist daher insgesamt als **sehr gering** einzuschätzen.

Erfüllung gesetzlicher Erfordernisse

Eine wesentliche Gesetzesvorschrift zur Förderung der Altersvorsorge besteht in der erforderlichen Garantie des ursprünglich eingesetzten Kapitals. Die wenigsten Modelle können aufgrund der Rendite-Risiko-Charakteristika der Aktien eine Werterhaltung, die einer Garantie gleicht, ermöglichen. Dieses Modell nutzt die Charakteristika nicht von Aktien, sondern von Zerobonds und kann daher die Rückzahlung des nominellen, ursprünglich eingesetzten Kapitals gewährleisten. Darüber hinaus ist es möglich, auch den realen Kapitalerhalt sicherzustellen.[688] Damit werden die diesbezüglichen gesetzlichen Erfordernisse nicht nur erfüllt, sondern übertroffen, was **sehr positiv** zu beurteilen ist.

Art und Weise der Ausnutzung des Zeithorizonteffektes

Im erläuterten Modell steigt mit zunehmendem Zeithorizont der Anteil risikobehafteter Assets am Portefeuille zur Alterssicherung, so daß – zumindest implizit – ein positiver Zeithorizonteffekt unterstellt wird. Ein positiver Zeithorizonteffekt war in Kapitel 2.4 mit den Rendite- und Risikocharakteristika von Aktien begründet worden. Beim hier vorgestellten Modell jedoch werden die Rendite- und Risikocharakteristika von Aktien nicht behandelt, so daß sie nicht ursächlich für den positiv wirksamen Zeithorizonteffekt sein können. Ursächlich ist statt dessen die Entwicklung des Zerobondanteils an den Neuinvestitionen in das Alterssicherungsportefeuille: Wie im Kapitel 3.2.2.2.1 beschrieben nimmt dieser Anteil mit zunehmendem Zeithorizont ab, da der Anteil aufgrund der Verzinsung des Zerobonds immer geringer sein kann, um das ursprünglich eingesetzte Kapital am Ende der Laufzeit der Altersvorsorge wieder zu erreichen. Dies ist die Ursache dafür, daß der verbleibende Anteil, der in höchstrentierliche Assets investiert werden soll, mit zunehmendem Zeithorizont immer größer wird. Die tatsächlich existenten Zeithorizonteffekte, die Aktien betreffen und im Kapitel 2.4 erläutert worden waren, werden damit nicht direkt berücksichtigt. Für längere Anlagehori-

---

[688] Diese Sicherstellung ist – wie bereits mehrfach erwähnt – nur unter der Vorassetzung korrekt prognostizierbarer Inflationraten möglich.

zonte werden höhere Aktienanteile gewählt, so daß die Zeithorizonteffekte beispielsweise hinsichtlich der Lower Partial Moments **indirekt** berücksichtigt werden. Dadurch, daß die Berücksichtigung jedoch lediglich indirekt erfolgt, ist sie ungenau hinsichtlich des Zeithorizonteffektes bei Aktien, aber genau hinsichtlich der Rendite-Risiko-Charakteristika von Zerobonds. Die Berücksichtigung der Rendite-Risiko-Charakteristika von Aktien ist überhaupt nicht notwendig, weil erstens Aktiencharakteristika in diesem Modell nicht zur Asset Allocation verwendet werden,[689] und weil zweitens das Risiko bereits einmal durch den Zerobondanteil am Alterssicherungsportefeuille in das Modell eingegangen ist und Marktpreisrisiken der Aktien im Hinblick auf die nominelle Kapitalerhaltung durch die Modellkonstruktion bereits vollständig ausgeschaltet worden sind. Damit ist die Ausnutzung des Zeithorizonteffektes hinsichtlich des Zeithorizonteffektes bei Aktien **neutral** und insgesamt als **vorteilhaft** zu beurteilen.

3.2.2.2.3 Zusammenfassende Gesamtbeurteilung des Modells

Im folgenden sollen nochmals die wesentlichen Ausprägungen der Beurteilungskriterien beschrieben werden, um ein zusammenfassendes Gesamturteil über das Modell zu ermöglichen. Folgende Aspekte wurden bei der Erläuterung und Beurteilung des Modells betrachtet:

- **Berücksichtigte Assetklassen**
  Als Assetklassen in diesem Modell wurden Zerobonds als risikolose Wertpapiere und Aktienfondsanteile als risikobehaftete Assets verwendet. Die Verwendung der beiden Assetklassen der risikolosen wie der riskanten Assets ist **üblich und sinnvoll**, da auf diese Weise die wesentlichen der möglichen Assetklassen berücksichtigt werden. Die Konkretisierung der beiden Assetklassen kann ebenfalls als **angemessen** erachtet werden.

- **Art und Weise der Berücksichtigung der Rentabilität**
  Wie erläutert werden aufgrund der Betrachtung von Zerobonds diskrete Renditen bei der Ermittlung der Asset Allocation verwendet.

[689] Wie bereits beschrieben ergibt sich der Aktienanteil indirekt als Resultat des Zerobondanteils.

- **Berücksichtigung des Marktwertrisikos**
  Das Marktwertrisiko geht nicht in die Asset Allocation beim erläuterten Modell ein. Dies ist **neutral** zu bewerten, da die Betrachtung des Marktwertrisikos nicht nötig ist, um die mit dem Modell intendierten Ziele zu erreichen.

- **Berücksichtigung der Risikoeinstellung der Alterssichernden**
  Die Risikoeinstellung der Investoren wird dadurch berücksichtigt, daß angenommen wird, sie wollten das ursprünglich eingesetzte Kapital nominal oder real erhalten. Eine weitergehende Risikobetrachtung kann anhand der abzusichernden Endwerte erfolgen.[690] So ergibt sich insgesamt eine **positive** Beurteilung dieses Aspekts.

- **Voraussichtlich erzielbare Performance**
  Die erzielbare Performance ist mit den hier relevanten Performancemaßen der Modified Sharpe-Ratio nullter oder erster Ordnung nicht zu ermitteln. Aufgrund des fehlenden Risikos ist jedoch die Performance als **überdurchschnittlich hoch** einzuschätzen.

- **Berücksichtigung der Inflation**
  Im Modell kann die Erhaltung des ursprünglich eingesetzten Kapitals nominal oder auch real „garantiert" werden. Letzteres ist als **korrekte und zielführende** Weise anzusehen, die negativen finanziellen Auswirkungen der Inflation mit Sicherheit[691] zu verhindern.

- **Sensitivität der Modellergebnisse**
  Die Sensitivitäten der Modellergebnisse aufgrund der Variation wichtiger Inputparameter sind großteils **sehr gering**.

- **Realitätsnähe der Modellannahmen und Modellergebnisse**
  Die Realitätsnähe der Modellannahmen ist **neutral bis positiv** ausgeprägt; die Realitätsnähe möglicher Modellergebnisse ist **sehr hoch**.

---

690 Dies wurde in Kapitel 3.2.2.2.2 ausführlich erläutert.

691 Hinsichtlich der Begriffe „Garantie" und „Sicherheit" sei hier nochmals auf die in den Kapiteln 3.2.2.2.1 und 3.2.2.2.2 häufig geäußerten Einschränkungen verwiesen.

- **Verwaltungsaufwand**
  Der Verwaltungsaufwand zeichnet sich durch besondere Geringfügigkeit aus.

- **Erfüllung gesetzlicher Erfordernisse**
  Ein wesentlicher Anspruch des Gesetzes an die Förderung der Alterssicherung – der nominelle Kapitalerhalt – ist durch das Modell mit Sicherheit gegeben. Dies stellt einen entscheidenden **Vorteil** dar.

- **Art und Weise der Ausnutzung des Zeithorizonteffektes**
  Die Zeithorizonteffekte hinsichtlich der Aktien ergeben sich im Modell als Nebeneffekt aufgrund der Zerobondverzinsung, ohne daß die Rendite-Risiko-Charakteristika der Aktien explizit berücksichtigt werden müssen.

Die Ausprägung eines Kriteriums – die Berücksichtigung des Marktwertrisikos – ist wegen der Irrelevanz im Modell neutral zu beurteilen. Eine weitere Kriterienausprägung – die Ausnutzung von Zeithorizonteffekten – ist neutral bis positiv einzuschätzen. Für alle weiteren Kriterienausprägungen ergeben sich eindeutig positive Beurteilungen. Damit resultiert aus den vorangegangenen Erläuterungen ein **positives Gesamturteil** für das Zerobond-Modell, das dessen **uneingeschränkte Eignung zur Alterssicherung** manifestiert.

3.2.2.3 LPM0-Modell zur Asset Allocation für die Alterssicherung

3.2.2.3.1 Asset Allocation im LPM0-Modell

Verwendung der Ausfallwahrscheinlichkeit in der Asset Allocation

In der Praxis und auch in der wissenschaftlichen Literatur[692] ist die Verwendung der Ausfallwahrscheinlichkeit als Risikomaß durchaus weit verbreitet und stellt in der Gruppe der Lower Partial Moments das Risikomaß dar, das am häufigsten beachtet wird.[693] Die Ausfallwahrscheinlichkeit wird für die Asset Allocation insbesondere

[692] Vgl. z. B. Kränzlein, K. (Asset Allocation, 2000);
Leibowitz, M. L. / Kogelman, S. (Asset Allocation, 1991), S. 18 ff.

[693] Vgl. z. B. folgende Quellen, die die Ausfallwahrscheinlichkeit ausschließlich oder vorrangig behandeln:
Bodie, Z. (Shortfall Risk, 1991), S. 57 ff.;
Kaduff, J. V. / Spremann, K. (Shortfall-Risk, 1996), S. 779 ff.;

dann verwendet, wenn die Portfolio Selection nicht entsprechend traditionellen Entscheidungsregeln wie der μ-σ-Regel erfolgt.[694] Wie bereits in Kapitel 3.1.2.3.2.2 erläutert wurde, kennzeichnet das Lower Partial Moment nullter Ordnung die Wahrscheinlichkeit, eine vorgegebene Mindestrendite zu verfehlen und entspricht bei stetigen Verteilungen dem Flächeninhalt unter der jeweiligen Renditeverteilung von $-\infty$ bis zur vorgegebenen Mindestrendite.

Die Ausfallwahrscheinlichkeit bietet sich erstens an, um verschiedene Assetklassen in ihren Charakteristika miteinander zu vergleichen.[695] Zweitens können jeweils für die Assetklassen mögliche Zeithorizonteffekte untersucht werden, was für die Assetklassen der Aktien in Kapitel 2.4.1.3.2 dargestellt wurde. Drittens kann – wie im weiteren Verlauf dieses Kapitels erläutert werden wird – die Ausfallwahrscheinlichkeit als Kriterium zur Allokation von Assets verwendet[696] und für variierende Zeithorizonte untersucht werden.

Die Asset Allocation auf der Grundlage von Shortfall-Kriterien behandelt üblicherweise die Aufteilung von Finanzmitteln auf riskante und risikolose Assets, wobei Aktien die risikobehaftete Assetklasse repräsentieren und beliebige Strukturierungen des Portfolios mit den beiden Assetklassen möglich sind.[697] Die Variation der Aktienanteile dient dabei der Steuerung des Risikos und der erwarteten Rendite.[698] Die Vorgabe und Beachtung der Ausfallwahrscheinlichkeit ist dabei das Kriterium, mit dem unter der Menge der effizienten Portefeuilles[699] ausgewählt wird. Es werden also keine im Vergleich zu den „Markowitz-Portfolios" neuen möglichen Portefeuilles kreiert, sondern es wird unter den vorhandenen μ-σ-effizienten Portfolios nach einem anderen Kriteri-

---

Steiner, M. / Bruns, C. (Wertpapiermanagement, 2000), S. 62 ff.; Zenger, C. (Ausfallwahrscheinlichkeit, 1992), S. 104 ff.

694 Elton, E. J. / Gruber, M. J. (Portfolio Theory, 1995), S. 231 und 235 sowie die Ausführungen in Kapitel 3.1.2.4.

695 Die Untersuchung von Ausfallwahrscheinlichkeiten unterschiedlicher Assetklassen ist in der vorliegenden Untersuchung nicht relevant, da lediglich die beiden Assetklassen Aktien und risikolose Assets betrachtet werden. Letztere haben aufgrund des fehlenden Risikos eine Ausfallwahrscheinlichkeit von null.

696 Vgl. z. B. Leibowitz, M. L. / Kogelman, S. (Asset Allocation, 1991), S. 18 ff.

697 Vgl. Leibowitz, M. L. / Kogelman, S. (Asset Allocation, 1991), S. 18.

698 Hierbei wird wie üblich eine positive Korrelation zwischen Aktienanteil einerseits sowie Rendite und Risiko andererseits unterstellt; vgl. ebd.

699 Als effiziente Portefeuilles gelten hier Portfolios, die im Sinne der Portfolio-Selektion nach Markowitz effizient sind.

um das optimale Portefeuille identifiziert:[700] Wird bei der „traditionellen" Portfolioselektion die Effizienzkurve mit Nutzenfunktionen eines Investors kombiniert, um durch Tangentialpunkte von Nutzenfunktionen an der Effizienzkurve die optimale Asset Allocation zu erkennen, werden hier nach dem Kriterium der Einhaltung oder Minimierung der Ausfallwahrscheinlichkeit effiziente Portefeuilles ausgewählt.

Ausfallgeraden zur Visualisierung der Ausfallwahrscheinlichkeit

Unter der Annahme normalverteilter Renditen[701] lassen sich bei vorgegebener Mindestrendite die Portfolios mit jeweils gleicher Ausfallwahrscheinlichkeit als **Ausfallgeraden** im μ-σ-Diagramm darstellen:[702] An der Berechnungsweise der Ausfallwahrscheinlichkeit

$$LPM0 = N(z) = N\left(\frac{R_{i,min} - E(R_i)}{\sigma_i}\right)$$

ist zu erkennen, daß die verschiedenen möglichen Ausfallwahrscheinlichkeiten mit jeweils einem z-Wert des Quotienten $\frac{R_{i,min} - E(R_i)}{\sigma_i}$ verbunden sind. Sind die Portfolios wie üblich durch den Erwartungswert der Rendite μ und durch die Standardabweichung der Renditen σ gekennzeichnet, und ist die Rendite eine Zufallsvariable X, so gilt folgende Beziehung für alle Portfolios, die die vorgegebene Mindestrendite τ mit einer bestimmten Ausfallwahrscheinlichkeit p verfehlen:[703]

$$P(X < \tau) = p \rightarrow \mu = \tau - z \times \sigma$$

---

700 Diese Tatsache dient der Kritik an der Asset Allocation, die auf Shortfall-Maßen basiert; vgl. Kaduff, J. V. / Spremann, K. (Shortfall-Risk, 1996), S. 780 ff.

701 Die folgenden Ausführungen basieren zwar auf der Normalverteilungsannahme, aber die Resultate gelten in ähnlicher Weise auch für nicht-normalverteilte Aktienrenditen, was anhand der Lösung des Maximierungsproblems mittels der Tchebyshev'schen Ungleichung ersichtlich ist; vgl. Elton, E. J. / Gruber, M. J. (Portfolio Theory, 1995), S. 237, 238 und 240.

702 Vgl. hierzu und zum folgenden Elton, E. J. / Gruber, M. J. (Portfolio Theory, 1995), S. 235 ff.;
Kränzlein, K. (Asset Allocation, 2000), S. 132;
Leibowitz, M. L. / Henriksson, R. D. (Portfolio Optimization, 1989), S. 34 ff.;
Leibowitz, M. L. / Kogelman, S. (Asset Allocation, 1991), S. 19 ff.;
Rudolf, M. (Shortfall Risk, 1994), S. 89 ff.;
Spremann, K. (Portfoliomanagement, 2000), S. 338 ff.

Ausfallgeraden werden in den folgenden Abbildungen 3.2.2.3.1-1 bis 3.2.2.3.1-6 dargestellt.

703 Vgl. hierzu und zum folgenden Rudolf, M. (Shortfall Risk, 1994), S. 89 f.;
Spremann, K. (Portfoliomanagement, 2000), S. 338 ff.

Diese Beziehung bedeutet, daß alle Portfolios, die mit der Ausfallwahrscheinlichkeit p die Mindestrendite τ verfehlen, auf einer Geraden im μ-σ-Diagramm liegen, deren Achsenabschnitt durch die Mindestrendite τ und deren Steigung durch den z-Wert charakterisiert sind.[704] Damit ergibt sich die Gerade gleicher Ausfallwahrscheinlichkeit, benannt als **Ausfallgerade** oder **Shortfallgerade**.[705] Die Ausfallgerade verändert ihre Lage im μ-σ-Diagramm beispielsweise durch die Variation der Mindestrendite oder der Ausfallwahrscheinlichkeit. Je geringer die Ausfallwahrscheinlichkeit ist, desto steiler verläuft die Ausfallgerade im Diagramm.[706] Punkte im μ-σ-Diagramm, die links der Ausfallgeraden positioniert sind, weisen im Vergleich zur Ausfallgeraden ein niedrigeres Shortfall-Risiko auf,[707] Punkte rechts der Geraden ein höheres Ausfallrisiko,[708] so daß im Sinne der Shortfall-Beschränkung eine Investition in alle Portfolios auf oder links der Ausfallgeraden möglich ist.

Kriterien zur Portfolio-Konstruktion

Um nun eine Lösung des Problems der Asset Allocation zu generieren, werden Ausfallgeraden im μ-σ-Diagramm mit der jeweiligen Effizienzkurve bzw. bei Existenz einer risikolosen Anlagemöglichkeit mit der Effizienzlinie positioniert.[709] Auf diese Weise kann ein Schnittpunkt zwischen Ausfallgeraden und Effizienzkurve oder Effizienzlinie entstehen, der die optimale Asset Allocation bei den gegebenen Kriterien charakterisiert: Im **ersten Fall** des Schnittpunktes der Ausfallgeraden mit der Effizienzkurve ergibt sich die optimale Aufteilung der risikobehafteten Assets im Portefeuille,

---

[704] Vgl. hierzu und zum folgenden Leibowitz, M. L. / Kogelman, S. (Asset Allocation, 1991), S. 19 ff.;
Rudolf, M. (Shortfall Risk, 1994), S. 89 ff.;
Spremann, K. (Portfoliomanagement, 2000), S. 338 ff.

[705] Die Begriffe „Ausfallgerade" und „Shortfallgerade" werden synonym verwendet.

[706] Vgl. Spremann, K. (Portfoliomanagement, 2000), S. 339.
Hierbei ist zu beachten, daß die Steigung der Ausfallgeraden nur bei einem negativen z-Wert positiv ist, was wiederum eine Mindestrendite bedingt, die geringer als die risikolose Rendite ist. Vgl. hierzu Kränzlein, K. (Asset Allocation, 2000), S. 132 f.

[707] Portfolios links der Ausfallgeraden weisen bei gleicher Rendite eine geringere Standardabweichung auf, so daß die Ausfallwahrscheinlichkeit des Portfolios geringer ist.

[708] Portfolios rechts der Ausfallgeraden weisen bei gleicher Rendite eine höhere Standardabweichung auf, so daß die Ausfallwahrscheinlichkeit größer ist.

[709] Vgl. hierzu und zum folgenden Elton, E. J. / Gruber, M. J. (Portfolio Theory, 1995), S. 235 ff.;
Leibowitz, M. L. / Kogelman, S. (Asset Allocation, 1991), S. 20.

im **zweiten Fall** des Schnittpunktes der Ausfallgeraden mit der Effizienzlinie resultiert der optimale Aktienanteil und der Anteil risikoloser Assets am Portfolio. Diese Schnittpunkte können mittels dreier Kriterien erzeugt werden:[710] dem **Roy-Kriterium**, dem **Kataoka-Kriterium** und dem **Telser-Kriterium**.[711] Diese Kriterien werden im folgenden erläutert.

Roy-Kriterium

Mithilfe des Roy-Kriteriums oder Safety-First-Kriteriums [712] wird die **Wahrscheinlichkeit minimiert**, eine **vorgegebene Mindestrendite** zu unterschreiten, so daß unter den μ-σ-effizienten Portfolios dasjenige mit der geringsten Ausfallwahrscheinlichkeit ausgewählt wird.[713] Dies bedeutet, daß im Falle ausschließlich risikobehafteter Anlagen die Steigung der Shortfallgeraden solange erhöht und damit die Ausfallwahrscheinlichkeit vermindert wird, bis die Gerade die Effizienzkurve risikobehafteter Assets tangiert. Das resultierende Tangentialportefeuille, das an der Abbildung 3.2.2.3.1-1 ersichtlich ist, weist für die vorgegebene Mindestrendite unter den μ-σ-effizienten Portfolios die geringste Ausfallwahrscheinlichkeit auf und wird entsprechend Roy als Safety-First-Portfolio benannt.[714]

---

710 Bei der Terminologie der Kriterien ist zu beachten, daß diese drei Kriterien üblicherweise wie oben bezeichnet werden. Gemäß anderen Bezeichnungsweisen wird das Roy-Kriterium als Safety-First-Kriterium benannt, oder die gesamte Gruppe von Roy-, Kataoka- und Telser-Kriterium wird als Gruppe der Safety-First-Kriterien bezeichnet. Diese Benennungsweise ist jedoch irreführend, da die Sicherheit nur beim Roy-Kriterium das vorrangige Ziel der Asset Allocation darstellt. Zur alternativen Terminologie vgl. Elton, E. J. / Gruber, M. J. (Portfolio Theory, 1995), S. 235 ff.

711 Vgl. hierzu und zum folgenden Reichling, P. (Safety First-Ansätze, 1996), S. 31 ff.;
Roy, A. D. (Safety First, 1954), S. 431 ff.;
Spremann, K. (Portfoliomanagement, 2000), S. 336 ff.;
Wolter, H.-J. (Zeithorizonteffekte, 1993), S. 331.

712 Die Begriffe „Roy-Kriterium" und „Safety-First-Kriterium" werden synonym verwendet.

713 Vgl. hierzu und zum folgenden Albrecht, T. (Zeithorizont, 1999), S. 64 ff.;
Elton, E. J. / Gruber, M. J. (Portfolio Theory, 1995), S. 235 ff.

714 Vgl. Roy, A. D. (Safety First, 1952), S. 431 ff.

Zur analytischen Identifikation des Safety-First-Portfolios und der einschränkenden Annahme normalverteilter Renditen vgl. Kränzlein, K. (Asset Allocation, 2000), S. 134 ff.

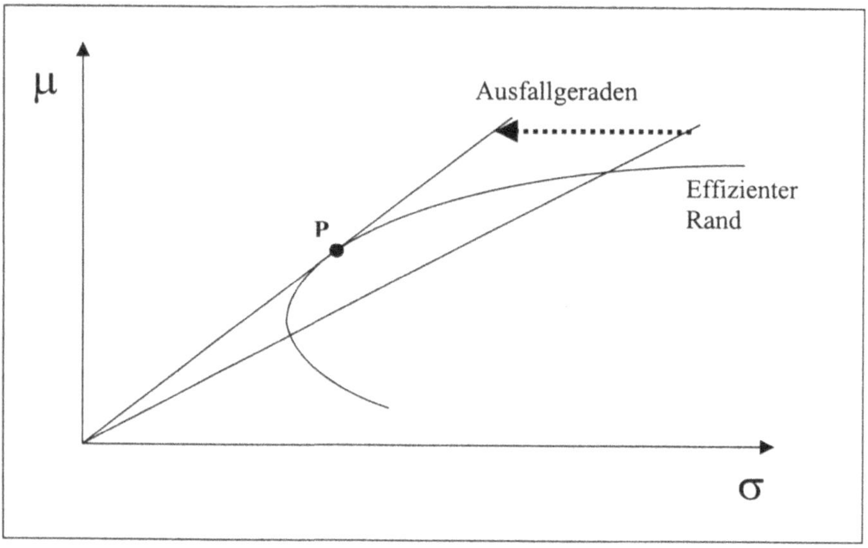

Abbildung 3.2.2.3.1-1: Roy-Portfolio bei risikobehafteten Assets

Existiert zusätzlich zu risikobehafteten Assets eine risikolose Anlagemöglichkeit, ist nicht mehr die Effizienzkurve relevant, sondern – zu sehen an der Abbildung 3.2.2.3.1-2 – die Effizienzlinie, die den risikolosen Zins als Ordinatenabschnitt mit dem sich ergebenden Tangentialpunkt an der Effizienzkurve verbindet.[715] Der Tangentialpunkt stellt hierbei das Portfolio dar, das vollständig aus risikobehafteten Assets besteht. Je nach Vorgabe der Parameter sind bei der Kombination mit Shortfallgeraden nun drei Fälle relevant:[716]

1. Die vorgegebene Mindestrendite ist geringer als der risikolose Zins. Nun muß die Ausfallwahrscheinlichkeit minimiert, also die Steigung der Shortfallgeraden solange erhöht werden, bis sich für die Menge der μ-σ-effizienten Portefeuilles die geringste Ausfallwahrscheinlichkeit ergibt. In diesem Fall ist die Ausfallwahrscheinlichkeit gleich null und die Steigung der Shortfallgeraden gleich unendlich, da unter den effizienten Portefeuilles dasjenige, das ausschließlich aus

---

715 Vgl. hierzu und zum folgenden Elton, E. J. / Gruber, M. J. (Portfolio Theory, 1995), S. 249 f.

716 Vgl. hierzu und zum folgenden Albrecht, T. (Zeithorizont, 1999), S. 64 ff.; Elton, E. J. / Gruber, M. J. (Portfolio Theory, 1995), S. 235 ff.

der risikolosen Anlage besteht, die geringste – nämlich keine – Ausfallwahrscheinlichkeit aufweist.

2. Ist die Mindestrendite höher als der risikolose Zinssatz, so wird die Steigung der Shortfallgeraden maximiert und damit die Ausfallwahrscheinlichkeit minimiert, indem sich ein Individuum maximal verschuldet: Der notwendige Schnittpunkt beider Kurven bei gleichzeitig maximaler Steigung der Ausfallgeraden ergibt sich im Unendlichen, sofern unbegrenzte Verschuldung möglich ist. Dies bedeutet, daß ein Portfolio optimal ist, bei dem zum risikolosen Zins Kredit in unendlicher Höhe aufgenommen wird, um die Finanzmittel anschliessend vollständig in das Tangentialportefeuille zu investieren.
3. Sind die vorgegebene Mindestrendite und der risikolose Zinssatz gleich, entspricht die Effizienzlinie der Ausfallgeraden. Alle Portfolios mit Ausnahme der vollständigen Investition in risikolose Assets haben die gleiche Ausfallwahrscheinlichkeit. Da letztere gemäß dem Roy-Kriterium minimiert werden soll, ergibt sich als Optimum ein Portfolio, das nur aus Anlagen zum risikolosen Zins besteht, weil dieses Portfolio eine Ausfallwahrscheinlichkeit von null aufweist.

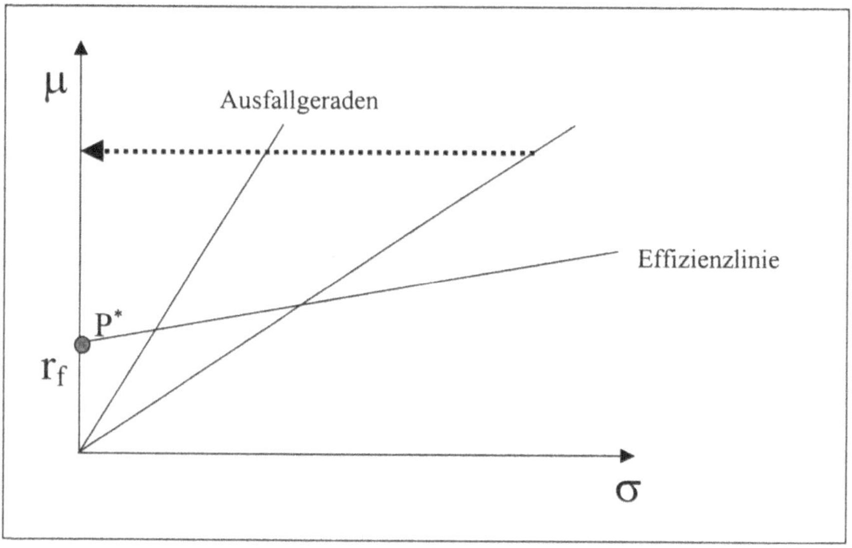

Abbildung 3.2.2.3.1-2: Roy-Portfolio bei risikoloser Anlagemöglichkeit

Die Ergebnisse zeigen, daß bei der Anwendung des Roy-Kriteriums für Portfolios mit risikoloser Anlagemöglichkeit optimale Portefeuilles entweder in einer vollständigen Anlage zum risikolosen Zins bestehen (bei $\tau \leq r_f$), oder aber, daß sich unbegrenzte Verschuldung und Anlage der Mittel in das Tangentialportefeuille als optimal erweisen (bei $\tau > r_f$) – Ergebnisse, die insbesondere bei der Alterssicherung als wenig zielführend und als unrealistisch zu beurteilen sind. Zudem kann bei einer vermeintlich optimalen vollständigen Investition in die risikolose Anlagemöglichkeit die Zielrendite bereits bei unvollständiger Anlage zum risikolosen Zins erreicht werden,[717] so daß der Restbetrag renditesteigernd in risikobehaftete Assets investiert werden könnte.[718] Des weiteren ist das Ergebnis unbegrenzter Verschuldung und Investition in das Aktienportfolio nicht geeignet, die eigentliche Zielsetzung des Safety-First-Prinzips – die Minimierung der Ausfallwahrscheinlichkeit – zu erfüllen. Aus diesen Gründen erweist sich das Safety-First-Kriterium als ungeeignet für die Zielsetzung dieser Untersuchung.

717 Diese Vorgehensweise wurde beim Asset Allocation-Modell mit Zerobonds genutzt. Vgl. Kapitel 3.2.2.2.

718 Vgl. hierzu und zum folgenden Kränzlein, K. (Asset Allocation, 2000), S. 138.

Kataoka-Kriterium

Bei der Asset Allocation basierend auf dem Kataoka-Kriterium wird im Unterschied zur Vorgehensweise beim Roy-Kriterium die **Ausfallwahrscheinlichkeit vorgegeben** und die **Mindestrendite maximiert**.[719] Unter den möglichen Portfolios wird dasjenige mit dem höchsten Erwartungswert der Rendite ausgewählt. Im μ-σ-Diagramm bedeutet diese Vorgehensweise, daß die Ausfallgerade nicht wie beim Roy-Kriterium um den risikolosen Zins gedreht, sondern – wie es an der Abbildung 3.2.2.3.1-3 zu erkennen ist – parallel verschoben wird. Die Ausfallwahrscheinlichkeit und damit die Steigung der Ausfallgeraden sind also hier fixiert. Bei Existenz nur risikobehafteter Assets wird auf diese Weise das optimale Portfolio identifiziert, indem die Ausfallgerade so weit nach oben verschoben wird, bis die Effizienzlinie gerade tangiert wird.[720] So ist die μ-σ-Effizienz und gleichzeitig die Einhaltung der vorgegebenen Ausfallwahrscheinlichkeit sichergestellt.[721]

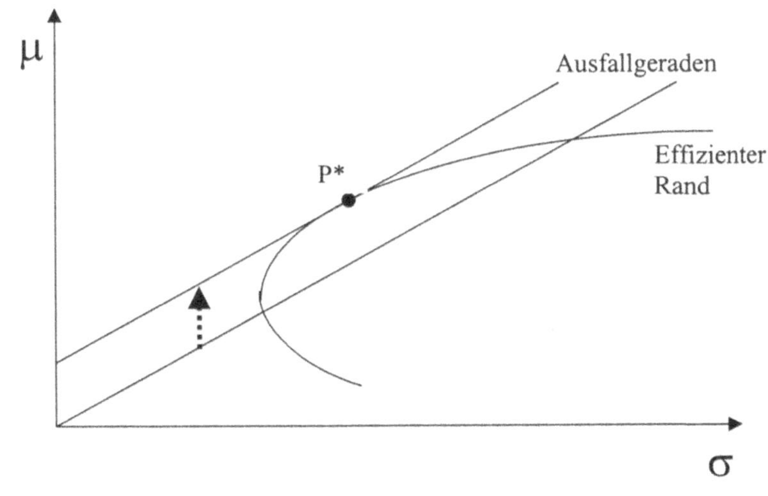

Abbildung 3.2.2.3.1-3: Kataoka-Portfolio bei risikobehafteten Assets

719 Vgl. hierzu und zum folgenden Elton, E. J. / Gruber, M. J. (Portfolio Theory, 1995), S. 237 f.; Wolter, H.-J. (Zeithorizonteffekte, 1993), S. 331.

720 Zur analytischen Bestimmung des optimalen Portefeuilles vgl. Kränzlein, K. (Asset Allocation, 2000), S. 140 f.

721 Vgl. Rudolf, M. (Shortfall Risk, 1994), S. 90.

Ist – wie in der Abbildung 3.2.2.3.1-4 dargestellt – zusätzlich zu den risikobehafteten Assets eine risikolose Anlage möglich, sind je nach vorgegebener Ausfallwahrscheinlichkeit und damit je nach Steigung der Ausfallgeraden wiederum drei Fälle zu unterscheiden:[722]

1. Ist die Steigung der Ausfallgeraden größer als die der Effizienzlinie, besteht der Berührungspunkt mit der maximalen Mindestrendite im Portfolio, das ausschließlich aus risikolosen Assets besteht.
2. Bei einer Steigung der Ausfallgeraden, die geringer als die der Effizienzlinie ist, ergibt sich durch die Verschiebung der Ausfallgeraden nach oben der Mindestrendite-maximale Schnittpunkt mit der Effizienzlinie im Unendlichen. Dies bedeutet auch hier, daß Kredit in unendlicher Höhe aufgenommen und die verfügbaren Mittel vollständig in das Tangentialportfolio investiert werden.
3. Bei gleicher Steigung von Shortfallgeraden und Effizienzlinie wird erstere im μ-σ-Diagramm so weit nach oben verschoben, bis die Effizienzlinie ihr entspricht. Damit erfüllen gemäß Kataoka-Kriterium alle Portfolios die vorgegebene Ausfallwahrscheinlichkeit. Bei Maximierung des Erwartungswertes der Renditen liegt das optimale Portefeuille im Unendlichen.[723]

---

[722] Vgl. Albrecht, T. (Zeithorizont, 1999), S. 68 ff.;
Elton, E. J. / Gruber, M. J. (Portfolio Theory, 1995), S. 249;
Kränzlein, K. (Asset Allocation, 2000), S. 141 f.

[723] Diese Tatsache ist bei Kränzlein falsch dargestellt, da Kränzlein alle Portfolios auf der Ausfallgeraden als optimal erachtet. Vgl. Kränzlein, K. (Asset Allocation, 2000), S. 141.

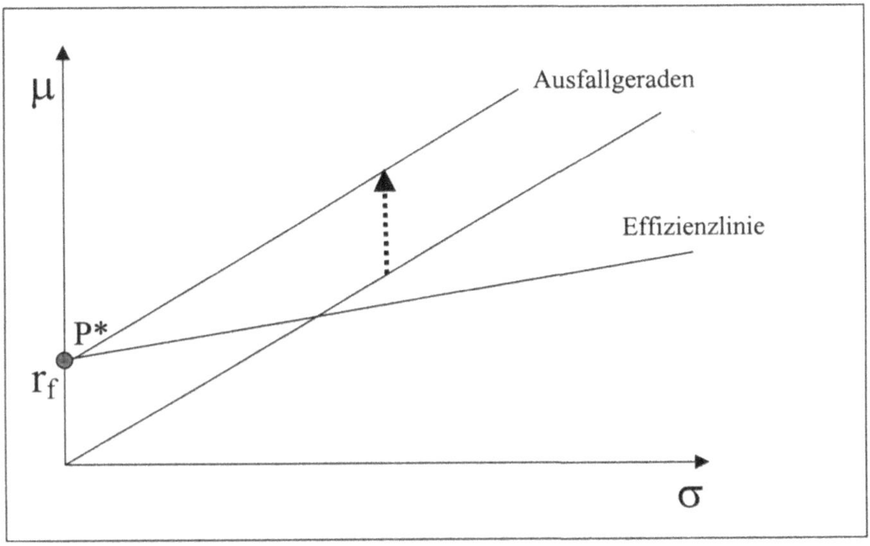

Abbildung 3.2.2.3.1-4: Kataoka-Portfolio bei risikoloser Anlagemöglichkeit

Anhand dieser Ergebnisse ist wiederum zu erkennen, daß das Kataoka-Kriterium für die Asset Allocation für die Alterssicherung keine brauchbaren Resultate liefert, da ebenso wie beim Roy-Kriterium entweder vollständig in risikolose Assets investiert wird, was nicht als sinnvoll erachtet wird, oder aber es wird unbegrenzte Verschuldung und die Anlage in risikobehaftete Assets empfohlen.

Telser-Kriterium

Bei der Asset Allocation gemäß dem Telser-Kriterium wird sowohl die maximale **Ausfallwahrscheinlichkeit** als auch die zu erzielende **Mindestrendite vorgegeben.**[724] Unter den möglichen Portfolios wird wieder das mit dem höchsten Erwartungswert der Rendite ausgewählt. Damit ergibt sich im μ-σ-Diagramm – ersichtlich in Abbildung 3.2.2.3.1-5 – eine Ausfallgerade, deren Steigung und Ordinatenabschnitt fixiert sind.

[724] Vgl. hierzu und zum folgenden z. B. Elton, E. J. / Gruber, M. J. (Portfolio Theory, 1995), S. 238 ff., oder
Kränzlein, K. (Asset Allocation, 2000), S. 142 ff.;
Telser, L. G. (Safety First, 1955), S. 1 ff.

Steht keine risikolose Anlagemöglichkeit zur Verfügung, sind drei Fälle zu unterscheiden:

1. Wenn die Ausfallgerade die Effizienzkurve lediglich **in einem Punkt berührt**, ist das gekennzeichnete Portfolio (Telser-Portfolio) dasjenige mit der geringsten Ausfallwahrscheinlichkeit. Damit entspricht die Lösung der Asset Allocation gemäß dem Roy-Kriterium.
2. Die Ausfallgerade kann **zwei Schnittpunkte** mit der Effizienzkurve aufweisen. Die Schnittpunkte kennzeichnen die beiden Portfolios, die einerseits μ-σ-effizient sind, und bei denen andererseits die vorgegebene Mindestrendite nicht unterschritten und die ebenfalls vorgegebene Ausfallwahrscheinlichkeit nicht überschritten werden. Beide Kriterien – vorgegebene Mindestrendite und Ausfallwahrscheinlichkeit – werden von beiden Portfolios erfüllt, so daß dasjenige der beiden Portfolios selektiert wird, das die höhere erwartete Rendite erzielt.
3. Schneidet oder berührt die Telser-Gerade die Effizienzlinie nicht, kann kein optimales Portfolio gemäß dem Telser-Kriterium generiert werden. Zu einer Lösung des Asset Allocation-Problems kann man nur gelangen, indem die vorgegebene Ausfallwahrscheinlichkeit und/oder die Mindestrendite variiert werden.

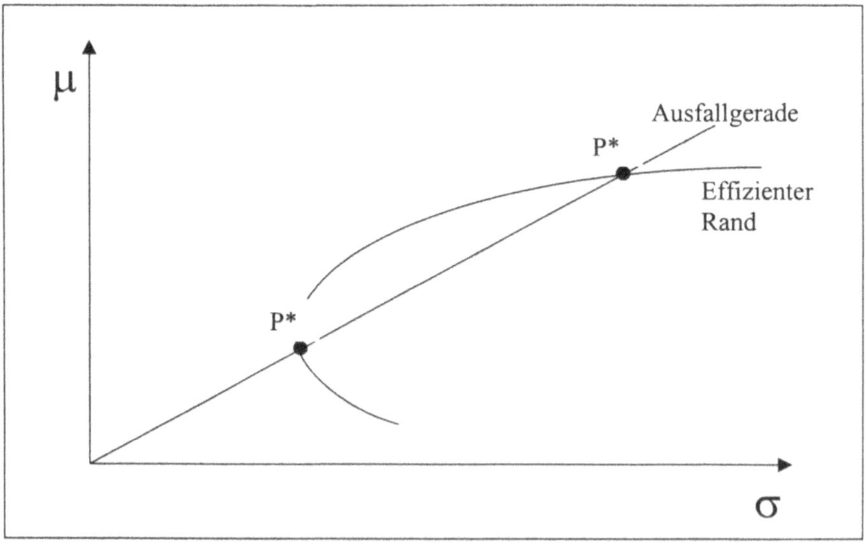

Abbildung 3.2.2.3.1-5: Telser-Portfolio bei ausschließlich risikobehafteten Anlagemöglichkeiten

Steht zusätzlich zu den risikobehafteten Assets eine risikolose Anlagemöglichkeit zur Verfügung, so sind – wie es an der Abbildung 3.2.2.3.1-6 verdeutlicht wird – die Telser-Gerade und die Effizienzlinie für die Portfoliokonstruktion relevant.[725] Folgende Fälle sind dabei möglich:[726]

1. Die Mindestrendite ist geringer als die risikolose Rendite und die Steigung der Ausfallgeraden ist größer als die der Effizienzgeraden, oder aber die Mindestrendite ist höher als die risikolose Rendite und die Steigung der Ausfallgeraden geringer als die der Effizienzgeraden. Hierbei ergibt sich jeweils ein Schnittpunkt der beiden Geraden. Da sowohl die Mindestrendite als auch die Ausfallwahrscheinlichkeit und damit die Steigung und der Ordinatenabschnitt der Ausfallgeraden fixiert sind, entspricht genau dieser Schnittpunkt der optimalen Asset Allocation gemäß dem Telser-Kriterium. Dies bedeutet, daß entsprechend der Positionierung des Schnittpunkts auf der Effizienzgeraden die Aufteilung des Portfolios in risikobehaftete und risikolose Assets erfolgt und damit ein optimaler Aktienanteil bestimmt werden kann – ohne Kenntnis irgendwelcher Nutzenfunktionen, sofern die Ausfallwahrscheinlichkeit das relevante Entscheidungskriterium ist.
2. Die Mindestrendite ist größer/kleiner als die risikolose Rendite und die Steigung der Ausfallgeraden ist mindestens/maximal so groß wie die der Effizienzgeraden. Hier schneiden sich Effizienzgerade und Telser-Gerade nicht, so daß eine Asset Allocation-Entscheidung aufgrund des Telser-Kriteriums nicht herbeigeführt werden kann.
3. Ist die vorgegebene Mindestrendite gleich dem risikolosen Zins und entspricht die Steigung der Ausfallgeraden derjenigen der Effizienzlinie, erfüllen zunächst alle Portfolios auf der Linie die Einhaltung der Kriterien Mindestrendite und Ausfallwahrscheinlichkeit. Gemäß dem Telser-Kriterium wird nun der Erwartungswert der Rendite maximiert, so daß unendliche Verschuldung und Investition der Mittel in das Aktienportefeuille optimal sind. Differieren hingegen die Steigungen der beiden Geraden voneinander, besteht die Lösung des Asset Allocation-Problems in dem Portfolio, das ausschließlich aus der Investition in risikolose Anlagen besteht.

---

725 Alle folgenden Ausführungen basieren auf der Annahme, daß eine risikolose Anlagemöglichkeit und risikobehaftete Assets existieren. Die Renditen der letzteren sind normalverteilt. Das Tangentialportfolio repräsentiert alle risikobehafteten Assets.

726 Vgl. Elton, E. J. / Gruber, M. J. (Portfolio Theory, 1995), S. 250 ff.; Kränzlein, K. (Asset Allocation, 2000), S. 144 ff.

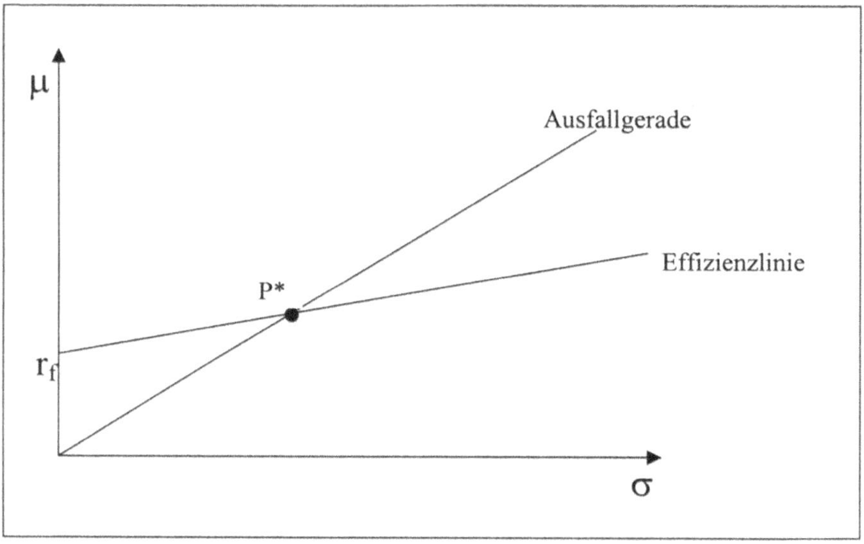

Abbildung 3.2.2.3.1-6: Telser-Portfolio mit risikoloser Anlagemöglichkeit

Aus den Erläuterungen wird ersichtlich, daß aus dem Telser-Kriterium sinnvolle Entscheidungen für die Asset Allocation für die Alterssicherung resultieren können. Die Fragestellung zur optimalen Aufteilung der beiden Assetklassen risikobehafteter und risikoloser Assets auf ein Portfolio kann durch das Telser-Kriterium befriedigend gelöst werden, nicht jedoch durch das Roy- und Kataoka-Kriterium, da sich dort lediglich unrealistische oder irrelevante Extremlösungen ergeben. Daher ist das Telser-Kriterium als einziges der drei oben vorgestellten Kriterien für die Asset Allocation zur Alterssicherung grundsätzlich geeignet.

Zeithorizontabhängige Asset Allocation auf Basis der Ausfallwahrscheinlichkeit und des Telser-Kriteriums

Entscheidend für die Asset Allocation entsprechend den vorhergehenden Ausführungen ist die Bestimmung der optimalen Aufteilung risikobehafteter und risikoloser Anlagemöglichkeiten im Portfolio entsprechend dem Telser-Kriterium, dessen Eignung oben begründet wurde. Bei der Berechnung des Telser-Portfolios gelten nun folgende Zusammenhänge:[727]

Die **Ausfallgerade** – auch als Telsergerade bezeichnet – folgt der Gleichung

$$\mu_T = \tau - z \times \sigma_T$$

mit

μ_T = Erwartungswert der Rendite des Telserportfolios

σ_T = Standardabweichung der Aktienrenditen im Telserportfolio

τ = vorgegebene Mindestrendite

z = Steigung der Ausfallgeraden.

Da das Telserportfolio zugleich auf der **Effizienzgeraden** liegt, läßt es sich als Kombination aus risikoloser und risikobehafteter Anlagemöglichkeit darstellen, so daß folgende Beziehungen gelten:

$$\mu_T = x \times \mu_A + (1 - x) \times r_f$$

$$\sigma_T = x \times \sigma_A$$

mit

x = Aktienanteil

r_f = risikolose Rendite

μ_A = Erwartungswert der Aktienrenditen

σ_A = Standardabweichung der Aktienrenditen

Anschließend lassen sich die beiden letzten Gleichungen in die Gleichung der Ausfallgeraden einsetzen, so daß sich folgender optimaler Aktienanteil im Telserportfolio ergibt:

$$x = \frac{\tau - r_f}{z \times \sigma_A + \mu_A - r_f}$$ unter der Bedingung, daß $\tau < r_f$.[728]

[727] Vgl. hierzu und zum folgenden die Ausführungen oben in diesem Kapitel und Kränzlein, K. (Asset Allocation, 2000), S. 145 f.

[728] Diese Bedingung ist notwendig, da eine Mindestrendite, die höher als die risikolose Verzinsung ist, nicht mit sehr geringen Aktienanteilen erzielt werden kann.

Ein entscheidender Aspekt – die Berücksichtigung und der Einfluß des **Zeithorizontes** – wurde hier bisher vernachlässigt und soll daher im folgenden untersucht werden. Bereits im Kapitel 2.4 wurde erläutert, daß ein positiver Zeithorizonteffekt hinsichtlich der Asset Allocation existiert, was bedeutet, daß mit zunehmender Anlagedauer das Anlagerisiko gemessen durch die annualisierte Standardabweichung der Aktienrenditen sinkt. Bei einer Variation des Zeithorizontes ist zu prüfen, ob sich im μ-σ-Diagramm einerseits die effiziente Kurve[729] oder die Effizienzlinie[730] sowie andererseits die Ausfallgerade mit variierendem Zeithorizont verändern. Die Ausfallgerade ist – wie oben in diesem Kapitel dargestellt – durch die Gleichung $\mu = \tau - z \times \sigma$ bestimmt. Wird nun das Telser-Kriterium als Kriterium zur Allokation der Assets verwendet, werden sowohl die Mindestrendite als auch die maximal tolerierte Ausfallwahrscheinlichkeit exogen vorgegeben, wobei erstere durch τ und letztere durch den z-Wert der Ausfallgeraden repräsentiert wird. Dies verdeutlicht, daß sich beides bei Variation des Zeithorizontes nicht verändert, sondern konstant bleibt und somit der Ordinatenabschnitt und die Steigung der Geraden unabhängig vom Zeithorizont fixiert sind.[731]

---

729 Die effiziente Kurve ist bei ausschließlich risikobehafteten Assets relevant.

730 Die Kapitalmarktlinie kennzeichnet effiziente Portfolios bei Existenz einer risikolosen Anlage.

731 Anderer, jedoch falscher Auffassung ist Kränzlein: Er argumentiert zwar auch anhand des Telser-Kriteriums mit vorgegebener Ausfallwahrscheinlichkeit und Mindestrendite, so daß sich die Steigung der Ausfallgeraden im Zeithorizont nicht verändern dürfte. Hier unterläuft Kränzlein jedoch der Fehler, daß sich die Ausfallgerade mit variierendem Zeithorizont nach seiner Ansicht ändert. Um die Positionierung der Ausfallgeraden im Zeitablauf zu untersuchen multipliziert Kränzlein die Gleichung der Shortfall-Geraden ($\mu_P = \tau - z \times \sigma_P$) mit dem Zeithorizont. Für eine solche Multiplikation gibt es grundsätzlich zwei Möglichkeiten: entweder wird bei Konstanz der anderen Einflußgrößen die gesamte Gleichung mit T multipliziert, so daß sich die Gleichung $\mu_P \times T = \tau \times T - z \times \sigma_P \times T$ ergäbe. Hierbei ist jedoch kein Zeithorizonteffekt ersichtlich, so daß Kränzlein diese Möglichkeit nicht in Betracht gezogen haben kann. Die andere Möglichkeit besteht darin, die Einflußgrößen als zeithorizontabhängig zu definieren, so daß dann eine Multiplikation in der Weise erfolgt, wie sie Kränzlein durchführt: $\mu_P(T) \times T = \tau(T) \times T - z(T) \times \sigma_P(T) \times \sqrt{T}$. Diese Vorgehensweise erscheint als grundsätzlich plausibel, da sich der Erwartungswert der Rendite proportional zum Zeithorizont verhält, die Standardabweichung der Renditen sich aber nur mit der Quadratwurzel der Anzahl der Jahre des Zeithorizontes verändert. Kränzlein begeht aber hier wiederum den Fehler, bei dieser Erweiterung der Grundgleichung die anderen Einflußgrößen nicht als zeithorizontabhängig zu definieren. Daher kommt er zu dem falschen Ergebnis, daß sich die Ausfallgerade mit variierendem Zeithorizont verändert. Dies wird von Kränzlein mit der falschen Erweiterung der Grundgleichung der Ausfallgeraden und anschließender Auflösung nach dem Erwartungswert der Portfoliorendite vermeintlich belegt: Er erweitert die Grundgleichung zu $\mu_P \times T = \tau \times T - z \times \sigma_P \times \sqrt{T}$ und erhält so die Gleichung der zeithorizontabhängigen Ausfallgerade: $\mu_P = \tau - \frac{z}{\sqrt{T}} \times \sigma_P$. Kränzleins Fehler ist es, nur T zu variieren, nicht aber den Rest der Einflußvariablen.
Vgl. Kränzlein, K. (Asset Allocation, 2000), S. 162 ff.

Die effiziente Kurve und die Effizienzlinie verändern sich hingegen mit variierendem Zeithorizont. Bei Verwendung stetiger Renditen bleibt die durchschnittliche jährliche Rendite mit zunehmendem Zeithorizont gleich. Das annualisierte Risiko – repräsentiert durch die Standardabweichung – sinkt jedoch mit zunehmendem Zeithorizont, wie dies in Kapitel 2.4.1.3.2.1 dargestellt wurde, da sich das Risiko nicht proportional zur Zeit entwickelt, sondern lediglich mit der Wurzel der Anzahl der Jahre zunimmt. Aufgrund dessen verschiebt sich die effiziente Kurve risikobehafteter Assets nach links, und bei Existenz einer risikolosen Anlagemöglichkeit dreht sich die Effizienzgerade entgegen dem Uhrzeigersinn, so daß jeweils bei gleicher Renditeerwartung eine geringere Standardabweichung der Renditen herrscht[732]. Das Tangentialportfolio auf der Effizienzgeraden verschiebt sich aufgrund des veränderten Zeithorizontes auf diese Weise nach links, wie es anhand der folgenden Abbildungen 3.2.2.3.1-7 und 3.2.2.3.1-8 ersichtlich ist.

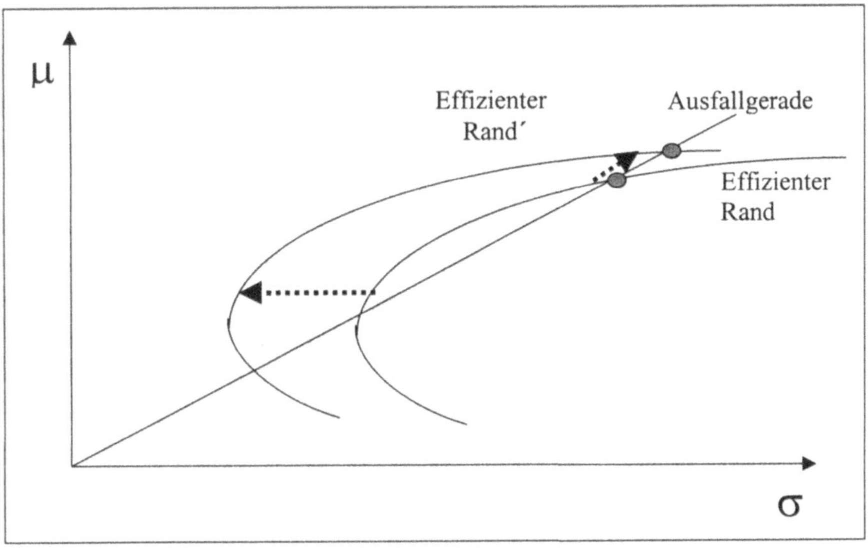

Abbildung 3.2.2.3.1-7: Asset Allocation aufgrund des Telser-Kriteriums bei risikobehafteten Assets unter Variation des Zeithorizontes

[732] Bei alternativer Argumentation wird bei gleicher Standardabweichung nun eine höhere Rendite erwartet.

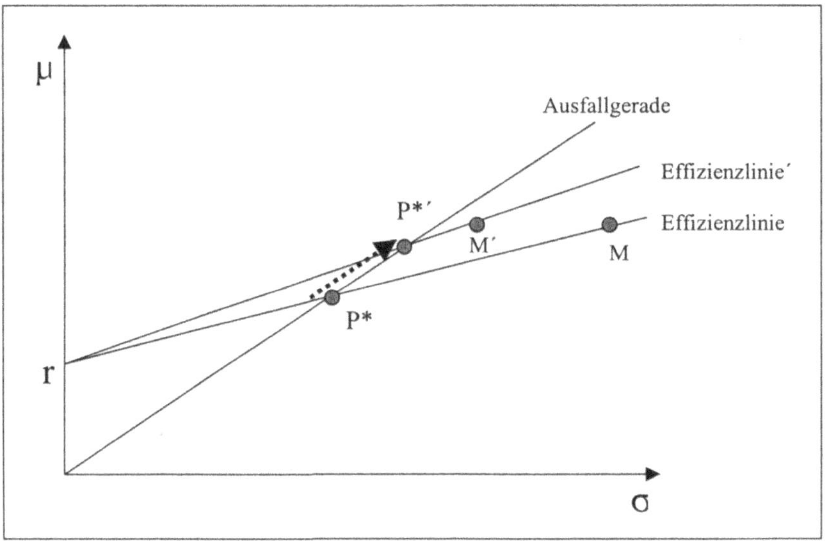

Abbildung 3.2.2.3.1-8: Asset Allocation aufgrund des Telser-Kriteriums bei risikobehafteten Assets und risikoloser Anlagemöglichkeit unter Variation des Zeithorizontes

Von entscheidender Bedeutung ist nun, wie sich die Asset Allocation allein aufgrund des variierenden Zeithorizontes verändert. Stehen **nur risikobehaftete Assets** zur Verfügung, ist anhand der Abbildung 3.2.2.3.1-7 zu erkennen, daß verstärkt in die stärker risikobehafteten Assets investiert wird. Kann zusätzlich in eine **risikolose Anlage** investiert werden, so verlagert sich auch hier das optimale Portefeuille im μ-σ-Diagramm nach rechts oben, so daß also bei konstanter Ausfallwahrscheinlichkeit die gesamte Standardabweichung und der Erwartungswert der Renditen zunehmen. Die entscheidende Fragestellung der Asset Allocation für die Alterssicherung ist die Bestimmung des optimalen Aktienanteils an den Anlagebeträgen zur Alterssicherung. Diese Fragestellung wurde oben in diesem Kapitel ohne Berücksichtigung der Zeithorizonte beantwortet. Nun wird die Ermittlung der Portfolioanteile der Assetklassen um die Berücksichtigung des Zeithorizontes durch graphische und analytische Betrachtungen erweitert: In der Abbildung 3.2.2.3.1-8 erkennt man neben der absoluten Veränderung der Lage des optimalen Portefeuilles auch die entscheidende relative Veränderung im Vergleich zur Position des Tangentialportfolios und kann hieraus die Variation des jeweils relevanten Aktienanteils am Tangentialportfolio ablesen. Insbesondere ist an der Abbildung zu erkennen, daß bei zunehmendem Zeithorizont ein höherer Aktienanteil – also ein größerer Anteil am Tangentialportfolio – gewählt wird, wobei der höhere Aktienanteil bei längerem Zeithorizont sowohl μ-σ-effizient ist, als auch die vorgegebene Ausfallwahrscheinlichkeit nicht überschreitet. Damit ist es möglich, auch ohne Kenntnis irgendwelcher Nutzenfunktionen für Alterssichernde ein optimales Portefeuille zu bestimmen, das abhängig vom wichtigsten Charakteristikum der Alterssicherung ist, nämlich vom Zeithorizont. Die analytische Ermittlung des optimalen Aktienanteils unter Berücksichtigung des Zeithorizontes erfolgt anhand der Formel

$$x(t) = \frac{\tau - r_f}{z \times \sigma_A(t) + \mu_A - r_f} \quad \text{unter der Bedingung, daß } \tau < r_f.$$

Wie bereits dargestellt sind die Mindestrendite, der jährliche risikolose Zins, der z-Wert und der annualisierte Erwartungswert der stetigen Rendite exogen vorgegeben und damit vom Zeithorizont unabhängig. Die einzige Variable, die sich im Zeithorizont ändert, ist die annualisierte Standardabweichung der Renditen des Aktienportefeuilles. Da diese mit zunehmendem Zeithorizont sinkt, steigt als Folge der optimale Anteil risikobehafteter Assets am Gesamtportfolio.

Anhand der folgenden Abbildung 3.2.2.3.1-9 kann das Ergebnis der Asset Allocation auf der Basis der Ausfallwahrscheinlichkeit abgelesen werden. Diese Asset Allocation kommt durch folgende Vorgabewerte zustande: Sinnvolle Vorgabewerte für die **Ausfallwahrscheinlichkeit** sind beispielsweise – in Analogie zu gängigen Vorgabewerten beim Value at Risk – Werte von einem oder fünf Prozent. Der erste, hier verwendete Wert bedeutet somit, daß mit einprozentiger Wahrscheinlichkeit die vorgegebene Mindestrendite unterschritten und mit 99-prozentiger Wahrscheinlichkeit erreicht oder übertroffen wird. Das zweite vorzugebende Kriterium – die **Mindestrendite** – ist in seiner Höhe ebenfalls unterschiedlich festlegbar. Hier empfiehlt sich beispielsweise eine Mindestrendite von null Prozent, da auf diese Weise dem gesetzlich geforderten Ziel nomineller Kapitalerhaltung Rechnung getragen wird.[733] Weitere Inputparameter sind ein **risikoloser Zins** von fünf Prozent, eine **erwartete Rendite risikobehafteter**

[733] Vgl. Kapitel 3.1.2.10.

Assets von zehn Prozent[734] und eine **Standardabweichung** der riskanten Renditen ausgehend von 20 Prozent[735].

Wie intuitiv einsichtig ist, steigt der Aktienanteil für die jeweilige Neuinvestition in die Alterssicherung mit zunehmendem Zeithorizont; es wird also anhand der Ergebnisse der zugrundeliegende **positive** Zeithorizonteffekt ersichtlich.

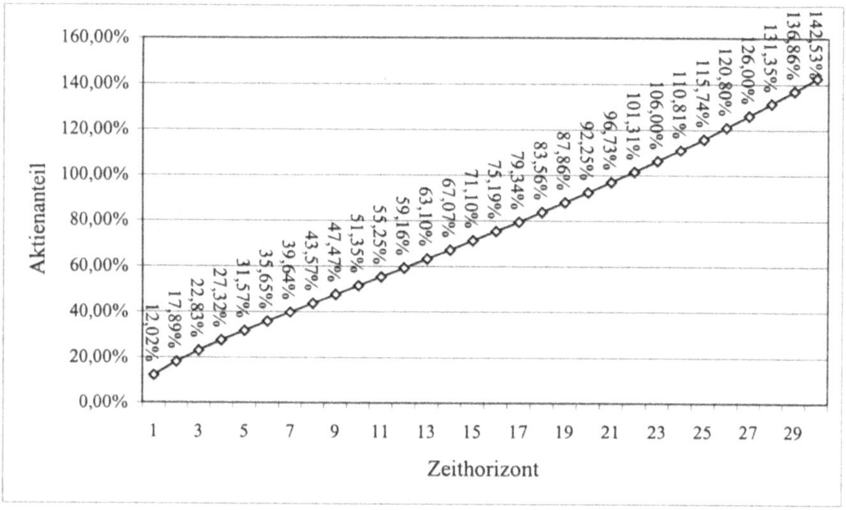

Abbildung 3.2.2.3.1-9: LPM0-Modell: Aktienanteil

Zu beachten ist, daß die Werte für die Aktienanteile durchaus realistische Ausmaße annehmen:[736] so betragen die optimalen Aktienanteile beispielsweise für einen einjährigen Zeithorizont 12 Prozent, für einen zehnjährigen Zeithorizont 51 Prozent und für einen zwanzigjährigen Zeithorizont 92 Prozent. Dennoch steigen ab einem Zeithori-

---

734 Die Rendite von circa zehn Prozent wird häufig als langjähriger Durchschnitt von Aktienrenditen angegeben;
vgl. z. B. Stehle, R. (Renditevergleich, 1999), S. 1 ff.;
Stehle, R. / Huber, R. / Maier, J. (DAX, 1996), S. 277 ff.
Zu den Renditen, die aus Aktienportfolios unterschiedlicher Anlagestrategien resultieren, vgl. Helm, L. u. a. (Aktiendepots, 1998), S. 14 ff.

735 Werte um zwanzig Prozent werden als Durchschnitt von Standardabweichungen vergangener Aktienrenditen angegeben;
vgl. z. B. Gibson, R. C. (Balancing Financial Risk, 1990), S. 83.

736 Zur genauen Erläuterung des Realitätsgehalts des Modellergebnisses vgl. Kapitel 3.2.2.3.2.

zont von 22 Jahren die optimalen Aktienanteile auf über 100 Prozent, was mit einer Kreditaufnahme zum risikolosen Zins und gleichzeitiger Anlage der Finanzmittel in das Tangentialportfolio gleichzusetzen ist. Diese Kreditaufnahme erscheint aus mehreren Gründen nicht sinnvoll:

- Die Aktienanteile von über 100 Prozent gehen in diesem Modell mit einer Ausfallwahrscheinlichkeit von einem Prozent einher. Werden diese Aktienanteile auf 100 Prozent limitiert, folgt daraus eine Verringerung der Ausfallwahrscheinlichkeit auf weniger als ein Prozent. Dies wird allgemein von risikoaversen Individuen und auch von Alterssichernden positiv beurteilt werden.

- Bei sehr hohen Aktienanteilen würden die Beleihungsgrenzen von Aktien überschritten, so daß das Aktienportefeuille nicht zur Sicherung des erforderlichen Effektenlombardkredites ausreicht.

- Im Modell wird die idealisierende Bedingung der Identität von Sollzins und Habenzins unterstellt. Ein Sollzins, der die Aktienrendite übersteigt, beeinträchtigt die Vorteilhaftigkeit von Aktienanteilen über 100 Prozent und die damit verbundene Kreditaufnahme.

- Gerade jungen Alterssichernden wird es zu Beginn des Ansparprozesses für die Alterssicherung schwierig zu vermitteln sein, Kredite für die Alterssicherung aufnehmen zu müssen.

Aus diesen Gründen wird der Aktienanteil im LPM0-Modell auf ein Maximum von 100 Prozent begrenzt. Damit ergeben sich für die optimalen Aktienanteile und für die Ausfallwahrscheinlichkeiten folgende Werte:

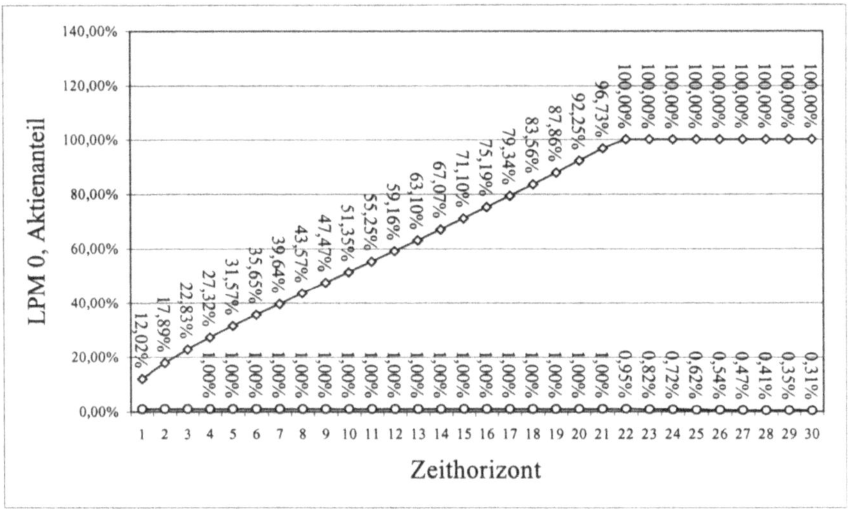

Abbildung 3.2.2.3.1-10: LPM0-Modell: korrigierter Aktienanteil

Bezug des Aktienanteils

Der Aktienanteil in der vorgestellten Asset Allocation kann einerseits das **Gesamtportefeuille**, das der Alterssicherung dient, betreffen, oder sich lediglich auf die jeweils **neu investierten Beträge** beziehen. Wird der Aktienanteil auf das **Gesamtportfolio** bezogen, wäre die jährliche Restrukturierung des Portfolios die logische Folge, weil für das Gesamtportfolio jedes Jahr ein anderer – nämlich abnehmender – Aktienanteil optimal wäre. Hierbei müssen auch die laufenden Erträge des Portfolios – also Erträge der Aktienanlagen und der risikolosen Anlagen – dem jeweils aktuellen Portfolio zugerechnet werden. Auf diesen Gesamtwert des Portfolios wird nun der jeweils relevante, zeithorizontabhängige Aktienanteil bezogen. Hierbei ist zu beachten, daß die Aktienrendite annahmegemäß über derjenigen der risikolosen Rendite liegt, so daß der Aktienanteil quasi automatisch durch die höhere Rendite relativ zum Anteil risikoloser Assets überproportional zunimmt. Allein aufgrund dieser Tatsache müßten – bei einer gleichmäßigen Wertsteigerung der Aktien und konstantem Aktienanteil – periodisch Aktien verkauft werden und die Neuanlage zur Alterssicherung vermehrt in risikolose Assets investiert werden. Hinzu kommt der Effekt des abnehmenden optimalen Aktienanteils im abnehmendem Zeithorizont, der ebenfalls eine vermehrte Anlage in risikolose Assets impliziert. Entscheidend ist hier das Ausmaß der Verringerung des Aktienanteils, wobei die Verringerung des Aktienanteils üblicherweise so stark ist, daß er nicht nur durch die Neuanlage in risikolose Assets gesenkt werden kann, sondern daß zusätzlich bereits im Alterssicherungsportfolio bestehende Aktien vor dem Ende der Ansparphase für die Alterssicherung verkauft werden müssen.

Diese Auffassung des Bezugs der Assetgewichtung auf das Gesamtportfolio ist weit verbreitet und fast sämtlichen Produkten zur Asset Allocation inhärent. So ist es üblich, bei Vorsorgeprodukten für die Alterssicherung für unterschiedliche Zeithorizonte[737] unterschiedliche Aktiengewichtungen zu verwenden, die sich aber ausnahmslos auf das gesamte Portfolio inklusive aller bisher angesparten Beträge beziehen.[738] Dieser Bezug ist falsch. Würde tatsächlich der Aktienanteil auf das Gesamtportfolio bezogen, so müßten – wie gerade dargestellt – Aktien vorzeitig verkauft werden, so daß für diese Aktien nicht der ursprünglich geplante Zeithorizont, sondern ein kürzerer Zeitraum gilt. Wenn für diesen Anteil der Aktien aber nicht der ursprünglich geplante Zeithorizont zur Verfügung steht, können auch die der Asset Allocation zugrunde gelegten Zeithorizonteffekte nicht im geplanten Ausmaß wirken. Das bedeutet, daß sich das Risiko für den vorzeitig verkauften Aktienanteil nicht in dem Ausmaß relativ zur Rendite verringern kann, wie es für die konzipierte Asset Allocation nötig ist. Daher ist die ursprüngliche Asset Allocation nicht mehr korrekt, weil ein anderer tatsächlicher Zeithorizont gilt, der geringer als der **formale Zeithorizont**[739] ist. Dieser andere Zeithorizont ist der **real wirksame Zeithorizont** für die beiden Assetklassen, der die tatsächliche Anlagedauer der Assetklassen wiedergibt. Dieser Zeithorizont wäre für Aktien geringer als der ursprüngliche, da ja der Aktienanteil insgesamt reduziert würde. Für diesen geringeren tatsächlichen Zeithorizont wäre dann aber ein geringerer Aktienanteil zu realisieren. Wird nun der Aktienanteil gesenkt und wird die Asset Allocation auf den neuen Zeithorizont ausgerichtet, tritt erneut genau der Prozeß ein, der gerade dargestellt wurde: der real wirksame Zeithorizont sinkt erneut mit der Folge geringerer Aktienanteile, die geringeren Aktienanteile werden wiederum weiter redu-

---

737 Es sei hier (nochmals) darauf hingewiesen, daß in der Praxis anstelle des korrekten Begriffes „Zeithorizont" der Begriff „Lebensalter" üblich ist. Damit wird suggeriert, daß die Asset Allocation vom Alter abhängig ist, was jedoch lediglich die populärere und eingängigere Umschreibung des einzig relevanten Zeithorizontes darstellt.

738 Vgl. z. B. Coche, J. / Stotz, O. (Haltedauer, 1999), S. 27;
Engler, G. (Life Cycle-Konzept, 1998), S. 14;
o. V. (Mitarbeiterfonds, 1999), S. 29;
Passov, R. (Altersvorsorge-Sondervermögen, 1999), S. 50 ff.

739 Der formale Zeithorizont umfaßt die Zeit von der Investition der Finanzmittel bis zum Ende der Vorsorgephase.

ziert infolge der annahmegemäßen Verkäufe. Dieser Prozeß setzt sich fort, bis sich die Aktienanteile aufgrund der Kombination aus real wirksamem Zeithorizont und notwendiger Verkäufe auf null reduzieren. Dies führt die Vorgehensweise, einmal in Aktien angelegtes Kapital nach und nach zu verkaufen, ad absurdum. Grundlegend für die gesamte Asset Allocation war gerade die Ausnutzung voller formaler Zeithorizonte, wobei eine Reduktion aller risikobehafteter Assets vor Ablauf der Zeithorizonte die Ausnutzung der grundlegenden Zeithorizonteffekte gerade verhindert oder zumindest in ihrer Wirkung einschränkt. Daher ist es nicht sinnvoll, den optimalen Aktienanteil auf das Gesamtportfolio zu beziehen.

Sinnvoll ist hingegen die zweite Möglichkeit, den durch das Modell ermittelten **Aktienanteil auf die jeweils neuinvestierten Beträge zu beziehen.** So bleibt das bereits bestehende Portfolio unverändert, und lediglich die neu anzulegenden Beträge werden entsprechend dem für sie relevanten Zeithorizont in Aktien und risikolose Assets aufgeteilt. Diese Vorgehensweise unterscheidet sich von der vorgenannten dadurch, daß keine Differenzierung in formalen und real wirksamen Zeithorizont notwendig ist, da sich beide Zeithorizonte entsprechen. Das einmal in Aktien investierte Kapital bleibt für den gesamten Zeithorizont bis zum Ende des Ansparprozesses bestehen.[740] Erst dadurch können die Zeithorizonteffekte voll wirken, so daß die Mindestrendite nur mit der vorgegebenen Ausfallwahrscheinlichkeit unterschritten wird. Würden Aktien vor dem Ende des formalen Anlagehorizontes veräußert, so würde die vorgegebene Ausfallwahrscheinlichkeit überschritten, da dann der erläuterte Zeithorizonteffekt nicht im notwendigen Umfang wirkt.[741]

3.2.2.3.2 Beurteilung des LPM0-Modells

Im Modell verwendete Assetklassen

Im erläuterten Modell werden zwei Assetklassen zur Asset Allocation verwendet: Risikolose Geldanlagen, die durch Geldmarktfonds dargestellt werden können, und risikobehaftete Assets, beispielsweise in Form von weltweit investierenden Aktienfonds. Diese Limitierung auf zwei Assetklassen ist aus zwei Gründen sinnvoll:

[740] Diese Tatsache hat positive Auswirkungen auf den Verwaltungsaufwand.

[741] Die erläuterte Argumentation gilt in gleicher Weise für das LPM1-Modell, das in Kapitel 3.2.2.4 vorgestellt und beurteilt wird.

- Die Beschränkung auf zwei Assetklassen ist durch die Tobin-Separation theoretisch begründet. Dies erlaubt die Reduktion der Assetklassen auf Geldmarktfondsanteile und weltweit investierende Aktienfondsanteile.

- Zudem ist es für die Praxis der Alterssicherung vorteilhaft, die gesamte Alterssicherung mit zwei Produkten – Geldmarktfonds und Aktienfonds – durchführen zu können.[742]

Durch diese Vorgehensweise bei der Asset Allocation entstehen also keinerlei Nachteile, sondern es ergibt sich im Gegenteil der Vorzug kaum steigerbarer Diversifikation und eine markante Reduktion des unsystematischen Risikos.[743] Die Verwendung der Assetklassen ist daher als **sinnvoll** zu beurteilen.

Art und Weise der Berücksichtigung der Rentabilität

Im Modell werden stetige Renditen verwendet, was entsprechend den Ausführungen in Kapitel 3.1.2.2 vorteilhaft zu beurteilen ist. Die Werte der Rentabilität ergeben sich vorschlagsgemäß aufgrund von Vergangenheitsdaten für die jeweilige Assetklasse, was eine allgemein akzeptierte Vorgehensweise darstellt. Daher kann die Berücksichtigung der Rentabilität als **korrekt** eingestuft werden.

Berücksichtigung des Marktwertrisikos

In diesem Modell werden zwei **Risikomaße** verwendet. Anhand der Standardabweichung ergibt sich das Tangentialportfolio und die Effizienzlinie. Die eigentliche Asset Allocation im Sinne der Gewichtung der beiden Assetklassen erfolgt durch das Lower Partial Moment nullter Ordnung, anhand dessen die Ausfallgerade konstruiert und die Asset Allocation bestimmt wird.

Die grundsätzlich positive Beurteilung der Standardabweichung ist im Kapitel 3.1.2.3.2.1 erläutert worden. In Zusammenhang mit diesem Modell ist die Verwendung der Standardabweichung vollkommen korrekt, da im Modell die Normalvertei-

---

742 Dies ist dann möglich, wenn die beiden Fondsarten als näherungsweises Abbild der Assetklassen risikolose und risikobehaftete Assets akzeptiert werden.

743 Hier ist darauf hinzuweisen, daß nicht die Anzahl der Wertpapiere, sondern die Korrelationen zwischen den Renditen entscheidend für das Ausmaß des Diversifikationseffektes sind. Vgl. z. B. Steiner, M. / Bruns, C. (Wertpapiermanagement, 2000), S. 6 ff.

lung risikobehafteter Renditen unterstellt ist, so daß sich aufgrund der Symmetrie der Verteilung keine Differenzen bei Verwendung von Standardabweichung oder Downside-Risikomaßen wie den Lower Partial Moments oder der Semivarianz ergeben.[744] Ein Kritikpunkt der Standardabweichung bezog sich auf ihre potentielle Nutzung zur Entscheidungsfindung in Verbindung mit Nutzenfunktionen. Da man auf diesem Weg in der Praxis zu keiner Portfolioselektion gelangt, bietet sich eine Lösung, bei der Lower Partial Moments – hier das Lower Partial Moment nullter Ordnung – die Entscheidungsfindung ermöglichen. Daher ist die Verwendung der Standardabweichung zusammen mit dem Lower Partial Moment nullter Ordnung **geeignet**, um einerseits Risiken korrekt zu erfassen, und um andererseits eine Entscheidung hinsichtlich der Gewichtung der einzelnen Assetklassen herbeizuführen.

Berücksichtigung der Risikoeinstellung der Alterssichernden

Ein wesentliches Kriterium zur Asset Allocation ist die Berücksichtigung der Risikoeinstellung der Vorsorgenden. Im vorgestellten Modell wird das Risiko der Assets mit der Ausfallwahrscheinlichkeit – dem Lower Partial Moment nullter Ordnung – gemessen. Die Ausfallwahrscheinlichkeit bietet nun die Möglichkeit, auf zwei Arten die Risikoeinstellung bzw. die Risikotoleranz eines Investors zu berücksichtigen:

1. Der alterssichernde Investor gibt bei der Asset Allocation des vorgestellten Modells eine maximal tolerierte **Ausfallwahrscheinlichkeit** vor, mit der die vorgegebene Mindestrendite unterschritten werden soll. Diese Vorgabe übt – wie gezeigt – einen Einfluß auf die Asset Allocation, also auf die Gewichtung der beiden Assetklassen Aktien und risikolose Wertpapiere, aus. Wird die Ausfallwahrscheinlichkeit niedrig gewählt, entspricht dies logischerweise einem hohen Sicherheitsbedürfnis et vice versa. In der beispielhaften Darstellung des Modells wurde eine Ausfallwahrscheinlichkeit von einem Prozent gewählt, was bedeutet, daß durchschnittlich in einem von 100 Vorsorgeprozessen die vorgegebene Mindestrendite unterschritten wird, was bereits als relativ strenge Vorgabe interpretiert werden kann. Entsprechend dem Sicherheitsbedürfnis des jeweiligen Vorsorgenden kann die Ausfallwahrscheinlichkeit entweder als Zeichen eines stärkeren Sicherheitsbedürfnisses reduziert oder als Zeichen einer größeren Risikobereitschaft erhöht werden. Die Konsequenzen dieser Variation der Ausfallwahrscheinlichkeit für die

---

[744] Diese Aussage gilt bei der Identität vom Erwartungswert der Rendite und der Mindestrendite bei Lower Partial Moments.

Asset Allocation werden unten in diesem Kapitel erläutert und bestehen in einer Veränderung der Gewichtungen der Assetklassen.

2. Die Ausfallwahrscheinlichkeit wird für eine vorgegebene Mindestrendite berechnet, die übertroffen werden soll. Diese **Mindestrendite** ist indirekt ein Ausdruck der Risikobereitschaft des Investors, da die Mindestrendite unmittelbar mit der Ausfallwahrscheinlichkeit zusammenhängt. Ist die vorgegebene Mindestrendite sehr niedrig, so ist die Ausfallwahrscheinlichkeit niedriger, da die Wahrscheinlichkeit des Untertreffens einer niedrigen Mindestrendite logischerweise niedriger ist als für eine höhere Rendite. Wird daher beispielsweise eine geringe Mindestrendite gewählt, ist eine niedrigere Ausfallwahrscheinlichkeit die Folge. Durch die Wahl einer niedrigeren Mindestrendite wird also eine scheinbar höhere Sicherheit suggeriert, die aber bei gleichbleibenden Rendite-Risiko-Charakteristika der zugrundeliegenden Assetklassen nicht gegeben ist und nur durch niedrigere Werte der Mindestrendite zustande kommt. Daher kann die Vorgabe einer geringeren Mindestrendite als Ausdruck einer höheren Risikotoleranz gewertet werden und andererseits die Vorgabe einer höheren Mindestrendite als geringere Risikobereitschaft, da höhere Mindestrenditen höhere Ausfallwahrscheinlichkeiten zur Folge haben und damit zu größerer Vorsicht animieren, was sich in einer Asset Allocation konkretisiert, die dann wiederum nur geringere Anteile risikobehafteter Assets realisiert.

Es existieren also zwei Möglichkeiten, die individuelle Risikoneigung zu berücksichtigen, wobei die erste eine direkte und daher zu bevorzugende, die zweite eine indirekte Möglichkeit darstellt. Im Gegensatz zur nahezu unmöglichen Erfassung der Risikobereitschaft über Risikonutzenfunktionen[745] ist es bei dieser Vorgehensweise möglich, die gewünschten Daten direkt durch einen Alterssichernden vorgeben zu lassen, indem er die von ihm **tolerierte Ausfallwahrscheinlichkeit** für eine von ihm gewünschte Mindestrendite nennt, so daß aus diesen Inputparametern die Asset Allocation resultiert. Die Ausfallwahrscheinlichkeit, die von einem Alterssichernden toleriert wird, ist unmittelbar intuitiv verständlich, so daß eine Anwendung zur Risikoerfassung möglich erscheint. Als Vorgabe wird ein Ausgangswert von einem Prozent empfohlen,[746] der

---

[745] Vgl. hierzu Kapitel 3.1.2.4.

[746] Diese Empfehlung kann beispielsweise durch den verwandten Value at Risk gestützt werden, bei dem Quantile von 95 Prozent oder 99 Prozent gängig sind. Ein Prozent Ausfallwahrscheinlichkeit ist also äquivalent mit dem Konfidenzniveau von 99 Prozent beim Value at Risk. Auf diese Weise

sich je nach Risikoneigung erhöhen oder vermindern läßt.[747] Als Ausgangswert für die **Mindestrendite** wird ein Wert von null Prozent befürwortet, weil dies einer nominellen Kapitalerhaltung entspricht und damit dem üblichen Wunsch und der gesetzlichen Anforderung entgegenkommt, zumindest das eingezahlte Kapital zurückzuerhalten. Bei geringerer Risikotoleranz empfiehlt sich eine höhere Mindestrendite, bei höherer Risikotoleranz ist die Vorgabe einer geringereren – also negativen – Mindestrendite möglich, die also auch Verluste in direkter Weise[748] in Betracht zieht. Die Erfassung der Risikoeinstellung wird aufgrund der vielfältigen realen Möglichkeiten der Erfassung **sehr positiv** beurteilt.

Voraussichtlich erzielbare Performance

Die Performance des Modells wird anhand der Modified Sharpe-Ratios nullter und erster Ordnung bemessen. Der genaue Performancevergleich mit anderen Modellen erfolgt im Kapitel 3.3. Jedoch kann bereits hier festgestellt werden, daß die Performance vorteilhafte Werte annimmt: Im Vergleich zum Modell von Spremann / Winhart, das im Kapitel 3.2.2.1 erläutert und beurteilt wurde, ergeben sich für alle Zeithorizonte und für beide Performancemaße **vorteilhaftere** Performancewerte. Die Performance des LPM0-Modells ist in der folgenden Abbildung 3.2.2.3.2-1 veranschaulicht.

---

ist ersichtlich, daß die Vorgabe von einem Prozent bereits als vergleichsweise vorsichtige Vorgabe anzusehen ist.
Zu den Konfidenzniveaus vgl. z. B. Jorion, P. (Value at Risk, 1997), S. 50; Meyer, C. (Value at Risk, 1999), S. 26 ff.

[747] Es sei hier noch einmal auf die Beispiele für eine Variation der Ausfallwahrscheinlichkeit und die Folgen für die Asset Allocation oben in Kapitel 3.2.2.3.2 verwiesen.

[748] Verluste werden beispielsweise bei Vorgabe einer Mindestrendite von null Prozent in indirekter Weise in Betracht gezogen, da mit der vorgegebenen Ausfallwahrscheinlichkeit die Mindestrendite verfehlt wird, also bei einer Mindestrendite von null Prozent negative Renditen im Rahmen der Ausfallwahrscheinlichkeit betrachtet werden.

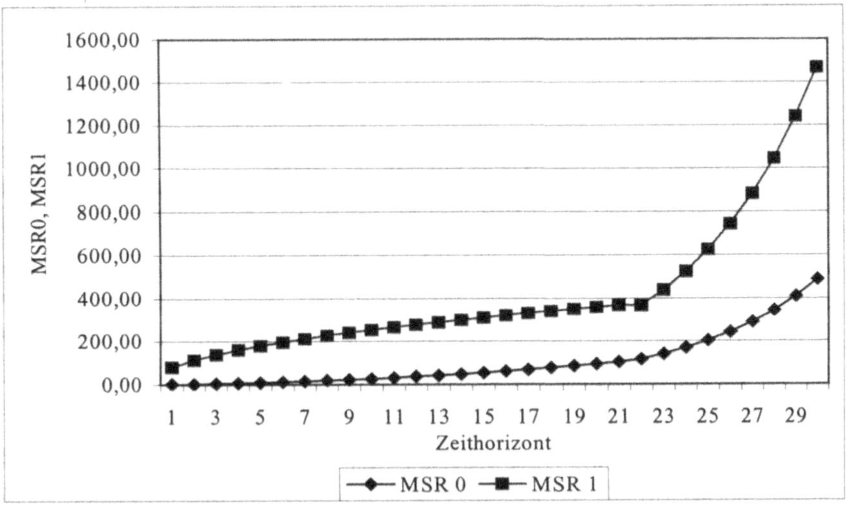

Abbildung 3.2.2.3.2-1: LPM0-Modell: MSR0 / MSR1

Berücksichtigung der Inflation

Das hier erläuterte Modell unterstützt eine Asset Allocation, die gewährleisten soll, eine bestimmte Rendite mit einer vorherbestimmten Nichtausfall-Wahrscheinlichkeit zu erreichen.[749] Die Inflation kann nun in der Weise im Modell berücksichtigt werden, daß die vorgegebene Mindestrendite um den Prozentsatz der Inflation – im folgenden Beispiel um zwei Prozent – erhöht wird. Auf diese Weise wird mit der Nichtausfall-Wahrscheinlichkeit erreicht, daß die vorgegebene Mindestrendite real – und nicht nur nominal – mit der Asset Allocation erzielt wird. So ergibt sich folgende, modifizierte Formel für den optimalen Aktienanteil:

[749] In den Beispielrechnungen zum Modell beträgt die Nichtausfall-Wahrscheinlichkeit 99 Prozent.

$$x(t)=\frac{\tau + I - r_f}{z \times \sigma_A(t) + \mu_A - r_f}$$

mit

μ_A = Erwartungswert der Rendite des Aktienportfolios

σ_A = Standardabweichung der Aktienrenditen im Portefeuille

τ = vorgegebene Mindestrendite

I = Inflationsrate

z = Steigung der Ausfallgeraden.

x = Aktienanteil

r_f = risikolose Rendite.

Es muß nun eine höhere Mindestrendite mit der vorgegebenen Nichtausfall-Wahrscheinlichkeit erzielt werden, was eine sicherere Anlage der investierten Mittel nötig macht. Daher sinken die optimalen Aktienanteile für alle Zeithorizonte auf Werte, die anhand der Abbildung 3.2.2.3.2-2 veranschaulicht werden.

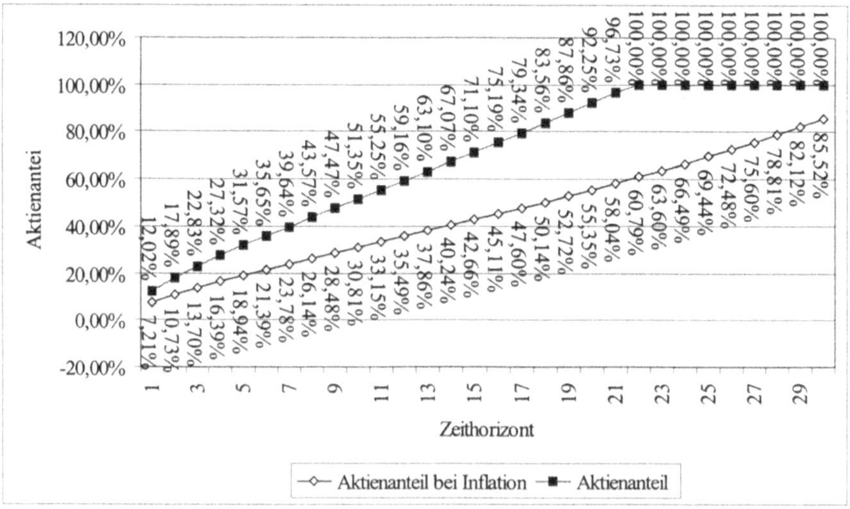

Abbildung 3.2.2.3.2-2: LPM0-Modell: Aktienanteil bei Inflation

Aufgrund der Ausführungen dieses Kapitels ist deutlich geworden, daß die Inflation im hier vorgestellten Modell in **geeigneter Weise** in die Asset Allocation eingeht.[750]

Sensitivität der Modellergebnisse

Als Inputparameter wurden die Daten für die **erwartete Rendite** risikobehafteter Assets von zehn Prozent, die **Standardabweichung dieser Renditen** von 20 Prozent, eine risikolose Rendite von fünf Prozent, eine **vorgegebene Mindestrendite** von null Prozent sowie eine **tolerierte Ausfallwahrscheinlichkeit** von einem Prozent verwendet.[751] Damit sind fünf Inputparameter für die Asset Allocation für die Alterssicherung entscheidend. Vier dieser Parameter werden im folgenden untersucht, wobei die Variation des risikolosen Zinses außer acht gelassen wird, da für die Asset Allocation letztlich nur die Risikoprämie als Differenz zwischen erwarteter Aktienrendite und risikoloser Verzinsung relevant ist, so daß aus der Veränderung der risikolosen Rendite zusätzlich zur Variation der Aktienrendite kein zusätzlicher Erkenntnisgewinn resultieren würde.

Der **Erwartungswert der Rendite risikobehafteter Assets** nimmt den Ausgangswert von zehn Prozent ein. Dieser Wert ist als langfristiger Durchschnitt realistisch und auch von wissenschaftlicher Seite aus akzeptiert, dennoch können sich auch bei langfristigen Durchschnitten deutliche Abweichungen ergeben. Die Abbildung 3.2.2.3.2-3 stellt die Änderungen der Modellergebnisse dar, die sich bei einer Veränderung der erwarteten Aktienrendite auf neun bzw. elf Prozent ergeben würden:

750 Diese Aussage gilt natürlich unter den Voraussetzungen, die Inflationsrate sei prognostizierbar und konstant. Die Annahmen sind vereinfachend; dennoch wurde auf die explizite, weitere Abhandlung der Probleme der Inflationsprognose und der Veränderungen der Inflationsrate verzichtet, da dies einem anderen, nicht im Mittelpunkt dieser Untersuchung stehenden Problemkomplex zuzuordnen ist.

751 Auf die Betrachtung der Sensitivität aufgrund einer Variation der Inflationsrate wurde hier verzichtet, da das Ergebnis der Sensitivität aufgrund einer Veränderung der Risikoprämie entspricht. Letzteres wird in diesem Kapitel durch die Sensitivität hinsichtlich veränderter Erwartungswerte für die Aktienrenditen betrachtet.

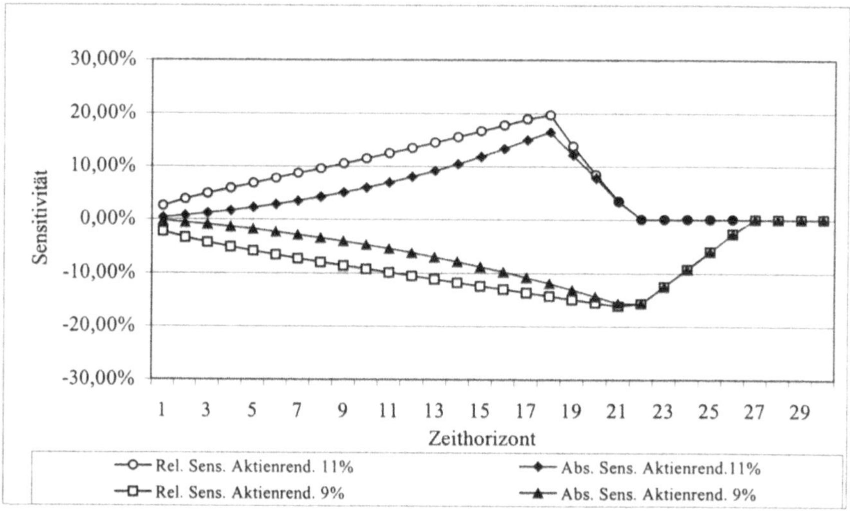

Abbildung 3.2.2.3.2-3: LPM0-Modell: Sensitivität Aktienrendite

Bei der Steigerung der erwarteten Aktienrendite um ein Prozent ist zu erkennen, daß die absoluten Abweichungen der Aktienanteile mit geringen absoluten Werten beginnen, dann aber mit zunehmendem Zeithorizont überproportional zunehmen bis auf den Höchstwert von einer absoluten Abweichung von 16,44 Prozent beim 18-jährigen Zeithorizont. Bei weiter zunehmenden Zeithorizonten sinkt die Abweichung wieder bis auf null, da der maximale Aktienanteil – wie oben dargelegt – auf 100 Prozent limitiert ist. Dadurch weichen die Aktienanteile bei unterschiedlichen Renditevorgaben in den folgenden Zeithorizonten immer weniger voneinander ab und differieren bei einem Erreichen des Maximalanteils unter verschiedenen Renditevorgaben nicht mehr.[752] Um die Aussagekraft der Ergebnisse zu steigern und um sie von der absoluten Höhe der Ausgangswerte unabhängig zu machen, wurden wieder zusätzlich die Sensitivitäten der relativen prozentualen Abweichungen ermittelt, die bei 2,46 Prozent für einjährige Zeithorizonte beginnen und auf ein Maximum von 19,67 Prozent bei 18-jährigem Zeithorizont steigen. Anschließend sinken auch diese Abweichungen wieder

[752] Hierbei ist zu beachten, daß diese Eingrenzung der Sensitivität lediglich aus dem Ausschluß der Kreditaufnahme resultiert. Würde diese Annahme nicht getroffen, würde sich die Sensitivität der Aktienanteile auf die Inputparameter mit zunehmendem Zeithorizont weiter erhöhen. Es wurde jedoch bewußt nur die Sensitivität für die tatsächlich empfohlenen Aktienanteile untersucht, da annahmegemäß nur diese für die Asset Allocation relevant sind. Dies gilt bei diesem Modell für alle Inputparameter, nicht nur für den Erwartungswert der Aktienrendite.

auf null Prozent. Wird der Erwartungswert der Aktienrenditen um ein Prozent gesenkt, sinkt aufgrund der gesunkenen Risikoprämie auch der maximal zulässige Aktienanteil für die Alterssicherung. An der Abbildung 3.2.2.3.2-3 ist wiederum deutlich zu erkennen, daß die absoluten und relativen prozentualen Abweichungen mit wachsendem Zeithorizont grundsätzlich zunehmen, wobei die Abweichungen geringfügig kleiner sind als bei einer Steigerung der Renditeerwartung um den gleichen Prozentsatz. Insgesamt betrachtet sind die Sensitivitäten als **akzeptabel** einzuschätzen.

Der nächste wichtige Einflußfaktor für die Asset Allocation ist die **Volatilität der Aktienrenditen**, die als Standardabweichung mit einem Ausgangswert von 20 Prozent verwendet wurde. Wird die Standardabweichung auf 21 Prozent erhöht, sinkt der maximal zulässige Aktienanteil um absolut 0,64 Prozent bei einem einjährigen Zeithorizont und um absolut 8,96 Prozent bei einem Zeithorizont von 21 Jahren. Für die folgenden Zeithorizonte vermindert sich die Sensitivität auf null Prozent, da auch hier wieder eine Kreditaufnahme zur Alterssicherung ausgeschlossen wird und damit die Aktienanteile auf 100 Prozent begrenzt sind. Die relativen Sensitivitäten nehmen Werte zwischen -5,30 und –8,96 Prozent an. Eine Senkung der Standardabweichung der Aktienrenditen bedeutet eine Risikoverminderung, so daß sich der maximal zulässige Aktienanteil erhöht. Dies erfolgt wie durch die Abbildung 3.2.2.3.2-4 dargestellt: Die absolute Sensitivität beträgt – je nach Zeithorizont – zwischen 0,71 und 9,11 Prozent, die relative Sensitivität beläuft sich auf 5,93 bis 10,37 Prozent. Diese Sensitivitätswerte sind als **relativ niedrig** einzuschätzen.

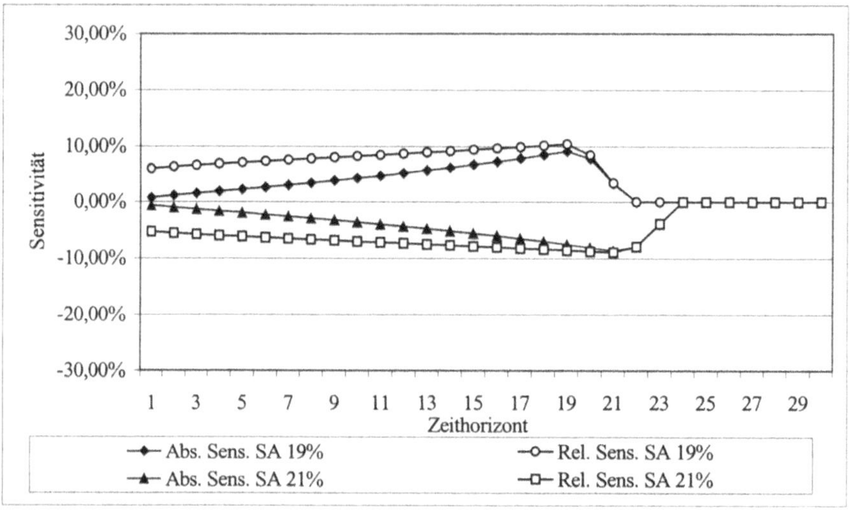

Abbildung 3.2.2.3.2-4: LPM0-Modell: Sensitivität Standardabweichung

Ein weiterer Einflußfaktor ist die **Mindestrendite**, die mit der vorgegebenen Ausfallwahrscheinlichkeit nicht erreicht und der damit implizit vorgegebenen Nichtausfall-Wahrscheinlichkeit erzielt werden wird. Eine Steigerung der Mindestrendite von null auf ein Prozent bedeutet eine höhere Anforderung an die mit der (indirekt) vorgegebenen Wahrscheinlichkeit zu erzielende Rendite und damit eine Notwendigkeit der sichereren Anlage des Kapitals. Daher ist es intuitiv einsichtig, daß der maximal zu investierende Aktienanteil sinkt. Das Maximum der absoluten Abweichungen ist bei einem Zeithorizont von 21 Jahren erreicht, bei dem die absolute Abweichung -19,35 Prozent und die relative -20 Prozent ausmacht. Wird die zu erzielende Mindestrendite auf –1 Prozent gesenkt, so sind höhere Aktienanteile möglich, um die Mindestrendite mit gleicher Wahrscheinlichkeit zu erreichen. Es ergeben sich dabei die in der folgenden Abbildung 3.2.2.3.2-5 dargestellten Werte für die Sensitivität der Aktienanteile. Das geringe Niveau der Sensitivitäten ähnelt den ebenso geringen vorhergehenden Sensitivitätsniveaus, die oben in diesem Kapitel erläutert wurden.

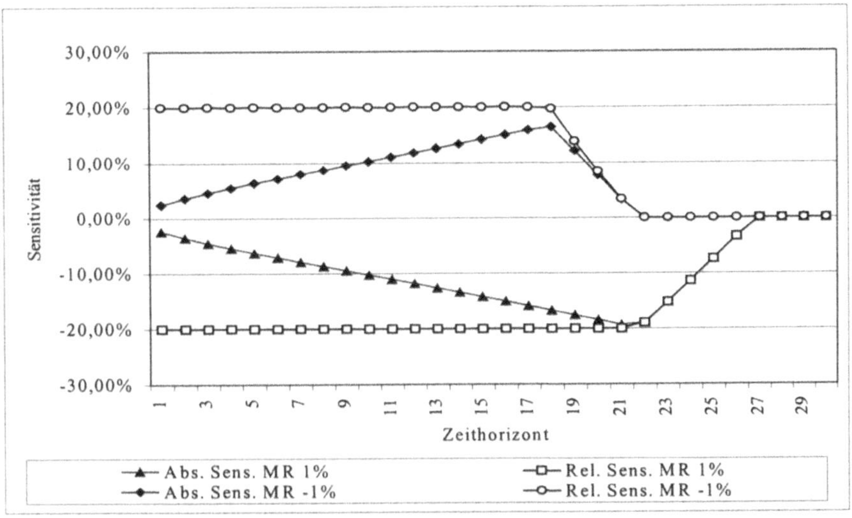

Abbildung 3.2.2.3.2-5: LPM0-Modell: Sensitivität jährliche Mindestrendite

Die letzte in dieser Arbeit untersuchte Variationsmöglichkeit ergibt sich durch die vorgegebene **Ausfallwahrscheinlichkeit**. Wird die ursprünglich tolerierte Ausfallwahrscheinlichkeit von einem Prozent auf zwei Prozent verdoppelt, bedeutet dies ein höheres Risiko, mit dem die Mindestrendite erzielt wird. Daher kann das investierte Kapital risikoreicher angelegt werden, was sich in einem höheren maximalen Aktienanteil äußert. Dieser steigt – je nach Anlagehorizont – um bis zu 20,66 Prozent absolut und 26,04 Prozent relativ im Vergleich zum ursprünglichen Aktienanteil bei einem Prozent tolerierter Ausfallwahrscheinlichkeit. Wird die tolerierte Ausfallwahrscheinlichkeit auf 0,5 Prozent halbiert, so muß die vorgegebene Mindestrendite mit größerer Wahrscheinlichkeit erreicht werden, so daß eine vorsichtigere Anlagestrategie erforderlich ist. Daher ergeben sich für alle Zeithorizonte niedrigere Aktienanteile, wobei die Aktienanteile wiederum je nach Zeithorizont um bis zu 16,64 Prozent absolut bzw. 17,20 Prozent relativ sinken. Die Sensitivitäten sind **akzeptabel**, wenn auch nicht sehr gering.

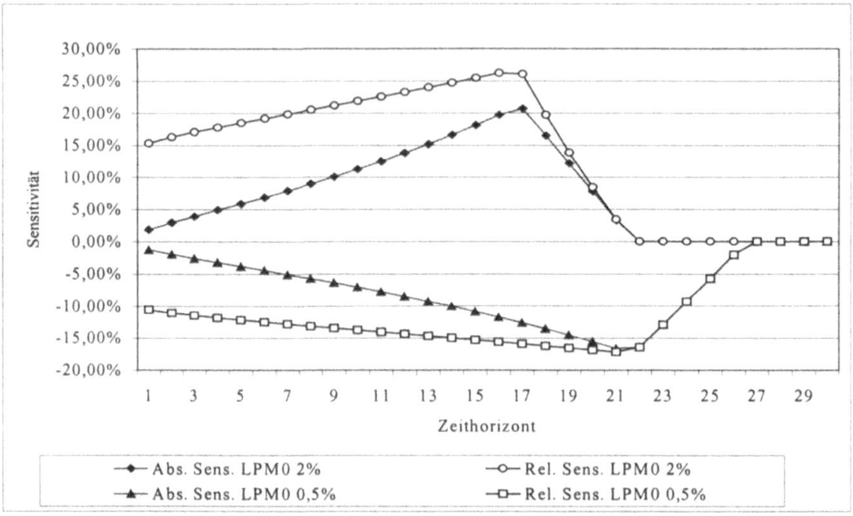

Abbildung 3.2.2.3.2-6: LPM0-Modell: Sensitivität Ausfallwahrscheinlichkeit

Realitätsnähe des Modells

Für die **Modellannahmen** ergeben sich keine Besonderheiten in diesem Modell.[753] Wichtige Annahmen beispielsweise hinsichtlich der Risikoberücksichtigung wurden bereits in den Kapiteln zu den anderen Beurteilungskriterien behandelt.

Die **Realitätsnähe potentieller Modellergebnisse** berührt im wesentlichen die Aktienanteile, die im Rahmen realistischer Bereiche liegen sollen. Wird ein risikoloser Zinssatz von drei Prozent und eine Aktienrendite von acht Prozent unterstellt, so ergeben sich für den betrachteten Zeithorizont von bis zu dreißig Jahren Aktienanteile zwischen 7,21 Prozent für einen einjährigen Zeithorizont und 85,52 Prozent für einen 30-jährigen Zeithorizont. Diese Aktienanteile sind intuitiv als realistisch einzustufen. Werden die genannten Vorgabeparameter variiert und beispielsweise auf die oben verwendeten fünf Prozent für die risikolose Rendite und zehn Prozent für die risikobehaftete Rendite erhöht, so steigt auch der maximal zulässige Aktienanteil für die ein-

[753] Die auch im LPM0-Modell geltenden Annahmen hinsichtlich der Assetrenditen, der Standardabweichung risikobehafteter Renditen, der Korrelation zwischen risikobehafteten und risikolosen Renditen, hinsichtlich der Tobin Separation und der Normalverteilung risikobehafteter Renditen wurden bereits im Kapitel 3.2.2.1.2 erläutert. Zusätzlich gilt die Annahme, daß sich – wie in Kapitel 2.4.1.3.2.1 gezeigt – die Standardabweichung bei zunehmendem Zeithorizont mit der Wurzel der Anzahl der Jahre erhöht.

zelnen Zeithorizonte. Konkret bedeutet dies z. B. einen maximalen Aktienanteil von 12,02 Prozent für einen einjährigen Anlagehorizont und von über 100 Prozent ab einem 22-jährigen Zeitraum. Der höchste betrachtete Wert ergibt sich bei 30 Jahren, für den ein Maximalanteil von Aktien in Höhe von 142,35 Prozent resultiert. Diese Werte werden nicht als realitätsfern beurteilt, da sie – beispielsweise im Vergleich zu dem Modell von Spremann / Winhart – noch immer relativ „moderate" Aktienanteile repräsentieren, die keine Größenordnungen von mehreren hundert Prozent aufweisen. Am wichtigsten ist jedoch die Feststellung, daß die ermittelten Aktienanteile jeweils einen maximal zulässigen Anteil darstellen, der ebenso unterschritten werden kann. Das bedeutet für den Fall der Unterschreitung des maximalen Aktienanteils, daß beim Anlagehorizont von 30 Jahren bei Aktienanteilen von **bis zu** 142,35 die Wahrscheinlichkeit, mindestens null Prozent Rendite zu erwirtschaften, mindestens 99 Prozent beträgt. Daher kann der Aktienanteil auf 100 Prozent limitiert werden, ohne diese Vorgaben zu verletzen. Da bei Aktienanteilen von über 100 Prozent Kredite zur Finanzierung der Alterssicherung aufgenommen werden müßten und sich dieses Vorgehen nicht mit der üblichen Vorsorgepraxis vereinbaren läßt, wird für das LPM0-Modell die Empfehlung maximaler Aktienanteile von 100 Prozent gegeben.[754] Auf diese Weise bleiben die Modellergebnisse in jedem Fall **realistisch**.

Verwaltungsaufwand

Der Informationsaufwand als Bestandteil des Verwaltungsaufwandes für die Asset Allocation ist minimal: Man benötigt lediglich zwei Investmentfonds, einen weltweit investierenden Aktienfonds und einen Geldmarktfonds. Jeglicher Zeitaufwand – außerhalb der Selektion der beiden Fonds – zur fundamentalen oder technischen Wertpapieranalyse entfällt, da einerseits keine einzelnen Wertpapiere selektiert werden müssen[755], und da andererseits das Timing keine Rolle spielt[756] und klar durch die Anspar- und Entnahmezeitpunkte fixiert ist. Daher entfällt der Analyseaufwand in zeitlicher und finanzieller Hinsicht weitgehend. Weiterer Aufwand entsteht durch die Verwal-

[754] Vgl. hierzu die Ausführungen in Kapitel 3.2.2.3.1.

[755] Die Einzeltitelselektion ist üblicherweise die Aufgabe der Fundamentalanalyse; vgl. Steiner, M. / Bruns, C. (Wertpapiermanagement, 2000), S. 208 ff.

[756] Die technische Wertpapieranalyse dient dem Timing, also der Bestimmung geeigneter, detaillierter Zeitpunkte für den Kauf- bzw. Verkauf von Wertpapieren; vgl. Steiner, M. / Bruns, C. (Wertpapiermanagement, 2000), S. 248. Das Timing ist in dem hier vorgestellten Modell irrelevant, da in der Asset Allocation zu festgelegten Zeitpunkten einmal pro Monat oder einmal pro Jahr investiert wird.

tung selbst, also durch die Abwicklung von Wertpapier- und Geldtransaktionen, ebenfalls in zeitlicher und finanzieller Hinsicht. Auch dieser Aufwand ist eng begrenzt, da gemäß der vorgestellten Asset Allocation die einmal gewählte Gewichtung der Assetklassen bis zum Ende des jeweiligen Zeithorizontes beibehalten wird und somit keine weiteren Transaktionen anfallen.[757] Als einziger Aufwand verbleibt daher die Anlage der anzusparenden Mittel in die einmal bestimmten Investmentfonds und die Entnahme der Mittel in der Versorgungsphase. Die sonstigen Verwaltungskosten entsprechen den üblichen Kosten, die mit der Verwahrung von Investmentfondsanteilen verbunden sind. Sie sind damit geringer als die Verwahrungskosten von einzelnen Wertpapieren. Insgesamt ist der Verwaltungsaufwand in zeitlicher und kostenmäßiger Hinsicht als **gering** einzustufen.

Erfüllung gesetzlicher Erfordernisse

Die wesentliche gesetzliche Anforderung an die Modelle zur Asset Allocation für die Alterssicherung besteht gemäß den Ausführungen in Kapitel 3.1.2.10 in der Garantie des ursprünglich eingesetzten Kapitals. Eine Garantie kann in diesem Modell nicht gegeben werden, jedoch geht die Wahrscheinlichkeit für die Rückzahlung des Kapitals direkt in die Asset Allocation ein. Diese Wahrscheinlichkeit kann – wie gezeigt wurde – sehr hoch gewählt werden, so daß die Kapitalrückzahlung de facto annähernd sicher[758] ist. Deswegen kann angenommen werden, daß es einem Anbieter von Alterssicherungsverträgen möglich ist, die nominelle Kapitalerhaltung verbindlich zuzusagen. Die Erfüllung der weiteren relevanten Vorschriften ist unproblematisch. Daher ergibt sich für dieses Beurteilungskriterium eine **positive** Einschätzung.

Art und Weise der Ausnutzung des Zeithorizonteffektes

Beim erläuterten Modell wird der positive Zeithorizonteffekt für risikobehaftete Wertpapiere genutzt, so daß sich aufgrund sinkender Risiken mit zunehmender Anlagedauer die empfohlenen Aktienanteile bei längeren Zeithorizonten erhöhen. Hierbei werden die Rendite-Risiko-Charakteristika der risikobehafteten Wertpapiere direkt für die

---

[757] Diese Aussage gilt für die Anlage der Vorsorgemittel in thesaurierende Investmentfonds. Würden zur Vorsorge ausschüttende Fonds verwendet, so müßten die Ausschüttungen wiederangelegt werden, was ebenfalls keinen nennenswerten Aufwand darstellt und standardisiert abwickelbar ist.

[758] Es ist darauf hinzuweisen, daß es streng genommen keine unterschiedlichen Ausmaße von Sicherheit gibt, sondern entweder Sicherheit oder Unsicherheit.

Weiterhin ist zu beachten, daß bei den realen Daten des MSCI-Welt-Index ab bestimmten Zeithorizonten eine Ausfallwahrscheinlichkeit von null vorliegt. Vgl. hierzu Kapitel 2.4.1.3.3.1.

Asset Allocation verwendet, so daß die Ausnutzung des Zeithorizonteffektes sehr genau erfolgt. Diese Weise, Zeithorizonteffekte auszunutzen, ist **positiv** zu beurteilen.

3.2.2.3.3 Zusammenfassende Gesamtbeurteilung des Modells

Abschließend soll nun nochmals ein Überblick über die Ausprägung der Beurteilungskriterien gegeben werden:

- **Berücksichtigung der Assetklassen**
  Zwei **zielführende Assetklassen** werden zur Alterssicherung verwendet.

- **Art und Weise der Berücksichtigung der Rentabilität**
  Durch die Verwendung von stetigen Renditen werden Wertsteigerungen **in geeigneter Weise** in die Berechnungen mit einbezogen.

- **Berücksichtigung des Marktwertrisikos**
  Das anerkannte Risikomaß der Standardabweichung dient der Erfassung der Risiken des Tangentialportefeuilles und zur Konstruktion der Effizienzgeraden. Die Entscheidung zur Portfoliostrukturierung wird anhand des Lower Partial Moments nullter Ordnung getroffen, was **vorteilhaft** zu beurteilen ist.

- **Berücksichtigung der Risikoeinstellung der Alterssichernden**
  Die Risikoeinstellung der Investoren wird durch die vorgegebene, maximal tolerierte Ausfallwahrscheinlichkeit und durch die Mindestrendite erfaßt. Dies ist **vorteilhaft** zu beurteilen.

- **Voraussichtlich erzielbare Performance**
  Die erzielbare Performance ist **positiv** zu beurteilen.

- **Berücksichtigung der Inflation**
  Die Inflation wird in **geeigneter Weise** berücksichtigt, indem reale Renditen mit einer vorgegebenen Wahrscheinlichkeit abgesichert werden.

- **Sensitivität der Modellergebnisse**
  Die Sensitivitäten sind **vorteilhaft** zu beurteilen.

- **Realitätsnähe der Modellannahmen und Modellergebnisse**
  Die Realitätsnähe des Modells ist **hoch**.

- **Verwaltungsaufwand**
  Der Verwaltungsaufwand ist **gering**.

- **Erfüllung gesetzlicher Erfordernisse**
  Die Anforderung der Garantie nomineller Kapitalerhaltung wird im Modell berücksichtigt und tendenziell erreicht – wenn auch die Ausfallwahrscheinlichkeit im vorgestellten Modell lediglich annähernd null Prozent betragen kann.

- **Art und Weise der Ausnutzung des Zeithorizonteffektes**
  Im Modell wird ein positiver Zeithorizonteffekt unterstellt und **präzise** genutzt, was zu hohen Aktienanteilen bei längeren Zeithorizonten und damit zu hohen erzielbaren Renditen führt.

Die Beurteilung der einzelnen Kriterien fällt also nahezu durchgängig sehr positiv aus. Damit ist das Modell **zum Einsatz in der Praxis der Alterssicherung geeignet**.

3.2.2.4 LPM1-Modell zur Asset Allocation für die Alterssicherung

3.2.2.4.1 Asset Allocation im LPM1-Modell

Im vorangegangenen Abschnitt wurde ein Asset Allocation-Modell vorgestellt, das auf der Ausfallwahrscheinlichkeit basiert. Wie im Kapitel 3.1.2.3.2.2 erläutert wurde, wird bei der Ausfallwahrscheinlichkeit die Höhe der Ausfälle nicht beachtet. Dieses Defizit wird durch die Verwendung des Ausfallerwartungswertes behoben, da bei diesem die Wahrscheinlichkeit eines Ausfalls zusammen mit der Höhe der Ausfälle in kombinierter Weise betrachtet wird.[759] Wegen dieser Erweiterung der Betrachtungsweise ist es sinnvoll, die Asset Allocation basierend auf dem Lower Partial Moment erster Ordnung durchzuführen. Bei der Asset Allocation ist es – wie auch bei den anderen Modellen, die in dieser Arbeit erläutert wurden – im Hinblick auf die Alterssicherung von

[759] Vgl. hierzu Kapitel 3.1.2.3.2.2. Bereits dort wurde erläutert, daß der Ausfallerwartungswert als mit der durchschnittlichen Höhe der Ausfälle multiplizierte Ausfallwahrscheinlichkeit definiert ist.

entscheidender Bedeutung, wie sich die Asset Allocation bei der Variation des Zeithorizontes verändert. Daß sich die optimale Zusammensetzung der Assets mit variierendem Zeithorizont ändert, ist anzunehmen, da bereits im Kapitel 2.4.1.3.3 auf unterschiedliche Weise ein deutlicher, positiver Zeithorizonteffekt für das Lower Partial Moment erster Ordnung diagnostiziert wurde.

Grundlage der Asset Allocation ist bei diesem Modell die Tobin-Separation, die in Kapitel 3.2.2.1 beschrieben wurde. Dieser zufolge existieren zwei Assetklassen. Die risikobehafteten Assets werden durch das Tangentialportefeuille repräsentiert; zusätzlich ist eine risikolose Anlagemöglichkeit vorhanden. Alle Portfolios im μ-σ-Diagramm sind effizient, die aus einer Kombination von risikoloser Anlage und Tangentialportefeuille bestehen und damit auf der Verbindungsgeraden zwischen der risikolosen Anlagemöglichkeit und dem Tangentialportefeuille liegen. Im LPM1-Modell sind diese μ-σ-effizienten Portfolios die Ausgangsportfolios, unter denen eine Auswahl getroffen wird. Diese Auswahl erfolgt nicht wie im traditionellen Portfolio Selection-Modell anhand von Nutzenfunktionen der Alterssichernden, sondern anhand des Lower Partial Moments erster Ordnung. Die Asset Allocation wird dabei entsprechend einem **neuen, eigenen Kriterium** aufgrund einer **analogen Anwendung des Telser-Kriteriums** durchgeführt. Das Telser-Kriterium gibt zur Asset Allocation eine Mindestrendite und eine maximale Ausfallwahrscheinlichkeit vor, um dann μ-σ-effiziente Portfolios zu identifizieren, die die Vorgaben erfüllen. Diese Vorgehensweise wird beim **eigenen Kriterium** in der Hinsicht abgewandelt, daß mit der Asset Allocation zwar auch eine bestimmte **Mindestrendite** zu erzielen ist, daß jedoch ein ebenfalls vorherbestimmter **Ausfallerwartungswert** nicht überschritten werden darf. Aus den μ-σ-effizienten Portfolios, die sich aus dem Aktienportfolio und der risikolosen Anlage zusammensetzen, wird daher dasjenige Portfolio ausgewählt, das die vorgegebene Mindestrendite erreicht und den vorherbestimmten Ausfallerwartungswert nicht überschreitet. In der Praxis der Alterssicherung bedeutet diese Vorgehensweise, daß ein Alterssichernder eine jährliche Mindestrendite benennt, die erzielt werden soll, und einen Ausfallerwartungswert für den Gesamtzeitraum der Alterssicherung vorgibt,[760] der nicht überschritten werden darf. Das Ergebnis ist ein μ-σ-effizientes Portfolio, das die Vorgaben erfüllt. Die Asset Allocation basiert dabei auf der Formel, mit der das Lower Partial Moment erster Ordnung ermittelt wird:[761]

760 Die Bezifferung des Ausfallerwartungswertes erfolgt als Prozentsatz des eingesetzten Kapitals.

761 Die Auflösung des Integrals in der folgenden Formel erfolgte durch das Programm Mathematica. Die ermittelte Lösung wurde Plausibilitätstests unterworfen. Alle Testergebnisse waren plausibel.

$$LPM1 = \int_{-\infty}^{\tau} (\tau - r_P) f(r_P) dr_P = (\tau - \mu_P) \times N\left(\frac{\tau - \mu_P}{\sigma_P}\right) + \sqrt{\frac{\sigma_P^2}{2\pi}} \times e^{-\frac{(\tau - \mu_P)^2}{2\sigma_P^2}}$$

für $\tau < r_f$.[762]

mit

μ_P	=	Erwartungswert der Renditen des Neuinvestitions-Portfolios
σ_P	=	Standardabweichung der Renditen des Neuinvestitions-Portfolios
r_P	=	Renditen der Portfolios
τ	=	vorgegebene Mindestrendite
N(.)	=	Flächeninhalt unter der Kurve der Standardnormalverteilung bis zur Stelle τ
LPM1	=	Ausfallerwartungswert

Die Formel gilt für ein Alterssicherungsportfolio, das sich aus risikolosen und risikobehafteten Assets zusammensetzt, so daß der Erwartungswert der Renditen und die Standardabweichung der Renditen jeweils das Portfolio betreffen, das einer neuen Investition zur Alterssicherung für einen bestimmten Zeithorizont dient. Der Erwartungswert der Renditen ergibt sich wie üblich als mit den Assetanteilen gewichtete Summe der Erwartungswerte der Aktienrendite und der Rendite der risikolosen Anlage. Die Standardabweichung der Aktienrenditen wird mit dem Aktienanteil am Neuinvestitions-Portfolio multipliziert, was die Standardabweichung des Portfolios ergibt. Nun stellt sich das Problem, die oben dargestellte LPM1-Formel nach dem Aktienanteil aufzulösen. Dieses Problem ist analytisch nicht lösbar, so daß eine iterative Lösung beispielsweise mittels Excel-Solver ermittelt wird, um den Aktienanteil zu identifizieren. Hierbei werden der maximal tolerierte Ausfallerwartungswert und die anderen Werte der Inputparameter vorgegeben – mit Ausnahme des Aktienanteils, der variabel ist. Der Ausfallerwartungswert ergibt sich durch die oben genannte Formel. In dieser Formel ist der Aktienanteil über den Erwartungswert der Portfoliorendite und über die Standardabweichung der Portfoliorendite enthalten. Nun wird mit dem Excel-Solver für die vorgegebenen Werte der Inputparameter durch eine Variation des Aktienanteils der Aktienanteil ermittelt, der exakt mit dem vorgegebenen Ausfallerwartungswert

---

762 Diese Bedingung muß erfüllt sein, damit auch mit niedrigen Aktienanteilen – also im Extremfall nur durch die risikolose Anlage – die vorgegebene Mindestrendite erzielt werden kann.

verbunden ist. Das Ergebnis ist der optimale, zeithorizontabhängige Aktienanteil an der jeweiligen Neuinvestition für die Alterssicherung.

Es wird also das wesentliche Merkmal der Asset Allocation für die Alterssicherung – der Zeithorizont – berücksichtigt, in dem die Mindestrendite, der Erwartungswert der Rendite risikobehafteter Assets, die Standardabweichung der Aktienrenditen und die Rendite der risikolosen Anlage **zeithorizontabhängig** definiert sind. Der vorgegebene Ausfallerwartungswert ist für alle Zeithorizonte identisch, weil er bei langen Zeithorizonten exakt so hoch sein soll wie bei kurzen Anlagehorizonten. Als Resultat ergeben sich Aktienanteile, die erwartungsgemäß mit zunehmendem Zeithorizont ansteigen, da das Lower Partial Moment erster Ordnung mit zunehmendem Zeithorizont sinkt. Will ein Alterssichernder beispielsweise das eingesetzte Kapital nominell erhalten, um damit eine jährliche Rendite von mindestens null Prozent zu erzielen, und soll der Ausfallerwartungswert bezogen auf das eingesetzte Kapital maximal 0,1 Prozent ausmachen, ergeben sich die Aktienanteile für die jeweiligen Anlagehorizonte, die aus der Abbildung 3.2.2.4.1-1 abzulesen sind:[763]

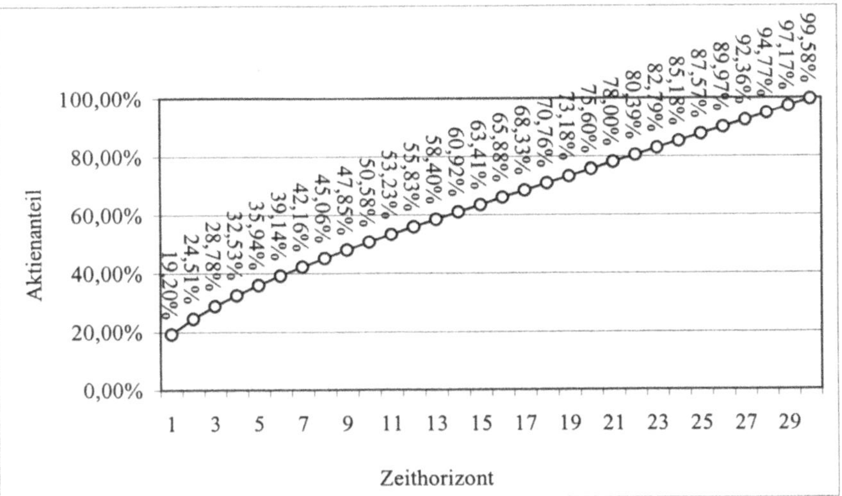

Abbildung 3.2.2.4.1-1: LPM1-Modell: Aktienanteil

[763] Der Erwartungswert der jährlichen Aktienrendite beträgt zehn Prozent, die Standardabweichung der Aktienrenditen beläuft sich auf 20 Prozent bei einem einjährigen Zeithorizont und steigt mit der Wurzel der Anzahl der Jahre, die jährliche risikolose Verzinsung beträgt fünf Prozent.

Wie anhand der Abbildung zu erkennen ist, muß der Aktienanteil bei den genannten Inputwerten nicht auf 100 Prozent limitiert werden. Werden Inputdaten jedoch variiert – beispielsweise kann ein höherer Erwartungswert der Aktienrendite oder eine niedrigere Standardabweichung der Aktienrenditen vorgegeben werden – so können sich Aktienanteile von mehr als 100 Prozent ergeben. Analog der Argumentation im Kapitel 3.2.2.3.1 sind Aktienanteile jedoch nur bis zur Höhe von 100 Prozent sinnvoll, so daß der Aktienanteil auch bei diesem Modell generell auf 100 Prozent limitiert wird. Wenn optimale Aktienanteile von über 100 Prozent ermittelt und dann auf 100 Prozent reduziert werden, folgt aus der Vorgehensweise, daß der vorgegebene maximale Ausfallerwartungswert bei längeren Zeithorizonten unterschritten wird, was im Einklang mit dem Modell und insbesondere mit der analogen Anwendung des Telser-Kriteriums steht.

Hinsichtlich der Aktienanteile ist hervorzuheben, daß sich die Anteile auf die jeweils neuinvestierten Beträge zur Alterssicherung beziehen. Auf diese Weise erfüllt der jeweils investierte Betrag für den jeweiligen Zeithorizont die Vorgaben des Alterssichernden bezüglich der Mindestrendite und des Ausfallerwartungswertes. Bei einem kontinuierlichen Ansparprozeß mit z. B. jährlichen Investitionen in die Alterssicherung wird für keine der Investitionen der vorgegebene, maximale Ausfallerwartungswert für die jeweils vorgegebene Mindestrendite überschritten. Daher werden für alle Investitionen in die Alterssicherung die Vorgaben hinsichtlich Mindestrendite und Ausfallerwartungswert erfüllt.

3.2.2.4.2 Beurteilung des LPM1-Modells

Im Modell verwendete Assetklassen

Die für die Alterssicherung geeignete Ausgestaltung der risikolosen Assetklasse kann – wie auch im LPM0-Modell empfohlen – mittels Geldmarktfonds erfolgen. Für die risikobehafteten Assets bietet sich aus mehreren Gründen die Investition in einen passiv verwalteten Indexfonds an, der sich an der Zusammensetzung des MSCI-Welt-Index orientiert: Abgesehen von den Vorzügen, die jedem Indexfonds anhaften,[764] kann der MSCI-Welt-Index am ehesten ein alle relevanten, riskanten Assets enthaltendes Aktienportefeuille verkörpern, da der Index weltweit notierte Aktien enthält.

---

[764] Vgl. hierzu Kapitel 3.1.2.1.

Berücksichtigung der Rentabilität

Bei der Berücksichtigung der Rentabilität ergeben sich keine Besonderheiten im Vergleich zum LPM0-Modell, so daß auf weitere Erläuterungen an dieser Stelle verzichtet wird.

Berücksichtigung des Marktwertrisikos

Das Marktwertrisiko der Assetklasse der Aktien geht – ähnlich wie beim LPM0-Modell – auf zweierlei Weisen in die Asset Allocation ein. Einerseits wird die Standardabweichung verwendet, um gemäß dem μ-σ-Kriterium effiziente Portfolios zu generieren, die sich aus einer risikolosen Anlage und einem Teil des reinen Aktienportefeuilles zusammensetzen. Andererseits wird unter diesen effizienten Portfolios anhand des Lower Partial Moments erster Ordnung ein solches Portfolio ausgewählt, das den Vorgaben hinsichtlich Mindestrendite und Ausfallerwartungswert entspricht. Diese Vorgehensweise ist vorteilhaft einzuschätzen.

Berücksichtigung der Risikoeinstellung der Alterssichernden

Die Risikoeinstellung kann in diesem Modell zweifach berücksichtigt werden:
Die **erste Möglichkeit** der Risikoerfassung erfolgt direkt durch die Vorgabe eines Ausfallerwartungswertes durch einen Alterssichernden. Beträgt beispielsweise der vorgegebene Ausfallerwartungswert 0,1 Prozent, so bedeutet das bei einer Anlage von z. B. 1.000,- €, daß ein Verlust von durchschnittlich 1,- € erwartet wird, wenn mögliche Gewinne der Aktien nicht direkt betrachtet werden. Ein solches Beispiel kann als intuitiv nachvollziehbar angesehen werden, so daß anhand einer solchen Darstellung die Risikoeinstellung eines Alterssichernden unmittelbar dadurch erfaßt wird, welchen Verlust relativ zum eingesetzten Kapital der Alterssichernde zu tragen bereit ist. Entsprechend der Risikoeinstellung können unterschiedliche Werte des maximalen Ausfallerwartungswertes vorgegeben werden, die sich dann auf die Asset Allocation auswirken. Werden für den Ausfallerwartungswert als Zeichen einer höheren Risikotoleranz höhere Werte vorgegeben, dann resultieren höhere Aktienanteile und umgekehrt.

Die **zweite** – indirekte – **Möglichkeit** der Berücksichtigung der Risikoeinstellung besteht in einer Variation der vorgegebenen Mindestrendite. Soll eine höhere jährliche

Mindestrendite erzielt werden, sind die Werte der Verluste höher, was den Ausfallerwartungswert erhöht und damit den optimalen Aktienanteil senkt. Die Vorgabe einer höheren Mindestrendite bedeutet daher eine geringere Risikotoleranz et vice versa. Aufgrund der indirekten Berücksichtigungsweise und der ebenfalls möglichen direkten Berücksichtigung durch den vorgegebenen Ausfallerwartungswert erscheint die direkte Möglichkeit der Erfassung der Risikoeinstellung vorteilhafter.

Voraussichtlich erzielbare Performance

Gemessen an der **Modified Sharpe-Ratio nullter Ordnung** nimmt die Performance dieses Modells Werte zwischen 0,1837 und 486,2231 an. Wie es aufgrund der bisherigen Erläuterungen und aufgrund der Abbildung 3.3-1 ersichtlich wird, ist die Performance damit in allen Zeithorizonten höher als beim Modell von Spremann / Winhart. Die Performance nimmt in den Zeithorizonten von einem bis zu neun Jahren niedrigere und bei den Zeithorizonten von zehn bis 30 Jahren höhere Werte an als beim LPM0-Modell. Damit ist das LPM1-Modell dem LPM0-Modell in 21 Zeithorizonten und damit auch insgesamt überlegen. Als Resultat ergibt sich, daß das erläuterte Modell die beste Performance der drei direkt verglichenen Modelle aufweist. Lediglich das Zerobond-Modell hat wegen des Fehlens einer Ausfallwahrscheinlichkeit eine noch höhere – aber nicht direkt meßbare – Performance.

Aufgrund der Verwendung des Lower Partial Moments erster Ordnung in diesem Modell bietet sich zusätzlich ein Performancevergleich aufgrund der **Modified Sharpe-Ratio erster Ordnung** an. Es ergibt sich die identische Beurteilung wie bei der Modified Sharpe-Ratio nullter Ordnung: Das Modell weist in allen Zeithorizonten höhere Performancewerte auf als das Modell von Spremann / Winhart.[765] Das LPM0-Modell ist dem LPM1-Modell in den Zeithorizonten von einem bis zu neun Jahren überlegen und in den Zeithorizonten von zehn bis zu 30 Jahren unterlegen.[766] Damit bestätigt sich die Vorteilhaftigkeit des LPM1-Modells, weil es auch bei Verwendung der Modified Sharpe-Ratio erster Ordnung die beste Performance der drei verglichenen Modelle aufweist. Lediglich dem Zerobond-Modell kommt aufgrund der Absenz eines Ausfallerwartungswertes eine gegen unendlich gerichtete Performance zu.

---

[765] Vgl. hierzu auch die Ausführungen in den Kapiteln 3.2.2.1 und 3.3.

[766] Vgl. hierzu auch die Ausführungen in den Kapiteln 3.2.2.3 und 3.3.

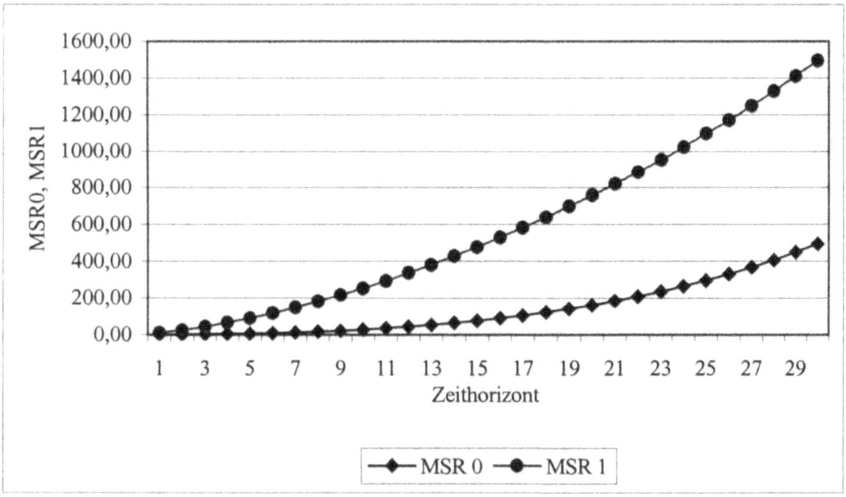

Abbildung 3.2.2.4.2-1: LPM1-Modell: MSR0 / MSR1

Berücksichtigung der Inflation

Die Inflation kann beim LPM1-Modell in der Weise berücksichtigt werden, daß eine jährliche Mindestrendite, die entsprechend der Inflationsrate ansteigt, hinsichtlich des Ausfallerwartungswertes abgesichert wird. Der Ausfallerwartungswert bleibt also für alle Zeithorizonte identisch, jedoch wird eine höhere Mindestrendite abgesichert, was sich Aktienanteil-senkend auf die Asset Allocation auswirkt. Der Aktienanteil wird iterativ entsprechend der folgenden Formel ermittelt:[767]

[767] Zur Gleichung vgl. Kapitel 3.2.2.4.1.

$$LPM1 = (\tau + I - \mu_P) \times N\left(\frac{\tau + I - \mu_P}{\sigma_P}\right) + \sqrt{\frac{\sigma_P^2}{2\pi}} \times e^{-\frac{(\tau + I - \mu_P)^2}{2\sigma_P^2}} \qquad \text{für } \tau < r_f.$$

mit

μ_P = Erwartungswert der Portfoliorendite

σ_P = Standardabweichung der Portfoliorendite

τ = vorgegebene Mindestrendite

I = Inflationsrate

N(.) = Flächeninhalt unter der Kurve der Standardnormalverteilung

LPM1 = Ausfallerwartungswert

Aufgrund dieser Berechnungsweise ergeben sich für eine Inflationsrate von jährlich zwei Prozent die Aktienanteile, die in der Abbildung 3.2.2.4.2-2 dargestellt sind. Um die Aktienanteile mit denjenigen ohne Inflationberücksichtigung vergleichen zu können, sind letztere ebenfalls in der Abbildung zu erkennen.

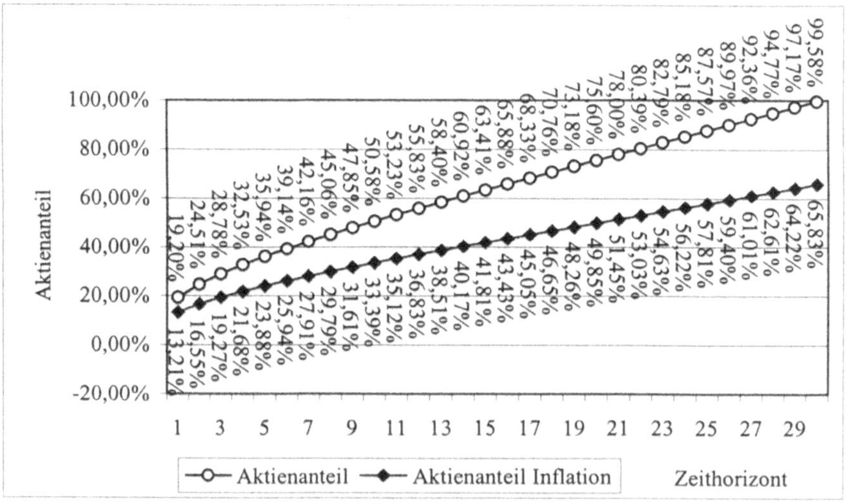

Abbildung 3.2.2.4.2-2: LPM1-Modell: Aktienanteil bei Inflation

Sensitivität der Modellergebnisse

Wichtige Inputparameter sind der **Erwartungswert der Aktienrenditen**, die **Standardabweichung der Aktienrenditen**, die vorgegebene **Mindestrendite** und der ebenfalls vorgegebene **Ausfallerwartungswert**.

Die Variation der Aktienanteile aufgrund einer Veränderung des **Erwartungswertes der Aktienrenditen** entwickelt sich, wie es in der Abbildung 3.2.2.4.2-3 für die Steigerung bzw. Senkung des Erwartungswertes der Aktienrenditen dargestellt ist.

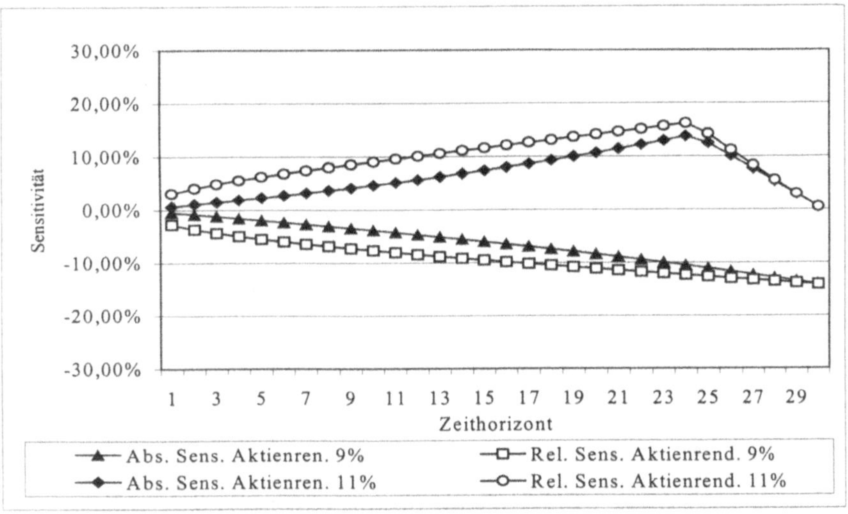

Abbildung 3.2.2.4.2-3: LPM1-Modell: Sensitivität Aktienrenditen

Die relativen Sensitivitäten steigen mit zunehmendem Zeithorizont an, wobei die Werte als vergleichsweise gering einzuschätzen sind.[768] Wird der **Erwartungswert** der Aktienrendite auf elf Prozent **erhöht**, so steigen die Aktienanteile, was positive Sensitivitäten begründet. Die Aktienanteile steigen bei langen Zeithorizonten auf über 100 Prozent, werden aber auf 100 Prozent limitiert. Die Limitierung erklärt die sin-

[768] Diese Einschätzung ergibt sich auch durch den Vergleich der Sensitivitäten, der im Kapitel 3.3 genauer erläutert wird.

kenden Sensitivitäten ab einem Zeithorizont von 25 Jahren. Bei **sinkendem Erwartungswert** der Aktienrenditen resultieren sinkende Aktienanteile und daher negative Sensitivitäten. Mangels Limitierung der Aktienanteile steigt das Ausmaß der Sensitivitäten kontinuierlich mit zunehmendem Zeithorizont an.

Die niedrig ausgeprägten relativen Sensitivitäten ergeben sich auch aufgrund einer Veränderung der **Standardabweichung** auf 21 bzw. 19 Prozent, was aus der folgenden Abbildung 3.2.2.4.2-4 ersichtlich ist:

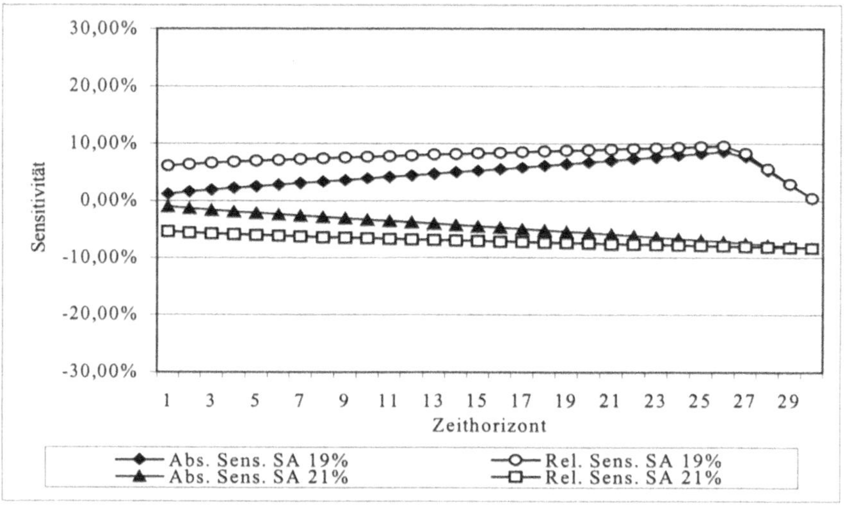

Abbildung 3.2.2.4.2-4: LPM1-Modell: Sensitivität Standardabweichung

Wird die Standardabweichung der Aktienrenditen auf 19 Prozent **vermindert**, steigt der Aktienanteil, so daß positive Sensitivitäten vorliegen. Die Steigerung der Sensitivitäten mit zunehmendem Zeithorizont ist gering,[769] bis die Sensitivitäten ab dem Zeithorizont von 27 Jahren aufgrund der Limitierung der Aktienanteile auf 100 Prozent wieder fallen. Bei einer **Steigerung** der Standardabweichung sinken die Aktienanteile, was negative Sensitivitäten zur Folge hat. Das Ausmaß der Sensitivitäten steigt mit zunehmendem Zeithorizont kontinuierlich, ist in seinem Niveau jedoch gering.

---

[769] Vgl. hierzu Kapitel 3.3.

Weitere wichtige Inputparameter[770] sind die vorgegebene **Mindestrendite** und der vorherbestimmte **Ausfallerwartungswert**. Hier bestätigt sich erneut das niedrige Ausmaß der relativen Sensitivitäten, wie es in der folgenden Abbildungen 3.2.2.4.2-5 und 3.2.2.4.2-6 zu erkennen ist.

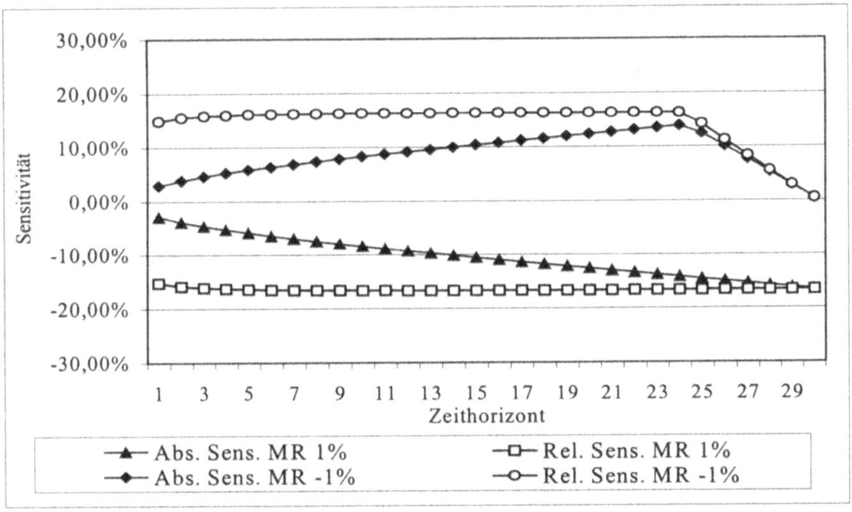

Abbildung 3.2.2.4.2-5: LPM1-Modell: Sensitivität Mindestrendite

770 Eine Variation der Inflationsrate wird nicht separat behandelt, da sie derjenigen der Mindestrendite entspricht.

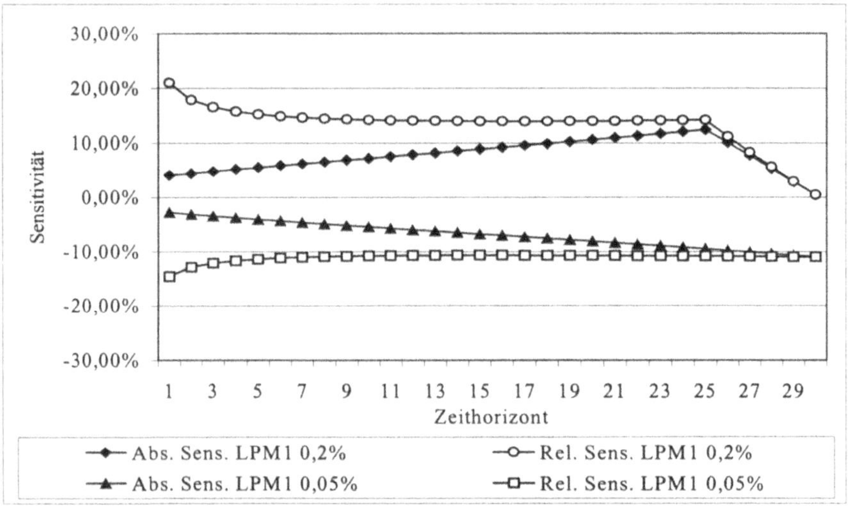

Abbildung 3.2.2.4.2-6: LPM1-Modell: Sensitivität LPM1

Das Resultat besteht in einer eindeutig **positiven Einschätzung** der Sensitivität der Modellergebnisse aufgrund einer Variation wichtiger Inputparameter.[771]

Realitätsnähe des Modells

Zur **Realitätsnähe der Modellannahmen** existieren im Vergleich zu dem LPM0-Modell keine Besonderheiten. Die wesentlichen, grundlegenden Annahmen gelten auch hier,[772] so daß sich eine tendenziell positive Beurteilung dieses Aspekts ergibt.

Die **Realitätsnähe der Modellergebnisse** ist positiv zu beurteilen, da die Aktienanteile, die das Ergebnis der Asset Allocation darstellen, bei den verwendeten Vorgabeparametern über alle Zeithorizonte hinweg realistische Werte zwischen null und 100

771 Dieses Resultat ergibt sich aufgrund der entsprechenden Ausführungen bei den vorhergehend beschriebenen Modellen und auch aufgrund des nachfolgenden, direkten Vergleichs in Kapitel 3.3.

772 Dies sind die Annahmen hinsichtlich der Assetrenditen, der Standardabweichung risikobehafteter Renditen, der Korrelation zwischen risikobehafteten und risikolosen Renditen, hinsichtlich der Tobin Separation und der Normalverteilung risikobehafteter Renditen, die bereits im Kapitel 3.2.2.1.2 erläutert wurden. Zusätzlich gilt auch hier die Annahme, daß sich – wie es in Kapitel 2.4.1.3.2.1 gezeigt wurde – die Standardabweichung bei zunehmendem Zeithorizont mit der Wurzel der Anzahl der Jahre steigert.

Prozent annehmen. Wird der Aktienanteil bei anderen Konstellationen der Inputparameter auf 100 Prozent limitiert, so wird bei längeren Zeithorizonten eine zusätzliche Verminderung des Ausfallerwartungswertes realisiert.

Verwaltungsaufwand

Der Verwaltungsaufwand, der mit diesem Modell verbunden ist, ist ebenso ausgeprägt und zu beurteilen wie derjenige des LPM0-Modells: Überdurchschnittliche Informationsaufwendungen sind unnötig, zwischenzeitliche Portfolioumschichtungen sind ebenfalls nicht vorgesehen, so daß sich der Verwaltungsaufwand auf den kontinuierlichen Kauf und den (einmaligen) Verkauf[773] der jeweiligen Assetklassen beschränkt. Die Beurteilung des Verwaltungsaufwands fällt daher positiv aus.

Erfüllung gesetzlicher Erfordernisse

Die gesetzlich geforderte Garantie der nominellen Kapitalerhaltung[774] wird im LPM1-Modell in der Weise berücksichtigt, daß eine vorgegebene Mindestrendite von null Prozent – was einer nominellen Kapitalerhaltung entspricht – mit einem sehr geringen Ausfallerwartungswert erzielt wird. Der Ausfallerwartungswert kann jedoch nicht auf null reduziert werden,[775] da den Berechnungen die Annahme normalverteilter Aktienrenditen zugrundeliegt, so daß – im Gegensatz zur Realität – immer negative Renditen existieren. Aufgrund der Geringfügigkeit des in dieser Arbeit vorgegebenen Ausfallerwartungswertes kann statt dessen eine faktische Garantie des eingesetzten Kapitals gegeben werden, so daß das Modell den gesetzlichen Anforderungen de facto entspricht. Damit wird zwar durch das Modell selbst keine Garantie gegeben, der Ausfallerwartungswert nimmt aber so geringe Werte an, daß eine Garantie problemlos im unrealistischen Falle des Verfehlens der Mindestrendite durch den Anbieter eines Alterssicherungs-Produkts an Alterssichernde gegeben werden kann. Dies wird an den Größenordnungen des Ausfallerwartungswertes deutlich, die beispielsweise bei 30-

---

773 Wie beschrieben ist die Asset Allocation auf einen Endzeitpunkt ausgerichtet, da zu diesem Zeitpunkt entsprechend den im Kapitel 3.1.2.10 erläuterten Vorschriften der Wert des eingesetzten Kapitals erreicht werden muß.

774 Vgl. hierzu Kapitel 3.1.2.10.

775 Anhand der Formel zur Ermittlung des Ausfallerwartungswertes kann gezeigt werden, daß sich der Ausfallerwartungswert dem Wert null annähert, wenn der Zeithorizont gegen unendlich geht. Für die Alterssicherung sind jedoch endliche Zeithorizonte relevant.

jährigen Zeithorizonten und einer Investitionssumme von 1.000,- € den Wert von lediglich 1,- € (entsprechend 0,1 Prozent) annehmen.

Würden als Grundlage zur Asset Allocation die **realen Daten des MSCI-Welt-Index** gewählt, so könnte bereits ab dem Zeithorizont von zehn Jahren eine explizite Garantie des eingesetzten Kapitals aufgrund des Modells gegeben werden, da ab diesem Zeithorizont der Ausfallerwartungswert den Wert null annimmt. Da jedoch die höheren Momente der Verteilung der MSCI-Renditen nicht untersucht wurden, wird in dieser Arbeit auf eine Modellierung einer optimalen Asset Allocation aufgrund der realen MSCI-Daten verzichtet.

Die Beurteilung der Berücksichtigung gesetzlicher Erfordernisse fällt aus den genannten Gründen **positiv** aus.

Art und Weise der Ausnutzung des Zeithorizonteffektes

In das vorgestellte LPM1-Modell gehen die Rendite-Risiko-Charakteristika von normalverteilten Aktienrenditen ein. Somit werden die Eigenschaften, die für den positiven Zeithorizonteffekt ursächlich sind, direkt für die Asset Allocation genutzt. Für die Berücksichtigung des Zeithorizonteffektes ergibt sich daher eine **positive** Beurteilung.

3.2.2.4.3 Zusammenfassende Gesamtbeurteilung des Modells

Abschließend wird ein Überblick über die Beurteilungen der einzelnen Aspekte des Modells gegeben, um ein Gesamturteil zu ermöglichen:

- **Berücksichtigung der Assetklassen**
  Im Modell werden zwei **zielführende Assetklassen** zur Alterssicherung verwendet.

- **Berücksichtigung der Rentabilität**
  Die Verwendung von stetigen Renditen dient der **korrekten Erfassung** von Wertsteigerungen in den Berechnungen.

- **Berücksichtigung des Marktwertrisikos**
  Die Standardabweichung der Aktienrenditen und das Lower Partial Moment erster Ordnung werden **sinnvollerweise** verwendet, um die Asset Allocation durchzuführen.

- **Berücksichtigung der Risikoeinstellung der Alterssichernden**
  Die Risikoeinstellung der Alterssichernden wird durch den vorgegebenen, maximal tolerierten Ausfallerwartungswert und die Mindestrendite erfaßt, was **positiv** zu beurteilen ist.

- **Voraussichtlich erzielbare Performance**
  Die erzielbare Performance ist **hoch**.

- **Berücksichtigung der Inflation**
  Die Inflation wird in **geeigneter Weise** berücksichtigt, indem reale Renditen mit einem vorgegebenen Ausfallerwartungswert abgesichert werden können.

- **Sensitivität der Modellergebnisse**
  Die Sensitivitäten sind gering ausgeprägt.

- **Realitätsnähe der Modellannahmen und Modellergebnisse**
  Die Realitätsnähe des Modells ist hoch.

- **Verwaltungsaufwand**
  Der mit dem Modell verbundene Verwaltungsaufwand ist gering.

- **Erfüllung gesetzlicher Erfordernisse**
  Die Anforderung der Garantie nomineller Kapitalerhaltung wird im Modell berücksichtigt und faktisch erreicht.

- **Art und Weise der Ausnutzung des Zeithorizonteffektes**
  Im Modell wird ein positiver Zeithorizonteffekt unterstellt und **korrekt** genutzt.

Wie es deutlich ersichtlich ist, sind alle Aspekte des Modells positiv zu beurteilen, so daß ein **Einsatz des Modells in der Alterssicherung möglich ist**.

3.3 Zusammenfassender Vergleich der vorgestellten Modelle zur Asset Allocation für die Alterssicherung

Im folgenden soll ein zusammenfassender Vergleich einen Überblick über die Modelle geben, die in dieser Arbeit erläutert und einzeln beurteilt wurden. Der zusammenfassende Vergleich erfolgt wieder anhand der Kriterien, die auch im bisherigen Verlauf der Arbeit verwendet wurden.

In den Modellen verwendete Assetklassen:
Alle Modelle, die beurteilt wurden, verwenden mindestens zwei Assetklassen zur Asset Allocation: zum einen risikolose und zum anderen risikobehaftete Wertpapiere. Die **Konkretisierung** der Assetklassen fällt unterschiedlich aus: Spremann / Winhart empfehlen in ihrem Modell Direktinvestitionen in Aktien, Bonds und Bargeld. Diese Konkretisierung ist aus den im Kapitel 3.2.2.1.2 dargestellten Gründen nicht zur Alterssicherung geeignet. Im Zerobond-Modell werden Zerobonds und Aktienfondsanteile zur Asset Allocation verwendet. Diese Vorgehensweise ist zielführend, wenngleich sich ein tendenzieller Nachteil wegen der unzureichenden Liquidität des Zerobond-Marktes ergibt. Sehr positiv ist die Konkretisierung der Assetklassen im LPM0- und LPM1-Modell zu beurteilen, weil die genutzten Geldmarkt- und Aktienfondsanteile als Assetklasse in jeder Hinsicht für die Alterssicherung geeignet sind. Beim Modell von Spremann / Winhart wird zusätzlich noch die „Assetklasse" des Einkommenspotentials eingeführt, was u. a. aufgrund der damit verbundenen Ungenauigkeiten negativ zu werten ist. Daher ergibt sich die vorteilhafteste Ausprägung dieses Aspekts bei dem LPM0- und LPM1-Modell. Ebenfalls positiv ist diesbezüglich das Zerobond-Modell einzustufen. Negativ ist die Beurteilung bei dem Modell von Spremann / Winhart.

Berücksichtigung der Rentabilität:
Zur Rentabilität werden bei dem Modell von Spremann / Winhart keine Aussagen getroffen. Bei dem LPM0- und LPM1-Modell werden richtigerweise stetige Renditen verwendet. Bei dem Zerobond-Modell erfolgt die Asset Allocation mittels diskreter Renditen, was als korrekt anzusehen ist.

Berücksichtigung des Marktwertrisikos:
Das Risikomaß ist bei dem Modell von Spremann / Winhart die allgemein akzeptierte Standardabweichung der Renditen. Beim Zerobond-Modell wird mangels Risiko kein Risikomaß benötigt. Sowohl das LPM0- als auch das LPM1-Modell beruht auf der

Standardabweichung der Renditen, die hinsichtlich des verwendeten Tangentialportfolios und der Effizienzlinie relevant ist. Zusätzlich wird das Lower Partial Moment nullter bzw. erster Ordnung angewandt, um die geeigneten Portefeuilles zu identifizieren, so daß auch diese Risikomaße für die Asset Allocation genutzt werden. Dies ist – wie beschrieben wurde – positiv zu beurteilen.

Berücksichtigung der Risikoeinstellungen der Investoren:
Im Modell von Spremann / Winhart können die Risikoeinstellungen von Investoren de facto nicht sinnvoll in die Asset Allocation eingehen. Hingegen bieten sowohl das Zerobond-Modell[776] als auch das LPM0- und LPM1-Modell Möglichkeiten, die Risikoeinstellung der Investoren unmittelbar und sinnvoll zu berücksichtigen. Diese Möglichkeiten sind bei dem LPM0- und LPM1-Modell besonders vielfältig.

Erzielbare Performance:
Obwohl die Performance mit der Modified Sharpe-Ratio nullter Ordnung beim **Zerobond-Modell** nicht explizit gemessen werden kann, ergibt sich aufgrund der Risikolosigkeit, die mit dem Modell verbunden ist, im Vergleich die höchste Performance. Unter den direkt vergleichbaren Modellen ist das **LPM1-Modell** das beste, da es – gemessen an den Modified Sharpe-Ratios nullter und erster Ordnung – in jedem Zeithorizont höhere Performancewerte als das Modell von Spremann / Winhart und in 21 Zeithorizonten eine bessere Performance als das LPM0-Modell aufweist. Es folgt das **LPM0-Modell**, das demjenigen von Spremann / Winhart in allen Zeithorizonten überlegen ist. Das schlechteste Modell mit deutlich niedrigeren Performancewerten als bei den anderen Modellen ist das **Modell von Spremann / Winhart**. Die Ergebnisse werden durch die folgenden Abbildungen 3.3-1 und 3.3-2 verdeutlicht:

[776] Wie beschrieben wurde, stehen beim Zerobond-Modell individuelle Risikoeinstellungen nicht im Vordergrund des Interesses. Dennoch lassen sich problemlos unterschiedliche Risikoeinstellungen im Modell berücksichtigen.

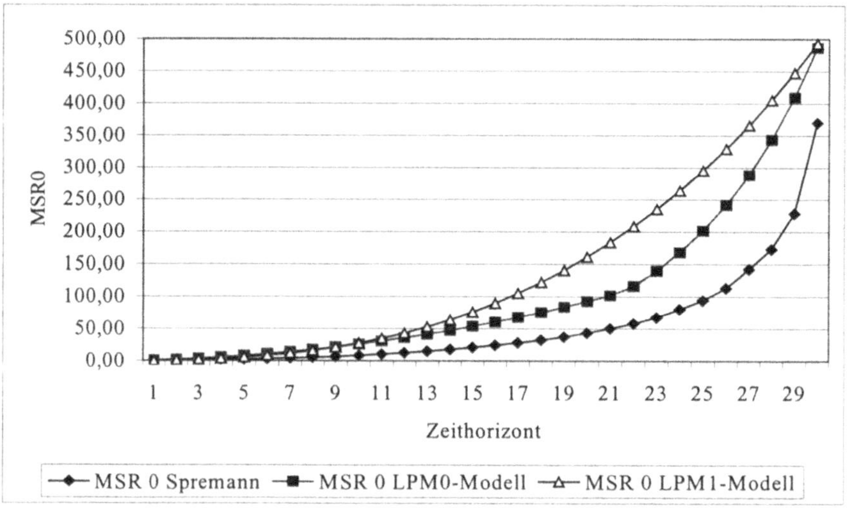

Abbildung 3.3-1: Vergleich der Modelle hinsichtlich MSR0

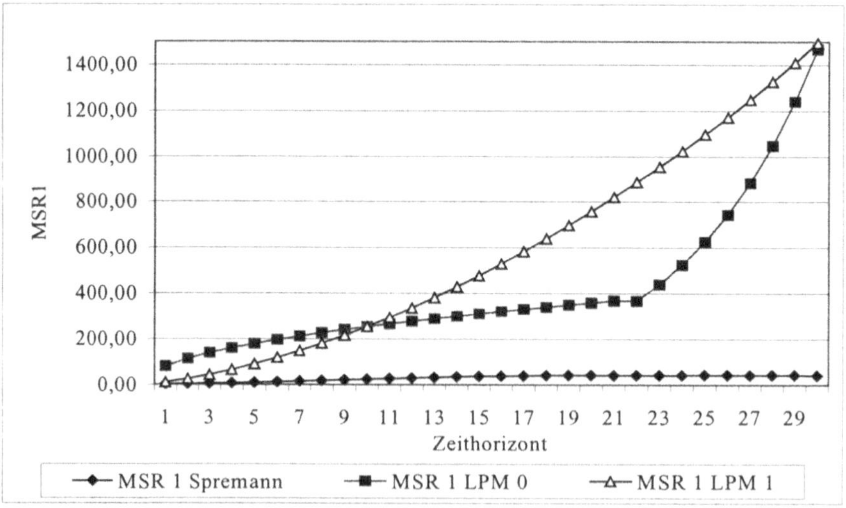

Abbildung 3.3-2: Vergleich der Modelle hinsichtlich MSR1

Berücksichtigung der Inflation:
Im Modell von Spremann / Winhart wird die Inflation nicht explizit berücksichtigt, so daß ein Anleger hinsichtlich seines Finanzkapitals den negativen finanziellen Wirkungen der Inflation unterliegt. Sowohl das Zerobond-Modell als auch das LPM0- und das LPM1-Modell bieten die Möglichkeit, die Inflation bei der Asset Allocation zu berücksichtigen und die Alterssichernden gegen die finanziellen Wirkungen der Inflation zu schützen.

Sensitivität der Modelle:
Die **Sensitivitäten** der Modelle aufgrund einer Variation wichtiger Inputparameter wurden anhand der Inputparameter direkt verglichen, die bei möglichst vielen der behandelten Modelle relevant sind. Direkt vergleichbar sind die Sensitivitäten aufgrund von Veränderungen der **Renditeerwartung** von Aktien und der **Standardabweichung** der Aktienrenditen, die bei dem Modell von Spremann / Winhart und bei dem LPM0- und LPM1-Modell in die Asset Allocation eingehen. Weiterhin wurde noch eine Variation der vorgegebenen **Mindestrendite** bei dem LPM0- und LPM1-Modell betrachtet. Die Sensitivitäten aller anderen Inputparameter betreffen nur einzelne Modelle, so daß ein Vergleich nicht möglich ist.

Die Sensitivität aufgrund von Veränderungen der **Renditeerwartung** von Aktien ist bei dem Modell von Spremann / Winhart mit Abstand am größten, so daß dieses Modell unter den vergleichbaren Modellen am schlechtesten beurteilt werden muß. Das LPM1-Modell weist in der Mehrzahl der Zeithorizonte niedrigere Sensitivitäten auf als das LPM0-Modell, so daß das erstgenannte Modell hinsichtlich dieser Sensitivitäten das beste ist. Die Sensitivitäten sind beim LPM0-Modell teilweise nur unwesentlich höher und teils auch niedriger, so daß auch dieses Modell bei diesem Beurteilungsaspekt sehr gut bewertet werden kann. Das Zerobond-Modell berücksichtigt keine Erwartungswerte der Aktienrenditen bei der Asset Allocation. Die Verläufe der relativen Sensitivitäten werden durch die Abbildung 3.3-3 veranschaulicht:

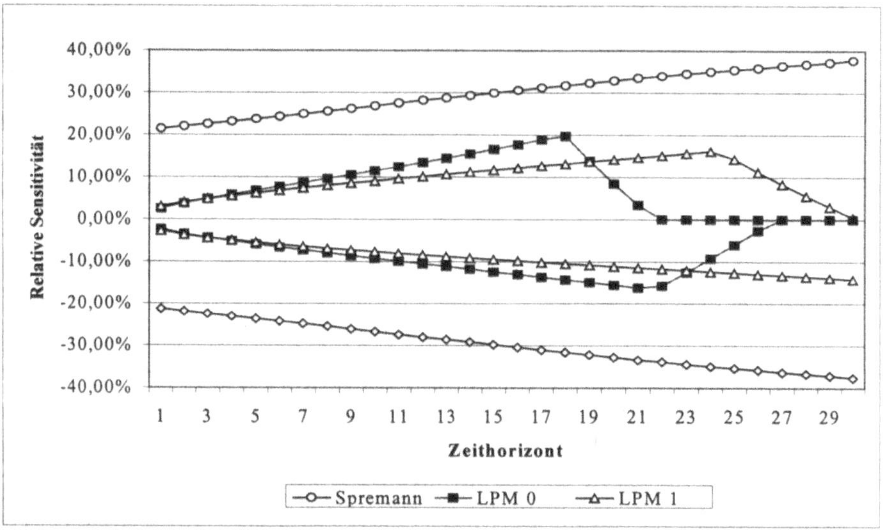

Abbildung 3.3-3: Vergleich der Modelle hinsichtlich der relativen Sensitivitäten bei Variation der Erwartungswerte der Aktienrenditen

Die Beurteilung der Sensitivitäten aufgrund von Veränderungen der **Standardabweichung** der Aktienrenditen fällt identisch aus: Aus der Abbildung 3.3-4 wird ersichtlich, daß das LPM1-Modell insgesamt die geringsten relativen Sensitivitäten aufweist, gefolgt vom LPM0-Modell. Die Sensitivitäten sind beim Modell von Spremann / Winhart markant höher.

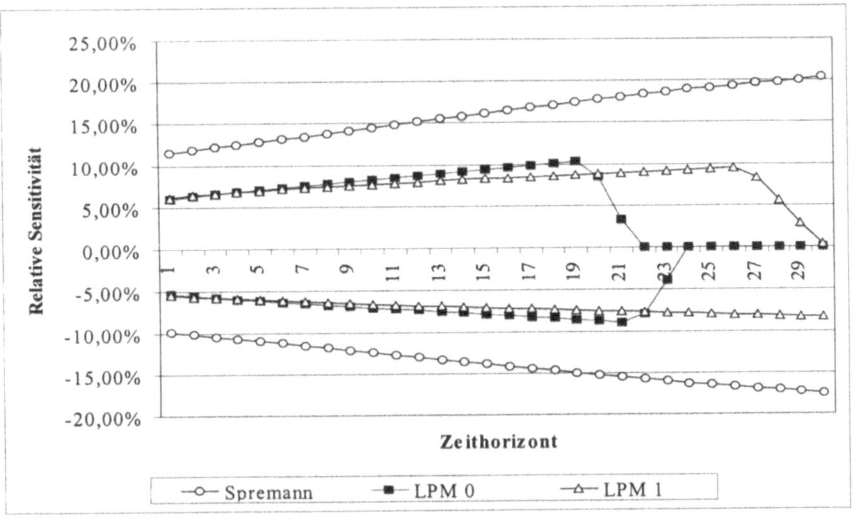

Abbildung 3.3-4: **Vergleich der Modelle hinsichtlich der relativen Sensitivitäten bei Variation der Standardabweichung**

Abschließend werden die Sensitivitäten aufgrund einer Veränderung der **Mindestrendite** verglichen.[777] Die Ergebnisse können anhand der Abbildung 3.3-5 erkannt werden: Erneut sind die Sensitivitäten beim LPM1-Modell insgesamt am geringsten. Diejenigen des LPM0-Modells sind höher, wobei das absolute Niveau der Sensitivitäten akzeptabel ist.

[777] Das Modell von Spremann / Wınhart und das Zerobond-Modell verwenden keine Mindestrendite bei der Asset Allocation, so daß keine Sensitivitäten ermittelbar sind.

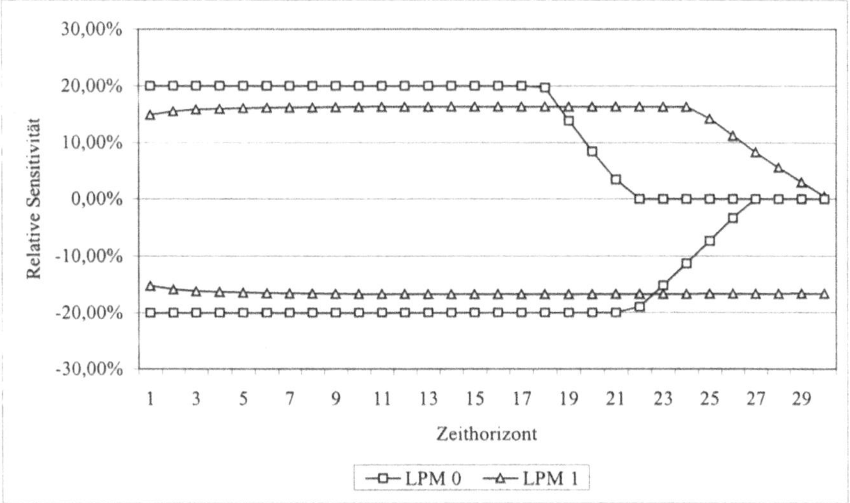

Abbildung 3.3-5: Vergleich der Modelle hinsichtlich der relativen Sensitivitäten bei Variation der Mindestrendite

An den Beispielen werden die Beurteilungen, die bereits im Kapitel 3.2.2 gegeben wurden, nochmals deutlich ersichtlich. Es ergibt sich eine sehr vorteilhafte Einschätzung hinsichtlich der Sensitivitäten für das LPM1-Modell und das LPM0-Modell[778] und ebenso für das Zerobond-Modell, dessen absolutes Niveau der relativen Sensitivitäten sehr niedrig ist[779]. Die Sensitivitäten beim Modell von Spremann / Winhart sind deutlich höher.

Realitätsnähe der Modelle:

Die **Realitätsnähe der Modellannahmen** ist beim Modell von Spremann / Winhart negativ, beim Zerobond-Modell schwach positiv und bei den LPM0- und LPM1-Modellen eindeutig positiv zu beurteilen. Die Höhe der aus der Asset Allocation resultierenden Aktienanteile werden im Rahmen der **Realitätsnähe der Modellergebnisse** beurteilt. Für das Modell von Spremann / Winhart ergeben sich extrem hohe Ak-

---

778 Es sei nochmals darauf hingewiesen, daß die Sensitivitäten beim LPM0-Modell bei langen Zeithorizonten durch die Limitierung des Aktienanteils auf 100 Prozent beeinflußt sind. Die Beurteilung des Sensitivitätskriteriums würde sich bei einer fehlenden Limitierung aber nicht gravierend ändern.

779 Vgl. hierzu Kapitel 3.2.2.2.2.

tienanteile und damit sehr negative Beurteilungen. Beim Zerobond-Modell und – unter Verwendung der Ausgangsdaten – beim LPM1-Modell resultieren ausschließlich Aktienanteile zwischen null und 100 Prozent, was sehr positive Urteile rechtfertigt. Realistisch sind ebenfalls die Ergebnisse des LPM0-Modells.

Verwaltungsaufwand:
Die Verwaltbarkeit ist beim Zerobond-Modell und bei den LPM0- und LPM1-Modellen vorteilhafter einzuschätzen als bei dem Modell von Spremann / Winhart. Bei dem letzteren ist ein tendenziell höherer Verwaltungsaufwand notwendig, weil Umschichtungen im Gesamtportfolio im Zeitablauf notwendig sind, während bei den anderen drei Modellen die Allokation der bestehenden Assets gleich bleibt.

Erfüllung gesetzlicher Erfordernisse:
Die notwendige Garantie nomineller Kapitalerhaltung steht im Mittelpunkt dieses Kriteriums, da die Erfüllung der anderen Anforderungen an die Produkte zur geförderten Alterssicherung unproblematisch erscheint. Mit dem Modell von Spremann / Winhart kann diese Anforderung nicht erfüllt werden. Sicher ist die Erfüllung im Zerobond-Modell. Im LPM0- und im LPM1-Modell ist die Erfüllung der gesetzlichen Vorgabe höchstwahrscheinlich bzw. der Erwartungswert des Verfehlens der Vorgabe sehr gering, so daß sich auch für diese Modelle eine positive Einschätzung bezüglich dieses Kriteriums ergibt.

Ausnutzung des Zeithorizonteffektes:
Bei allen Modellen wird ein positiver Zeithorizonteffekt angenommen oder es ergibt sich ein solcher Effekt, was grundsätzlich vorteilhaft ist. Entscheidend für die Beurteilung dieses Kriteriums ist jedoch die Grundlage dieses Effektes. So ergibt sich für dieses Kriterium eine positive Beurteilung bei den LPM0- und LPM1-Modellen, da hier die Rendite-Risiko-Charakteristika risikobehafteter Wertpapiere und damit der auch real existierende Zeithorizonteffekt direkt in die Asset Allocation eingehen. Positiv ist auch die Grundlage des Effektes beim Zerobond-Modell zu bewerten, da bei diesem Modell der Effekt ausgehend von risikolosen Zerobonds in sinnvoller Weise hergeleitet wird. Eine negative Einschätzung gilt lediglich für das erweiterte Modell von Spremann / Winhart, weil dort für das Finanzkapital, das aus Aktien, Bonds und Bargeld besteht, eine Zeithorizontunabhängigkeit der Asset Allocation unterstellt wurde und damit die Realität nicht korrekt abgebildet wird.

Aufgrund dieser Ausprägungen der einzelnen Beurteilungen – die überblicksartig in der folgenden Tabelle dargestellt werden – ergeben sich **positive Gesamtbeurteilungen** für das **Zerobond-Modell**, das **LPM0-** und das **LPM1-Modell**. Für das **Modell von Spremann / Winhart** fällt die Bewertung dagegen negativ aus.

	Erweitertes Modell von Spremann / Winhart	**Zerobond-Modell**	**LPM0-Modell**	**LPM1-Modell**
Assetklassen	-	+	++	++
Rentabilität	k. A.	+	+	+
Risikomaß	+	**Irrelevant**	++	++
Risikoeinstellung	-	+	++	++
Performance	-	++	+	++
Inflation	-	+	+	+
Sensitivität	-	+	+	+
Realitätsnähe	-	O/+	+	+
Verwaltungsaufwand	O	+	+	+
Gesetzliche Anforderungen	-	++	+	+
Zeithorizonteffekte	-	+	+	+
Gesamturteil	**-**	**+**	**+**	**+**

Abbildung 3.3-6: Beurteilung der Modelle

4. Einsatzmöglichkeiten der Modelle in der Alterssicherung in Deutschland

Im folgenden wird abschließend erörtert, in welchen Säulen der Alterssicherung in Deutschland die beschriebenen und für geeignet befundenen Modelle eingesetzt werden können. Diese Modelle sind das Zerobond-Modell, das LPM0- und das LPM1-Modell. Die Modelle hatten – wie im vorangegangenen Kapitel 3.3 erläutert wurde – positiv ausgeprägte Eigenschaften, die sie zur Verwendung in der Alterssicherung qualifizieren. Zudem zeichnen sie sich dadurch aus, daß sie eine individuelle Asset Allocation für Einzelpersonen unterstützen können, so daß für die jeweiligen Alterssichernden in besonders effizienter Weise für das Ruhestandsalter vorgesorgt werden kann.[780] Daher ist es als vorteilhaft zu beurteilen, daß die genannten Modelle in der Praxis der Alterssicherung eingesetzt werden können. Für den Einsatz müssen die Asset Allocation-Modelle zunächst in **Produkte** umgesetzt werden, damit sie der Alterssicherung dienen können. Als Assetklassen werden empfehlungsgemäß Zerobonds oder Geldmarktfonds für die risikolose Assetklasse und weltweit investierende, passiv verwaltete Aktienfonds verwendet. Um die Modelle umsetzen zu können, sind daher Zerobonds in den entsprechenden Laufzeiten (für das Zerobond-Modell), Aktienfonds (für alle Modelle) und Geldmarktfonds (für das LPM0- und das LPM1-Modell) notwendig. Wird eine jährliche Anlage der Mittel für die Alterssicherung angenommen, muß beim Zerobond-Modell ein dem Zeithorizont entsprechender Zerobond und ein Aktienfonds selektiert und zeithorizontabhängig im Portfolio gewichtet werden. Die einmal gewählte Investition bleibt für den gesamten Zeithorizont bestehen, da auf diese Weise die Erhaltung des eingesetzten Kapitals gesichert (beim Zerobond-Modell) bzw. mit sehr hoher Wahrscheinlichkeit erreicht wird oder mit einem überaus geringen Ausfallerwartungswert verbunden ist. Dabei können unterschiedliche, individuelle Risikoeinstellungen der Alterssichernden in einfacher, aber wirkungsvoller Weise berücksichtigt werden. Die zu entwickelnden Produkte können nun in bestimmten – aber nicht allen – **Säulen der Alterssicherung** verwendet werden, wie es im folgenden beschrieben wird.

Die **gesetzliche Alterssicherung** kommt für die genannten Modelle nicht in Frage, da sie auf der Umlagefinanzierung beruht.

Die Modelle sind grundsätzlich geeignet, in der **betrieblichen Alterssicherung** angewandt zu werden. Sie sind jedoch hinsichtlich ihrer Anwendbarkeit bei den fünf Durchführungswegen, die ab dem Jahr 2002 existieren, zu prüfen.

---

[780] Eine individuelle Asset Allocation ist einer Asset Allocation für große Personengesamtheiten vorzuziehen, weil bei ersterer die Zeithorizonteffekte besser und in feineren Abstufungen ausgenutzt werden können. Zwar werden auch für Personengesamtheiten Konzepte und Produkte für ein zeithorizontabhängiges Sparen angeboten, jedoch sind hier die Unterschiede in der Asset Allocation zwangsläufig sehr grob differenziert, ebenso wie die Zeithorizontabstufungen bei den Produkten, die sich oftmals in Zehnjahresunterteilungen vollziehen.
Zu zeithorizontabhängigen Konzepten und Produkten für Personengesamtheiten vgl. z. B.
Lebert, R. (Berater, 2001), S. 29;
Malkiel, B. G. (Random Walk, 1990), S. 339 ff.;
o. V. (Mitarbeiterfonds, 1999), S. 29.

Die **Direktzusage** als erster Durchführungsweg betrieblicher Alterssicherung basiert auf einer Versorgungszusage seitens des Unternehmens, das für den Gegenwert der Zusage Pensionsrückstellungen bildet. Wie das Kapital angelegt wird, steht im Ermessen des Unternehmens, wobei das Kapital zumeist im eigenen Unternehmen verbleibt, ohne in Produkten am Geld- und Kapitalmarkt angelegt zu werden. Daher wäre die Verwendung der Modelle grundsätzlich möglich, wenn die Modelle in die oben beschriebenen Produkte umgesetzt werden würden. Aufgrund des vorhandenen Innenfinanzierungseffektes durch Pensionsrückstellungen ergibt sich für die Unternehmen jedoch kein Anreiz, die Produkte, die auf den einzelnen Modellen beruhen, einzusetzen.

Wird die betriebliche Alterssicherung mittels **Direktversicherung** durchgeführt, dann werden als Produkte zur Alterssicherung Lebensversicherungen und Rentenversicherungen eingesetzt. Bei Versicherungsprodukten beträgt jedoch der maximale Aktienanteil des Investitionskapitals lediglich 30 Prozent,[781] so daß die in dieser Untersuchung erläuterten Modelle mit weit höheren Aktienanteilen nicht bei diesem Durchführungsweg angewendet werden können. Diese Argumentation gilt auch für die **Pensionskassen**, die regelmäßig als Lebensversicherungsunternehmen agieren, so daß auch hier die oben genannte Anlagebeschränkung für Aktien gilt.

Die rechtlichen Rahmenbedingungen für **Unterstützungskassen** sind derart ausgestaltet, daß die Bedeutung dieses Durchführungsweges äußerst gering ist.[782] Da der Einsatz der in dieser Untersuchung vorgestellten Modelle die rechtlichen Rahmenbedingungen nicht ändern kann, erübrigt sich die Prüfung eines Einsatzes der Modelle in diesem Durchführungsweg.

Die Zerobond-, LPM0- und LPM1-Modelle sind geeignet, um ab dem Jahr 2002 in dem Durchführungsweg der **Pensionsfonds** eingesetzt zu werden. Wie erläutert empfiehlt sich die Verwendung von Investmentfonds und / oder Zerobonds für die Modelle, was grundsätzlich mit der Anlageweise von Pensionsfonds vereinbar ist. Entscheidend für die Anwendbarkeit der Modelle bei Pensionsfonds ist die Möglichkeit, bis zu 100 Prozent des Kapitals in Aktien zu investieren, was entsprechend den relevanten

---

781 Vgl. z. B. Fromme, H. (Altersvorsorge, 2001), S. 29.

782 Vgl. hierzu Kapitel 2.1.1.2.

Vorschriften möglich ist.[783] Daher können die Modelle zur effizienten betrieblichen Alterssicherung angewandt werden.

Eine uneingeschränkte Anwendbarkeit der Produkte, die die Modelle repräsentieren, ergibt sich für die **private Alterssicherung**. Die drei Modelle und damit die Produkte eignen sich aufgrund der Ausgestaltung ihrer Modellelemente für die Alterssicherung und berücksichtigen die wesentlichen gesetzlichen Vorschriften, die zur Förderung privater Alterssicherung relevant sind. Weiterhin ist die private Alterssicherung zwangsläufig individuell, so daß hier eine individualisierte Umsetzung der Modelle eher möglich erscheint als in der betrieblichen Alterssicherung. So obliegt es nun den Anbietern von Produkten zur privaten Alterssicherung, die Modelle wie erläutert in Produkte umzusetzen und der großen Zahl der zukünftigen Alterssichernden anzubieten.

5. Fazit und Ausblick

In der vorliegenden Untersuchung wurde zunächst die Situation der privaten, betrieblichen und gesetzlichen Alterssicherung in Deutschland erläutert, um die Notwendigkeit effizienter privater Alterssicherung zu verdeutlichen. Da gleichzeitig der geringe Entwicklungsstand der privaten Alterssicherung diagnostiziert wurde, erwuchs der Bedarf an Modellen zur wirkungsvollen privaten Alterssicherung. Hierzu existierten bisher keine Modelle, die gleichermaßen wissenschaftlich fundiert sind, Zeithorizontabhängigkeiten und individuelle Risikoeinstellungen berücksichtigen sowie die wesentliche gesetzliche Anforderung garantierter nomineller Kapitalerhaltung faktisch erfüllen. Diese vier wesentlichen Aspekte wurden in drei innovative Modelle in der Weise integriert, daß sie eine effiziente und individuelle private Alterssicherung durch neuartige Produkte ermöglichen. Abschließend wurde gezeigt, in welchen Säulen der Alterssicherung in Deutschland die Modelle vorzugsweise anwendbar sind: Bei der privaten Alterssicherung und auch im Rahmen des fünften Durchführungsweges bei der betrieblichen Alterssicherung, den Pensionsfonds.

Die Lower Partial Moments sind ein wesentlicher Bestandteil der beiden Modelle, die auf der Ausfallwahrscheinlichkeit bzw. auf dem Ausfallerwartungswert basieren. Beide Risikomaße dienten bisher kaum der Asset Allocation, sie bieten aber entscheiden-

[783] Vgl. § 4 Abs. 2 und 3 Pensionsfonds-Kapitalanlagenverordnung.

de Vorteile bei der Berücksichtigung der individuellen Risikoeinstellung von Investoren. Insbesondere gab es bisher kein Modell, in dem das Lower Partial Moment erster Ordnung der Asset Allocation dient. Weiterer Forschungsbedarf ergibt sich jedoch für eine Asset Allocation aufgrund des Lower Partial Moments zweiter Ordnung, der Ausfallvarianz. Sie blieb in dieser Untersuchung bewußt unberücksichtigt, weil sie zur Erfassung individueller Risikobereitschaft wegen ihrer höher ausgeprägten Erklärungsbedüftigkeit als nicht geeignet erscheint. Zusätzliche Entwicklungspotentiale für Asset Allocation-Modelle für die Alterssicherung existieren aufgrund der Verwendung von Erwartungswerten, die vorrangig bei einer großen Anzahl von Alterssicherungsprozessen relevant sind, wobei die individuelle Alterssicherung nur einmalig erfolgt. So ist es denkbar, beispielsweise anstelle eines Ausfallerwartungswertes das Risikomaß „Ausfallmodus“[784] zu verwenden, das die Einmaligkeit des Alterssicherungsprozesses besser widerspiegelt.

Bei zusammenfassender Betrachtung wurde verdeutlicht, daß effiziente und praktikable Möglichkeiten der Alterssicherung gegeben sind, die die Versorgungsleistungen der umlagefinanzierten ersten Säule langfristig nicht nur zu erreichen, sondern sogar zu übertreffen vermögen.

[784] Der „Ausfallmodus“ ist bei diskreten Verteilungen der Ausfallwert mit der höchsten Eintrittswahrscheinlichkeit oder bei stetigen Verteilungen der Ausfallwert, bei dem die Dichtefunktion ein Maximum aufweist. Der Modus ist insbesondere bei einer einmaligen Realisation eines Zufallsereignisses relevant, also beispielsweise bei der Altersvorsorge und –versorgung eines Alterssichernden. Erwartungswerte als mittlere Prognosen erhalten ihre Aussagekraft insbesondere bei häufigen Wiederholungen eines Zufallsexperimentes.

Anhang

Sensitivitätsübersicht Spremann-Modell

Zeithorizont	Urspr. Akt.Ant.	Akt.Ant. Rend.9%	Abs. Sens.	Rel. Sens.	Akt.Ant. Rend.11%	Abs. Sens.	Rel. Sens.	Akt.Ant. SA 19%	Abs. Sens.	Rel. Sens.	Akt.Ant. SA 21%	Abs. Sens.	Rel. Sens.	Akt.Ant. RAK 1,5	Abs. Sens.	Rel. Sens.
1	80,03%	62,96%	-17,07%	-21,33%	97,11%	17,07%	21,33%	89,26%	9,22%	11,52%	72,10%	-7,94%	-9,92%	108,49%	28,46%	35,55%
2	82,86%	64,69%	-18,17%	-21,93%	101,02%	18,17%	21,93%	92,67%	9,81%	11,84%	74,41%	-8,44%	-10,19%	113,14%	30,28%	36,54%
3	86,20%	66,78%	-19,41%	-22,52%	105,61%	19,41%	22,52%	96,68%	10,49%	12,17%	77,17%	-9,02%	-10,47%	118,55%	32,35%	37,54%
4	89,78%	69,03%	-20,75%	-23,11%	110,54%	20,75%	23,11%	100,99%	11,21%	12,49%	80,14%	-9,65%	-10,74%	124,37%	34,59%	38,52%
5	93,67%	71,47%	-22,21%	-23,71%	115,88%	22,21%	23,71%	105,67%	11,99%	12,80%	83,35%	-10,32%	-11,02%	130,68%	37,01%	39,51%
6	97,93%	74,13%	-23,80%	-24,30%	121,73%	23,80%	24,30%	110,78%	12,85%	13,13%	86,87%	-11,06%	-11,30%	137,59%	39,66%	40,50%
7	102,64%	77,08%	-25,56%	-24,90%	128,20%	25,56%	24,90%	116,45%	13,81%	13,45%	90,76%	-11,88%	-11,58%	145,24%	42,60%	41,50%
8	107,92%	80,38%	-27,54%	-25,52%	135,45%	27,54%	25,52%	122,79%	14,87%	13,78%	95,12%	-12,80%	-11,86%	153,81%	45,89%	42,53%
9	113,91%	84,13%	-29,78%	-26,15%	143,70%	29,78%	26,15%	130,00%	16,09%	14,12%	100,07%	-13,85%	-12,15%	163,56%	49,64%	43,58%
10	120,84%	88,46%	-32,38%	-26,80%	153,22%	32,38%	26,80%	138,33%	17,49%	14,48%	105,79%	-15,05%	-12,46%	174,81%	53,97%	44,66%
11	128,99%	93,55%	-35,44%	-27,47%	164,43%	35,44%	27,47%	148,13%	19,14%	14,84%	112,51%	-16,47%	-12,77%	188,05%	59,07%	45,79%
12	138,01%	99,22%	-38,79%	-28,11%	176,80%	38,79%	28,11%	158,97%	20,95%	15,18%	119,98%	-18,03%	-13,07%	202,66%	64,65%	46,84%
13	146,38%	104,43%	-41,95%	-28,66%	188,33%	41,95%	28,66%	169,04%	22,66%	15,48%	126,88%	-19,50%	-13,32%	216,30%	69,92%	47,77%
14	156,30%	110,59%	-45,70%	-29,24%	202,00%	45,70%	29,24%	180,99%	24,69%	15,80%	135,05%	-21,25%	-13,59%	232,47%	76,17%	48,74%
15	168,33%	118,07%	-50,26%	-29,86%	218,58%	50,26%	29,86%	195,47%	27,15%	16,13%	144,97%	-23,36%	-13,88%	252,09%	83,76%	49,76%
16	183,32%	127,39%	-55,93%	-30,51%	239,25%	55,93%	30,51%	213,54%	30,21%	16,48%	157,32%	-26,00%	-14,18%	276,54%	93,22%	50,85%
17	201,48%	138,74%	-62,75%	-31,14%	264,23%	62,75%	31,14%	235,38%	33,89%	16,82%	172,32%	-29,17%	-14,48%	306,07%	104,58%	51,90%
18	217,71%	148,78%	-68,94%	-31,66%	286,65%	68,94%	31,66%	254,95%	37,24%	17,10%	185,67%	-32,05%	-14,72%	332,61%	114,90%	52,77%
19	238,44%	161,60%	-76,84%	-32,23%	315,28%	76,84%	32,23%	279,95%	41,51%	17,41%	202,72%	-35,72%	-14,98%	366,51%	128,07%	53,71%
20	266,01%	178,66%	-87,35%	-32,84%	353,35%	87,35%	32,84%	313,19%	47,18%	17,74%	225,40%	-40,60%	-15,26%	411,58%	145,58%	54,73%
21	302,86%	201,56%	-101,30%	-33,45%	404,16%	101,30%	33,45%	357,58%	54,72%	18,07%	255,77%	-47,09%	-15,55%	471,70%	168,84%	55,75%
22	335,01%	221,36%	-113,65%	-33,92%	448,66%	113,65%	33,92%	396,40%	61,39%	18,32%	282,18%	-52,83%	-15,77%	524,43%	189,42%	56,54%
23	380,39%	249,34%	-131,05%	-34,45%	511,44%	131,05%	34,45%	451,18%	70,79%	18,61%	319,47%	-60,92%	-16,02%	598,81%	218,42%	57,42%
24	446,80%	290,42%	-156,38%	-35,00%	603,18%	156,38%	35,00%	531,27%	84,47%	18,91%	374,11%	-72,69%	-16,27%	707,43%	260,63%	58,33%
25	501,50%	323,98%	-177,53%	-35,40%	679,03%	177,53%	35,40%	597,40%	95,89%	19,12%	418,98%	-82,52%	-16,46%	797,39%	295,88%	59,00%
26	587,60%	376,88%	-210,72%	-35,86%	798,32%	210,72%	35,86%	701,43%	113,83%	19,37%	489,65%	-97,96%	-16,67%	938,81%	351,21%	59,77%
27	736,24%	468,49%	-267,75%	-36,37%	1003,99%	267,75%	36,37%	880,87%	144,63%	19,64%	611,77%	-124,46%	-16,91%	1182,49%	446,25%	60,61%
28	863,43%	546,35%	-317,08%	-36,72%	1180,51%	317,08%	36,72%	1034,71%	171,28%	19,84%	716,03%	-147,40%	-17,07%	1391,90%	528,47%	61,21%
29	1121,15%	704,45%	-416,70%	-37,17%	1537,85%	416,70%	37,17%	1346,23%	225,09%	20,08%	927,45%	-193,70%	-17,28%	1815,64%	694,49%	61,94%
30	1835,11%	1143,42%	-691,69%	-37,69%	2526,81%	691,69%	37,69%	2208,74%	373,63%	20,36%	1513,58%	-321,54%	-17,52%	2987,94%	1152,82%	62,82%

Sensitivitätsübersicht
Zerobond-Modell

Zeithorizont	1	2	3	4	5	6	7	8	9	10	11	12	13	14	15
Ursprüng. Aktienant.	4,76%	9,48%	14,12%	18,70%	23,17%	27,55%	31,80%	35,94%	39,94%	43,80%	47,51%	51,07%	54,48%	57,74%	60,83%
Aktienant. Zins 4,5%	4,31%	8,61%	12,89%	17,13%	21,32%	25,45%	29,50%	33,46%	37,32%	41,07%	44,71%	48,22%	51,60%	54,85%	57,97%
Sens. abs.	-0,46%	-0,87%	-1,24%	-1,56%	-1,85%	-2,09%	-2,30%	-2,48%	-2,62%	-2,72%	-2,80%	-2,85%	-2,88%	-2,88%	-2,87%
Sens. rel.	-9,57%	-9,15%	-8,75%	-8,36%	-7,98%	-7,60%	-7,24%	-6,89%	-6,55%	-6,22%	-5,90%	-5,59%	-5,28%	-4,99%	-4,71%
Aktienanteil Zins 5,5%	5,21%	10,33%	15,34%	20,22%	24,97%	29,57%	34,02%	38,31%	42,43%	46,38%	50,16%	53,76%	57,18%	60,42%	63,49%
Sens. abs.	0,45%	0,86%	1,21%	1,53%	1,80%	2,03%	2,22%	2,37%	2,49%	2,59%	2,65%	2,68%	2,70%	2,69%	2,66%
Sens. rel.	9,48%	9,03%	8,59%	8,16%	7,75%	7,36%	6,97%	6,60%	6,25%	5,90%	5,57%	5,25%	4,95%	4,65%	4,37%
Akt.Ant. Zeitprämie 4%	4,76%	9,53%	14,29%	19,01%	23,67%	28,25%	32,73%	37,10%	41,33%	45,42%	49,35%	53,12%	56,73%	60,15%	63,40%
Sens. abs.	0,00%	0,06%	0,17%	0,32%	0,50%	0,71%	0,93%	1,16%	1,39%	1,62%	1,84%	2,05%	2,24%	2,42%	2,57%
Sens. rel.	0,00%	0,63%	1,19%	1,70%	2,16%	2,56%	2,92%	3,22%	3,48%	3,70%	3,88%	4,01%	4,12%	4,19%	4,22%
Akt.Ant. Zeitprämie 2%	4,76%	9,42%	13,96%	18,38%	22,67%	26,83%	30,86%	34,75%	38,51%	42,12%	45,59%	48,92%	52,11%	55,16%	58,07%
Sens. abs.	0,00%	-0,06%	-0,17%	-0,32%	-0,50%	-0,71%	-0,94%	-1,18%	-1,43%	-1,67%	-1,91%	-2,15%	-2,37%	-2,57%	-2,76%
Sens. rel.	0,00%	-0,63%	-1,20%	-1,71%	-2,18%	-2,59%	-2,96%	-3,29%	-3,57%	-3,82%	-4,03%	-4,21%	-4,35%	-4,46%	-4,54%
Aktienanteil Inflation	2,86%	5,82%	8,87%	11,99%	15,18%	18,41%	21,66%	24,94%	28,22%	31,49%	34,73%	37,95%	41,12%	44,23%	47,29%
Aktienant. Infl. 1,5%	3,33%	6,74%	10,20%	13,71%	17,24%	20,78%	24,31%	27,83%	31,32%	34,77%	38,17%	41,50%	44,76%	47,94%	51,03%
Sens. abs.	0,48%	0,92%	1,33%	1,71%	2,06%	2,37%	2,65%	2,89%	3,11%	3,29%	3,43%	3,55%	3,64%	3,71%	3,75%
Sens. rel.	16,67%	15,83%	15,04%	14,28%	13,56%	12,88%	12,23%	11,60%	11,00%	10,43%	9,89%	9,36%	8,86%	8,38%	7,92%
Aktienant. Infl. 2,5%	2,38%	4,89%	7,52%	10,25%	13,08%	15,98%	18,94%	21,95%	24,99%	28,05%	31,13%	34,20%	37,25%	40,28%	43,27%
Sens. abs.	-0,48%	-0,93%	-1,35%	-1,74%	-2,10%	-2,43%	-2,73%	-2,99%	-3,23%	-3,43%	-3,61%	-3,75%	-3,86%	-3,95%	-4,01%
Sens. rel.	-16,67%	-15,91%	-15,19%	-14,49%	-13,83%	-13,20%	-12,59%	-12,01%	-11,45%	-10,90%	-10,38%	-9,88%	-9,40%	-8,93%	-8,48%

Zeithorizont	16	17	18	19	20	21	22	23	24	25	26	27	28	29	30
Ursprüng. Aktienant.	63,77%	66,56%	69,19%	71,66%	73,99%	76,17%	78,21%	80,12%	81,89%	83,54%	85,06%	86,47%	87,77%	88,96%	90,06%
Aktienant. Zins 4,5%	60,94%	63,78%	66,47%	69,02%	71,44%	73,71%	75,85%	77,86%	79,74%	81,50%	83,14%	84,66%	86,07%	87,37%	88,58%
Sens. abs.	-2,83%	-2,78%	-2,72%	-2,64%	-2,56%	-2,46%	-2,36%	-2,26%	-2,15%	-2,04%	-1,92%	-1,81%	-1,70%	-1,59%	-1,48%
Sens. rel.	-4,44%	-4,18%	-3,93%	-3,69%	-3,45%	-3,23%	-3,02%	-2,81%	-2,62%	-2,44%	-2,26%	-2,09%	-1,94%	-1,79%	-1,65%
Aktienanteil Zins 5,5%	66,39%	69,11%	71,67%	74,07%	76,31%	78,39%	80,33%	82,13%	83,80%	85,34%	86,76%	88,06%	89,26%	90,35%	91,35%
Sens. abs.	2,61%	2,56%	2,49%	2,41%	2,32%	2,22%	2,12%	2,02%	1,91%	1,80%	1,70%	1,59%	1,49%	1,38%	1,29%
Sens. rel.	4,10%	3,84%	3,59%	3,36%	3,13%	2,92%	2,71%	2,52%	2,33%	2,16%	1,99%	1,84%	1,69%	1,56%	1,43%
Akt.Ant. Zeitprämie 4%	66,47%	69,37%	72,08%	74,62%	76,98%	79,18%	81,21%	83,09%	84,82%	86,41%	87,86%	89,18%	90,39%	91,48%	92,46%
Sens. abs.	2,70%	2,81%	2,89%	2,95%	2,99%	3,01%	3,00%	2,97%	2,93%	2,87%	2,80%	2,71%	2,62%	2,51%	2,40%
Sens. rel.	4,24%	4,22%	4,18%	4,12%	4,04%	3,95%	3,84%	3,71%	3,58%	3,44%	3,29%	3,14%	2,98%	2,82%	2,67%
Akt.Ant. Zeitprämie 2%	60,84%	63,47%	65,98%	68,35%	70,59%	72,71%	74,71%	76,59%	78,36%	80,03%	81,59%	83,04%	84,41%	85,68%	86,86%
Sens. abs.	-2,93%	-3,08%	-3,21%	-3,32%	-3,40%	-3,46%	-3,50%	-3,53%	-3,53%	-3,51%	-3,48%	-3,43%	-3,36%	-3,29%	-3,20%
Sens. rel.	-4,60%	-4,63%	-4,64%	-4,63%	-4,60%	-4,55%	-4,48%	-4,40%	-4,31%	-4,20%	-4,09%	-3,96%	-3,83%	-3,69%	-3,55%
Aktienanteil Inflation	50,27%	53,17%	55,99%	58,72%	61,35%	63,89%	66,32%	68,65%	70,87%	72,99%	75,00%	76,91%	78,71%	80,40%	82,00%
Aktienant. Infl. 1,5%	54,03%	56,92%	59,72%	62,40%	64,97%	67,43%	69,77%	72,00%	74,11%	76,11%	78,00%	79,78%	81,44%	83,01%	84,47%
Sens. abs.	3,76%	3,75%	3,73%	3,68%	3,62%	3,54%	3,45%	3,35%	3,24%	3,12%	3,00%	2,87%	2,74%	2,60%	2,47%
Sens. rel.	7,48%	7,06%	6,65%	6,27%	5,90%	5,54%	5,20%	4,88%	4,57%	4,28%	4,00%	3,73%	3,48%	3,24%	3,01%
Aktienant. Infl. 2,5%	46,22%	49,11%	51,94%	54,70%	57,38%	59,98%	62,49%	64,92%	67,24%	69,48%	71,61%	73,65%	75,58%	77,42%	79,15%
Sens. abs.	-4,05%	-4,06%	-4,05%	-4,02%	-3,97%	-3,91%	-3,83%	-3,73%	-3,63%	-3,51%	-3,39%	-3,26%	-3,12%	-2,99%	-2,84%
Sens. rel.	-8,05%	-7,63%	-7,23%	-6,84%	-6,47%	-6,11%	-5,77%	-5,44%	-5,12%	-4,81%	-4,52%	-4,24%	-3,97%	-3,71%	-3,47%

Sensitivitätsübersicht
LPM 0-Modell

Zeithorizont	1	2	3	4	5	6	7	8	9	10	11	12	13	14	15
Ursprüngl. Aktienanteil	12,02%	17,89%	22,83%	27,32%	31,57%	35,65%	39,64%	43,57%	47,47%	51,35%	55,25%	59,16%	63,10%	67,07%	71,10%
Aktienant. Akt.Rend.11%	12,32%	18,55%	23,92%	28,90%	33,69%	38,39%	43,05%	47,73%	52,45%	57,23%	62,11%	67,09%	72,21%	77,47%	82,89%
Absolute Sensitivität	0,30%	0,66%	1,09%	1,58%	2,13%	2,74%	3,41%	4,16%	4,98%	5,88%	6,86%	7,94%	9,11%	10,39%	11,79%
Relative Sensitivität	2,46%	3,71%	4,78%	5,78%	6,74%	7,68%	8,61%	9,55%	10,49%	11,45%	12,42%	13,42%	14,44%	15,49%	16,58%
Aktienant. Akt.Rend.9%	11,74%	17,27%	21,83%	25,91%	29,69%	33,28%	36,73%	40,08%	43,35%	46,57%	49,75%	52,90%	56,03%	59,14%	62,25%
Absolute Sensitivität	-0,28%	-0,62%	-1,00%	-1,42%	-1,87%	-2,37%	-2,91%	-3,49%	-4,12%	-4,78%	-5,50%	-6,26%	-7,07%	-7,93%	-8,85%
Relative Sensitivität	-2,35%	-3,45%	-4,37%	-5,18%	-5,94%	-6,66%	-7,35%	-8,02%	-8,67%	-9,31%	-9,95%	-10,58%	-11,21%	-11,83%	-12,45%
Aktienant. SA 21%	11,38%	16,89%	21,51%	25,69%	29,62%	33,39%	37,05%	40,65%	44,21%	47,74%	51,27%	54,80%	58,34%	61,90%	65,50%
Absolute Sensitivität	-0,64%	-1,00%	-1,32%	-1,64%	-1,95%	-2,26%	-2,59%	-2,92%	-3,26%	-3,61%	-3,98%	-4,36%	-4,76%	-5,17%	-5,60%
Relative Sensitivität	-5,30%	-5,57%	-5,79%	-5,99%	-6,17%	-6,35%	-6,53%	-6,70%	-6,87%	-7,04%	-7,20%	-7,37%	-7,54%	-7,71%	-7,88%
Aktienant. SA 19%	12,73%	19,01%	24,32%	29,18%	33,79%	38,25%	42,62%	46,94%	51,25%	55,56%	59,90%	64,27%	68,70%	73,19%	77,75%
Absolute Sensitivität	5,93%	6,26%	6,54%	6,80%	7,04%	7,28%	7,51%	7,73%	7,96%	8,19%	8,42%	8,65%	8,88%	9,12%	9,36%
Relative Sensitivität	0,71%	1,12%	1,49%	1,86%	2,22%	2,59%	2,98%	3,37%	3,78%	4,20%	4,65%	5,11%	5,60%	6,11%	6,65%
Aktienant. MR 1%	9,62%	14,31%	18,26%	21,86%	25,25%	28,52%	31,71%	34,86%	37,97%	41,08%	44,20%	47,32%	50,48%	53,66%	56,88%
Absolute Sensitivität	-2,40%	-3,58%	-4,57%	-5,46%	-6,31%	-7,13%	-7,93%	-8,71%	-9,49%	-10,27%	-11,05%	-11,83%	-12,62%	-13,41%	-14,22%
Relative Sensitivität	-20,00%	-20,00%	-20,00%	-20,00%	-20,00%	-20,00%	-20,00%	-20,00%	-20,00%	-20,00%	-20,00%	-20,00%	-20,00%	-20,00%	-20,00%
Aktienant. MR -1%	14,42%	21,47%	27,39%	32,79%	37,88%	42,78%	47,57%	52,28%	56,96%	61,63%	66,30%	70,99%	75,71%	80,49%	85,32%
Absolute Sensitivität	2,40%	3,58%	4,57%	5,46%	6,31%	7,13%	7,93%	8,71%	9,49%	10,27%	11,05%	11,83%	12,62%	13,41%	14,22%
Relative Sensitivität	20,00%	20,00%	20,00%	20,00%	20,00%	20,00%	20,00%	20,00%	20,00%	20,00%	20,00%	20,00%	20,00%	20,00%	20,00%
Aktienant. LPM 0 0,5%	10,75%	15,91%	20,21%	24,08%	27,72%	31,19%	34,55%	37,84%	41,07%	44,28%	47,47%	50,65%	53,83%	57,02%	60,22%
Absolute Sensitivität	-1,27%	-1,98%	-2,62%	-3,24%	-3,85%	-4,47%	-5,09%	-5,74%	-6,39%	-7,08%	-7,78%	-8,51%	-9,27%	-10,06%	-10,88%
Relative Sensitivität	-10,58%	-11,07%	-11,48%	-11,85%	-12,20%	-12,53%	-12,85%	-13,16%	-13,47%	-13,78%	-14,08%	-14,39%	-14,69%	-14,99%	-15,30%
Aktienant. LPM 0 2%	13,86%	20,79%	26,71%	32,18%	37,39%	42,48%	47,50%	52,50%	57,52%	62,57%	67,69%	72,90%	78,20%	83,62%	89,18%
Absolute Sensitivität	1,84%	2,90%	3,89%	4,85%	5,83%	6,83%	7,86%	8,93%	10,05%	11,22%	12,45%	13,74%	15,11%	16,55%	18,07%
Relative Sensitivität	15,30%	16,23%	17,03%	17,76%	18,46%	19,15%	19,82%	20,49%	21,17%	21,85%	22,53%	23,23%	23,95%	24,67%	25,42%

Zeithorizont	16	17	18	19	20	21	22	23	24	25	26	27	28	29	30
Ursprüngl. Aktienanteil	75,19%	79,34%	83,56%	87,86%	92,25%	96,73%	100,00%	100,00%	100,00%	100,00%	100,00%	100,00%	100,00%	100,00%	100,00%
Aktienant. Akt.Rend.11%	88,50%	94,30%	100,00%	100,00%	100,00%	100,00%	100,00%	100,00%	100,00%	100,00%	100,00%	100,00%	100,00%	100,00%	100,00%
Absolute Sensitivität	13,31%	14,96%	16,44%	12,14%	7,75%	3,27%	0,00%	0,00%	0,00%	0,00%	0,00%	0,00%	0,00%	0,00%	0,00%
Relative Sensitivität	17,70%	18,86%	19,67%	13,82%	8,40%	3,38%	0,00%	0,00%	0,00%	0,00%	0,00%	0,00%	0,00%	0,00%	0,00%
Aktienant. Akt.Rend.9%	65,36%	68,47%	71,60%	74,73%	77,88%	81,05%	84,24%	87,46%	90,71%	93,98%	97,29%	100,00%	100,00%	100,00%	100,00%
Absolute Sensitivität	-9,83%	-10,86%	-11,96%	-13,13%	-14,37%	-15,68%	-15,76%	-12,54%	-9,29%	-6,02%	-2,71%	0,00%	0,00%	0,00%	0,00%
Relative Sensitivität	-13,07%	-13,69%	-14,32%	-14,95%	-15,58%	-16,21%	-15,76%	-12,54%	-9,29%	-6,02%	-2,71%	0,00%	0,00%	0,00%	0,00%
Aktienant. SA 21%	69,13%	72,81%	76,54%	80,32%	84,16%	88,07%	92,05%	96,11%	100,00%	100,00%	100,00%	100,00%	100,00%	100,00%	100,00%
Absolute Sensitivität	-6,06%	-6,53%	-7,02%	-7,54%	-8,09%	-8,66%	-7,95%	-3,89%	0,00%	0,00%	0,00%	0,00%	0,00%	0,00%	0,00%
Relative Sensitivität	-8,05%	-8,23%	-8,41%	-8,59%	-8,77%	-8,96%	-7,95%	-3,89%	0,00%	0,00%	0,00%	0,00%	0,00%	0,00%	0,00%
Aktienant. SA 19%	82,41%	87,15%	92,00%	96,97%	100,00%	100,00%	100,00%	100,00%	100,00%	100,00%	100,00%	100,00%	100,00%	100,00%	100,00%
Absolute Sensitivität	9,60%	9,85%	10,11%	10,37%	8,40%	3,38%	0,00%	0,00%	0,00%	0,00%	0,00%	0,00%	0,00%	0,00%	0,00%
Relative Sensitivität	7,22%	7,81%	8,44%	9,11%	7,75%	3,27%	0,00%	0,00%	0,00%	0,00%	0,00%	0,00%	0,00%	0,00%	0,00%
Aktienant. MR 1%	60,15%	63,47%	66,85%	70,29%	73,80%	77,39%	81,05%	84,80%	88,65%	92,59%	96,64%	100,00%	100,00%	100,00%	100,00%
Absolute Sensitivität	-15,04%	-15,87%	-16,71%	-17,57%	-18,45%	-19,35%	-18,95%	-15,20%	-11,35%	-7,41%	-3,36%	0,00%	0,00%	0,00%	0,00%
Relative Sensitivität	-20,00%	-20,00%	-20,00%	-20,00%	-20,00%	-20,00%	-18,95%	-15,20%	-11,35%	-7,41%	-3,36%	0,00%	0,00%	0,00%	0,00%
Aktienant. MR -1%	90,23%	95,21%	100,00%	100,00%	100,00%	100,00%	100,00%	100,00%	100,00%	100,00%	100,00%	100,00%	100,00%	100,00%	100,00%
Absolute Sensitivität	15,04%	15,87%	16,44%	12,14%	7,75%	3,27%	0,00%	0,00%	0,00%	0,00%	0,00%	0,00%	0,00%	0,00%	0,00%
Relative Sensitivität	20,00%	20,00%	19,67%	13,82%	8,40%	3,38%	0,00%	0,00%	0,00%	0,00%	0,00%	0,00%	0,00%	0,00%	0,00%
Aktienant. LPM 0 0,5%	63,45%	66,71%	69,99%	73,32%	76,68%	80,10%	83,55%	87,07%	90,64%	94,27%	97,96%	100,00%	100,00%	100,00%	100,00%
Absolute Sensitivität	-11,74%	-12,63%	-13,57%	-14,54%	-15,57%	-16,64%	-16,45%	-12,93%	-9,36%	-5,73%	-2,04%	0,00%	0,00%	0,00%	0,00%
Relative Sensitivität	-15,61%	-15,92%	-16,23%	-16,55%	-16,87%	-17,20%	-16,45%	-12,93%	-9,36%	-5,73%	-2,04%	0,00%	0,00%	0,00%	0,00%
Aktienant. LPM 0 2%	94,88%	100,00%	100,00%	100,00%	100,00%	100,00%	100,00%	100,00%	100,00%	100,00%	100,00%	100,00%	100,00%	100,00%	100,00%
Absolute Sensitivität	19,69%	20,66%	16,44%	12,14%	7,75%	3,27%	0,00%	0,00%	0,00%	0,00%	0,00%	0,00%	0,00%	0,00%	0,00%
Relative Sensitivität	26,19%	26,04%	19,67%	13,82%	8,40%	3,38%	0,00%	0,00%	0,00%	0,00%	0,00%	0,00%	0,00%	0,00%	0,00%

Sensitivitätsübersicht
LPM1-Modell

Zeithorizont	1	2	3	4	5	6	7	8	9	10	11	12	13	14	15
Ursprüngl. Aktienanteil	19,20%	24,51%	28,78%	32,53%	35,94%	39,14%	42,16%	45,06%	47,85%	50,58%	53,23%	55,83%	58,40%	60,92%	63,41%
Aktienanteil Akt.Rend. 11%	19,78%	25,49%	30,16%	34,32%	38,17%	41,79%	45,27%	48,64%	51,92%	55,13%	58,31%	61,45%	64,58%	67,68%	70,78%
Absolute Sens.	0,58%	0,98%	1,38%	1,79%	2,22%	2,66%	3,11%	3,58%	4,07%	4,56%	5,09%	5,61%	6,18%	6,77%	7,36%
Relative Sens.	3,01%	3,99%	4,80%	5,50%	6,18%	6,79%	7,38%	7,94%	8,50%	9,01%	9,55%	10,05%	10,59%	11,11%	11,61%
Aktienanteil Akt.Rend. 9%	18,67%	23,60%	27,51%	30,90%	33,95%	36,78%	39,42%	41,94%	44,35%	46,67%	48,91%	51,10%	53,23%	55,32%	57,36%
Absolute Sens.	-0,54%	-0,91%	-1,27%	-1,63%	-1,99%	-2,36%	-2,74%	-3,12%	-3,51%	-3,91%	-4,32%	-4,74%	-5,17%	-5,60%	-6,05%
Relative Sens.	-2,80%	-3,71%	-4,41%	-5,00%	-5,53%	-6,03%	-6,49%	-6,92%	-7,33%	-7,73%	-8,11%	-8,48%	-8,84%	-9,19%	-9,54%
Aktienanteil SA 21%	18,17%	23,13%	27,12%	30,60%	33,76%	36,71%	39,50%	42,17%	44,74%	47,23%	49,65%	52,03%	54,36%	56,66%	58,92%
Absolute Sens.	-1,04%	-1,38%	-1,66%	-1,93%	-2,18%	-2,42%	-2,66%	-2,89%	-3,11%	-3,34%	-3,57%	-3,80%	-4,03%	-4,26%	-4,49%
Relative Sens.	-5,41%	-5,61%	-5,78%	-5,93%	-6,06%	-6,19%	-6,30%	-6,41%	-6,51%	-6,61%	-6,71%	-6,81%	-6,90%	-6,99%	-7,08%
Aktienanteil SA 19%	20,37%	26,07%	30,67%	34,72%	38,43%	41,90%	45,20%	48,38%	51,45%	54,44%	57,35%	60,23%	63,08%	65,88%	68,65%
Absolute Sens.	1,17%	1,56%	1,89%	2,20%	2,49%	2,77%	3,04%	3,32%	3,59%	3,86%	4,12%	4,39%	4,69%	4,96%	5,24%
Relative Sens.	6,07%	6,36%	6,57%	6,75%	6,92%	7,07%	7,22%	7,36%	7,51%	7,63%	7,74%	7,87%	8,02%	8,15%	8,26%
Aktienanteil MR 1 %	16,27%	20,61%	24,12%	27,20%	30,02%	32,65%	35,15%	37,55%	39,87%	42,13%	44,33%	46,49%	48,62%	50,72%	52,79%
Abs. Sens.	-2,94%	-3,90%	-4,66%	-5,33%	-5,92%	-6,48%	-7,00%	-7,50%	-7,98%	-8,45%	-8,89%	-9,34%	-9,77%	-10,20%	-10,62%
Rel. Sens.	-15,29%	-15,92%	-16,21%	-16,38%	-16,48%	-16,56%	-16,62%	-16,65%	-16,68%	-16,70%	-16,71%	-16,73%	-16,74%	-16,74%	-16,75%
Aktienanteil MR -1%	22,05%	28,31%	33,33%	37,70%	41,72%	45,44%	48,97%	52,36%	55,62%	58,81%	61,89%	64,93%	67,91%	70,86%	73,76%
Abs. Sens.	2,85%	3,80%	4,54%	5,18%	5,77%	6,30%	6,81%	7,30%	7,77%	8,23%	8,66%	9,09%	9,52%	9,95%	10,35%
Rel. Sens.	14,84%	15,50%	15,79%	15,91%	16,06%	16,11%	16,16%	16,20%	16,23%	16,27%	16,27%	16,29%	16,30%	16,33%	16,32%
Aktienanteil LPM1 0,2%	23,23%	28,88%	33,53%	37,64%	41,41%	44,94%	48,32%	51,56%	54,69%	57,75%	60,74%	63,67%	66,57%	69,43%	72,25%
Abs. Sens.	4,02%	4,37%	4,75%	5,11%	5,46%	5,81%	6,16%	6,50%	6,84%	7,17%	7,51%	7,84%	8,17%	8,51%	8,83%
Rel. Sens.	20,95%	17,82%	16,50%	15,70%	15,20%	14,84%	14,61%	14,42%	14,29%	14,17%	14,10%	14,04%	13,99%	13,97%	13,93%
Aktienanteil LPM1 0,05%	16,40%	21,35%	25,29%	28,72%	31,84%	34,75%	37,49%	40,12%	42,65%	45,11%	47,50%	49,84%	52,13%	54,40%	56,63%
Abs. Sens.	-2,80%	-3,16%	-3,49%	-3,81%	-4,11%	-4,39%	-4,67%	-4,94%	-5,21%	-5,47%	-5,73%	-6,00%	-6,26%	-6,52%	-6,79%
Rel. Sens.	-14,60%	-12,90%	-12,14%	-11,70%	-11,42%	-11,22%	-11,08%	-10,97%	-10,88%	-10,82%	-10,77%	-10,74%	-10,72%	-10,70%	-10,70%

Zeithorizont	16	17	18	19	20	21	22	23	24	25	26	27	28	29	30
Ursprüngl. Aktienanteil	65,88%	68,33%	70,76%	73,18%	75,60%	78,00%	80,39%	82,79%	85,18%	87,57%	89,97%	92,36%	94,77%	97,17%	99,58%
Aktienanteil Akt.Rend. 11%	73,86%	76,95%	80,02%	83,14%	86,26%	89,39%	92,51%	95,71%	98,91%	100,00%	100,00%	100,00%	100,00%	100,00%	100,00%
Absolute Sens.	7,98%	8,61%	9,25%	9,96%	10,67%	11,39%	12,12%	12,92%	13,73%	12,43%	10,03%	7,64%	5,23%	2,83%	0,42%
Relative Sens.	12,11%	12,61%	13,08%	13,61%	14,11%	14,60%	15,08%	15,61%	16,12%	14,19%	11,15%	8,27%	5,52%	2,91%	0,42%
Aktienanteil Akt.Rend. 9%	59,37%	61,35%	63,31%	65,24%	67,15%	69,04%	70,90%	72,76%	74,60%	76,44%	78,26%	80,07%	81,87%	83,67%	85,46%
Absolute Sens.	-6,51%	-6,98%	-7,46%	-7,95%	-8,45%	-8,96%	-9,49%	-10,03%	-10,58%	-11,13%	-11,71%	-12,29%	-12,89%	-13,51%	-14,12%
Relative Sens.	-9,88%	-10,22%	-10,54%	-10,86%	-11,18%	-11,49%	-11,80%	-12,11%	-12,42%	-12,71%	-13,02%	-13,31%	-13,60%	-13,90%	-14,18%
Aktienanteil SA 21%	61,16%	63,38%	65,57%	67,75%	69,92%	72,07%	74,22%	76,36%	78,50%	80,63%	82,76%	84,89%	87,02%	89,15%	91,28%
Absolute Sens.	-4,73%	-4,96%	-5,20%	-5,43%	-5,68%	-5,93%	-6,17%	-6,43%	-6,68%	-6,94%	-7,21%	-7,48%	-7,75%	-8,02%	-8,29%
Relative Sens.	-7,18%	-7,26%	-7,34%	-7,42%	-7,51%	-7,60%	-7,68%	-7,76%	-7,85%	-7,93%	-8,01%	-8,09%	-8,18%	-8,26%	-8,33%
Aktienanteil SA 19%	71,39%	74,13%	76,85%	79,56%	82,26%	84,97%	87,67%	90,38%	93,09%	95,80%	98,53%	100,00%	100,00%	100,00%	100,00%
Absolute Sens.	5,51%	5,79%	6,08%	6,37%	6,67%	6,97%	7,28%	7,59%	7,91%	8,23%	8,56%	7,64%	5,23%	2,83%	0,42%
Relative Sens.	8,36%	8,47%	8,60%	8,71%	8,82%	8,93%	9,06%	9,17%	9,28%	9,40%	9,51%	8,27%	5,52%	2,91%	0,42%
Aktienanteil MR 1 %	54,85%	56,89%	58,92%	60,94%	62,95%	64,95%	66,95%	68,95%	70,95%	72,95%	74,96%	76,96%	78,97%	80,99%	83,01%
Abs. Sens.	-11,04%	-11,44%	-11,84%	-12,25%	-12,65%	-13,05%	-13,44%	-13,83%	-14,23%	-14,62%	-15,01%	-15,41%	-15,80%	-16,19%	-16,57%
Rel. Sens.	-16,75%	-16,74%	-16,74%	-16,73%	-16,73%	-16,73%	-16,72%	-16,71%	-16,70%	-16,69%	-16,68%	-16,68%	-16,67%	-16,66%	-16,64%
Aktienanteil MR -1%	76,64%	79,49%	82,32%	85,14%	87,94%	90,73%	93,51%	96,28%	99,06%	100,00%	100,00%	100,00%	100,00%	100,00%	100,00%
Abs. Sens.	10,75%	11,15%	11,56%	11,95%	12,34%	12,73%	13,12%	13,50%	13,88%	12,43%	10,03%	7,64%	5,23%	2,83%	0,42%
Rel. Sens.	16,32%	16,32%	16,33%	16,33%	16,32%	16,32%	16,32%	16,30%	16,29%	14,19%	11,15%	8,27%	5,52%	2,91%	0,42%
Aktienanteil LPM1 0,2%	75,06%	77,86%	80,63%	83,40%	86,16%	88,91%	91,68%	94,44%	97,20%	99,97%	100,00%	100,00%	100,00%	100,00%	100,00%
Abs. Sens.	9,17%	9,52%	9,87%	10,21%	10,56%	10,91%	11,29%	11,65%	12,02%	12,39%	10,03%	7,64%	5,23%	2,83%	0,42%
Rel. Sens.	13,93%	13,94%	13,94%	13,95%	13,97%	13,99%	14,04%	14,07%	14,11%	14,15%	11,15%	8,27%	5,52%	2,91%	0,42%
Aktienanteil LPM1 0,05%	58,83%	61,02%	63,19%	65,34%	67,48%	69,61%	71,72%	73,84%	75,95%	78,07%	80,17%	82,27%	84,38%	86,50%	88,61%
Abs. Sens.	-7,05%	-7,32%	-7,58%	-7,85%	-8,12%	-8,39%	-8,67%	-8,95%	-9,23%	-9,51%	-9,80%	-10,10%	-10,39%	-10,68%	-10,97%
Rel. Sens.	-10,70%	-10,71%	-10,71%	-10,72%	-10,74%	-10,76%	-10,79%	-10,81%	-10,83%	-10,86%	-10,89%	-10,93%	-10,96%	-10,99%	-11,02%

Literaturverzeichnis

Achleitner, Paul M. (Pensionsfonds, 1999),

Die Zeit für Pensionsfonds ist reif – Die Politik muß die Weichen für die betriebliche und die private Altersvorsorge alsbald stellen, in: Handelsblatt, 18.03.99, Nr. 54, S. B11.

Adelt, Peter / Dehm, Heike / Schulte, Karsten (Alterssicherung, 1999),

Die Deutschen und ihr Geld – Einkommen, Vermögen, Alterssicherung und die Einstellung dazu im Spiegel empirischer Befunde, Deutsches Institut für Altersvorsorge (Hrsg.), Köln 1999.

Aigner, Konrad (Immobilien, 2001),

Immobilien in der Asset Allocation, in: Der Langfristige Kredit, 52. Jg., Nr. 12, 2001, S. 431 – 434.

Albrecht, Thomas (Zeithorizont, 1999),

Asset Allocation und Zeithorizont, Bad Soden 1999.

Albrecht, Peter (Altersversorgung, 1999),

Rendite oder Sicherheit in der Altersversorgung – unvereinbare Gegensätze?, Mannheimer Manuskripte zu Risikotheorie, Portfolio Management und Versicherungswirtschaft, Nr. 117, Mannheim 1999.

Albrecht, Peter / Göbel, Thorsten (Rentenversicherung, 2000),

Rentenversicherung vs. Fondsentnahmepläne, oder: Wie groß ist die Gefahr, den Verzehr des eigenen Vermögens zu überleben?, Mannheimer Manuskripte zu Risikotheorie, Portfolio Management und Versicherungswirtschaft, Nr. 121, Mannheim 2000.

Albrecht, Peter / Maurer, Raimond / Stephan, Thomas G. (Shortfall-Performance, 1995),

Shortfall-Performance rollierender Wertsicherungsstrategien, in: Finanzmarkt und Portfolio Management, 9. Jahrgang, Nr. 2, 1995, S. 197 – 209.

Altrogge, Günter (Investition, 1991),

Investition, 2. Auflage, München und Wien 1991.

Amihud, Y. / Mendelson, H. (Liquidity, 1991),

Liquidity and Asset Prices, in: Finanzmarkt und Portfolio Management, 5. Jahrgang, Nr. 3, 1991, S. 235 – 240.

Ando, Albert / Modigliani, Franco (Saving, 1963),

The „Life Cycle" Hypothesis of Saving: Aggregate Implications and Tests, in: The American Economic Review, Vol. 53, No. 2, 1963, S. 55-84.

Arbeitskreis „Betriebliche Pensionsfonds" (Hrsg.) (Betriebliche Pensionsfonds, 1998),

Bericht des Arbeitskreises „Betriebliche Pensionsfonds", im Auftrag des „Forums Finanzplatz beim Bundesministerium der Finanzen", Bundesministerium der Finanzen (Hrsg.), Schriftenreihe des Bundesministeriums der Finanzen, Heft 64, Bonn 1998.

Arbeitskreis „Finanzierung" der Schmalenbach-Gesellschaft für Betriebswirtschaft e. V. (Hrsg.) (Betriebliche Altersversorgung, 1998),

Betriebliche Altersversorgung mit Pensionsrückstellungen oder Pensionsfonds – Analyse unter finanzwirtschaftlichen Gesichtspunkten, in: Der Betrieb, Wochenschrift für Betriebswirtschaft, Steuerrecht, Wirtschaftsrecht, Arbeitsrecht, 51. Jahrgang, Nr. 7, 13.02.98, S. 321-331.

Auerbach, Werner / Fink, Andreas (Altersvorsorge, 1999),

Die Zukunft der Altersvorsorge, in: Sparkasse, 116. Jahrgang, Nr. 6, 1999, S. 278-280.

Bamberg, Günter / Baur, Franz (Statistik, 1996),

Statistik, 9. Auflage, München 1996.

Bamberg, Günter / Coenenberg, Adolf Gerhard (Entscheidungslehre, 1996),

Betriebswirtschaftliche Entscheidungslehre, 9. Auflage, München 1996.

Bank, Matthias (Betriebliche Pensionsfonds, 1999),

Betriebliche Pensionsfonds, in: Wirtschaftswissenschaftliches Studium, 28. Jahrgang, Nr. 7, 1999, S. 367 – 369.

Barro, Robert J. (Makroökonomie, 1992),

Makroökonomie, 3. Auflage, München und Wien 1992.

Bartholomäi, Reinhart C. (Immobilie, 2000),

Wo bleibt die Immobilie als Element der Alterssicherung?, in: Der Langfristige Kredit, 51. Jahrgang, Nr. 14, 2000, S. 479.

Barz, Peter (Alterssicherung, 2000),

Möglichkeiten der Alterssicherung aus Sicht eines Unternehmens, in: Zeitschrift für das gesamte Kreditwesen, 53. Jahrgang, Nr. 7, 2000, S. 350 – 355.

Benke, Holger (Blue-Chip-Index, 2001),

Ein Blue-Chip-Index ist auf Dauer unschlagbar, in: Sparkasse, 118. Jahrgang, Nr. 6, 2001, S. 248.

Bierman, Harold Jr. (Investment Horizont, 1997),

Portfolio Allocation and the Investment Horizon, in: The Journal of Portfolio Management, Vol. 23, Summer 1997, S. 51 – 55.

Bierman, Harold Jr. (Comment, 1998),

„Why not 100% Equities?“: Comment, in: The Journal of Portfolio Management, Vol. 24, Winter 1998, S. 70 – 73.

Bleymüller, Josef / Gehlert, Günther / Gülicher, Herbert (Statistik, 1991),

Statistik für Wirtschaftswissenschaftler, 7. Auflage, München 1991.

Bodie, Zvi (Shortfall Risk, 1991),

Shortfall Risk and Pension Fund Asset Management, in: Financial Analysts Journal, Vol. 47, No. 3, May-June 1991, S. 57 – 61.

Bodie, Zvi (Risk of Stocks, 1995),

On the Risk of Stocks in the Long Run, in: Financial Analysts Journal, Vol. 51, No. 3, May-June 1995, S. 18 – 22.

Bodie, Zvi (Rejoinder, 1996),

Rejoinder: Long-Run Risks in Stocks, in: Financial Analysts Journal, Vol. 52, No. 2, March – April 1996, S. 74 – 76.

Bodie, Zvi / Crane, Dwight B. (Personal Investing, 1997),

Personal Investing: Advice, Theory and Evidence, in: Financial Analysts Journal, Vol. 53, No. 6, November-December 1997, S. 13-23.

Boeckler, Hartmut (Aktienkultur, 1999),

Altersvorsorge - Aktienkultur ist mehr als nur ein Strohfeuer, in: Bank Magazin, 47. Jahrgang, Nr. 10, 1999, S. 52 – 54.

Börsch-Supan, Axel H. (German Retirement System, 1995),

Age and Cohort Effects in Saving and the German Retirement System, Discussion Paper 513-95, Mannheim 1995.

Börsch-Supan, Axel H. (Rentenreform, 2000),

Die Zeiten, in denen die Leute immer genug Kinder bekommen, sind vorbei – ein Plädoyer für eine grundlegende Rentenreform aus einem Guss, in: Frankfurter Allgemeine Zeitung, 11.05.2000, Nr. 109, S. 10.

Börsch-Supan, Axel H. (Rentenversicherungssystem, 1999),

Das Deutsche Rentenversicherungssystem, in: Gesetzliche Alterssicherung – Reformerfahrungen im Ausland – Ein systematischer Vergleich aus sechs Ländern, Deutsches Institut für Altersvorsorge (Hrsg.), Köln 1999, S. 9 – 42.

Börsch-Supan, Axel H. / Miegel, Meinhard (Einleitung, 1999),

Gesetzliche Alterssicherung – Reformerfahrungen im Ausland – Einleitung, in: Gesetzliche Alterssicherung – Reformerfahrungen im Ausland – Ein systematischer Vergleich aus sechs Ländern, Deutsches Institut für Altersvorsorge (Hrsg.), Köln 1999, S. 1 – 8.

Bogner, Stefan (Rentenzusagen, 1997),

Unmittelbare betriebliche Rentenzusagen aus finanzwirtschaftlicher Sicht, Wiesbaden 1997.

Bogner, Stefan / Höger, Andreas (Betriebliche Altersvorsorge, 1999),

Betriebliche Altersvorsorge in Österreich – Kriterien für einen betriebswirtschaftlichen Vergleich der Durchführungswege unter Berücksichtigung der Kapitalmärkte, in: Österreichisches Bankarchiv, 47. Jahrgang, Nr. 8, 1999, S. 603 – 611.

Bomsdorf, Eckart (Private Altersvorsorge, 2000),

Niedrigere Beiträge in der GRV durch private Altersvorsorge – Modelle zur geburtsjahrabhängigen Dämpfung der Ansprüche an die gesetzliche Rentenversicherung (GRV) – eine Konsequenz der Förderung privater Altersvorsorge, in: ifo Schnelldienst, 53. Jahrgang, Nr. 13, 2000, S. 7 – 13.

Bossert, Thomas / Burzin, Christian (Aktienportfolios, 1998),

Dynamische Absicherung von Aktienportfolios – Constant Proportion Portfolio Insurance, in: Kleeberg, Jochen M. / Rehkugler, Heinz, Handbuch Portfoliomanagement – strukturierte Ansätze für ein modernes Wertpapiermanagement, Bad Soden 1998, S. 215 – 238.

Bredebusch, Peter (Rückdeckung, 1996),

Arbeitnehmerfinanzierte Pensionszusage mit Rückdeckung – betriebswirtschaftliche Auswirkungen, in: Der Betrieb, 49. Jahrgang, Nr. 2, 12.01.1996, S. 49-56.

Breitenborn, Anke / Fromme, Herbert (Betriebliche Altersvorsorge, 2001),

Betriebliche Altersvorsorge: Frischzellenkur für ein abgehalftertes Modell, in: Financial Times Deutschland, 15.08.2001, Nr. 158, S. 29.

Bruns, Christoph (Zeithorizont, 1996),

Zeithorizont und Risiko bei Aktienanlagen, in: Die Bank, o. Jg., Nr. 1, 1996, S. 38 – 42.

Büschgen, Hans Egon (Altersvorsorgesystem, 1999),

Im Wandel: Das deutsche Altersvorsorgesystem – Die Bedeutungszunahme privater Altersvorsorge, in: Bankinformation und Genossenschaftsforum, 26. Jahrgang, Nr. 2, 1999, S. 2 – 9.

Büschgen, Hans Egon (Bankbetriebslehre, 1998),

Bankbetriebslehre – Bankgeschäfte und Bankmanagement, 5. Auflage, Wiesbaden 1998.

Büschgen, Hans Egon (Banklexikon, 1997),

Das kleine Banklexikon, 2. Auflage, Düsseldorf 1997.

Büschgen, Hans Egon (Perspektiven, 1998),

Entwicklungen und Perspektiven des deutschen Kapitalmarktes, in: Büschgen, Hans Egon (Hrsg.), Finanzplatz Deutschland an der Schwelle zum 21. Jahrhundert – Schlaglichter, Herausforderungen, Visionen, Frankfurt am Main 1998, S. 8 – 28.

Bundesministerium des Innern (Hrsg.) (Bevölkerungsentwicklung, 1995),

Modellrechnungen zur Bevölkerungsentwicklung in der Bundesrepublik Deutschland bis zum Jahr 2040, Bonn 1995.

Bundesministerium für Arbeit und Sozialordnung (Hrsg.) (Rente, 1999),

Die Rente, Bonn 1999.

Buttler, Andreas (Altersversorgung, 1997),

Betriebliche Altersversorgung in der Praxis, Stuttgart 1997.

Chiang, A. C. (Dynamic Optimization, 1992),

Elements of Dynamic Optimization, New York u. a. 1992.

Chopra, Vijay K. / Ziemba, William T. (Effect of Errors, 1993),

The Effect of Errors in Means, Variances, and Covariances on Optimal Portfolio Choice, in: The Journal of Portfolio Management, Vol. 19, Winter 1993, S. 6 – 11.

Claessen, Holger / Kaiser, Helmut (Aktien, 2001),

Aktien schlagen Renten, in: Die Bank, o. Jg., Nr. 3, 2001, S. 220 – 226.

Coche, Joachim / Stotz, Olaf (Haltedauer, 1999),

Haltedauer senkt Aktienkursrisiko deutlich, in: Börsen-Zeitung, 11.05.1999, Nr. 89, S. 27.

Cohen, Allon / Levy, Haim (Risk of Stocks, 1998),

On the Risk of Stocks in the Long Run: Revisited, in: The Journal of Portfolio Management, Vol. 24, Spring 1998, S. 60 – 69.

Cramer, Ulrich (Statistik, 1988),

Statistik für nicht-mathematische Berufe 1 – Beschreibende Statistik, Ismaning 1988.

DeBondt, W. F. M. / Thaler, R. H. (Mean-Reverting Walk, 1989),

A Mean-Reverting Walk down Wall Street, in: Journal of Economic Perspectives, Vol. 3, 1989, S. 189-202.

Dembowski, Anke (Altersvorsorge, 1998),

Altersvorsorge und Vermögenssicherung mit Investmentfonds, Chancen, Risiken, Anlagestrategien, Niedernhausen 1998.

Deutsche Bundesbank (Hrsg.) (Kapitaldeckung, 1999),

Möglichkeiten und Grenzen einer verstärkten Kapitaldeckung der gesetzlichen Alterssicherung in Deutschland, in: Deutsche Bundesbank, Monatsbericht Dezember 1999, S. 15 – 31.

Deutsches Institut für Altersvorsorge (Hrsg.) (Gesetzliche Rentenversicherung, 2000),

Die gesetzliche Rentenversicherung unter Anpassungsdruck, Deutsches Institut für Altersvorsorge (Hrsg.), Köln 2000.

Deutsches Institut für Altersvorsorge (Hrsg.) (Reformerfahrungen, 1999),

Gesetzliche Alterssicherung – Reformerfahrungen im Ausland – Ein systematischer Vergleich aus sechs Ländern, Deutsches Institut für Altersvorsorge (Hrsg.), Köln 1999.

Deutsches Institut für Altersvorsorge (Hrsg.) (Versorgungsillusion, 1999),

Die Versorgungsillusion: Rentenwunsch und Rentenwirklichkeit – Eine Befragung des Deutschen Instituts für Altersvorsorge in Kooperation mit psychonomics und dem Deutschen Herold, Köln 1999.

Dobberke, Klaus (Aktien, 1993),

Die Aktien lohnt das Risiko, in: Die Bank, o. Jg., Nr. 6, 1993, S. 343 – 346.

Döller, Ralph (Zukunftsvorsorge, 1999),

Private Zukunftsvorsorge: Angebot der Volksbanken und Raiffeisenbanken, in: Bankinformation und Genossenschaftsforum, 26. Jahrgang, Nr. 2, 1999, S. 13 – 16.

Doetsch, Peter A. (Altersvorsorge, 1998),

Altersvorsorge für Manager, wirksame Vorsorge für Alter, Berufsunfähigkeit, Tod, Neuwied und Kriftel 1998.

Dornau, Robert / Szczesny Andrea (Portfolio, 1999),

250 Analysten, 1 Portfolio? Eine ökonometrische Analyse von Empfehlungen zur Gestaltung eines Vermögensportfolios zur Altersvorsorge, Discussion Paper No. 99-17, Zentrum für Europäische Wirtschaftsforschung, Mannheim 1999.

Eaton, R. Douglas Van / Conover, James A. (Investment Horizon, 1998),

Misconceptions about Optimal Equity Allocation and Investment Horizon, in: Financial Analysts Journal, Vol. 54, No. 2, March-April 1998, S. 52 – 59.

Efron, Bradley (Bootstrap, 1987),

Better Bootstrap Confidence Intervals, in: Journal of the American Statistical Association, Vol. 82, 1987, S. 171-200.

Efron, Bradley / Tibshirani, Robert J. (Bootstrap, 1993),

An Introduction to the Bootstrap, New York und London 1993.

Ehren, Harald (Sparen, 1999),

Freude am Sparen – Deutsche Unternehmen erfinden die Betriebsrente neu. Die Mitarbeiter bestimmen die Leistungen und können mit eigenen Beiträgen ein Vermögen aufbauen, in: Manager Magazin, 29. Jahrgang, Nr. 5, 1999, S. 182-191.

Elton, Edwin J. / Gruber, Martin J. (Portfolio Theory, 1995),

Modern Portfolio Theory and Investment Analysis, 5. Auflage, New York u. a. 1995.

Engels, Wolfram u. a. (Kronberger Kreis) (Alterssicherung, 1987),

Reform der Alterssicherung, Frankfurter Institut für wirtschaftspolitische Forschung (Hrsg.), Bad Homburg v. d. H. 1987.

Engelstädter, Heide / Kraft, Hartwig (Deferred Compensation, 1998),

Mit Deferred Compensation die Versorgungslücke schließen, in: Personal, Zeitschrift für Human Resource Management, 50. Jahrgang, Nr. 11, 1998, S. 555-558.

Engler, Gerhard (Life Cycle-Konzept, 1998),

Die Anlagestrategie im Life Cycle-Konzept, Vortragskonzeption der Dresdner Bank A.M.A., Vortrag gehalten am 14./15.10.1998.

Felderer, B. (Lebenseinkommenszyklus, 1987),

Altersvorsorge und Lebenseinkommenszyklus, in: Die Versicherungs Rundschau, 42. Jahrgang, Nr. 12, 1987, S. 362-373.

Ferguson, Robert / Leistikow, Dean (Risk of Stocks, 1996),

On the Risk of Stocks in the Long Run: A Comment, in: Financial Analysts Journal, Vol 52., No. 2, March-April 1996, S. 67 – 68.

Finke, Renate / Stanowsky, Jürgen (Alterssicherung, 1998),

Zukunft der Alterssicherung – Alterssicherung mit Zukunft?, in: Dresdner Bank (Hrsg.), Trends Spezial Wirtschaftsanalysen, Dezember 1998.

Fischer, Bernd (Performanceanalyse, 2000),

Performanceanalyse in der Praxis – Performancemaße, Attributionsanalyse, DVFA Performance Presentation Standards, München und Wien 2000.

Förster, Wolfgang (Besteuerung, 2000),

Perspektiven für die Besteuerung der Alterssicherung – Auswirkungen des Übergangs der nachgelagerten Besteuerung auf die betriebliche Altersversorgung, in: Zeitschrift für das gesamte Kreditwesen, 53. Jahrgang, Nr. 7, 2000, S. 356 – 363.

Frank, Udo (Mitarbeiterfonds, 2000),

Mitarbeiterfonds: Interessanter Baustein für die Vermögensbildung, in: Frankfurter Allgemeine Zeitung, 22.05.00, Nr. 118, S. 38.

Franke, Günter / Hax, Herbert (Finanzwirtschaft, 1994),

Finanzwirtschaft des Unternehmens und Kapitalmarkt, 3. Auflage, Berlin u. a. 1994.

Friedemann, Jens (Pensionsfonds, 2001),

Vorsicht vor den neuen Pensionsfonds – Vererbung nicht möglich, in: Frankfurter Allgemeine Zeitung, 10.09.01, Nr. 210, S. 33.

Friedman, Milton (Consumption Function, 1957),

A Theory of the Consumption Function, Princeton 1957.

Friend, Irwin (Risky Assets, 1977),

The Demand for Risky Assets: Some Extensions, in: Levy H. / Sarnat, M. (eds.), Financial Decision Making under Uncertainty, New York u. a. 1977.

Friend, Irwin / Blume, Marshall E. (Risky Assets, 1975),

The Demand for Risky Assets, in: The American Economic Review, Vol. 65, No. 5, December 1975, S. 900 – 922.

Fromme, Herbert (Altersvorsorge, 2001),

Der Altersvorsorge-Druck auf die Unternehmen wächst, in: Financial Times Deutschland, 30.08.2001, Nr. 168, S. 29.

Fromme, Herbert / Wanner, Claudia (Betriebsrente, 2001),

Riester-Rente: Die Zeitbombe Betriebsrente tickt, in: Financial Times Deutschland, 28.08.2001, Nr. 166, S. 29.

Garz, Hendrik / Günther, Stefan / Moriabadi, Cyrus (Portfolio-Management, 1997),

Portfolio-Management – Theorie und Anwendung, Frankfurt 1997.

Gaulke, Jürgen / Müller, Frank Joachim (Renditevergleich, 1996),

Des Rätsels Lösung - Renditevergleich, in: Capital, Nr. 11, 1996, S. 115-122.

Gerster, Florian (Armut, 2000),

Armut im Alter ist die Ausnahme – Rentenreform, die Idee der Grundsicherung und die soziale Wirklichkeit, in: Frankfurter Allgemeine Zeitung, 17.05.00, Nr. 114, S. 18.

Gibson, Roger C. (Balancing Financial Risk, 1990),

Asset Allocation: Balancing Financial Risk, Homewood, 1990.

Grawert, Achim / Werner, Andreas C. (Deferred Compensation, 1998),

Deferred Compensation – wie lohnend sind arbeitnehmerfinanzierte Pensionszusagen?, in: Personal, Zeitschrift für Human Resource Management, 50. Jahrgang, Nr. 2, 1998, S. 56-60.

Gutsche, Jens (Bootstrapping, 1994),

Bootstrapping – Einordnung, Theorie und Anwendungsmöglichkeiten einer Resampling-Technik, Arbeitspapier 103, Institut für Marketing, Universität Mannheim, Mannheim 1994.

Hallacker, Michael (Investmentfonds, 1999),

Investmentfonds – Anlageform mit Zukunft, in: Betriebswirtschaftliche Blätter, 48. Jahrgang, Nr. 12, 1999, S. 600 – 604.

Harlow, W. V. (Asset Allocation, 1991),

Asset Allocation in a Downside-Risk Framework, in: Financial Analysts Journal, Vol. 47, No. 5, September-October 1991, S. 28 – 40.

Heda, Klaudius / Heine, Klaus / Oltmanns, Erich (Indexfonds, 2001),

Indexfonds als Instrument der Kapitalanlage zur Altersvorsorge, in: Die Aktiengesellschaft, 46. Jahrgang, Nr. 3, 2001, S. 109 – 117.

Heinen, Edmund (Entscheidungen, 1976),

Grundlagen betriebswirtschaftlicher Entscheidungen, 3. Auflage, Wiesbaden 1976.

Heinsohn, Thorsten D. (Altersvorsorge, 1999),

Die private Altersvorsorge, München 1999.

Helm, Leonhard u. a. (Aktiendepots, 1998),

Rendite und Risiko von Aktiendepots aus DAX-Aktien – empirische Ergebnisse unterschiedlicher Anlagestrategien, in: Rosen, Rüdiger von (Hrsg.), Studien des Deutschen Aktieninstituts, Heft 3, Frankfurt am Main 1998.

Heubeck, Klaus / Schmauck, Ursula (Altersversorgung, 1998),

Die Altersversorgung der Geschäftsführer in GmbH und GmbH & Co. KG, 4. Auflage, Köln 1998.

Heydebreck, Tessen v. (Garantievorschrift, 2000),

Die freiwillige Altersvorsorge braucht Wahlfreiheit – Die Garantievorschrift des Riesterplanes würde Fonds und Banksparpläne diskriminieren, in: Frankfurter Allgemeine Zeitung, 24.10.2000, Nr. 247, S. 18.

Höfer, Hugues (Betriebsrentengesetz, 1998),

Impulse aus dem novellierten Betriebsrentengesetz und aus neuen Versorgungsformen - Auszüge aus einer Umfrage, in: Der Betrieb, 51. Jahrgang, Nr. 31, 31.07.1998, S. 1562 – 1565.

Hören, Martin v. (Gehälter, 1997),

Unter der Lupe: Gehälter und variable Zusatzleistungen, in: Bank Magazin, 45. Jahrgang, Nr. 2, 1997, S. 12-15.

Hörschgen, Hans (Betriebswirtschaftslehre, 1992),

Grundbegriffe der Betriebswirtschaftslehre, 3. Auflage, Stuttgart 1992.

Issing, Otmar (Private Altersvorsorge, 1996),

Private Altersvorsorge – auf dem Fundament stabilen Geldes, in: Deutsche Bundesbank (Hrsg.), Auszüge aus Presseartikeln, Nr. 72, 18.11.96, S. 6 – 10, Abdruck des Vortrags auf der Veranstaltung „Private Altersvorsorge im dritten Jahrtausend", gehalten am 15.11.96.

John, Olaf (Altersversorgung, 1999),

Läßt sich die „demographische Zeitbombe" der Altersversorgung entschärfen?, in: Versicherungswirtschaft, Nr. 5, 1999, S. 294-296.

Jorion, Philippe (Value at Risk, 1997),

Value at Risk – The new Benchmark for Controlling Market Risk, Chicago u. a. 1997.

Kaduff, Jochen V. / Spreemann, Klaus (Shortfall-Risk, 1996),

Sicherheit und Diversifikation bei Shortfall-Risk, in: Zeitschrift für betriebswirtschaftliche Forschung, 48. Jahrgang, Nr. 9, 1996, S. 779 – 802.

Keppler, Michael (Risiko, 1990),

Risiko ist nicht gleich Volatilität, in: Die Bank, o. Jg., Nr. 11, 1990, S. 610 – 614.

Keynes, John Maynard (Allgemeine Theorie, 1983),

Allgemeine Theorie der Beschäftigung, des Zinses und des Geldes, 6. Auflage, Berlin 1983.

Klug, Walter (Immobilie, 2001),

Die Immobilie als Asset-Klasse – die Sicht des offenen Immobilienfonds, in: Der Langfristige Kredit, 52. Jahrgang, Nr. 12, 2001, S. 409 – 410.

Köcher, Renate (Alterssicherung, 2000),

Erwartungen und Bedürfnisse des Bürgers an die Alterssicherung – eine Analyse der Nachfrage, in: Zeitschrift für das gesamte Kreditwesen, 53. Jahrgang, Nr. 7, 2000, S. 339 – 346.

Korn, Olaf / Schröder, Michael / Szczesny, Andrea / Winschel, Viktor (Risikomessung, 1996),

Risikomessung mit Shortfall-Maßen, das Programm MAMBA – Metzler Asset Management Benchmark Analyser, ZEW Dokumentation Nr. 96-09, Mannheim 1996.

Kränzlein, Klaus (Asset Allocation, 2000),

Asset Allocation bei variablem Anlagehorizont, Bern u. a. 2000.

Kritzman, Mark P. (Uncertainty, 1991),

What Practitioners Need to Know About Uncertainty, in: Financial Analysts Journal, Vol. 47, No. 3, March-April 1991, S. 17 – 21.

Kritzman, Mark P. (Utility, 1992),

What Practitioners Need to Know About Utility, in: Financial Analysts Journal, Vol. 48, No. 3, May-June 1992, S. 17 – 20.

Kritzman, Mark P. (Time Diversification, 1994),

What Practitioners Need to Know About Time Diversification, in: Financial Analysts Journal, Vol. 50, No. 1, January-February 1994, S. 14 - 18.

Küntzel, Uwe (Altersvorsorge, 1999),

Altersvorsorge und Vermögensaufbau mit Investmentfonds mit dem Schwerpunkt Altersvorsorge für Gesellschafter-Geschäftsführer ohne Eigenkapitaleinsatz, 4. Auflage, Baierbrunn 1999.

Laux, Helmut (Entscheidungstheorie, 1998),

Entscheidungstheorie, 4. Auflage, Berlin u. a. 1998.

Lebert, Rolf (Berater, 2001),

Die Berater-Front wird aufgerüstet, in: Financial Times Deutschland, 24.07.2001, Nr. 141, S. 29.

Lebert, Rolf (Pensionsfonds, 2001),

Anbieter bereiten Pensionsfonds vor, in: Financial Times Deutschland, 31.07.2001, Nr. 146, S. 18.

Leibfritz, Willi (Alterssicherung, 2000),

Die Zukunft der Alterssicherung in den Industriestaaten, in: Sparkasse, 117. Jahrgang, Nr. 2, 2000, S. 53-60.

Leibowitz, Martin L. / Henriksson, Roy D. (Portfolio Optimization, 1989),

Portfolio Optimization with Shortfall Constraints: A Confidence-Limit Approach to Managing Downside Risk, in: Financial Analysts Journal, Vol. 45, No. 3, March-April 1989, S. 34 – 41.

Leibowitz, Martin L. / Kogelman, Stanley (Asset Allocation, 1991),

Asset Allocation under shortfall constraints, in: The Journal of Portfolio Management, Vol. 17, Winter 1991, S. 18 – 23.

Little, John D. C. (Models, 1970),

Models and Managers: The Concept of a Decision Calculus, in: Management Science, Vol. 16, No. 8, April 1970, S. B-466 – B-485.

Loistl, Otto (Kapitalmarkttheorie, 1994),

Kapitalmarkttheorie, 3. Auflage, München und Wien 1994.

Loistl, Otto (Wertpapiermanagement, 1996),

Computergestütztes Wertpapiermanagement, 5. Auflage, München und Wien 1996.

Looman, Volker (Lebensversicherung, 2000),

Lebensversicherung bleibt nach Steuern attraktive Geldanlage, in: Frankfurter Allgemeine Zeitung, 01.07.2000, Nr. 150, S. 22.

Lühmann, Jörg-Peter (Altersvorsorge-Sondervermögen, 1998),

Altersvorsorge-Sondervermögen – attraktive Alternative für die private Altersvorsorge, in: Sparkasse, 115. Jahrgang, Nr. 12, 1998, S. 575-580.

Maier, Kurt M. (Immobilien, 2000),

Risikomanagement durch Asset Allocation mit Immobilien, in: Der Langfristige Kredit, 51. Jahrgang, Nr. 11, 2000, S. 374 – 378.

Malkiel, Burton G. (Random Walk, 1990),

A random walk down Wall Street, New York 1990.

Maltzan, Bernd-A. v. (Aktienanlage, 1999),

Ein klarer Wandel der Vermögensbildungskultur – In Deutschland wird die Aktienanlage zunehmend populär, in: Frankfurter Allgemeine Zeitung, 28.09.99, Nr. 225, S. B3.

Markowitz, H. M. (Portfolio Selection, 1952),

Portfolio Selection, in: Journal of Finance, 7. Jahrgang, 1952, S. 77-91.

Markowitz, H. M. (Diversification, 1959),

Portfolio Selection. Efficient Diversification of Investments, New York u.a. 1959.

Maurer, Raimond / Schlag, Christian (Shortfall-Risiken, 2001),

Investmentfonds-Ansparpläne: erwartetes Versorgungsniveau und Shortfall-Risiken, in: Der Langfristige Kredit, 52. Jahrgang, Nr. 12, 2001, S. 440 – 445.

Meier, Carsten-Patrick (Demographie, 1995),

Demographie und Ersparnis, in: Zeitschrift für Wirtschaftspolitik, 44. Jahrgang, Nr. 1, 1995, S. 85 – 110.

Merrill, Craig / Thorley, Steven (Time Diversification, 1996),

Time Diversification: Perspectives from Option Pricing Theory, in: Financial Analysts Journal, Vol. 52, No. 3, May-June 1996, S. 13 – 19.

Merrill, Craig / Thorley, Steven (Response, 1997),

„Time Diversification and Option Pricing Theory: Another Perspective“: Response, in: The Journal of Portfolio Management, Vol. 23, Summer 1997, S. 61 – 63.

Meyer, Christoph (Value at Risk, 1999),

Value at Risk für Kreditinstitute – Erfassung des aggregierten Marktrisikopotentials, Wiesbaden 1999.

Meyer, Claus-Peter (Rente, 2000),

Konkurrenz bei der Rente, in: Bank Magazin, 48. Jahrgang, Nr. 7, 2000, S. 34 – 36.

Meyer zu Selhausen (Bank-Informationssysteme, 2000),

Bank-Informationssysteme, Eine Bankbetriebswirtschaftslehre mit IT-Schwerpunkt, Stuttgart 2000.

Miegel, Meinhard (Einführung, 1998),

Einführung, in: Renditen der gesetzlichen Rentenversicherung im Vergleich zu alternativen Anlageformen, Deutsches Institut für Altersvorsorge (Hrsg.), Frankfurt am Main 2000, S. 6 – 14.

Miegel, Meinhard (Einführung, 2001),

Einführung, in: Schnabel, Reinhold, Die Rentenreform 2001 – Gutachten zur Rentabilität, Generationengerechtigkeit und den wirtschaftlichen Annahmen der Regierung, Deutsches Institut für Altersvorsorge (Hrsg.), Köln 2001, S. 1 - 4.

Miegel, Meinhard / Allerdissen, Klaus (Renditen, 1998),

Renditen und Risiken umlagefinanzierter und kapitalfundierter Formen der Alterssicherung, in: Effizienzvergleich – Renditen der gesetzlichen Rentenversicherung im Vergleich zu alternativen Anlageformen, Deutsches Institut für Altersvorsorge (Hrsg.), Frankfurt am Main 1998, S. 50 – 57.

Modigliani, Franco (Life Cycle, 1986),

Life Cycle, Individual Thrift, and the Wealth of Nations, in: The American Economic Review, Vol. 76, No. 3, June 1986, S. 297-313.

Müller, Bernd (AS-Fonds, 1999),

Anlagestrategien von AS-Fonds, in: Sparkasse, 116. Jahrgang, Nr. 8, 1999, S. 363 – 367.

Müntinga-Dahl, Ute (Betriebliche Altersversorgung, 1998),

Betriebliche Altersversorgung, in: Herbeck, Frank D. / Hessling, Michael / Müntinga-Dahl, Ute / Wolff, Harald, Beck-Ratgeber Altersvorsorge – Wege zur Sicherheit im Ruhestand, München 1998.

Nürk, Bettina / Schrader, Alexander (Pensionsrückstellung, 1995),

Von der Pensionsrückstellung zum Pensionsfonds: Eine Chance für den deutschen Finanzmarkt, Deutsche Bank Research (Hrsg.), Frankfurt 1995.

O. V. (Aktionsprogramm, 1998),

Aktionsprogramm für die private und betriebliche Altersvorsorge, in: Sparkasse, 115. Jahrgang, Nr. 6, 1998, S. 286-288.

O. V. (Alterssicherung, 1999),

Die Deutschen und ihr Geld – Einkommen, Vermögen, Alterssicherung und die Einstellung dazu im Spiegel empirischer Befunde – Eine Studie des Deutschen Instituts für Altersvorsorge in Zusammenarbeit mit psychonomics, Köln, Deutsches Institut für Altersvorsorge (Hrsg.), Köln 1999.

O. V. (Alterungskrise, 2000),

„Kapitaldeckung noch vor dem Gipfel der Alterungskrise einführen" – Ökonomen drängen zur Eile in der Rentenreform / Allmählicher Systemwandel möglich / Zuwanderung kein Ausweg, in: Frankfurter Allgemeine Zeitung, 29.05.00, Nr. 124, S. 18.

O. V. (Bedeutung der Betriebsrente, 2000),

Die Betriebsrente hat stark an Bedeutung verloren – Ausbau der betrieblichen Altersvorsorge innerhalb der Rentenreform ist nur über verbesserte Rahmenbedingungen möglich, in: Frankfurter Allgemeine Zeitung, 06.09.00, Nr. 207, S. 20.

O. V. (Betriebliche Altersvorsorge, 2000),

Für Arbeitnehmer wird die betriebliche Altersvorsorge immer wichtiger, in: Frankfurter Allgemeine Zeitung, 19.02.00, Nr. 42, S. 65.

O. V. (Betriebsrente, 2000),

Betriebliche Altersvorsorge – Vormarsch der Betriebsrente stockt, Kurz-Nachrichten-Dienst, Bundesvereinigung der Deutschen Arbeitgeberverbände, Nr. 26, 16.05.00, S. 1 f.

O. V. (Direktversicherung, 1993),

Direktversicherung, in: Gabler Wirtschaftslexikon, 13. Auflage, Wiesbaden 1993, S. 808-810.

O. V. (Direktversicherung, 1999),

Direktversicherung – steuerliche Bedingungen verschlechtert, in: Handelsblatt, 23.08.99, Nr. 161, S. 41.

O. V. (Jahrhundert der Aktie, 2000),

Das Jahrhundert der Aktie auf den Prüfstand gestellt – Studie von ABN Amro und London Business School sieht Aktien im vergangenen Jahrhundert als beste Geldanlage, in: Frankfurter Allgemeine Zeitung, 22.05.00, Nr. 69, S. 32.

O. V. (Leistungsmindernde Eingriffe, 2000),

Von der Kapitaldeckung über das Umlageverfahren in die Notlage – leistungsmindernde Eingriffe in die staatliche Rentenversicherung seit 1977, in: Frankfurter Allgemeine Zeitung, 14.11.2000, Nr. 265, S. 18.

O. V. (Mitarbeiterfonds, 1999),

Daimler-Chrysler geht bei Mitarbeiterfonds neue Wege, in: Frankfurter Allgemeine Zeitung, 19.07.99, Nr. 164, S. 29.

O. V. (Pensionsfonds, 1998),

Nur ein Viertel der Unternehmen will auf Pensionsfonds setzen – Betriebsrenten / Repräsentative Umfrage vorgelegt, in: Handelsblatt, 29.07.98, Nr. 143, S. 39.

O. V. (Pensionsfonds, 2001),

Pensionsfonds bieten Unternehmen neue Möglichkeiten, in: Frankfurter Allgemeine Zeitung, 18.08.01, Nr. 191, S. 25.

O. V. (Pensionskassen, 1999),

Pensionskassen – Steuerpflicht in der Ansparphase, in: Handelsblatt, 23.08.99, Nr. 161, S. 41.

O. V. (Private Absicherung, 2000),

Private Absicherung – Die Empfehlungen der Experten aus Geschäftsbank, Versicherung, Investmentgesellschaft, Genossenschaftsbank und Sparkassen zur Altersvorsorge, in: Bank Magazin, 48. Jahrgang, Nr. 11, 2000, S. 18 – 19.

O. V. (Private Rente, 2000),

Wenn die private Rente niedriger ausfällt als ursprünglich erwartet, in: Frankfurter Allgemeine Zeitung, 14.02.00, Nr. 37, S. 18.

O. V. (Private Vorsorge, 2000),

Ohne private Vorsorge sind Rentner künftig schlechter dran, in: Frankfurter Allgemeine Zeitung, 15.06.00, Nr. 137, S. 18.

O. V. (Privatvorsorge, 2000),

Riester und Eichel einig über Privatvorsorge, in: Frankfurter Allgemeine Zeitung, 26.05.00, Nr. 122, S. 13.

O. V. (Reform, 2000),

Spitzenmanager mahnen Reform der Altersvorsorge an, in: Frankfurter Allgemeine Zeitung, 22.02.00, Nr. 44, S. 29.

O. V. (Rentenniveau, 2001),

Riester versichert: Das Rentenniveau wird nicht unter 67 Prozent sinken, in: Frankfurter Allgemeine Zeitung, 26.01.2001, Nr. 22, S. 1.

O. V. (Riester-Fonds, 2001),

Neuer Streit um Riester-Fonds, in: Handelsblatt, 06.09.2001, Nr. 172, S. 35.

O. V. (Riester-Reform, 2001),

Bomsdorf: die Riester-Reform ist mit Sicherheit ungenügend – Anhebung des Rentenalters jetzt, in: Frankfurter Allgemeine Zeitung, 06.08.2001, Nr. 180, S. 13.

O. V. (Studenten, 2000),

Studenten und ihre Altersvorsorge – eine Studie des Lehrstuhls für Versicherungswissenschaft der Universität Karlsruhe und psychonomics, Köln, in Zusammenarbeit mit dem Deutschen Institut für Altersvorsorge Köln, Köln 2000.

O. V. (Unterstützungskasse, 1993),

Unterstützungskasse, in: Gabler Wirtschaftslexikon, 13. Auflage, Wiesbaden 1993, S. 3447-3450.

Partenheimer, Jürgen (Zukunftsvorsorge, 1999),

Zukunftsvorsorge – eine Herausforderung für die Primärgenossenschaften, in: Bankinformation und Genossenschaftsforum, 26. Jahrgang, Nr. 2, 1999, S. 16 – 20.

Passow, Rolf (Altersvorsorge, 1999),

Betriebliche Altersvorsorge bei mittelständischen Unternehmen – AS-Fonds können es möglich machen, in: Zeitschrift für das gesamte Kreditwesen, 52. Jahrgang, Nr. 1, 1999, S. 35-38.

Passow, Rolf (Altersvorsorge-Sondervermögen, 1999),

Altersvorsorge-Sondervermögen AS-Fonds – Investmentfonds speziell für die Altersvorsorge, Regensburg und Bonn 1999.

Perridon, Louis / Steiner, Manfred (Finanzwirtschaft, 1999),

Finanzwirtschaft der Unternehmung, 10. Auflage, München 1999.

Pfeiffer, Hermannus (Betriebliche Altersversorgung, 2001),

Betriebliche Altersversorgung wird stärker gefördert, in: Neues Deutschland, 25.07.2001, Nr. 167, S. 14.

Poddig, Thorsten / Dichtl, Hubert / Petersmeier, Kerstin (Portfoliomanagement, 2000),

Statistik, Ökonometrie, Optimierung – Methoden und ihre praktischen Anwendungen in Finanzanalyse und Portfoliomanagement, Bad Soden 2000.

Portmann, Thomas / Wegmann, Patrick (Lower Partial Moments, 1998),

Lower Partial Moments und Value-at-Risk: Eine Synthese, in: Finanzmarkt und Portfolio Management, 12. Jahrgang, Nr. 3/1998, S. 326 – 341.

Rademaker, Maike (Vorsorge, 2001),

Riester-Rente: Betriebe wollen über die Form der Vorsorge selbst entscheiden, in: Financial Times Deutschland, 21.08.2001, Nr. 161, S. 29.

Raffelhüschen, Bernd (Renditen, 1998),

Interne Renditen gemäß der Generationenbilanz, in: Effizienzvergleich – Renditen der gesetzlichen Rentenversicherung im Vergleich zu alternativen Anlageformen, Deutsches Institut für Altersvorsorge (Hrsg.), Frankfurt am Main 1998, S. 36 – 49.

Reichling, Peter (Risikomessung, 1999),

Risikomessung durch Volatilität, Value-at-Risk oder Lower-Partial-Moment, in: Eller, Roland u. a. (Hrsg.), Handbuch Bankenaufsicht und Interne Risikosteuerungsmodelle - Quantifizierung und Analyse von Risiken mit bankinternen Modellen, bankaufsichtliche Anforderungen, Stuttgart 1999, S. 223 - 238.

Reichling, Peter (Safety First-Ansätze, 1996),

Safety First-Ansätze in der Portfolio-Selektion, in: Zeitschrift für betriebswirtschaftliche Forschung, 48. Jahrgang, Nr. 1, 1996, S. 31 – 55.

Rezmer, Anke (Pensionsfonds, 2001),

Bei Pensionsfonds sind noch viele Fragen offen, in: Handelsblatt, 29.05.2001, Nr. 102, S. 32.

Rodepeter, Ralf (Sparprofile, 1997),

Identifikation von Sparprofilen im Lebenszyklus, Arbeitspapier 97/001 Sonderforschungsbereich 504 der Universität Mannheim, Mannheim 1997.

Röseler, Raimund (Betriebliche Altersversorgung, 1998),

Betriebliche Altersversorgung – Ansatzpunkte zur strategischen Marktbearbeitung, Deutscher Sparkassen- und Giroverband e. V. (Hrsg.), Sparkassenheft 165, Stuttgart 1998.

Rosen, Rüdiger v. (Vorsorgeportefeuille, 1999),

Zukunftsvorsorge mit Wertpapieren: Rentabilität und Flexibilität für ein Vorsorgeportefeuille, in: Bankinformation und Genossenschaftsforum, 26. Jahrgang, Nr. 2, 1999, S. 21 - 26.

Roy, Andrew D. (Safety First, 1954),

Safety First and the Holding of Assets, in: Econometrica, Vol. 20, Nr. 3, July 1952, S. 431 – 449.

Rudolf, Markus (Shortfall Risk, 1994),

Efficient Frontier und Shortfall Risk, in: Finanzmarkt und Portfolio Management, 8. Jahrgang, Nr. 1, 1994, S. 88 – 101.

Rürup, Bert (Alterssicherungsprobleme, 2000),

Die Privatversicherung ein Instrument zur Überwindung der Alterssicherungsprobleme?, in: Sparkasse, 117. Jahrgang, Nr. 4, 2000, S. 155-160.

Ruh, Sabine Theodora (Altersvorsorge, 1999),

Ratgeber Altersvorsorge: die richtige Strategie – Versicherungen – Immobilien – Aktien, Anleihen und Sparanlagen, Stuttgart 1999.

Ruland, Franz (Rentenversicherung, 2000),

Der Streit um die Rentenversicherung – ein Thesenpapier, in: Zeitschrift für das gesamte Kreditwesen, 53. Jahrgang, Nr. 7, 2000, S. 368 – 371.

Ruppert, Wolfgang (Betriebliche Altersversorgung, 2000),

Betriebliche Altersversorgung, Achtes Forschungsvorhaben zur Situation und Entwicklung der betrieblichen Altersversorgung, ifo Institut für Wirtschaftsforschung (Hrsg.), München 2000.

Samuelson, Paul A. (Lifetime Portfolio Selection, 1969),

Lifetime Portfolio Selection by Dynamic Stochastic Programming, in: Review of Economics and Statistics, August 1969, S. 239 – 246.

Samuelson, Paul A. (Portfolio Management, 1989),

The Judgment of Economic Science on Rational Portfolio Management: Indexing, Timing, and Long-Horizon Effects, in: Journal of Portfolio Management, Vol. 15, Fall 1989, S. 4 – 12.

Samuelson, Paul A. (Asset Allocation, 1990),

Asset Allocation Could Be Dangerous to Your Health: Pitfalls in Across-time Diversification, in: Journal of Portfolio Management, Vol. 16, Spring 1990, S. 5 – 8.

Samuelson, Paul A. (Long-Term Case, 1994),

The Long-Term Case for Equities, in: Journal of Portfolio Management, Vol. 21, Fall 1994, S. 15 – 24.

Samuelson, Paul A. / Nordhaus, W. D. (Volkswirtschaftslehre, 1987),

Volkswirtschaftslehre – Grundlagen der Makro- und Mikroökonomie, Band 2, 8. Auflage, Köln 1987.

Saxinger, Raimund A. (Performance-Messung, 1993),

Performance-Messung und –Analyse, in: Eller, Roland (Hrsg.), Modernes Bondmanagement, Wiesbaden 1993, S. 169 – 184.

Schäfer, Klaus / Zimmermann, Peter (Schätzfehler, 1998),

Portfolio Selection und Schätzfehler bei den erwarteten Renditen: Ergebnisse für den deutschen Aktienmarkt, in: Finanzmarkt und Portfolio Management, 12. Jahrgang, Nr. 2, 1998, S. 131 – 149.

Scharr, Michael (Investmentfonds, 1999),

Lebensversicherung oder Investmentfonds – „Altersvorsorge"-Kontrahenten im Verbund?, in: Sparkasse, 116. Jahrgang, Nr. 4, 1999, S. 166-168.

Schlomann, Heinrich (Lebenszyklus, 1990),

Der Einfluß von Lebenszyklus und Familiensituation auf das Sparverhalten, Arbeitspapier Nr. 334, Sonderforschungsbereich 3 „mikroanalytische Grundlagen der Gesellschaftspolitik", Goethe-Universität Frankfurt und Universität Mannheim, Oktober 1990.

Schlomann, Heinrich (Vermögensverteilung, 1992),

Vermögensverteilung und private Altersvorsorge, Sonderforschungsbereich 3 „mikroanalytische Grundlagen der Gesellschaftspolitik", Goethe-Universität Frankfurt und Universität Mannheim, Frankfurt 1992.

Schmid, Josef (Dilemma, 2000),

Das demographische Dilemma Deutschlands, in: Frankfurter Allgemeine Zeitung, 31.05.00, Nr. 126, S. 8 - 9.

Schmidbauer, Wilhelm / Schmidbauer, Bernhard (Altersversorgung, 1998),

Die neue betriebliche Altersversorgung, Berg 1998.

Schmidt, Frank / Spengel, Christoph (Betriebliche Altersversorgung, 1997),

Betriebliche Altersversorgung, Besteuerung und Kapitalmarkt – ein Vergleich der Verhältnisse in Deutschland, Frankreich, Großbritannien, den Niederlanden und den USA, Schriftenreihe des ZEW, Band 15, Baden-Baden 1997.

Schmidt, Klaus-Dieter (Vermögen, 1972),

Was ist Vermögen? In: Allgemeines statistisches Archiv, Band 56/1972, S. 35 – 49.

Schmidt-von Rhein, Andreas (Ziele, 1998),

Analyse der Ziele privater Kapitalanleger, in: Kleeberg, Jochen / Rehkugler, Heinz (Hrsg.), Handbuch Portfoliomanagement, Bad Soden 1998, S. 35 - 69.

Schnabel, Reinhold (Renditen, 1998),

Interne Renditen in der gesetzlichen Rentenversicherung, in: Effizienzvergleich – Renditen der gesetzlichen Rentenversicherung im Vergleich zu alternativen Anlageformen, Deutsches Institut für Altersvorsorge (Hrsg.), Frankfurt am Main 1998, S. 15 – 35.

Schnabel, Reinhold (Rentenreform 2001, 2001),

Die Rentenreform 2001 – Gutachten zur Rentabilität, Generationengerechtigkeit und den wirtschaftlichen Annahmen der Regierung, Deutsches Institut für Altersvorsorge (Hrsg.), Köln 2001.

Schneider, Hans J. / Mehl, Walter (Erfolgsbeteiligung, 1997),

Investive Erfolgsbeteiligung als betriebliche Altersversorgung, in: Personal, Zeitschrift für Human Resource Management, 49. Jahrgang, Nr. 5, 1997, S. 234-237.

Sharpe, William F. / Alexander, Gordon J., (Investments, 1990),

Investments, 4. Auflage, Englewood Cliffs 1990.

Sinn, Hans-Werner (Richtung, 2000),

Ein Schritt in die richtige Richtung, ifo Standpunkt Nr. 16, in: ifo Schnelldienst, 53. Jahrgang, Nr. 28-29, 17.10.00, S. 3 f.

Sinn, Hans-Werner / Werding, Martin (Rentenniveausenkung, 2000),

Rentenniveausenkung und Teilkapitaldeckung, in: ifo Schnelldienst, 53. Jahrgang, Nr. 18, 27.06.00.

Sortino, Frank A. / van der Meer, Robert (Downside Risk, 1991),

Downside risk, in: The Journal of Portfolio Management, Vol. 17, Summer 1991, S. 27 – 31.

Sortino, Frank A. / Price, Lee N. (Performance, 1994),

Performance Measurement in a Downside Risk Framework, in: Journal of Investing, Fall 1994, S. 59 – 64.

Spindler, Christian (Asset Allocation, 1993),

Einsatz der Asset Allocation in einem Industrieunternehmen, in: Eller, Roland (Hrsg.), Modernes Bondmanagement, Wiesbaden 1993, S. 145 – 167.

Spremann, Klaus (Asset Allocation, 1995),

Asset Allocation im Lebenszyklus und Vintage-Programm, in: Gehrig, Bruno (Hrsg.), Private Banking, Aktuelle Probleme und neue Herausforderungen, Zürich 1995, S. 115 – 146.

Spremann, Klaus (Portfoliomanagement, 2000),

Portfoliomanagement, München 2000.

Spremann, Klaus / Winhart, Stephanie, (Asset Allocation, 1996),

Asset Allocation im Lebenszyklus, in: Berner Zeitung – Finanzplatz, April 1996, S. 21 – 25.

Spremann, Klaus / Winhart, Stephanie (Humankapital, 1997),

Humankapital im Portefeuille privater Investoren, in: Zeitschrift für Betriebswirtschaft – Personal, Ergänzungsheft 3/1997, S. 145-167.

Spremann, Klaus / Winhart, Stephanie (Lebenszyklus, 1998),

Anlageberatung und Lebenszyklus, in: Finanzmarkt und Portfolio Management, 12. Jahrgang, Nr. 2, 1998, S. 150 – 169.

Statistisches Bundesamt (Hrsg.) (Bevölkerung, 1995),

Entwicklungen der Bevölkerung in Deutschland von 1995 bis 2040, Berechnungen des statistischen Bundesamtes vom 13.03.1995, Bonn 1995.

Stehle, Richard (Aktien versus Renten, 1998),

Aktien versus Renten, in: Cramer, Jörg-E. et al. (Hrsg.), Handbuch zur Altersversorgung, Frankfurt 1998, S. 815 – 831.

Stehle, Richard (Renditevergleich, 1999),

Renditevergleich von Aktien und festverzinslichen Wertpapieren auf Basis des DAX und des REXP, Arbeitspapier, Berlin 1999.

Stehle, Richard / Huber, Rainer / Maier, Jürgen (DAX, 1996),

Rückberechnung des DAX für die Jahre 1955 bis 1987, in: Kredit und Kapital, 29. Jahrgang, Nr. 2, 1996, S. 277 – 304.

Steiner, Manfred / Bruns, Christoph (Wertpapiermanagement, 2000),

Wertpapiermanagement, 7. Auflage, Stuttgart 2000.

Straub, R. (Dreieck, 1974),

Das magische Dreieck der Wertpapieranlage, in: Verlag Moderne Industrie (Hrsg.), Handbuch der Wertpapieranlage, Zürich 1974, S. 38 – 57.

Szczesny, Andrea (Risikomessung, 1998),

Risikomessung mit Shortfall-Maßen, in: Nakhaeizadeh, Gholamreza (Hrsg.), Data Mining – Theoretische Aspekte und Anwendungen, Heidelberg 1998, S. 341 – 353.

Taylor, Richard / Brown, Donald J. (Risk of Stocks, 1996),

On the Risk of Stocks in the Long Run: A Note, in: Financial Analysts Journal, Vol. 52, No. 2, March-April 1996, S. 69 – 71.

Telser, Lester G. (Safety First, 1955),

Safety First and Hedging, in: Review of Economic Studies, Vol. 23, 1955, S. 1 – 16.

Thelen, Peter (Altersversorgung, 1999),

Die zweite Säule der Altersversorgung bröckelt – Nicht einmal jeder dritte Rentner erhält eine Betriebsrente – Nur die Besserverdiener sorgen vor, in: Handelsblatt, 23.08.99, Nr. 161, S. 41.

Thießen, Friedrich (Inflationsillusion, 2000),

Altersvorsorgeprodukte und Inflationsillusion: eine Zeitbombe, in: Zeitschrift für das gesamte Kreditwesen, 53. Jahrgang, Nr. 7, 2000, S. 372 – 377.

Uhlir, Helmut / Steiner, Peter (Wertpapieranalyse, 1994),

Wertpapieranalyse, 3. Auflage, Heidelberg 1994.

Verband Deutscher Rentenversicherungsträger (Hrsg.) (Rente, 2000),

Rund um die Rente – Die deutsche gesetzliche Rentenversicherung im Überblick, Verein Deutscher Rentenversicherungsträger (Hrsg.), Frankfurt am Main 2000.

Verband Deutscher Rentenversicherungsträger (Hrsg.) (Rentenversicherung, 1999),

Rentenversicherung in Zahlen 1999, Verein Deutscher Rentenversicherungsträger (Hrsg.), Frankfurt am Main 1999.

Verband Deutscher Rentenversicherungsträger (Hrsg.) (Zeitreihen, 1999),

Rentenversicherung in Zeitreihen, Verein Deutscher Rentenversicherungsträger (Hrsg.), Frankfurt am Main 1999.

Wachtel, Paul (Macroeconomics, 1989),

Macroeconomics, from theory to practice, Singapur 1989.

Wastl, Ulrich (Altersversicherung, 1998),

Pensionsfonds – die zweite und dritte Säule der privaten und betrieblichen Altersversicherung – einige Denkanstöße für die künftige Diskussion über die Rahmenbedingungen für die Errichtung leistungsstarker deutscher Pensionsfonds, in: Blick durch die Wirtschaft, 30.01.1998, Nr. 21, S. 5.

Weber, Manfred (Betriebs-Pensions-Fonds, 1998),

Betriebs-Pensions-Fonds – die attraktive Alternative, in: Die Bank, o. Jg., Nr. 6, 1998, S. 339-343.

Weick, Markus (Renditeberechnungsmethoden, 1993),

Renditeberechnungsmethoden am deutschen Kapitalmarkt, in: Modernes Bondmanagement, Eller, Roland (Hrsg.), Wiesbaden 1993, S. 3 – 27.

Weisgerber, Thomas (Alterssicherung, 2000),

Möglichkeiten der Alterssicherung aus Sicht der privaten Banken, in: Zeitschrift für das gesamte Kreditwesen, 53. Jahrgang, Nr. 7, 2000, S. 347 – 349.

Wilkens, Marco (Wertpapiermanagement, 1996),

Wertpapiermanagement, 3. Auflage, Göttingen 1996.

Winhart, Stephanie (Asset Allocation, 1999),

Der Einfluß des Zeithorizontes auf die Asset Allocation in Abhängigkeit des Investment Opportunity Set und der individuellen Risikoaversion, Bern, Stuttgart, Wien 1999.

Witte, E. (Organisation, 1973),

Innovationsfähige Organisation, in: Zeitschrift für Organisation (ZO), 2. Jahrgang, Nr. 1, 1973, S. 17 – 24.

Wittrock, Carsten (Performance, 1996),

Messung und Analyse der Performance von Wertpapierportfolios – eine theoretische und empirische Untersuchung, 2. Auflage, Bad Soden 1996.

Wittrock, Carsten (Performancemessung, 1998),

Moderne Verfahren der Performancemessung, in: Handbuch Portfoliomanagement, Kleeberg, Jochen / Rehkugler, Heinz, Bad Soden, 1998, S. 934-971.

Wolter, Hans-Jürgen (Zeithorizonteffekte, 1993),

Shortfall-Risiko und Zeithorizonteffekte, in: Finanzmarkt und Portfolio Management, 7. Jahrgang, Nr. 3, 1993, S. 330 – 338.

Wrede, Matthias (Alterssicherung, 2000),

Teilhabeäquivalenz und Effizienz in der Alterssicherung, in: Wirtschaftswissenschaftliches Studium, 29. Jahrgang, Nr. 6, 2000, S. 323 – 327.

Zaß, Manfred (Betriebliche Altersversorgung, 2000),

Betriebliche Altersversorgung für den Mittelstand, in: Kreditwesen, 53. Jahrgang, Nr. 10, 2000, S. 541 – 546.

Zenger, Christoph (Ausfallwahrscheinlichkeit, 1992),

Zeithorizont, Ausfallwahrscheinlichkeit und Risiko: Einige Bemerkungen aus der Sicht des Praktikers, in: Finanzmarkt und Portfolio Management, 6. Jahrgang, Nr. 1, 1992, S. 104 – 113.

Zenger, Christoph (Zeithorizont, 1997),

Kommentar zu „Absicherung und Zeithorizont“: Mehr als sicher ist unsicher, in: Finanzmarkt und Portfolio Management, 11. Jahrgang, Nr. 2, 1997, S. 198 – 204.

Zermin, Helmut (Übergang, 2000),

Übergang mit geringer Last, in: Bank Magazin, 48. Jahrgang, Nr. 5, 2000, S. 44 – 46.

Zeyer, Fred (Geldmarktfonds, 2001),

Garantien für Geldmarktfonds locken institutionelle Anleger, in: Frankfurter Allgemeine Zeitung, 12.03.2001, Nr. 60, S. 35.